Reihe Hanser 158

Sergej M. Eisenstein
Schriften 1

Streik

Herausgegeben von
Hans-Joachim Schlegel

Carl Hanser Verlag

ISBN 3 446 11872 1

Die Übersetzungen aus dem Russischen
von Lothar Fahlbusch (›Durch Revolution
zur Kunst. Durch Kunst zur Revolution‹;
›Wie ich Regisseur wurde‹; ›Post scriptum
zum ›Bau der Dinge‹‹) wurden den
›Ausgewählten Aufsätzen‹ Eisensteins
entnommen: Copyright by Henschelverlag
Kunst und Gesellschaft, Berlin 1960

Ausstattung: Heinz Edelmann
Gesamtherstellung: Friedrich Pustet,
Regensburg
Printed in Germany

Inhalt

* Die Titel stammen vom Hrsg.

Zur Transkription:
Mit Ausnahme der Namen Eisenstein und Meierhold wurde grundsätzlich die international gültige wissenschaftliche Transkription verwendet.

Zu den »Comic strips« auf den folgenden Seiten: Karikaturen von S. M. Eisenstein aus dem Jahre 1916, die unter dem Pseudonym Sir Gay erschienen.

Hans-Joachim Schlegel

Eisensteins Weg von der »Revolutionierung des Theaters« zum Revolutionsfilm

Eine Einführung in ›Streik‹

Man hat den sowjetischen Filmregisseur und Filmtheoretiker Sergej Michailowitsch Eisenstein (1898–1948) als den »Leonardo da Vinci des 20. Jahrhunderts« bezeichnet. Bei aller Skepsis gegenüber solchen verallgemeinernden Vergleichen ist diese »metaphorisch« emphatische Einschätzung Eisensteins insofern nicht völlig inadäquat, als sie immerhin das wichtigste Merkmal, den Grundimpuls seiner Arbeitsweise erfaßt: jenen analytisch-rationalen Kunstbegriff, der wissenschaftliche Analyse (von der Geometrie, Mechanik und Physiologie bis hin zu Linguistik, Literatur-, Theater-, Musik- und Kunstwissenschaft) und ästhetische Praxis vereint.

Eisensteins Filmtheorie und Filmpraxis, die von Anfang an in einem korrelativen Verhältnis zueinander stehen, beschränken sich nie auf die Grenzen dieser einen Kunstart, sondern entwickeln sich stets in wissenschaftlich-analytischer und poetologisch-engagierter Auseinandersetzung mit »benachbarten« und »nicht benachbarten« Kunstbereichen (»obwohl natürlich schwerlich eine Kunstart zu finden ist, die an den Film nicht angrenzt«[1]) und Wissensgebieten. Ein derart dialektisch-struktureller Denkansatz ließ Eisenstein zum Vorläufer der modernen Semiotik werden[2] und seine Arbeiten zu Demonstrationsbeispielen neuer künstlerischer wie auch wissenschaftlicher Verfahrensweisen, deren Bedeutung weit über das so gesehen zum Exemplum gewordene Filmgebiet hinausreichen. Nachzuweisen ist diese Methode im theoretischen Schaffen Eisensteins ebenso wie auch in seiner spezifischen filmischen Schreibweise.

Wenn man die Tatsache richtig einschätzen will, daß Eisenstein nicht nur Filmemacher, sondern neben seiner theoretischen Arbeit auch noch bildender Künstler (Graphiker[3], Autor beißend-karikierender »Comic strips« auf den Bretterwänden der Agitationszüge in der Bürgerkriegszeit[4] und Bühnenbildner[5]),

Schauspieler[6], Theaterregisseur und Schriftsteller[7] war, so darf man sich hierbei nicht auf das bloße Konstatieren von »Doppel-« bzw. »Mehrfachbegabung« beschränken. Entscheidend ist vielmehr, daß dieses ungewöhnlich breite Spektrum schöpferischer Praxis ebenso wie die Wechselbeziehung von wissenschaftlicher und künstlerischer Tätigkeit von einer stets funktional-strukturellen Korrelation bestimmt und getragen wird.

An diese Voraussetzung muß vor allem im Zusammenhang mit Eisensteins Wechsel vom Theater zum Film erinnert werden. Diese spezifische Evolutionskonsequenz ist nämlich keinesfalls ein prinzipieller Bruch mit einer »überwundenen« Kunstart, wie das aus einer isolierten Lektüre der frühen Aufsätze herausgelesen werden könnte.* Schon die »äußeren« Fakten sprechen dagegen: Eisenstein zeigt ein permanentes Interesse für die Evolutions- und Formprobleme des Theaters, für das japanische Kabuki[8], die Comedia dell'arte und das Grand Guignol, für die Schauspielkunst Mei Fan-Lans, Ju. Glizers u. a. und inszeniert 1934 N. A. Zachrins ›Das zweite Moskau‹ (nicht aufgeführt), sowie 1939 Richard Wagners Oper ›Walküre‹. Wesentlicher als diese augenfälligen Hinweise auf Eisensteins anhaltende Beschäftigung mit dem Theater ist jedoch die Kontinuität eines inneren, strukturellen Zusammenhangs. 1934, als sich die sowjetische Filmkunst – anders als zur Entstehungszeit von ›Streik‹ – als eigengesetzliches Medium und den »traditionellen« Kunstarten durchaus ebenbürtige Kunst etabliert hatte, fordert Eisenstein: »Deutlicher als je zuvor zeichnet sich heute die Notwendigkeit ab, sich der kulturellen Kontinuität bewußt zu werden, die die ›Spezifik des Films‹ mit den angrenzenden Kunstarten verbindet«[9] und beschreibt damit eigentlich sein eigenes – trotz aller Polemik von Anfang an appliziertes – Arbeitsprinzip.

1924/25 sah die Situation erheblich anders aus. Es gab situa-

---

* Zu einem synchronen Lesen der Eisenstein-Texte unterschiedlicher Entstehungsdaten will gerade auch das Editionsprinzip dieser Ausgabe der ›Schriften‹ anleiten. Das Ziel sollte dabei aber keinesfalls ein aus den entsprechenden unterschiedlichen Aussagen erstellter Widerspruchskatalog mit positivistischem Charakter sein, sondern vielmehr die Entdeckung des grundlegenden ästhetischen und ideologischen Zielprinzips Eisensteinscher Schaffensweise, das von dem jeweiligen poetologischen und kulturpolitischen Engagement lediglich situationsspezifisch differenziert wird.

tionsspezifische Evolutionsbedingungen, die eine Akzentuierung der bestehenden Differenzqualitäten zwischen den eta-
blierten Künsten und dem Film nötig machten. Außerdem
werden die rigoristischen Töne der Abkehr vom Theater durch
Eisensteins bewußt provozierend-aggressives Engagement für
die ›links‹-avantgardistische Lef-Programmatik[10] und das lei-
denschaftliche Bekennertum eines »jungen Proselyten«
(Eisenstein über Eisenstein) bedingt. Die akzentuierte Hervor-
hebung, ja Verabsolutierung filmischer Möglichkeiten gegenüber den übrigen ästhetischen Ausdrucksformen hat ihre
Ursache zunächst einmal in der Tatsache, daß der zeitgenössische Film durchaus noch um seine Anerkennung als »seriöse
Kunst« zu kämpfen hatte. 1913, in dem Jahr, als selbst Vs.
Meierhold – später einer der wichtigsten Anreger des sowjetischen Films – diesem neuen Ausdrucksmittel noch »keinen
Platz auf dem Gebiet des Künstlerischen«[11] einräumen wollte,
formulierte die Zeitschrift ›Maski‹ die auch 1924/25 noch nicht
endgültig entschiedene Kampfposition als unversöhnliche Al-
ternativfrage: »Wer siegt? Der Kinematograph oder das Theater?«[12] Die seit dieser Zeit geführten heftigen Debatten um
den ästhetischen »Wert« von Film- und Theaterkunst hatten
bei aller inadäquaten Polemik immerhin zwei wesentliche
Tatsachen herausgestellt: den primär antipsychologischen
Charakter des Stummfilms gegenüber dem dominierenden
Theater des »Erlebens«, mit dem seine potentielle Neigung
zu der im Theater »unmöglich« scheinenden Massendarstel-
lung verbunden ist. Genau diese Möglichkeit nutzt dann auch
der Revolutionsfilm Eisensteins. – Noch wichtiger ist aber die
in dieser Polemik negativ herausgearbeitete Erkenntnis, daß
es sich bei Film und Theater um zwei grundsätzlich unterschiedliche Medien handelt. Daß der Film in seinen Anfängen
diese Tatsache ignorierte und sich häufig genug als eine Imita-
tion der Theaterform vor der Kamera darstellte, trug zu den
Vorurteilen gegenüber der neuen Kunstform erheblich bei.
V. Friče bezeichnet diese Situation durchaus konsequent, wenn
er im Film damals ein »stummes ›théâtre moderne‹«[13] sah.
Auch wenn man sämtliche ästhetischen Ausdrucksmanifesta-
tionen auf einen analog gebauten »sekundär modellierenden
Code«[14] zurückführen kann, so muß dieser doch stets in einem
dem jeweiligen Medium und dessen Bedingungen eigentümli-
chen Zeichensystem[15], in einer spezifischen Sprache formuliert

werden. Eisensteins Abgrenzung des Films vom Theater muß
gerade auch als akzentuiertes Aufmerksammachen auf die entscheidenden Medienunterschiede begriffen werden, die er im
Verlaufe seiner Filmpraxis eruierte. Gerade »Streik« stellt in
dieser Hinsicht durchaus noch ein Übergangsstadium mit deutlichen Merkmalen der Theaterpraxis dar.

Mit seiner besonderen Hinwendung zu den Medienunterschie-
den steht Eisenstein in deutlicher Nähe zur Arbeit der »Formalen Schule«. Der vor allem als Literaturwissenschaftler und
Schriftsteller bekanntgewordene Jurij Tynjanov fordert in diesem Sinne 1926: »Der Film befreie sich langsam aus der
Gefangenschaft der benachbarten Künste – der Malerei und
des Theaters. Jetzt muß er sich von der Literatur befreien.«[16]
Auch diese »Befreiung« von Literatur, Malerei und . . . Theater bedeutet vor allem eine Absage an inadäquate Linearüber-
tragungen von spezifisch ausgebildeten Konventionen anderer
Kunstarten auf das Zeichensystem Film. Es ist der Protest gegen die etwa von B. Balázs seinerzeit vertretene malerische
Definition der isoliert betrachteten Einstellung[17], gegen das
»gefilmte Schauspiel« und die unreflektierte Übertragung literarischer Sujetverhältnisse. Schon im Interesse der zunächst
vor allem mit der Analyse literarischer Bauformen beschäftigten Vertreter der »Formalen Schule« für den Film liegt ein
Hinweis auf prästrukturelles und -semiotisches Denken, das
gerade auch für Eisenstein bezeichnend ist: Daß die frühe apo-
diktische Abgrenzung gleichzeitig ein erhöhtes Interesse für
den *inneren,* den strukturellen *Zusammenhang* forciert, zeigt
sich in dem für Eisensteins Theorie zentralen Begriff von der
»zweiten literarischen Periode« des Films[18]: Während die erste
»literarische Periode« von unreflektierten Ekranisierungen literarischer Sujets, von Reproduktionen der Theaterform vor
der Kamera usw. bestimmt war, trat der avantgardistische So-
wjetfilm – vor allem Eisensteins Produktion – in eine zweite
»literarische Phase« ein, die von der analytischen Beobachtung
grundsätzlicher ästhetischer Codeverhältnisse ausging, von der
Frage nach den *Grundsätzen,* nach den *Bauformen* der Metapher, der Kontextbildung usw.

In diesem Sinne ist auch das Verhältnis von Eisensteins Arbeit
am Theater und Film zu betrachten. Eine Tatsache, auf die
gerade auch angesichts der immer noch aktuellen Ignoranz gegenüber der inneren Korrelation der Kunstgebiete hinzuweisen

ist, deren »Einflüsse« man vor allem in externen, bzw. »thematischen« und linearformalen Analogien untersucht.*

Für die Entwicklung der Eisensteinschen Schaffensweise ist neben dieser allgemeinen noch eine spezifische Kontinuität charakteristisch, die die ästhetische Grundlage seiner Arbeit vom Fronttheater über die Proletkult-Inszenierungen vom ›Mexikaner‹, dem ›Gescheitesten‹, den Tret'jakovstücken ›Hörst Du, Moskau?!‹ und ›Gasmasken‹ bis in die Filmproduktion hinein bildet: Es ist die jeweils spezifisch manifestierte Suche nach einer Verschmelzung von künstlerischer Darstellung und »Lebenswirklichkeit«, von ästhetischer und politisch-gesellschaftlicher Einwirkung.

Diese Zielsetzung entsprach einer von dem welthistorisch bedeutsamen Gesellschaftsumbruch des revolutionären Rußlands ausgehenden Antwort auf die spätestens seit der Jahrhundertwende in Europa und Nordamerika konstatierte Krise der Kunstarten. Sie ist in der formalen Realisierung mit einer Reihe allgemein in diesem Kulturkreis zu beobachtenden Tendenzen verwandt, unterscheidet sich aber durch ihr gesellschaftsbezogen revolutionäres Grundmotiv. Innerhalb der allgemeinen Bemühung um eine neue – der prinzipiell veränderten Gesellschaftssituation adäquaten – Kunst steht der Eisensteinsche Entwicklungsweg unter dem Einfluß der beiden wichtigsten Gruppierungen Lef und Proletkult, ohne jedoch mit ihnen identifiziert werden zu können.

Von Proletkult (der Mai 1917 in Petrograd gegründeten »Obedinenie proletarskich kul'turno-prosvetitel'skich organizacij« – »Vereinigung proletarischer kulturell-aufklärender Organisationen«[19]) trennt Eisenstein neben der erst später reflektierten ideologischen Differenz vor allem das Auseinanderklaffen von theoretischem Anspruch und tatsächlich geübter Praxis auf künstlerischem Gebiet. Die Tatsache, daß »die Leitungsorgane von Proletkult weder im Repertoire noch in prinzipiellen und formalen Fragen einen festen Theaterkurs steuerten«[20], ja »sich nicht vor Kompromissen [scheuten], wenn es sich um die Frage der Aktualität der vorrevolutionären Künste han-

---

* Zur Methodenkritik solcher Versuche vgl. D. Ďurišin, ›Vergleichende Literaturwissenschaft. Versuch eines methodisch-theoretischen Grundrisses‹. Berlin/DDR bzw., Bratislava 1972.

delte«[21], führten schließlich zu dem in diesem Band erstmals zusammenhängend dokumentierten Bruch, genauer – zu dem zwangsläufigen Aufgeben dieser Plattform. Eisensteins Mitarbeit in einer Proletkult-Institution wird dann richtig eingeschätzt, wenn man berücksichtigt, daß er – nach einem Zeugnis G. Aleksandrovs[22] – bewußt nicht in das unter Petrograder, resp. Bogdanovschem Einfluß stehende »Erimitaž«-Theater des »Central'nyj Proletkul't« eintrat, sondern sich der hiervon abgespalteten Wandertruppe (»Peretru«) anschloß, die in der Morozov-Villa (heute: »Dom družby«, Prospekt Kalinina 16) das »Pervyj rabočij teatr Proletkul'ta«, das »Erste Arbeitertheater des Proletkult« einrichtete. Wie A. Lëvšin bezeugt[23], wurde die künstlerische Orientierung dieses Theaters zunächst von dem späteren Lef-Theoretiker B. Arvatov bestimmt und war damit sowohl für Eisensteins Regie-Experimente wie auch für die Agitations- und Produktionsstücke S. Tret'jakovs offen.

Mit der »Linken Front der Künste« (Lef), deren *Organisation* er sich nur ausgesprochen kurze Zeit zugehörig fühlte, kann Eisenstein insofern nicht identifiziert werden, als er im Gegensatz zu dem dort primär auf intellektuell-spekulativer Programmatik beschränkten Entwurf um ein kritisch-pragmatisches Einbeziehen der tatsächlich vorhandenen Rezeptionsmöglichkeiten bemüht ist, das zur permanenten Überprüfung seines Ausdruckssystems und seiner künstlerischen Praxis führt.

Wenn von einem gemeinsamen Einflußbereich aus Proletkult und Lef gesprochen wird, so sind damit die analogen, bzw. verwandten Prämissen der beiden Gruppierungen gemeint. Beide fordern eine radikale Abkehr vom »klassischen Kulturerbe«, vom tradierten Kultur- und Kunstkanon. Beide streben eine massenbezogene (also antiindividualistische) und von tayloristischen Prinzipien bestimmte Kunst an. Schließlich wird der Sinn der Kunst hier wie dort in ihrer gesellschaftlichen Funktion gesehen, wobei jedoch Proletkult ein von Lenin scharf verurteiltes[24] isolationistisches Konzept der vom politischen (Partei) und ökonomischen (Gewerkschaft) Bereich unabhängigen Kultur einer einzigen Klasse ohne Berücksichtigung der gesamtgesellschaftlichen Entwicklung verfolgt. Im Gegensatz zu dieser von A. A. Bogdanov formulierten Theorie fordert B. Arvatov[25] eine aktiv und konkret mit den politischen und gesamtgesellschaftlichen Tagesaufgaben verknüpfte Kunst.

Wie 1962 von I. G. Rostovcev[26] und kürzlich von K. Hielscher[27] mit Recht betont wird, ist gerade das Theoriekonzept B. Arvatovs für die Entwicklung Eisensteins von außerordentlicher Bedeutung. Wenn Eisenstein in ›Montage der Attraktionen‹ betont, daß er die Linie des »Agitationstheaters der Attraktionen« in bewußter Absetzung vom »abbildend-erzählenden Theater« des »rechten« (resp. eigentlichen) Proletkultflügels »gemeinsam mit Boris Arvatov« ausarbeitete[28], so kann diese Feststellung dahingehend ausgeweitet werden, daß Eisenstein während seiner Tätigkeit am Ersten Arbeitertheater zusammen mit Arvatov die Prinzipien seiner dann medien- und rezeptionsbezogen modifiziert auch im Film gültigen Arbeitsmethode bestimmt. Bei Arvatov findet sich der für Eisensteins Konzept entscheidende Schlüsselbegriff der »Einwirkungskunst«; die Orientierung auf einen »psychisch regulierend und ökonomisch zweckmäßig« organisierten Materialaufbau mit sozialer »Funktion«; die Absage ans »Literarische«, »Theatralische«, an Fiktion und »Sujetherrschaft«; das Ziel eines »Theaters als Produktion« und als »Montage des Lebens«[29].

Man darf den Anteil Arvatovs an der Herausarbeitung des Eisensteinschen Systems natürlich keinesfalls verabsolutieren, wie das zuweilen mit der in der Literatur häufiger beachteten Beziehung Eisenstein-Meierhold geschieht[30]. Die mit den aufgeführten Stichwörtern signalisierten Tendenzen einer neuen Ästhetik finden sich ebenso bei dem mit Eisenstein eng zusammenarbeitenden Sergej M. Tret'jakov[31] und kennzeichnen letztlich sogar den Grundimpuls der gesamten künstlerischen Suche nach einem neuen Ausdruckssystem, der – in natürlich breit gefächerter Modifikation – weit über die Grenzen der Lef-Avantgarde hinausreicht und sogar im Lager des sogenannten »Realismus« seine Folgen zeigt.

Wenn Eisenstein die zitierte Textstelle aus ›Montage der Attraktionen‹ – ähnlich wie später in ›Das Mittlere von Dreien‹ – mit einem Hinweis auf diese schon in der früheren Theaterarbeit angelegte Tendenz verbindet, so ist das keinesfalls der Ausdruck eines historisch nicht zu rechtfertigenden Autorenehrgeizes, sondern Wahrnehmung eines organischen Entwicklungszusammenhangs, der durch die Begegnung mit Arvatov und Tret'jakov, durch die Studienzeit an Meierholds GVYRM (wo er sich nicht nur mit der zu ökonomisch-mechanistischer Ausdrucksbewegung erziehenden Biomechanik, sondern u. a. mit Picasso und der kubistischen Malerei[32] beschäftigt), durch das Experimentieren am formalisiert-futuristischen Foregger-Theater u. ä. stimuliert und forciert wird.

Die Voraussetzung dieser Entwicklung muß in dem von Hause aus utilitären Kunstverständnis des Architektensohns und ehemaligen Ingenieurstudenten Eisenstein gesucht werden, der früh ein intensives Interesse für die »offenen Formen« des Zirkus, der volkstümlichen Jahrmarkts- und Schaubudenkunst (des russischen »balagan« und des ukrainischen »vertep«), der mittelalterlichen Mysterienspiele und der Shakespeare-Dramen entwickelt. Initiiert wird diese Entwicklung dann durch die Tätigkeit als Graphiker, Schauspieler, Bühnenbildner und Regisseur im Frontensemble einer auf *unmittelbar aktivierende Einwirkung* ausgerichteten *Agitationskunst.*

Dieser Einführungsessay kann keine Detailgeschichte der inzwischen ausführlich dargestellten[33] Theaterarbeit Eisensteins liefern. Anzuführen sind aber die Haupttendenzen, die für die Filmarbeit und deren ästhetisches wie poetologisches Statut relevant werden.

Getragen von der Zielmotivierung einer antibürgerlichen, dem sozialistischen Gesellschaftsaufbau dienenden Kunst, kommt es zu einer zunächst vor allem formal-experimentierenden »Revolutionierung des Theaters«, die das Aussehen dieser Kunstform radikal verändert. Es werden die tradierten Einheiten von Bühne, psychologisch-immanenter Regiekurve, von Dramenaufbau, Textvorlage, Sujet, Bild, ja Dialogzusammenhang zerbrochen. An die Stelle von Illusion tritt die zusammenhangaufdeckende Montage, an die Stelle von individualpsychologischer Orientierung tritt der Typ, die »soziale Maske«, tritt Physiologie, Akrobatik, Faktenbezug. Stanislavskijs »Kunst des inneren Erlebens« (»iskusstvo pereživanija«) wird von einer alltagsbezogen-politischen »Einwirkungskunst« (»iskusstvo vozdejstvija«) abgelöst und das vordem gesellschaftlich wie künstlerisch elitäre Theater verbindet sich mit den »niederen« Kunstformen Zirkus, »Theater der Schrecken« (Guignol), Buffonade, Music hall, Platzorchester, Estrade, Kabarett . . . und Film.

Diesen Umbruch der Theaterform und der Theaterfunktion realisiert Eisenstein wie gesagt auf dem Hintergrund analoger

Vorgänge in allen Kunstarten, vor allem im Kontext des 1920
von Vs. Meierhold proklamierten »Theateroktober« und Ma-
jakovskijs ›Mysterium buffo‹ (für das Eisenstein in Vožega ein
Bühnenbild entwarf[34]). Erster deutlicher Auftakt ist die Inszenierung des ›Mexikaners‹ (uraufgeführt 10. 3. 1921[35]), wo
Eisenstein – obwohl zunächst nur als Bühnenbildner mitarbei-
tend – gegen den Proletkult-Regisseur Smyšljajev und die im
Ersten MChT-Studio vorherrschende psychologisierende
Theatermethode eine traditionell nur durch die Gesten der als
Zuschauer auftretenden Schauspieler signalisierte Boxkampf-
Szene nicht nur in die immerhin visuelle Ebene der Bühne,
sondern sogar ins Proszenium holt, und sie damit den Theater-
besucher als hautnahe, empirisch-faktische Wirklichkeit erleben läßt. Entschiedener Höhepunkt dieser Inszenierungslinie
ist dann die im Mai 1923 stattfindende Uraufführung des total
veränderten Reportoirestücks ›Eine Dummheit macht auch der
Gescheiteste‹ von Aleksandr N. Ostrovskij[36]. Tret'jakov, von
dem die »freie Textkomposition« des Stückes stammt, beschreibt diese Inszenierung in einem hier erstmals wieder zugänglich gemachten Text[37]:

›DER GESCHEITESTE‹   *im Proletkult*

Aufgabe: Politbuffonade im Zirkusstil. Im Hinblick auf
das bevorstehende Ostrovskij-Jubiläum wählte
der Regisseur Eisenstein den ›Gescheitesten‹
als ein Stück mit exzentrischer Intrige, das sich besonders leicht
zu einer politischen Revue umarbeiten läßt. Der Blickwinkel
des Regisseurs: Ostrovskij ist ein großer Meister der Intrigen-
komödie und des Komödien-Buffo. Der psychologische Mi-
lieuballast seines Stückes wurde abgeworfen.

Sujet: Die Handlung wurde nach Paris verlegt. Glumov – Gauner im Flüchtlingsmilieu – haut
Emigranten und Ausländer übers Ohr. Hinzugefügt wurde ein Prolog – Glumovs Ausreise aus Rußland –
und ein Epilog – seine Rückkehr nach Rußland auf Aufforde-
rung Golutvins hin, der eine schwarze Maske, ein Nepman,
ist, dessen dramatische Rolle verstärkt hervorgehoben wird.
Die Personen der Inszenierung sind: Mamaev – Miljukov, Gorodulin – ein Faschist, Krutickij – Joffre, Manefa – Rasputin

im Weiberrock, Turusina – eine bigotte Dame von Welt, Typ der Gräfin Ignat'eva.

Text: Ostrovskij blieb zu ca. 25 % erhalten und klingt in der ihm fremden Umgebung parodistisch. Im übrigen fand eine Umarbeitung des Textes statt – eine Neuanordnung des Sujets oder ein völlig neuer Text. Der Text hat in einem solchen Stück eine zweifache Aufgabe zu erfüllen – die Attraktionen in einem Sujet zu verbinden, um die Tricks verständlich zu machen und eine aktuelle Anspielung zu erreichen. Die Schwierigkeit dieser Aufgabe besteht darin, einzukalkulieren, daß dieser Umstand das Stück mit neutralem Text überfrachtet. Den gilt es auszumerzen.

Montage der Attraktionen: Personenhandlung wurde abgeschafft. Die Arbeit jedes Mitwirkenden wird sowohl in bezug auf individuelles Training, wie im wechselseitigen Zusammenwirken in Attraktionen vorgestellt. Hauptattraktionsgruppen sind Uniformen, Clowns, Äquilibristen.

Die Technik ist von hohem Niveau, besonders wenn man berücksichtigt, daß die Rede direkt in den allerschwersten Tricks besteht (Balance auf Perche und Seil).

Es kommen sowohl reine equilibristische, wie auch parodistische Attraktionen vor.

Golutvin parodiert den Detektivfilm, der Faschist das Kammerspiel. Die Rolle der Turusina bewegt sich gleichzeitig auf zwei Ebenen (als ausschweifendes Weib und als Dame von Welt). Drei Offiziere, die alle gleichzeitig die Rolle Kurcaevs spielen, parodieren süßliche Eleganz. Als montierendes Verfahren kann die Umstellung im zweiten Akt angeführt werden: der Dialog Mamaeva – Glumov wurde auseinandergeschnitten und in den Dialog Mamaev – Glumov eingefügt. Zwei Auftritte gehen sich überschneidend von einer niederen auf die höhere Plattform.

Die musikalische Begleitung, die eine Parodie auf Lebensgewohnheiten ist, wurde aus den banalsten und abgedroschenen Melodien zusammengestellt. Außerdem wurden Gesänge und Situationen des kirchlichen Rituals verwendet.

Buntscheckige und exzentrische Kostüme.

Lichteffekte. Mechanische Tricks und Geräte.

Ergebnis: Die auf Trick und Äquilibristik beruhende Komposition, die Buffonade und die alltagsbezogene Anspielung finden im »Gescheitesten ihre laborierende Vorarbeit, die ein Fixpunkt für die weitere Arbeit im Sinne der Zielaufgabe einer rayonistischen Agit-Buffo-Theater-Schaubude ist«.

Mit Recht charakterisiert Tret'jakov diese Inszenierung als »laborierende Vorarbeit im Sinne der Zielaufgabe«. Denn ihre Bedeutung liegt primär im radikal zugespitzten Experimentieren mit neuen Verfahrensweisen, das folgenreiche Erkenntnisse für die nunmehr veränderte Operationsstruktur in Theater und Film hat. Die intendierte Veränderung des Zuschauers dagegen wurde mit diesem ersten Schritt noch nicht erreicht. N. D. Volkov charakterisiert die allgemeine Reaktion, wenn er feststellt, daß man nach drei Stunden staunender Bewunderung hervorragender akrobatischer und komischer Leistungen »schon längst vergessen hatte, daß es hier um eine Verächtlichmachung der Emigration, des Faschismus u. a. ging«, »daß vieles, was als Mittel zum Einsatz kam, letztlich zum Ziele wurde, daß die Musik ironisch zu klingen aufhörte, daß den Schauspielern der ganze ›Schick‹ scheinbar tatsächlich zu gefallen begann«: »Man beginnt zu zweifeln, ob auf dem Programmzettel wirklich ›Arbeitertheater‹ steht und ob es sich tatsächlich um eine Proletkult-Sache handelt.«[38] In der dem zitierten Tret'jakov-Aufsatz folgenden Nummer von ›Zreliča‹ verteidigt B. Arvatov die ›Gescheitesten‹-Inszenierung unter dem Titel ›Was das mit Arbeitertheater zu tun hat‹ als »Revolution auf dem Theater, und wem gebührt in unserer Zeit die Rolle des Hegemonen über alle Revolutionen, wenn nicht der Arbeiterklasse«, muß aber in einer 1930 hierzu geschriebenen Fußnote selbst eingestehen, daß es »heute schwer zu sagen ist, wieviel hier vom Proletariat und wieviel aus revolutionär-urbanistischer Kunst stammt«[39].

Meierhold, der sich selbst mit aktualisierten Ostrovskij-Inszenierungen befaßte, definiert die Diskrepanz von formal-struktureller Bedeutung und nicht erreichter Publikumsrezeption, wenn er 1939 feststellt: Eisenstein »erarbeitete sich einfach die eigene Gangart als Regisseur; schlecht ist nur, daß er das öffentlich machte«[40]. Diese Gangart trägt den Namen »Montage der Attraktionen«.

Die hier applizierte Begrifflichkeit signalisiert zunächst einmal die spezifischen Affinitäten der ›Gescheitesten‹-Inszenierung: die zircensische Machart durch Verwendung des Fachausdruk-

kes für eine »gefährliche Nummer« im Zirkus: »Attraktion«;
die Faszination bewußt technisch-konstruktivistischer Arbeitsweise durch den Begriff »Montage«, »der halb in der Sphäre
des Produktionsbetriebes, halb in der Sphäre der music hall
zu Hause ist und den Sinn beider Wörter enthält«[41]. – Gleichzeitig bezeichnen beide Termini aber auch die grundsätzliche
Zielrichtung und Verfahrensweise der hiermit ausgedrückten
neuen Ästhetik: »Attraktion« bedeutet vor allem extreme
Konzentration der Zuschauer-Aufmerksamkeit auf einen
bestimmten Trick, bzw. auf eine bewußt kalkulierte Akzent-
stelle der Regiekurve. Eisenstein und Tret'jakov[42] machen
darauf aufmerksam, daß es eigentlich in jedem Kunstwerk und
allen Inszenierungsformen wirkungsbezogen hervorgehobene
Stellen gibt. Der Neuansatz liegt lediglich im exakt berechneten
Plan, nach dem die einzelnen »Attraktionen« in *bewußter* Akzentuierung zum Einsatz kommen, wobei Eisenstein sogar die
naturwissenschaftlichen Erkenntnisse der experimentellen Reflexologie V. M. Bechterevs[43] für eine ästhetische Produktion
»sozial nützlicher Reizerreger« (so ein später verwendetes
Synonym für »Attraktion«)[44] zu verwerten versucht.
Anordnungsprinzip des korrelativen Aufbaus dieser divergie-
renden Konstruktionselemente ist Montage. Ein Verfahren,
das – wie Eisenstein später ausführlich analysiert[45] – dem die
Wirklichkeit ihrem Statut nach nur segmentarisch widerspie-
gelnden und reflektierenden künstlerischen Schaffen prinzipiell
eigen ist, das aber im Zeitalter einer sich mit »urbanistischer«
und »tayloristischer« Dynamik verändernden Wirklichkeit zum
extrem hervorgekehrten – nicht mehr illusionistisch verdeckten
– Signum aller Kunstformen und -arten im europäisch-ameri-
kanischen Kulturraum wurde. Eisensteins »Attraktionsmontage« hängt mit dem sich im russischen Futurismus und westlichen Kubismus manifestierten »èsprit manipulateur« zusammen, der auch die linguistischen und literaturwissenschaftlichen
Analysen der Formalen Schule prägt und erweist sich in der
theoretischen Reflexion deshalb als Strukturalismus, ja Semiotik »avant la lettre«, weil sie zur Erkenntnis vorstößt, daß ein
Zusammentreten der als »Ionen«, »Elektronen«, »Neutro-
nen«, als »Einheiten« begriffenen eigenständigen »Attraktionen« neue Zusammenhänge aufdeckt. Damit war ein struktu-
relles Prinzip, der Code ästhetischer Kommunikation beschrie-
ben, der sich unter Berücksichtigung der spezifischen

Medieneigenschaften übertragen ließ. Etwa auf die Filmkunst, auf Struktur und Bestimmung der Einstellungskorrelationen. Steht am Anfang auch noch die »emotionale Einwirkung« im Zentrum »überraschender« Attraktionen (Šklovskij spricht von einer »Montage der Überraschungen«)[46], so tritt spätestens mit dem ›Oktoberfilm‹ die vor allem auf Zusammenhangseinsicht abzielende »intellektuelle Montage«[47]. Immerhin ist aber auch die »emotionale Einwirkung« schon durch ihr Operieren mit materiell-faktischem Material und extrem antiillusionistisch »bloßgelegten Kunstgriffen« auf »bewußtes Erleben eines historischen Prozesses« und nicht – wie Piscator meinte – auf einen Appell »an primitive Instinkte« aus[48].

Als ästhetisch vorprogrammierter Auslöser von Emotionen und Einsichten, die für den Rezipienten unvorhergesehen und überraschend sind, erweist sich die »Montage der Attraktionen« als ein besonders aufschlußreiches Demonstrationsbeispiel des von Šklovskij in dieser Zeit gerade am literarischen Kunstwerk beobachteten »Kunstgriffs der Verfremdung« und des »neuen Sehens«[49]. Durch Tret'jakovs Vermittlung[50] wird dies schließlich für die künstlerische Verfahrensweise Bertolt Brechts außerordentlich bedeutsam.

Von der allgemeinen »urbanistisch-tayloristischen Montagekultur« unterscheidet sich Eisenstein durch seinen betont marxistischen Materialismusbegriff, durch die funktionale Bestimmung seiner Laboratoriumsarbeit als der Suche nach einem »materialistischen Zugang zur Form«. Ohne die Berechtigung des Eisensteinschen Anspruchs im Rahmen einer in jüngster Zeit reichlich verworrenen Debatte um die »materialistische Ästhetik«[51] hier im Detail untersuchen zu wollen – dazu bedürfte es einer eigenen ausführlichen Studie –, sei auf jeden Fall auf das konstituierende Faktum der künstlerischen Evolution Eisensteins hingewiesen. Auf die Tatsache, daß seine formalen Experimente grundsätzlich und von Anfang an das Ziel einer für den auf marxistisch-leninistischen Wissenschaftsprinzipien basierenden Gesellschaftsaufbau »nützlichen« Kunst verfolgen. Hier liegt die entscheidende Differenzqualität gegenüber jener »Montagekunst«, die (wie etwa das sich allmählich zum Mekka der NEP-Kultur entwickelnde Theater Foreggers oder Radlovs[52]) in ihrer Faszination über die grandiosen formalen Möglichkeiten montierender Experimente die Frage nach deren gesellschaftlicher Funktionierung vergessen. Das Ziel gesellschaftspolitischer Einwirkungskunst mußte somit auch nach dem Erlebnis des Rezeptionsfiasko der ›Gescheitesten‹-Aufführung konsequenterweise jenen Prozeß einleiten, den Eisenstein 1926 als »Überprüfung der Attraktionen«[53] bezeichnet. Eisenstein inszeniert am 6. Jahrestag der Oktoberrevolution, am 7. November 1923, ein Stück, das die gerade vierzehn Tage zuvor im Hamburger Aufstand (23.–25. Oktober 1923) gipfelnden revolutionären Ereignisse in Deutschland behandelte und ursprünglich sowjetische Freiwillige auf die aktive bewaffnete Unterstützung ihrer deutschen Genossen vorbereiten, ja sie vor ihrer Abfahrt nach Deutschland »verabschieden« sollte: S. Tret'jakovs »Agitguignol‹ ›Hörst Du, Moskau?!‹ – ein Stück also, das die welthistorische Bedeutung der Oktoberrevolution an der gegenwärtig-faktischen Realität abhandelte und zu einem direkten Umschlagen der ästhetisch-ideologischen Wirkung in konkret geschichtsverändernde Aktivität führen sollte. In Verfolgung dieses Zieles war das Stück, dessen »Formprinzip« laut Tret'jakov ebenso wie im ›Gescheitesten‹ »nicht Erleben auf der Bühne, nicht psychologische und historische Wahrheitstreue, sondern Wirksamkeit im Sinne einer Akkumulation der Emotionen von Klassenhaß und Klassenmitgefühl«[54] intendierte, auf einem plakativen Sujet aufgebaut, in dem »nicht Charaktere agieren, sondern ›soziale Masken‹, die ohne Individualisierung individualpsychologischer Art soziale Grundtendenzen der geschichtlichen Entwicklung vertreten und durchsetzen«[55]. Der in der ›Gescheitesten‹-Inszenierung vorherrschende Zirkuscharakter wurde – von bestimmten Anklängen in der biomechanistisch aufgebauten Bewegungslinie der Schauspieler und einer bei Fevral'skij erwähnten Kamelnummer[56] abgesehen – durch experimentelle Verwertung der schon in Tret'jakovs eigenwilliger Gattungsbestimmung signalisierten Traditionen des Grand Guignol, jenes im Paris des ausgehenden 19. Jahrhunderts außerordentlich populären »Theaters der Schrecken«, abgelöst. Natürlich kam es dabei keinesfalls zu einer Linearübertragung der auf sadistische Anlagen des Menschen spekulierenden Guignol-Methode[57]. Der Einsatz von Attraktionen extrem »naturalistischen Charakters« wie Blut, Zähneklappern, Gewehrschüsse[58] sollte vielmehr »emotionell erschütternde Einwirkung« der »unmittelbaren Realität« im Sinne der bezeichneten gesellschaftspolitischen Aktivierung bewirken, wie Eisenstein in ›Montage der Attraktionen‹ aus-

führt: »Die aufgesplitterten Zuschaueremotionen sollen zu ei- ✕
nem gemeinsamen Wollen vereint werden und eine vom gerade
ablaufenden Kampf der deutschen Arbeiter für den Kommunismus diktierte Zielrichtung in der Zuschauerpsyche bewirken.«[59] Während der Zuschauer im ›Gescheitesten‹ vor allem
das akrobatische Können bewunderte[60], griff er hier aktiv in
das Bühnengeschehen ein, versuchte die Handlung zu beein-
flussen, ja sogar die Negativfigur im buchstäblichen Sinne zu
erschießen[61] und identifizierte sich schließlich am Schluß der
Aufführung durch spontanes Absingen der ›Internationale‹ mit
Bühnengeschehen und Agitationsziel.

Im Sinne des Eisensteinschen Zieles war das natürlich noch
keine tatsächliche und letztgültige Durchbrechung der Illu-
sionsgrenze von Bühnendarstellung und faktisch-materieller
Praxis. Im nächsten Tret'jakov-Stück ›Gasmasken‹ (Uraufführung: 29. 2. 1924) ging er an den Versuch einer direkten Verschmelzung von Theaterarbeit und tatsächlichem Produktionsprozeß: Das auf einem im aktuellen Sowjetalltag wirklich
stattgefundenen Ereignis aufbauende Stück wurde im Moskauer Gaswerk am Kursker Bahnhof von Schauspielern in nor-
maler Arbeitskleidung aufgeführt, mündete in faktischer Pro-
duktionsaufnahme durch die zur neuen Schicht antretenden
Gaswerker, die die Aggregate in Gang setzten und als Schlußeffekt eine reale Gasflamme hochschießen ließen[62]. Zur Attraktion waren jetzt also reale Dinge geworden – die materielle
Faktur des Fabrikgeländes und die technische Schönheit der
Turbogeneratoren, und an die Stelle biomechanistischer Bewe-
gungsökonomie trat die vollendete Dynamik arbeitender Maschinen. Die Darstellung fiktiven Geschehens hatte hier keine
Chance mehr, seine Wirkungsmöglichkeit wurde förmlich »er-
drückt«, wie Eisenstein später feststellt[63]. Die intendierte Einheit einer szenischen Demonstration von »Standarts (vorbild-
haften Modellen)« und »Standartlebensweise«[64] mit dem
realen Produktionsprozeß wurde nicht erreicht, ja erwies sich
als prinzipiell unmöglich. Auch die funktional-korrelative Vereinigung von Mensch und Ding in der dynamischen Harmonie
des gemeinsamen Produktionsprozesses, die er in einer nichtrealisierten Inszenierung mit kubistischen Dekorationsexperi-
menten lösen wollte[65], konnte Eisenstein auf dieser Kommu-
nikationsebene nicht demonstrieren. Seine Bemühungen,
dieses Moment durch Lichteffekte visuell zu betonen, d. h.

die Aufmerksamkeit auf bestimmte Ausschnitte im Kollossal-
bild der »Wirklichkeitsbühne« zu lenken, erwiesen den »produktiven Irrtum« (F. Mierau)[66] von Eisensteins letztem Thea-
terexperiment insofern, als sie eine Tendenz darstellten, die
schon nicht mehr im Medium des Theaters, sondern nur in
dem . . . des Films zu realisieren war. Wenn man sich diese
»Bildausschnitte« ansieht, die Eisenstein glücklicherweise fo-
tographisch fixierte (vgl. Abb. 15), so könnte man versucht
sein, sie für eine Filmeinstellung zu halten.

Eisenstein wendet sich also völlig konsequent dem Film zu.
Jener Kunstart, die etwa Ėrenburg in seiner damaligen konstruktivistischen Phase als die »große Gegenwartskunst«, als
»Mechanisierung aller Gesten. Mathematische Genauigkeit
der menschlichen Wörter und Bewegungen. Extreme Ökono-
mie«[67] preist, und die Majakovskij als »Innovator der Literatur« und »Zerstörer der Ästhetik«[68] begrüßt. Daß die Evolution des neuen Kunstbegriffs diesen Schritt grundsätzlich
vorbereitete, macht Tret'jakovs Forderung deutlich:

> »Weniger Gedichte – mehr Journalistik,
> Weniger kammertheatralische Lesungen – mehr Radio,
> Weniger Theater – mehr Kino,
> Weniger Lyrik – mehr Utilitarismus«[69].

Im Zeichen dieser avantgardistischen Begeisterung für die potentiell antiillusionistische, technische und utilitäre Filmkunst
betritt Eisenstein kinematographisches Terrain, auf dem er sein
Ziel einer ästhetischen Kommunikation faktenbezogen-mate-
riellen Charakters und gesellschaftsverändernder Zielsetzung
zu realisieren hofft. Er tut dies mit der Arbeitserfahrung seiner
radikalen Abkehr von individualpsychologisch auf »inneres
Miterleben« orientierter Theatralik, bzw. seiner konsequenten
Applikation der Prinzipien des »Theaters der Konventionen«,
was ihn prinzipiell vor unproduktiven Tendenzen der zeitgenössischen Filmpraxis bewahrte, die das »beste Theater im
Film« schaffen wollten[70].

Von diesen Erfahrungen ist ›Streik‹ in einem Maße geprägt,
das J. Toeplitz diesen Film »eher als eine Fortsetzung von
Eisensteins Theaterarbeit auf einem anderen Gebiet [. . .] als
den Start in der neuen Kunstgattung«[71] betrachten läßt. Dieser
Satz ist umkehrbar, und es findet sich ebenso eine Reihe von
Einschätzungen, die von der »kinematographischen Linie« seiner Theaterarbeit sprechen. ›Streik‹ ist natürlich in jeder Hin-

sicht ein Experiment, das in direktem Evolutionszusammenhang mit vorhergegangenen Verfahrensweisen und beibehaltener poetologischer Programmatik steht, ein »Film, der nach dem Prinzip von Abstraktion und Technizismus gebaut ist [. . .] ein Traktat« (Eisenstein)[72], bzw. »Theorem« (Šklovskij)[73] des schon in der Theaterarbeit verfolgten avantgardistischen Kunstprinzips. Aber er ist es doch schon in einer spezifischen Weise, die die Erfahrung neuer Medien- und Rezeptionsgesetze bedingt.

Die wichtigste strukturelle Verbindungslinie ist die erstmals im ›Gescheitesten‹ realisierte »Montage der Attraktionen«. Eisenstein bekennt in seinen bislang unveröffentlichten ›Vorlesungen zur Regie‹: »Wenn ich nicht im Theater gearbeitet hätte, würde ich die filmische Montage nicht beherrschen. Faktisch wird das Theatermaterial genauso montiert wie im Film.«[74] Die Gemeinsamkeit liegt im Wissen um den korrelativen Bezug eigenständiger, neu zusammengefügter Einheiten und nicht zuletzt auch in der Erfahrung jener emotions- und bewußtseinsproduzierenden Kraft, die der »überraschenden« und konfrontierenden Zusammenstellung innewohnt. Die als »Einheit« und »Element« definierte Attraktion war im ›Gescheitesten‹ eine Zirkusnummer, in ›Hörst Du, Moskau?!‹ die mit naturalistisch-grausamer Handlung akzentuierte Stelle und in ›Gasmasken‹ die mit Lichteffekten abgetastete Schönheit der Maschine – in ›Streik‹ ist diese kleinste, erst in ihrer Korrelation zum Bedeutungsträger werdende Einheit – die Einstellung.

Im ›Gescheitesten‹ hatte Eisenstein diese Einheit bis in die Satz- und Wortebene verfolgt: Die grundlegende semiotische Erkenntnis der bedeutungsverändernden Abhängigkeit linguistischer Einheiten vom jeweiligen Kontext demonstrierte er an dem zwischen zwei sich auf unterschiedlichen Ebenen befindenden Personen hin- und herhüpfenden Glumov: Der letzte Satz auf der einen Ebene wurde in neuer Bedeutung zum ersten Satz auf der zweiten Ebene[75]. Im März 1923 hatte er bei Umschnittarbeiten zu Fritz Langs ›Doktor Mabuse, der Spieler‹ (1922) dasselbe Prinzip an der frappierenden Wirkung einer Einstellungsumgruppierung kennengelernt, und experimentiert dann in ›Streik‹ damit in geradezu faszinierter Entdeckerfreude. – Die von I. Gazer erkannte »doppelte Sinnfracht« der Figuren im ›Gescheitesten‹[76] erweist sich als Manifestationsfall grundsätzlicher Konstruktionsweise auf allen Ebenen. Eisen-

stein stellt fest: »Von dort [= von der »Theater-Vorschule«]
brachte ich Erfahrung und Gespür für die Zweischichtigkeit
thematischer Gestaltung auf unterschiedlichen – ineinander
verschachtelten – Dimensionen mit.«[77]

Zwei- und Mehrschichtigkeit bestimmen die filmische Schreibweise des ›Streik‹ von der Gesamtkomposition über den Aufbau einzelner Szenen und Sequenzen bis in die Zwischentitel-
wahl und die Einstellungen hinein: Zahlreiche Überblendungen machen mit ihrem synchronisierenden Charakter auf den
inneren Zusammenhang divergierender Elemente aufmerksam. Zwischentitel (wie etwa 704, dessen Inhalt »Streikst du
also auch!« sich sowohl auf das wie ein ›Mysterium-buffo‹-Zi-
tat[78] anmutende Wegklappen der versenkbaren Schreibma-
schine als auch auf das hilflos-trotzige Verhalten des Direktors
bezieht) sind keinesfalls nur Hilfsmittel des »stummen Films«,
sondern – ähnlich wie in Vertovs ›Kinopravda‹ – Teil des korrelativen filmisch-visuellen Sprachbaus. Einstellungen und Sequenzen stehen ebenso wie die »ins Bild«, bzw. »zur Sprache
gebrachten« Dinge und Menschen, sowie deren Wechselbeziehungen und Widersprüche in komplizierten Juxtapositionen.
Diese produzieren durch überraschende Zusammenstellungen,
ja teilweise sogar überblendende Verschmelzung Metaphern
und Allegorien*, die auf dem Wege unerwarteter Vorstöße in
traumatische Bewußtseinsregionen[81] und aktivierender »Emotionsakkumulation«[82] (Erschütterung und Abscheu weckend
wie das Finale; befreiendes Lachen auslösend wie die sati-
risch-entlarvenden Spitzel-Tier-Vergleiche) verallgemeinernde Einsichten in den unversöhnlichen Klassenantagonis-
mus vermitteln und damit im Zuschauer den leidenschaftlichen
Willen zu kämpferischer Gestaltung der revolutionären All-
tagspraxis initiieren soll**.

* Interessant ist es, den Evolutionsweg von Eisensteins Metaphern-Spiel zu
verfolgen: Während in ›Glumovs Tagebuch‹, dem an Theaterexperimente der
FÈKS, Gardins und Piscators erinnernden Filmeinschub der ›Gescheitesten‹-In-
szenierung[79], genauso wie in der Theatereinstudierung selbst Metaphern »gleichsam unter buchstäblichen Bedingungen zu ihrem nichtübertragenen, ursprünglichen und unmittelbaren Urbild«[80] zurückkehren, produziert das nunmehr als
eigengesetzlich begriffene Medium Film neue, unvorhergesehene »Metaphern«.

** Daß dieses Ziel trotz des allgemeinen Mißerfolgs von ›Streik‹ beim *zeitgenössischen* sowjetischen Publikum zumindest potentiell erreicht wurde, bezeugen
die Zensurverbote in Deutschland und den anderen Staaten[83].

Konfrontierende Wechselseitigkeit bestimmt auch den Einsatz der »Theaterelemente« des ›Streik‹-Films, den nicht nur das auf der Bühne entdeckte künstlerische Verfahren (»Montage«), sondern auch die hiermit verbundenen Verfahrenselemente (»Attraktionen«) prägen: Die zircensischen Buffoelemente des ›Gescheitesten‹ und die Guignolelemente von ›Hörst Du, Moskau?!‹ geraten in konstitutive Juxtaposition und schaffen damit den kontrapunktischen Charakter von scherzhaftlustigen Tönen (Verfolgungsjagden in Chaplin-Manier, Abrechnung der Arbeiter mit ihren in den Fluß gekarrten Vorgesetzten usw.) und blutig-ernsten Tönen (Selbstmord eines verzweifelten Arbeiters, Kosakengemetzel usw.), die zuweilen in urplötzlicher Perepetie vorgetragen werden (Arbeiter halten die auf sie gerichteten Wasserstrahlen zunächst für einen Scherz der Feuerwehrleute, erfahren dann aber »schlagartig« die Brutalität der neuen Waffe).

Gleichzeitig wird der zur Verhandlung stehende historisch-gesellschaftliche Grundantagonismus durch gruppenspezifische Zuordnung der drei Attraktionsweisen (akrobatisch-clowneske Komik, guignolhaft-drastische Akzentuierung des Brutalen und urbanistische Begeisterung für die technische Wirklichkeit) und ihrer »Personengestaltung« (plakative Typisierung und Standardisierung) visuell-sinnlich demonstriert. So wie im ›Gescheitesten‹ eine zircensisch-clowneske Entlarvung negativer Helden (Intervent, Faschist, Kleinbürger, Nepman, Opportunist usw.) stattfand, werden in ›Streik‹ die Handlanger von Kapital und Staatsmacht mit marionetten- und clownhaften Zügen ausgestattet (vgl. das gleichsam einstudierte Auftauchen der Lumpenproletarier und späteren Provokateure aus ihren Erdfässern, besonders den hier aber auch im luxuriösen Restaurant agierenden Liliputaner, die Mensch-Tier-Vergleiche der Spitzelvorstellung usw.). Zur Gestaltung der Spitzen von Kapital und Staatsgewalt wird auf die karikierend-überspitzte Typisierung von ›Hörst Du, Moskau?!‹ zurückgegriffen. Im Gegensatz zu dieser differenzierter Welt[84] entpersönlichter sozialer Larven und Masken steht das tendenziell »realistisch« gezeichnete Kollektiv der Arbeiter, die zwar (von der dokumentarisch hervorgehobenen Unterschrift im Brief des durch Selbstmord umgekommenen Arbeiters abgesehen) keine individualisierenden Namen tragen, aber in ihren Gesichtern, Gesten und Handlungen die Ebene »tatsächlicher Wirklichkeit« bilden.

Trotz einiger exzentrisch-naturalistischer Anklänge (etwa die
Beratung des Streikkommitees auf dem Abort oder die Großaufnahmen einiger »Verfolgungsjagden«) tragen selbst die
neuausgebildeten Attraktionen (etwa das im ›Potemkin‹ zentrale Bedeutung erhaltende Mutter-Kind-Motiv[85] und die
ebenso das weitere Filmschaffen bis zum ›Ivan‹ hin bestimmen-
den Massenszenen) betonte Züge einer realistischen Schreibweise, was für das über Tret'jakovs »Typisierung« (›Hörst Du,
Moskau?!‹*) und ›Standardisierung« (›Gasmasken‹) hinausgehende »Typage«-Konzept[86] grundsätzlich wichtig ist und in
dem N. Zorkaja einen der wichtigsten Impulse Eisensteins für
die Entwicklung des sowjetischen Films sieht[87]. Trotz aller Ablehnung individualpsychologischer Gestaltung tritt das Arbeiterkollektiv als eine lebendige, differenzierte Körperschaft auf,
das nicht zuletzt auch durch seine Umwelt (Eisenstein nutzt
dafür etwa die sozialgeschichtliche Tatsache, daß das russische
Proletariat zu Beginn des Jahrhunderts vielfach noch in halb-
agrarischen Zuständen lebte, bzw. aus in die Städte gekommenen Bauern bestand, vgl. aber besonders auch die Funktion
der Familienszenen) in krassem Gegensatz zur Marionetten-
welt (Spitzel und Lumpenproletariat) und zum theatralischen
Milieu der Oberschicht steht (vgl. besonders die Treppenszene
mit Generaldirektor und Lakai). Selbst die maschinell-techni-
sche Gegenständlichkeit, die in ihrer akzentuierten Hervorhe-
bung auf die ebenfalls auf Fabrikgelände stattfindende ›Gasmasken‹-Inszenierung zurück- und auf die weiteren Filme
vorausweist[88], wird in diesen Konflikt einbezogen: Sie ist nicht
nur Unterdrückungsinstrument wie die als Attraktionen ins
Bild gebrachte versteckte Kamera des Spitzels oder die Feuer-
wehrschläuche**. Die Dinge treten zuweilen auch auf die Seite
der Streikenden – wie die zitierte versenkbare Schreibma-
schine. In diesem Zusammenhang sei noch auf die zumindest
in Ansätzen vorhandene Anlage eines graphischen Konflikts

* Schon in diesem Stück gab es den Antagonismus von realistisch gezeichne-
tem Arbeiterkollektiv und satirisch verzerrter Typisierung der Herrschenden und
ihrer Handlanger. Hier tragen – von dem übrigens auch in ›Streik‹ zitierten Typ
der »Kokotte« abgesehen – nur die »Mitglieder des kommunistischen Aktions-
komitees« natürliche Namen. Überhaupt kann ›Hörst Du, Moskau?!‹ als die
wichtigste Vorschule zu ›Streik‹ angesehen werden.

** Als Beispiel für zahlreiche ›Streik‹-Zitate in zeitgenössischen sowjetischen
Filmen sei auf die parallele Feuerwehrschlauch-Sequenz zu Beginn des F.-
Ėrmler-Films ›Parižskij sapožnik‹ (›Der Pariser Schuster‹, 1928) verwiesen.

der Einstellungsfolge hingewiesen, die dann im ›Potemkin‹ zur entscheidenden Kraft filmischer Expression wird[89].

Mit der Beobachtung einer Kontrapunktik von tendenziell »realistischer« Zeichnung des Arbeiterkollektivs und exzentrischer Maskierung seiner Gegner rückt ein wesentlicher Aspekt der zeitgenössisch, aber auch aktuell mit großer Heftigkeit geführten Eisenstein-Vertov-Debatte ins Zentrum. Dieses – hier natürlich nicht erschöpfend zu behandelnde – Thema wird auf jeden Fall inadäquat diskutiert, wenn man analog zu der im Umkreis des ›Streik‹-Films entbrannten Polemik von Eisenstein und Vertov einseitig Partei ergreift und/oder einen kontradiktorisch-prinzipiellen Gegensatz konstruiert, wie das etwa J.-L. Godard tut[90]. Man sollte in richtiger Einschätzung der beiderseitigen Proselyten-Apologetik die Relativität der von Eisenstein und Vertov gemachten Äußerungen begreifen, die immerhin auch Eingeständnisse von sogar schöpferisch ausgewerteter Bewunderung des Kollegen nicht ausschloß[91], und vor allem eine derartige »Isolierung des Vertovschen [bzw. Eisensteinschen] Konzepts aus seinem historischen Kontext« durchbrechen, wie das W. Beilenhoff mit Recht fordert[92]. Wenn man sich daran erinnert, daß die Suche nach einer faktenorientiertmateriellen Kunstpraxis, ja nach einer Verschmelzung von künstlerischer Gestaltung und wirklichkeitsformendem Produktionsprozeß Eisensteins Theaterexperimente bestimmte und für den Übergang zum Film geradezu konstitutiv war, so ist der Zusammenhang mit Vertovs »faktographischem« Dokumentarismus offenkundig. Beide sagen der als ästhetischideologische Einheit begriffenen Struktur des bürgerlichen Films den Kampf an. Beide lehnen Theatralik, individualpsychologische Personengestaltung und Konstruktion von »Dreieck«-Sujets ab. Beide suchen schließlich nach einer dem sozialistischen Gesellschaftsaufbau ihres Landes entsprechenden Form des politischen Films. Die beiderseits polemisch angemeldete Differenz besteht zunächst in einem Mißverständnis: Vertov hielt Eisenstein anfangs für ein trojanisches Pferd der bekämpften Spielfilmform, weil er zu Unrecht befürchtete, daß Eisensteins Ziel ein mit ›Kinopravda‹-Versatzstücken kaschiertes »Filmdrama« sei. Eisenstein mißverstand wiederum Vertovs ›Filmauge‹-Prinzip als positivistisches Wirklichkeitsprotokoll. Beide Fehleinschätzungen können sich auf Tendenzen in den jeweiligen Erstlingsarbeiten stützen, die ihre Ursache in den jeweils unterschiedlichen Wegen zum Film haben, berühren aber keinesfalls die tatsächlich zentrale und in der folgenden Arbeit ausgebildete Tendenz. Der prinzipielle Unterschied setzt im jeweils anderen Rezeptionsbegriff an. Obwohl beide Regisseure von prinzipiellem Mißtrauen gegenüber den »natürlichen« Wahrnehmungsfähigkeiten der menschlichen Sinne – vor allem des Auges – ausgehen, kommen sie zu verschiedenen Ansichten über potentielle Wirkfaktoren. Während sich Vertov auf eine Einsichten produzierende Dechiffrierung der Wirklichkeit mit Hilfe experimenteller Kameraführung (und teilweise mit bewußtem Einsatz von Zwischentiteln) konzentriert, operiert Eisenstein (vor allem in den Filmen nach ›Streik‹) mit einer Inszenierung von quasi-dokumentarischem Material, das mit seiner auf allen Ebenen der Filmform angelegten Juxtaposition und Konfliktsteigerung dem Zuschauer durch Emotionsakkumulation aktivierende Einsichten vermitteln soll.

Es ist durchaus kein zufälliger Eindruck, wenn man die Stellen in ›Streik‹, wo Arbeiter agieren oder von den Kosaken niedergeschlagen werden, als Dokumentaraufnahmen wahrnimmt. Eisenstein, der schon hier vorwiegend mit Nicht-Schauspielern arbeitet, hat diesen Eindruck gerade auch im Hinblick auf sein »Einwirkungsziel« bewußt kalkuliert. Die einzige tatsächliche Dokumentaraufnahme des Filmes wird dagegen keinesfalls bewußt als solche empfunden: Die Schlachthaus-Szene (an Ort und Stelle aufgenommen und keinesfalls inszeniert) wurde in ihrer Zusammenstellung mit den Szenen des Blutbades, das die Kosaken unter den friedlich demonstrierenden Arbeitern anrichten, zur ausgesprochen inszenierten Metapher[93]. Im Aufeinanderstoßen von dokumentarisch und als bewußt inszeniert wirkenden Passagen muß ein weiterer und gesteigerter Aufmerksamkeit initiierender Kontrapunkt gesehen werden.

Auf die nicht nur für den avantgardistischen Film im allgemeinen und ›Streik‹ im besonderen, sondern auch für die anderen zeitgenössischen Kunstarten (für Futurismus, Suprematismus und Konstruktivismus im allgemeinen, für das literarische Schaffen von Chlebnikov und Majakovskij, Malyškin, Pil'njak, Vesëlyj, aber auch des politisch reaktionären Rozanov und vieler anderer im besonderen) charakteristische Tendenz zur »Sujetlosigkeit«[93a] wurde besonders häufig aufmerksam gemacht. In der Tat baut Eisenstein den ›Streik‹-Film auf keiner Intrigen-Story mit individualpsychologischen »Helden« auf. Sein Thema ist vielmehr der Streik »als solcher« und in Perspektive die verallgemeinerte Geschichte der russischen Arbeiterbewegung. Die Gestaltung nicht »in Form einer chronikalischen Reproduktion der Ereignisse«[94] vorgeführter historischer Prozesse erregte Eisensteins permanentes Interesse. Nicht zuletzt beschäftigt er sich (hierin Brecht und Majakovskij verwandt) mit dem Gedanken, das Marxsche ›Kapital‹ zu verfilmen. Es ging ihm in der frühen Filmarbeit nicht um die künstlerische Gestaltung eines exemplarischen historischen *Ereignisses,* sondern um die verallgemeinernde Demonstration eines historischen P r o z e s s e s.

Wie auch ›Potemkin‹ war ›Streik‹ zunächst als Teil einer Serie geplant: In acht Teilen sollte hier der Weg »zur Diktatur« (so der vorgesehene Titel) des Proletariats gezeigt werden. Die Skizzierung des ursprünglichen Planes[95] weist deutliche Parallelen auf zur Anlage von Lenins Aufsatz von 1902: ›Über die Berichte der Komitees und Gruppen der SDAPR an den allgemeinen Parteitag‹. Auf jeden Fall ging der filmischen Ausarbeitung – wie auch später stets – ein intensives und kollektiv betriebenes Studium der historischen Fakten voraus. Rostovcev[96] gelang es erstmals, nachzuweisen, daß sich Eisenstein dabei – anders als die auf Ereignisse der Jahre 1910–1911 bezogenen restlichen Filme des geplanten Zyklus ›Zur Diktatur‹ – an einem konkreten Streik orientiert – am Streik des Rostover Eisenbahnausbesserungswerks von 1902, der für Lenin ebenso wie später der ›Potemkin‹-Aufstand ausgesprochen exemplarischen Wert besaß. Die Reaktion der zaristischen Regierung, die hier – wie auch in den von der Schlußeinstellung genannten Orten – berittene Kosakeneinheiten gegen streikende Arbeiter einsetzte, zeigte die politische Bedeutung organisierter Streiks: »Da aber bricht in Rostow am Don einer der – auf den ersten Blick – gewöhnlichsten und ›alltäglichsten‹ Streiks aus und führt zu Ereignissen, die augenfällig die ganze Sinnlosigkeit und die ganze Schädlichkeit des von den Sozialrevolutionären unternommenen Versuchs aufzeigen, das Narodowolzentum mit allen seinen theoretischen und taktischen Fehlern zu restaurieren.«[97] »Und tausendmal recht hatte das Don-Komitee, wenn es in seinem Flugblatt [...] ›allen Bürgern‹ erklärte, daß der Rostower Streik ein erster Schritt zur allgemeinen Erhebung der russischen Arbeiter für die Forderung der politischen Freiheit ist.«[98]

Die Tatsache, daß er sich bei seinen ›Streik‹-Vorbereitungen an jenem Ereignis orientiert, das Lenin zum Anlaß grundsätzlicher Aussagen über den historischen und politischen Stellenwert der Streikaktionen für die Entwicklungen der russischen Arbeiterbewegung nimmt, ist ein Hinweis auf Eisensteins prinzipiellen Willen zu verallgemeinernder Themengestaltung mit grundsätzlichem Erkenntniswert: »Das historisch-revolutionäre Material – die ›produktive‹ Vergangenheit der modernen revolutionären Wirklichkeit – wurde hier erstmals von einem adäquaten Gesichtspunkt aus ins Visier genommen: Seine charakteristischen Momente wurden unter dem Gesichtspunkt ihres ›produktiven‹ Wesens als Etappen eines einheitlichen Prozesses untersucht.«[99]

Man hat auf den »untypischen« Anlaß zum Streik hingewiesen, auf seine fehlende ökonomische und politische Begründung. Vor allem auch darauf, daß hier letztlich passiv die Niedermetzlung erduldende Arbeiter gezeigt werden. Mit Recht ist auch die Überladenheit des Films durch unübersichtlich werdende metaphorische Verschränkungen und schwer verständliche exzentrische Passagen kritisiert worden. Eisenstein selbst erkannte die Schwächen seiner Erstlingsarbeit: »Gerade ist ›Streik‹ angelaufen. Unausgereift. Eckig. Schockierend. Keck. Und seltsamerweise reich an Keimen von fast allem, was in den Jahren des reifen Schaffens in reifer Form zutage tritt.«[100] Den filmgeschichtlich produktiven Aspekt hebt auch Jay Leyda hervor: »It is no surprise to see all of Eisenstein's future films ›introduced‹ in ›Strike‹; more surprising are the introductions in ›Strike‹ of other Soviet Films.«[101] Hinzuzufügen und gesondert zu untersuchen wäre die Bedeutung von ›Streik‹ für zahlreiche Filme außerhalb der Sowjetunion.

Eine besonders treffende und wichtige Einschätzung der ideologisch-ästhetischen Bedeutungseinheit gibt der »sowjetische E. E. Kisch« – Michaïl Kol'cov in seiner ›Pravda‹-Rezension. Im Gegensatz zur professionellen Filmkritik, die Eisenstein einen »Widerspruch von Ideologie und Form« vorwarf (so vor allem Chr. Chersonskij und A. M. Room) betont er in der Ausgabe vom 14. 3. 1925, daß ›Streik‹ »nicht nur der Idee und dem Sujet nach, sondern auch in seinem künstlerischen Aufbau von revolutionärer Weltanschauung durchdrungen ist und eine revolutionäre Gestaltung dieses Weltempfindens darstellt«.

Bildteil

Die Einstellungen werden nur dort angegeben, wo es sich um zusammenhängende Bildfolgen handelt. Verlag und Hrsg. danken dem Verband der sowjetischen Filmschaffenden für die Überlassung der Bildvorlagen.

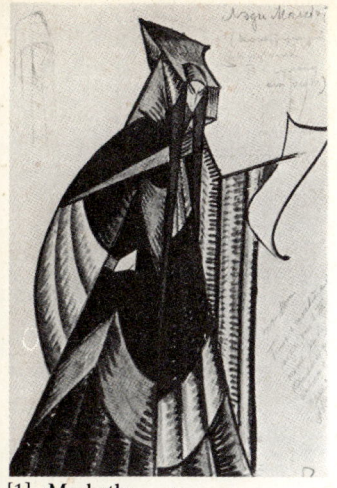

[1] ›Macbeth‹

[2] ›Der gestiefelte Kater‹

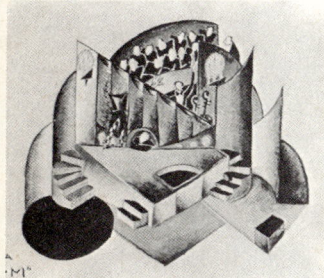

[3] ›Der gestiefelte Kater‹

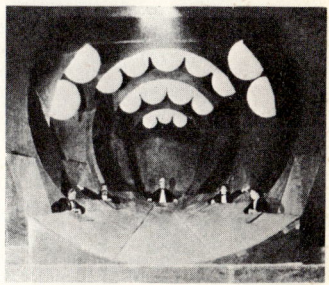

[4] ›Lena‹

[5] ›Der Mexikaner‹

Kostüm- und Bühnenbildentwürfe
für Eisenstein-Inszenierungen

«МУДРЕЦ» В ПРОЛЕТКУЛЬТЕ.

«ТРИ ИЗЯЩНЫХ ОФИЦЕРА».
Зарисовка И. Шлепянова.

[6]

[7]

[8]

[9]

[10]

[11/12] Einstellungen aus Eisensteins erstem Film, ›Glumovs Tagebuch‹, der in die Ostrovskij-Inszenierung einmontiert war

[11]

[12]

[6–10, 13] Die Eisenstein/Tret'jakov-Inszenierung von Ostrovskijs ›Eine Dummheit macht auch der Gescheiteste‹; die Zeichnung für das Plakat [6] stammt von J. Šlepjanov

[13]

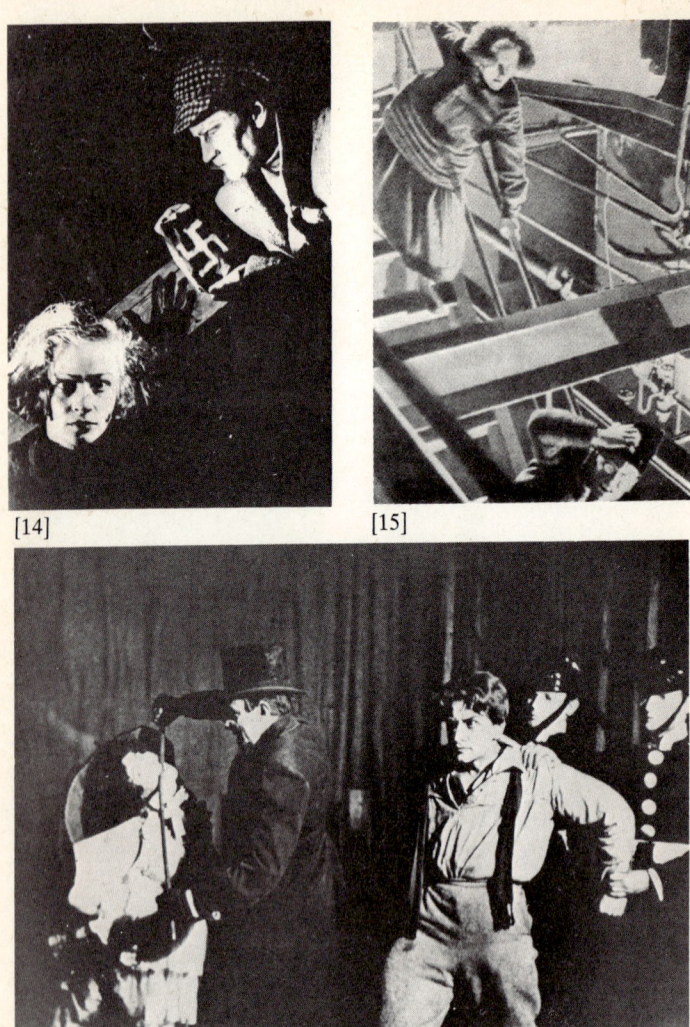

[14]

[15]

[16]

[14–16] Szenen aus den Eisenstein-Inszenierungen der Tret'jakov-Stücke
›Hörst Du, Moskau?‹ [14, 16] und ›Gasmasken‹ [15]

[17] E. Tissé und S. M. Eisenstein während einer Pause bei den Dreharbeiten von ›Streik‹

»Streik!«

[18]

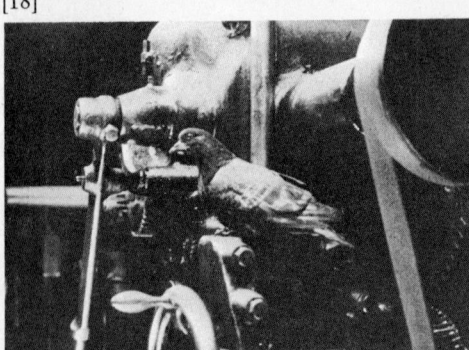

»Streik!«

[19]

»Streik!«

[20]

Der Spitzel
»Bulldogge«
[148/149]

[21]

und »Meerkatze«
[126/127]

[22]

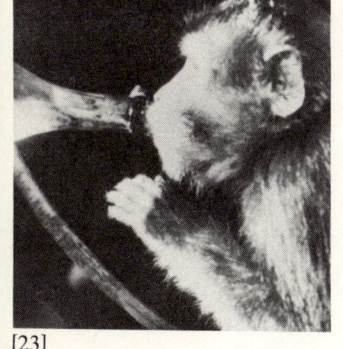

[23]

[24]

Für das Umschlagfoto wurde die Einstellung: Der Spitzel »Eule« [113]
verwendet

Streikführer

[25]

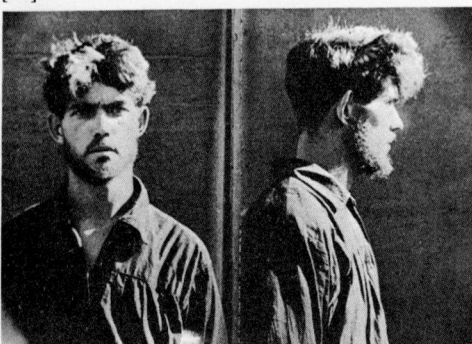

»Erkennungsdienst-
liche Behandlung«
eines verhafteten
Arbeiters

[26]

Hungerndes
Arbeiterkind

[27]

Der Direktor

[28]

Der Polizeichef

[29]

Der Angestellte

[30]

Der Abschiedsbrief
des in den Selbst-
mord getriebenen
Arbeiters

[31]

Streikende Arbeiter

[32]

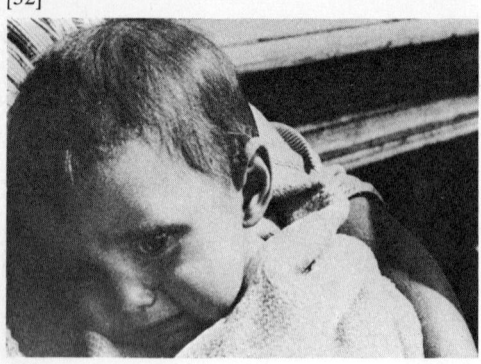

Ein Arbeiterkind
in den Armen
seiner Mutter

[33]

42

Die Aktionärsver-
sammlung »berät«
die Forderungen
der Arbeiter

[34]

Die Lumpen-
proletarier kriechen
aus ihren Fässern

[35]

Die Kosaken
machen auch vor
Kindern nicht Halt!

[36]

Ein Arbeiter entfern
die Bekanntmachung
der Werksdirektion

[37]

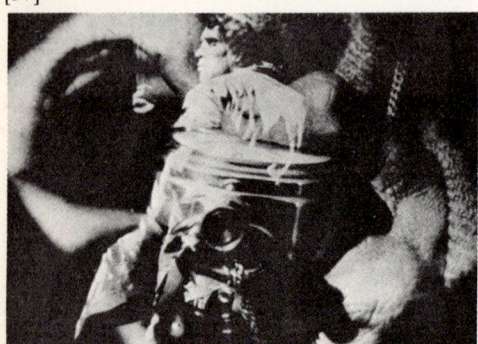

Er wird dabei von
»Eule« fotografiert

[38]

und dann von
Polizistenstiefeln
malträtiert

[39]

Der Polizeichef

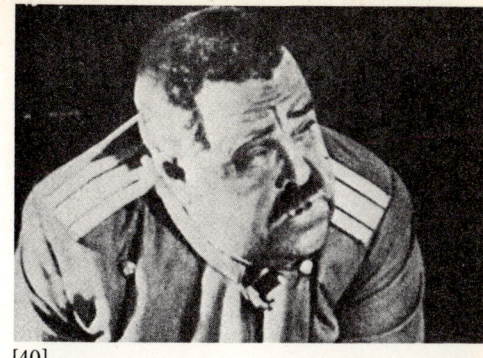

[40]

befiehlt,

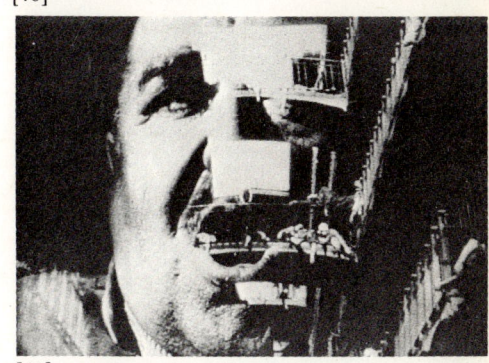

[41]

die Arbeiter bis
in die Wohnungen
zu verfolgen

[42]

Die Jungarbeiter vor dem Verwaltungsgebäude

[43]

Die Polizei setzt die Feuerwehr

[44]

gegen die streikenden Arbeiter ein

[45]

Berittene Kosaken

[46]

säbeln

[47]

die streikenden
Arbeiter nieder

[48]

Wie das Vieh
[1784]

[49]

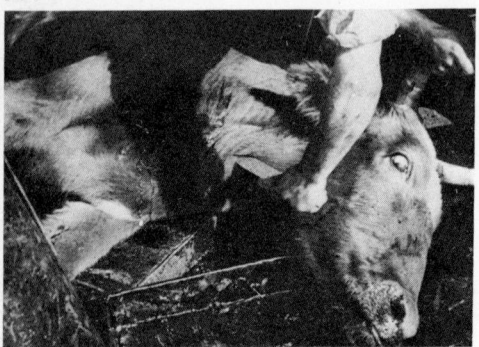

im Schlachthaus
[1785]

[50]

werden die Arbeiter
niedergemacht
[1811]

[51]

Durch Revolution zur Kunst
Durch Kunst zur Revolution

Die Oktoberrevolution liegt fünfzehn Jahre zurück.

Der Beginn meiner künstlerischen Tätigkeit zwölf Jahre.

Auf Grund der Familientraditionen, meiner Erziehung und meiner Ausbildung sollte ich eine ganz andere Laufbahn einschlagen.

Und so bereitete ich mich zunächst auf den Ingenieurberuf vor.

Doch die im Unterbewußtsein ruhende Neigung zu künstlerischer Tätigkeit äußerte sich bereits während dieser Zeit, indem mich nicht die mechanisch-technische Seite meines zukünftigen Berufs anzog, sondern das der Kunst am nächsten verwandte Gebiet: die Architektur.

Es bedurfte jedoch des Sturmes der Revolution, um mich auf aufzurütteln: Ich machte mich frei von den gewohnten Bindungen an den mir ursprünglich gewiesenen Weg und gab mich ganz jener Neigung hin, die aus sich heraus nicht die Kraft zum Durchbruch gefunden hatte.

Und das ist das erste, wofür ich der Revolution Dank schulde.

Der Sturz aller Grundsätze, der vollständige Umschwung in den Anschauungen und Prinzipien unseres Landes und zwei Jahre ingenieurtechnischer Tätigkeit im Norden und Westen der roten Front waren notwendig, bis der schüchterne Student die Fesseln eines Planes abstreifte, der ihm seit seiner frühesten Jugend von den sorgenden Eltern vorgezeichnet war, und sich unter Verzicht auf Vollendung des fast abgeschlossenen Studiums und eine gesicherte Zukunft den unbekannten Perspektiven künstlerischer Tätigkeit verschrieb.

Von der Front führt mich mein Weg nicht zurück nach Petrograd, mein Studium fortzusetzen, sondern ich fahre nach Moskau, um etwas Neues in Angriff zu nehmen.

Und obwohl von fernher bereits die Donnerschläge der vorrückenden *revolutionären* Kunst unser Land erschüttern, stürze ich mich auf die *Kunst an sich* und werde völlig von ihr gefangengenommen.

In den ersten Tagen ist mein Verhältnis zur Revolution rein äußerlicher Natur.

Dafür mache ich mich, ausgerüstet mit den technischen Kenntnissen und Methoden eines angehenden Ingenieurs, geradezu gierig daran, immer tiefer und tiefer in die Urgründe des Schöpfertums und der Kunst einzudringen, wo ich instinktiv das Gebiet jener exakten Kenntnisse vermutete, die auf mich seit meinem kurzen Ausflug ins Land der Technik eine beachtliche Anziehungskraft ausübten.

Pavlov[1]; Freud; eine Saison bei Meierhold; fieberhafte, wenn auch unvollständige Ergänzung der Wissenslücken auf dem neuen Gebiet; übermäßiges Lesen; schließlich die ersten selbständigen Versuche als Bühnenbildner und Regisseur am Proletkult-Theater – das sind die Etappen meines Zweikampfes mit den Windmühlenflügeln der Mystik, mit denen diensteifrige Sykophanten wohlbedacht allen denjenigen den Weg zu versperren suchen, die mit gesundem Menschenverstand in die Methoden der Kunst und in die Geheimnisse künstlerischer Erzeugnisse eindringen wollen.

Dieser Kampf ist jedoch weit weniger donquichottisch, als es anfangs scheinen mochte. Die Windmühlenflügel erweisen sich als schwächer und brechen, und langsam taste ich mich auf diesem geheimnisvollen Gebiet an die gemeinsame Dialektik heran, die jeder Erscheinung und jedem Prozeß zugrunde liegt.

In dieser Hinsicht war ich innerlich schon lange Materialist.

Und auf dieser Etappe dann treten die zufälligen Ergebnisse meiner Untersuchungen auf meinem Lieblingsgebiet ganz unerwartet zu dem in Beziehung, was sich in meiner Umwelt abgespielt hat.

Zu meinem nicht geringen Erstaunen machen mich meine Schüler plötzlich darauf aufmerksam, daß ich in der Kunstbetrachtung nach der gleichen Methode verfahre, mit der im Zimmer nebenan der politische Schulungsleiter seinen Hörern gesellschaftlich-soziale Fragen erläutert.

Dieser äußere Anstoß reichte aus, zu bewirken, daß fortan nicht mehr die Ästhetiker, sondern die Dialektiker des Materialismus an meinem Arbeitstisch Wache hielten.

Das war im kämpferischen Jahre 1922. Vor zehn Jahren.

Und durch die Lehre der Begründer des Marxismus vereinigt sich in mir die Erfahrung aus der persönlichen schöpferischen und forschenden Arbeit auf einem speziellen Zweig menschlichen Wirkens mit der philosophischen Erkenntnis von dem so-

zialen Charakter der Grundlagen aller gesellschaftlich-
menschlichen Erscheinungen.

Doch das ist nicht alles. Auch die Revolution dringt nun bereits
in breitem Strom durch die Thesen ihrer genialen Lehrer in
meine Arbeit ein.

Mein Verhältnis zur Revolution wird eng und unerschütter-
lich.

In meiner künstlerischen Arbeit wird diese meine innere Entwicklung charakterisiert durch den Weg von dem durch und
durch rationalistischen, aber beinahe abstrakt theatralischen
und exzentrischen Stück »Der Gescheiteste« (einer zirzensi-
schen Bearbeitung der Ostrovskijschen Komödie ›Eine Dummheit macht auch der Gescheiteste‹[2]) über die Agitprop-Thea-
terstücke ›Hörst du, Moskau?!‹[3] und ›Gasmasken‹[4] zu den
revolutionären Filmepen ›Streik‹ und ›Panzerkreuzer Potemkin‹.

Das Bemühen, den Kontakt zur Revolution immer inniger zu
gestalten, bedingt ein immer tieferes Eindringen in die dialektischen Urgründe des kämpferischen Materialismus in der
Kunst.

Die nächsten Filme werden nicht nur ein unmittelbares soziales
Anliegen beantworten, sondern sie werden auch versuchen, auf
praktisch-experimentellem Wege die schöpferischen Geheimnisse und Möglichkeiten des filmischen Ausdrucks zu »vermitteln«, damit wir die Methoden beherrschen lernen, mit denen
man die revolutionäre Kunst zur größtmöglichen Wirksamkeit
steigert, und damit vor allem die Generation der jungen Bol-
schewiki, die die Filmmeister der ersten fünfzehn Jahre nach
der Revolution ablösen werden, wertvolles Lern- und An-
schauungsmaterial erhält.

1933

Der Film ›Streik‹

STREIK (Aus dem Zyklus ›Zur Diktatur‹).

Russischer Originaltitel: ›Stačka. (Iz zikla ›K diktature‹)‹.
Produktionsland: UdSSR.
Herstellungsjahr: 1924.
Länge: 1969 m in sechs Teilen.
Uraufführung: 18. April 1925.

Produktion: 1. Studio von ›Goskino‹ und ›Erstes Arbeitertheater des ›Proletkult‹‹.
Drehbuch: Kollektiv des ›Ersten Arbeitertheaters des ›Proletkult‹‹   (V. Pletnëv,   S. Eisenstein,   I. Kravčunovskij, G. Aleksandrov).*
Regie: S. M. Eisenstein.
Regieassistenz: G. Aleksandrov, I. Kravčunovskij, A. Lëvšin.
Kamera: E. Tissé.
Kameraassistenz: V. Chvatov, V. Popov.
Bauten: V. Rachal's.
Darsteller: M. Štrauch (Spitzel); G. Aleksandrov (Meister); M. Gomorov (Arbeiter), I. Ivanov (Leiter der Sicherheitsabteilung); I. Kljukvin (Mitglied der Aktivgruppe); A. Antonov (Arbeiter und Streikführer). Ferner: Ju. Glizer, A. Kuznecov, V. Janukova, V. Ural'skij, M. Mamin u. a.**

---

* Zum Streit um das Urheberrecht, vgl. S. 196 ff.
** Zu weiteren Darstellern vgl. Anm. 2 zum ›Inszenierungsdrehbuch‹.

Inszenierungsdrehbuch

Teil I

Prolog

1   AB   GA*   Eine Münze dreht sich in der Horizontalen und bleibt mit dem Zarenbild [zum Zuschauer] stehen.

2   WT   Ein Sumpf.
3   ÜB   Arbeiter arbeiten.
4   WT   Torfarbeiten.
5   Das Gesicht des Direktors.
6   WT   Ein Fluß.
7   Arbeiter im Wasser.
8   ÜB   WT   Ein Damm.
9   Eine Mühle in Betrieb.
10   ÜB   Eine Lichtung.
11   Schächte.
12   ÜB   WT   Das arbeitende Werk. (*Von oben*).
13   Ein Wasserfall.
14   ÜB   WT   Die Fabrik. (Das Innere).
15   Der Direktor in Galoschen.
16   Eine Eisenbahnlinie mit Arbeitern.
17   ÜBN   Eine Eisenbahn.
18   ÜBN   Quer dazu eine andere Eisenbahn.
19   ÜBN   Die Fabrik. Eine dritte Eisenbahn.
20   ÜBN   Drei Eisenbahnen. Die Gestalt des Direktors.
21   Der Direktor und (ÜBN) [Arbeiter] beim Entladen.
22   ÜB   Die Kuzneckij-Brücke.
23   ÜBN   Über die Petrov-Straße [fährt] ein Auto mit dem Direktor.
24   ÜBN   Eine Bank, die Petrov-Straße, die Kuzneckij-Brücke.

* Filmtechnische Abkürzungen[1]: AB = Amerikanische Blende; BV = Bildverdrängung; GA = Großaufnahme; HT = Halbtotale; N = Nahaufnahme; T = Totale; ÜB = Überblendung; ÜBN = Überblendungen; WT = Weite Totale [Anm. des Übers.].

25 ÜBN   Die Bank (das Haus). Der Schalterraum (*von oben*).

26 ÜBN   Das neunzehnte Safe öffnet sich.

27 Der Direktor mit zwei [Bankangestellten] – gibt eine Anweisung. Aktien.

28 Geld wird hin- und hergedreht.

29 Eine Münze.

30 Ein Polizist.

31 Die Entlohnung der Arbeiter. (Kleingeld. Lohnbuch. Bußgelder).

32 WT   Außenansicht einer Arbeiterbaracke.

33 HT ÜB   Die Baracke (Innenansicht). Man kommt von der Arbeit.

34 N   Eine Schüssel. Rundherum Hände mit Löffeln.

35 *In voller Größe.** Arbeiter schleppen einen Eimer, aus dem Eimer steigt Dampf.

36 GA   Eine Schüssel. Über die Einstellung hinweg fließt Suppe. Eine Kartoffel und ein Stierauge.

37 N   Die hungrigen Gesichter von Arbeitern, die nach unten schauen.

38 GA   Die Oberfläche der Suppe, darin schwimmend die Kartoffel und das Stierauge. Ein Auge kommt auf die Kamera zu.   AB

39 Das Auge beginnt zu leben, davor erscheint [. . .] ein Lorgnon.   *Die amerikanische Blende öffnet sich ein wenig.*

40 HT   Die üppige Auslage eines Delikateßgeschäftes.

41 HT   Durch das Schaufenster sehen der Direktor und eine dicke Dame.

42 HT   Die Petrov-Straße kommt auf die Kamera zu.

43 ÜBN   Die Petrov-Straße, Autos (GA) fahren (*von der sich bewegenden Kamera weg*).

44 ÜBN   Autos fahren. Eine Glastür dreht sich.

45 ÜBN   Autos. Aus der Ferne kommt das Gesicht des Direktors auf die Kamera zu.   GA   Er setzt einen Zylinder auf.

---

* ›In voller Größe‹. – entspricht dem filmtechnischen Ausdruck ›Halbnah‹ (›Mid shot‹, bzw. ›plan moyen‹). [Anm. des Übers.].

46 ÜBN GA Das Gesicht des Direktors. GA
Ein Abendessen im Detail.

47 WT Das Abendessen im Panorama.

48 ÜB Panorama: das Abendessen und ein gedeckter Tisch (*von oben*).

49 WT *von oben*. Der gedeckte Tisch (*in die Einstellung hinein*). Hände gehen im Kreis. Sie stoßen an. Eine Gruppe von Gläsern kommt auf die Kamera zu.

50 HT Die Gruppe anstoßender Gläser UB GA Das lachende Gesicht der Petrovskaja.

51 Das Gesicht der Petrovskaja. Titel in der Diagonale: JUWELIERLADEN FABERŽĖ. In der Mitte eine Gruppe von Flakons, sie drehen sich langsam nach rechts.

52 Faberžė. ÜB Brillanten drehen sich nach links.

53 Brillanten und Parfums. ÜB Aus Flaschen spritzt Sekt in verschiedene Richtungen.

54 ÜB Es fließt Sekt. Die Oberfläche eines mit Sekt gefüllten Bassins.

55 Das Bassin. ÜB Die Beine der Petrovskaja (HT) tauchen in den Sekt ein.

56 ÜB N Bis zur Brust in Sekt kommt die Petrovskaja ins Bild. ÜBN Richtet sich zwar aus dem Bassin auf (HN),

57 ÜB fällt jedoch ins Bassin zurück. Alles verschwindet.

58 Der Cvetnoj-Boulevard bei Nacht. Auseinandertreiben von Prostituierten.

59 ÜB WT Das Bassin, darin die Petrovskaja. Ringsherum Männer in Fräcken. ÜB Trinkt Sekt.

60 ÜB Schaum, Schaum, Schaum.

61 Hände. Seifenwasser. Eine Waschfrau. Hungrige Kinder. Ein Mann geht [auf] Arbeitssuche.

62 Ein Hof. Arbeitslose sitzen am Zaun. Schluß der Aufnahme. Einer allein. GA.

63 Die Fabrik. ÜB Eine Werkhalle.

64 WT ÜB In der Werkhalle wird gearbeitet. Es fährt ein Kran.

65 N Die Führerkabine des Krans in Bewegung. Ein Arbeiter lenkt den Kran.

66   Dunkle Einstellung. Die Abstichluke eines Hochofens öffnet sich. Glühender Stahl spritzt, ergießt sich in einen Kessel. Ringsherum Arbeiter. ÜB.

67   ÜB   *auf kleine Spritzer* . . . Verschwitzte Gesichter von Gießern. GA.

68   GA   Das Laufgestell des Krans fährt über die Schienen.

69   HN   Der Kessel mit dem geschmolzenen Stahl fährt durch die Gießerei.

70   GA   Das Gesicht des Kranführers – schaut nach unten. Hält die Hand am Schalthebel (*Licht von unten*).

71   Gesamtansicht der Werkhalle (*von oben*). Kran und Kessel sind völlig sichtbar. Spritzer aus dem Kessel.

72   GA   Leitungen. Ein Schwall flüssigen Stahls kommt heraus.

73   WT   *von unten.* Der Kranführer fährt in seiner Führerkabine über die Kamera hinweg und schaut dabei nach unten.

74   GA   Die Hand beginnt, den Schalthebel zu bedienen.

75   *Darauf Überblendung* (*Einstellung 65*). Aufeinanderstoßen von Leitungen. Ein Blitz.

76   Der Blitz.

77   Der Blitz schlägt auch in die Führerkabine ein   (HT).   In der Kabine fällt der getötete Kranführer auf die Barriere.

78   WT   *Kamera in Bewegung.* Der Kran rast wie wild durch die Werkhalle.

79   HT   *Doppelt so klein wie [Einstellung] 70.* Der Kranführer fällt auf die Barriere.

80   HT   Über die Arbeitermenge hinweg schwankt der Kessel mit flüssigem Stahl, er schlägt gegen die Wand.

81   N   Der Kranführer fällt über das Geländer – von der Kamera weg.

82   HT   *Von oben.* Der Flug des Kranführerkörpers und sein Fallen in den Kessel mit flüssigem Stahl.

83   GA AB   Die Oberfläche des flüssigen Stahls. Eine Hand. Die Hand versinkt.   AB

84   ÜB AB   Die Hand der Petrovskaja. *Die Blende*

öffnet sich. Die Petrovskaja springt aus dem Sekt heraus.

85 GA   Die Petrovskaja aalt sich im Sekt, lacht.

86 ÜB   Der Kopf der Mutter des Kranführers, [die Mutter] weint.

87 EINE UNGEWÖHNLICHE BEERDIGUNG.

88 WT   Eine Prozession von Arbeitern von oben.

89 GA   Die Prozession bewegt sich auf die Kamera zu. Man bringt einen Kessel mit hart gewordenem Stahl. Der Kessel bleibt stehen.

90 ÜB   Das Skelett des Kranführers im hart gewordenen Stahl. Die Prozession bewegt sich weiter. Der Kessel fährt unter der Kamera entlang. Die Mutter des Kranführers geht durch die Einstellung.

91 ÜB N   Der tanzende Direktor, hinter ihm (*von der Kamera aus gesehen*) tanzende Paare. Der Direktor und seine Begleiter drehen sich um. Die Prozession verschwindet. Die Gesellschaft tanzt zur Mitte der Einstellung zurück. Der Boden ist zu sehen. *Langsame Blende.*

92 Eine ärmliche Hütte.   T.

93 Man trinkt. Die Mutter eines Arbeiters, ein Arbeitsloser, eine Waschfrau mit Kind.

94 ÜB GA   Eine Schüssel mit Gurken und Innereien.

95 ÜB GA   Vierzigprozentiger Schnaps (Flasche).

96 ÜB GA   Eine Maschine, die die Flaschen vollgießt.

97 Ein Arbeiter zieht in einer Ecke der Einstellung einen Korken heraus. In einer anderen Ecke trinkt ein Arbeiter.

98 *Überblendung des Ganzen.* Das betrunkene Gesicht eines Arbeiters.

99 ÜB   Das Gesicht ... ÜB Er geht über die Straße, fällt hin.

100 ÜB N   Er liegt am Rinnstein. Das Wasser trägt Korken davon.

101 ÜB   Viele Korken haben sich am Abflußgitter angesammelt.

102 ÜB   Ein Haufen Obdachloser wacht auf.

103 ÜB GA   [Der Kopf] eines Obdachlosen.

Teil II

---

* Inhalt dieser beiden Einstellungen im Manuskript nicht verzeichnet (Anm. des Hrsg.).

17   Die »Dynamo«-Grube. Eine Gruppe Arbeiter unterhält sich. Der Meister geht von der Kamera weg die Treppe hinunter. Arbeiter biegen um die Ecke.

18   Žukovskij geht auf die Kamera zu. Blickt nach oben.

19   Ein Glasboden. Zwei Paar Beine und Schatten. (*Einstellungen 18 und 19 in den Anfang übertragen*).

20   Eine Werkhalle   (N)   Drei Meister treten zusammen. *Langsame Blende.*

21   Das Kontor des leitenden Ingenieurs, unten verdunkelt.   AB   In die Einstellung hebt sich der Kopf Šaruevs. *Geöffnete Blende.* Die Köpfe von fünf Meistern. Reden. Šaruev steht auf.

22   Das Kontor.   T   Die Meister stehen da. Šaruev. Er schimpft.

23   GA   Das Gesicht Šaruevs. Er flucht.

24   GA   Die Gesichter der Meister, schuldbewußt.

25   N   Hände falten Pläne von Maschinen auseinander. Stellen ein Modell auf – zeigen darauf.

26   *Bis zum Gürtel.* Ein Ingenieur erklärt mit Hilfe des Modells.

27   Der Betriebsleiter »setzt eine wichtige Miene auf«.

28   Das zufriedene Gesicht des Direktors.

29   GA   Der Direktor reibt sich die Hände.

30   Ein Zeichenbüro.   T   Am Tisch steht der Chefingenieur. Der Direktor steckt Papiere in eine Tasche.

31   GA   Die Hände des Direktors legen ein Kuvert in die Tasche – »Auftrag«.

32   Eine Glastür mit der Aufschrift »Betriebsleitung« öffnet sich, der Direktor – im Zylinder – kommt heraus, setzt sich hin.

33   ÜB   Der Direktor fährt im Auto.

34   Das Auto in Bewegung. Der Direktor nimmt den »Auftrag« aus der Tasche.

35   *Bis zum Gürtel.* Der Direktor im Auto. Betrachtet den »Auftrag« aus der Nähe – lächelt zufrieden. In Überblendung der Titel: »Träume«.

36   ÜB *Doppelblende*   Maschinen. ÜB *Bildverdrängung*   Gesamtansicht der arbeitenden Fabrik.

37   N   Der Kühler eines Autos. Ein Kind läuft vorüber.

38	GA	Hände drehen am Lenkrad.
39	GA	Die Hände des Chauffeurs. Er schimpft.
40	GA	Die Autoräder fahren auf eine Laterne zu.
41	N	Die »Träumereien« werden aus der Einstellung abgeblendet. Der Direktor fliegt auf die Kamera zu.
42		Das Firmenschild (»Dynamo«).
43		Der Direktor setzt sich auf seinen Platz.
44		Das Arbeitszimmer des Direktors. *Diagonalblende.* Der Direktor springt vom Sessel auf. N
45	T	Der Direktor springt vom Sessel auf. Šaruev und zwei Meister stehen da. Der Direktor schimpft.
46		Die Tür des Arbeitszimmers. Der Direktor geht hinein, schimpft in Richtung der Kamera, geht durch die Tür ab.
46a	GA	Die erschreckten Gesichter Šaruevs und der Meister.
47		Die andere Seite der Tür. Der Direktor wischt sich den Schweiß ab, zerstreut. Er greift nach dem Telefonhörer.
48	GA	Das Gesicht des Betriebsleiters – [er] hört zu.
49		Der Direktor telefoniert.
50	GA	Der Betriebsleiter legt den Hörer auf, nimmt einen anderen.
51	ÜB	Das Gesicht Naumovičs – [er] hört zu. Von oben der Titel: »Geheimpolizei«. Legt den einen Hörer auf, nimmt einen anderen.
52		*Mit Überblendung von oben* der Titel: »Abteilung für Abwehr«. Vysockij – ein Gendarm. Hört zu. Legt den Hörer auf. Spricht aus der Einstellung hinaus.
53	N	Ein Kanzleiangestellter richtet sich von seinen Akten auf – hört zu.
54	GA	Das Gesicht Vysockijs – [er] spricht.
55	N	Der Kanzleiangestellte schüttelt den Kopf – fängt an, sich in die Akten zu vergraben.
56	T	des Arbeitskabinetts. Der Kanzleiangestellte trägt einen Aktenstoß – zum Tisch von Vysockij.
57	GA	Die Akten auf dem Tisch – gehen die Akten durch, halten bei einer Akte inne.

58	Sitzung des Parteikomitees und der Aktivisten. (*Wo? in Einstellungen aufteilen.*)
59	*Bis zum Gürtel.* Vysockij öffnet ein Album mit Fotos von Spitzeln.
60	ABWEHR VERSTÄRKEN.
61	Eine Seite mit Spionen wird aufgeschlagen. Ein Bleistift zeigt darauf. Spione. Malek, Janyševskij, Kurbatov, Štrauch fangen an, sich zu schminken.
62	Janyševskij macht sich fertig, zieht Hosen an. (Seine Wohnung).
63	Štrauch macht sich mit einem Hund vertraut.
64	Kurbatov schminkt sich vor dem Spiegel.
65	Malek zerschlägt Eis für Speiseeis.
66	Das Parteikomitee. Antonov erhält eine Proklamation, liest.
67	GA Der mit Druckbuchstaben handgeschriebene Proklamationstext.
68	ÜB Die in Druck gesetzte Proklamation. Schrift.
69	ÜB Ende des Drucksatzes. Man setzt die Buchstaben RSDRP.*
70	Der Drucksatz (GA) wird in eine Maschine eingelegt.
71	Die Maschine arbeitet.
72	ÜB Eine Ansicht von Fotografien. AB
73	GA Das Gesicht Naumovičs. *Von oben ein Titel* ([Thema] – Überwachung einstellen). Er spricht ins Telefon.
74	ÜB Das Gesicht Mormonenkos[3] (Gendarm). Hört zu, legt den Hörer auf. *Amerikanische Blende geöffnet* Der Titel verschwindet. Štrauch und Janyševskij stehen da. Er gibt ihnen Anweisungen.
75	*Vorhang.* ÜB *Bildverdrängung* Eine Straße. Štrauch und Janyševskij gehen von der Kamera weg auf das Werk zu. *Langsame Blende.*
75a	GA Das Gesicht Levšins. [Er] setzt eine Mütze auf, lacht. ÜB
76	Die Kontrollstelle des Givartovskij-[Werks]. Arbeiter

---

* RSDRP (RSDAP): Russische Sozialdemokratische Arbeiterpartei [Anm. d. Übers.].

kommen heraus. Unter ihnen Antonov, Kljukvin und andere.

77   Ein verwahrlostes Gebäude. Antonov, Kljukvin, Tumanov, Muzykant und Levšin kommen und setzen sich im Kreis hin.

78   N   Man sitzt im Kreis. Mampft. Unterhält sich.

79   KLAR WIE 2 × 2.

80   GA   2 × 2 = 4 wird auf eine Schultafel geschrieben.

81   Eine Ecke in einer Klasse für Abendkurse. Bud'ko schreibt an die Tafel. Hinter der Tafel sprechen Muzykant und eine Gruppe von Arbeiterinnen. *Diagonalblende von links nach rechts.*

82   *Diagonale von rechts nach links.*   GA   Ein Trio spielt.

83   ÜB   *Bis zum Gürtel.*   Zwei Mädchen und Gomorov knabbern Kerne, lachen. Gomorov dreht sich um.

84   Die Gruppe – bis zu den Waden im Bild – bewegt sich über einen Boulevard. Gomorov geht mit einer Quetschkommode zwischen zwei Mädchen, danach kommt Kljukvin mit einer Gruppe von Arbeitern.

85   ÜB   GA   Kljukvin spricht. *Langsame Blende.*

86   *Amerikanische Blende offen.*   Wasser, Spritzer. Rjazanec und Debabov baden.

86a   Zwei schwimmen vorüber, reden.

87   *Diagonale.*   Ein Kiefer.   *Bildverdrängung* Antonov und eine Gruppe von Arbeitern sitzen nackt auf Balken. Rjazanec taucht aus dem Wasser auf. (Im Hintergrund Industrieanlagen).

88   GA   Antonov spricht. Blickt zur Seite, streckt den Arm aus.

89   HT   Janyševskij zieht sich schuldbewußt aus.

90   GA   Die Hand Antonovs macht ein Zeichen.

91   ÜB   HT   Alle stellen sich auf Balken (*von hinten*).

92   Tauchen ins Wasser (*über die Kamera hinweg*).

93   HT   Janyševskij probiert mit dem Fuß das Wasser. Daneben steht eine Ziege.

94   GA   Das Gesicht Janyševskijs mit Hut.

95   GA   Der Wasserspiegel – eine Gruppe schwimmt vorbei. *Langsame Blende.*

| 96 | GA | *Monokel.* Das Gesicht Kočins in der Maske eines ermordeten Bojaren – [er] schreit. |

96   GA   *Monokel.* Das Gesicht Kočins in der Maske eines ermordeten Bojaren – [er] schreit.

97   GA   Eine Hand stößt einen Dolch in Kočins Brust.

98   Totalaufnahme der Szene. Dekoration. Der ermordete Kočin fällt hin.

99   HT   Im Zuschauerraum. Drei Mädchen weinen.

99a   Der Souffleurkasten. Lëvšin klappt ... ein Buch zu – zu lesen ist: »Kaširskaja starina«[4]. Es wird versteckt.

100   WT   Der Vorhang bewegt sich.

101   GA   Eine Reihe von Händen klatscht Beifall.

102   WT   Der Vorhang geht auf – die Schauspieler verbeugen sich.

103   *Bis zum Gürtel.* HT   Kočin nimmt seine Perücke ab. (Schauspielergarderobe im Klub).

103a Ein Bojar (GA)   reißt seinen Bart ab.

104   *Bis zum Gürtel* ÜB   *Bildverdrängung von oben.* Die Kulikova (im Kostüm einer Bojarin) nimmt ihren Kokošnik* ab.

105   Eine Gruppe um Lëvšin. Mit der Miene eines Souffleurs setzt sich Lëvšin. (In einem kleinen Umkleideraum.) Ringsherum hören Schauspieler zu.

106   GA   Der Vorhang geht hoch. Drei Lichtstrahlen.

107   Ein Rauchzimmer. Eine Gruppe von Arbeitern schaut abwartend zur Seite. Unter ihnen Tumanov.

108   Alekseev (*in voller Größe*) wendet sich von der Wand ab, blickt über die Schulter.

109   HT   Die Gruppe folgt ihm mit den Augen.

110   Außenansicht des »Dynamo«-Rauchzimmers. Alekseev geht hinaus.

111   Die Gruppe im Rauchzimmer. Man spricht. T   *Detaillierung.* Ein ›Ziegenbein‹.**

112   ÜB   Ein Grüppchen von Arbeitern.

113   ÜB   Eine größere Gruppe von Arbeitern.

114   GA   Hände in Glacéhandschuhen ziehen eine Hundemeute ins Bild.

---

* Kokošnik: altrussischer Kopfschmuck [Anm. d. Übers.].
** Zigarette aus Machorka, die in Zeitungspapier gedreht und nach Art eines Ziegenbeins geknickt wird. [Anm. d. Übers.].

115   GA   Das Gesicht Naumovičs kommt in die Einstellung – mit zusammengekniffenen Augen und bösem Blick.

116   Hände öffnen sich, lassen Riemen los.

117   *Aus der weiten Totalen*   Auf die Kamera stürmen Hunde zu.

118   *Von oben.*   Hunde rennen.   ÜBN   Die Menge. Die Hunde werden durch Spitzel ersetzt.

119   Eine Straße.   *Obere Diagonalblende*   Die Kiste eines Eisverkäufers fährt auf die Kamera zu.

120   *Obere Diagonalblende*   Von der Kamera weg entfernen sich Beine – zwei kleine Hunde hinken hinterher.

121   Janyševskij fährt die Straße entlang.   *Diagonalblende*

122   *Obere Diagonalblende* GA   Ein Hut. Er hebt sich: das Gesicht Kurbatovs. Schaut mit [einem] Auge.

123   *Obere Diagonalblende*   Kurbatov steht an einem Laden.

124 .   *Obere Blende* GA   Hände füllen Eis nach.

125   *Obere Blende* *Bis zum Gürtel*   Malek gibt Eis aus. Rundherum Arbeiter. Antonov schaut argwöhnisch.

126   *Nach oben* *Bis zu den Knien*   Štrauch spielt auf einer Drehorgel.

127   ÜB   Zwei Hunde tanzen.   *Blende*

128   BEI DER ARBEIT.

129   GA   Eine Hand bedient den Hebel einer »Amerikanka«.*

130   Gesamtansicht einer Geheimdruckerei. Zwei Männer arbeiten.

131   ÜB   GA   Man verstreut Proklamationen.

132   HT   Eine Gruppe um Antonov herum. Er verteilt Proklamationen. Gerasimov, Semenjak, Debabov nehmen sie an. (Auf freiem Gelände.) Im Hintergrund Industrieanlagen.

133   Gerasimov schleicht durch den Kesselraum der Prochorovka[5].

---

* Bezeichnung einer Handdruckpresse [Anm. des Übers.].

134	GA	Das Gesicht Gerasimovs am Kessel, verschwindet aus der Einstellung.
135	HT	Alekseev schließt die Tür der Werkhalle ab.
136	WT	Die leere Werkhalle – Debabov springt heraus.
137	N	Debabov macht vorsichtig eine Kiste zu. Springt aus der Einstellung heraus.
138, 139, 140, 141	*Abblendung.* Debabov verteilt Proklamationen in der Werkhalle.	
142	N	Gerasimov steigt auf den Kran.
143	WT	Gerasimov verteilt Proklamationen auf dem Kran.
144	GA	Das Pfeifen einer Lokomotive.
145	WT	Ein Zug fährt vor der Kamera vorbei, A. Semenjak springt auf den Zug auf.
146	Semenjak geht durch einen Waggon.	
147	Verteilt Proklamationen.	
148	Die Führerkabine des Krans. Der Kranführer steigt hinein.	
149	GA	Er setzt den Kran in Gang.
150	GA	Ein Packen mit Proklamationen fällt vom Kran herab.
151	*Von oben.* Die Werkhalle. Der Kran fährt. Proklamationen fallen herab.	
152	N	Die Köpfe von Arbeitern. Schauen nach oben.
153	*Von unten.* Es fliegen Proklamationen.	
154	Die Werkhalle. Arbeiter nehmen Proklamationen aus Kisten und lesen.	
155	Arbeiter lesen Proklamationen auf dem Bahndamm.	
156	GA	Ein alter Mann spuckt auf eine Proklamation.
157	GA	Hände nehmen eine Proklamation auf.
158	Zwei alte Frauen ordnen die Proklamation stoßweise.	
159	*Bis zum Gürtel.* Ein Arbeiter nimmt zwei zusammengeklebte Proklamationen auseinander und gibt die eine seinem Nachbarn.	
160	Erdboden. Eine Proklamation. Zwei Hände greifen danach, zerreißen sie.	
161	GA	Zwei grimmig dreinblickende Visagen.
162	GA	Ein alter Mann liest durch die Brille.

163   GA   Hände fügen zwei Teile einer zerrissenen
               Proklamation zusammen.
164   WT   Viele Arbeiter lesen auf dem Bahndamm.
165   GA   Der Text einer Proklamation.

Teil III

1   GA   Eine Proklamation.
2   Ein Meister beleidigt ein Mädchen.
3   Einem Arbeiter hat man ein Werkzeug gestohlen.
4   Ein Meister hat einen Arbeiter in einen Graben gesto-
       ßen.
5   Ein Arbeiter wird des Diebstahls bezichtigt.
6   Ein Arbeiter denunziert seinen Kollegen beim Mei-
       ster.
7   Ein Arbeiter hat sich über der Werkbank erhängt.
8   Das Streikkomitee erläutert den Dienst in der Kon-
       trollstelle.
9   Das Komitee erläutert den Dienst bei den Maschinen.
10   Ein Zusammenstoß zwischen Komitee und Verwal-
       tung.
11   Nachtlager im Müllkasten.
12   Nachtlager im Kesselhaus.
13   Arbeiter fahren die Administration auf Karren her-
       aus.
14   Auftauchen von Proklamationen in der Fabrik. (In
       den Werkhallen, auf dem Hof, auf der Straße.)
15   Verzeichnis über die Entlassung von Rädelsführern.
16   Kampf um die Sirene. Schlägerei bei der Sirene.
17   Die Sirene heult.
18   Arbeiter strömen auf die Straße.
18a   Alte Frauen rennen über die Straßen.
19   Einige Werkhallen machen nicht mit.
20   Jungen jagen die Zurückgebliebenen mit Gewalt her-
       aus. Zerschlagen Fensterscheiben. Ein Lärmkonzert.
21   Brigadiere sind gegen den Streik.
22   In der Verwaltung wird der Strom abgestellt.
23   Polizeiabteilungen um die Fabrik herum.
24   Ein Meeting.

Teil IV

1   Streikende Arbeiter der einen Fabrik gehen über die Straßen zu einer anderen Fabrik.

2   Im Streikkomitee wird den Agitatoren eine Anordnung erteilt.

3   Die Polizei läßt keine Arbeiter in die Fabrik.

4   Arbeiter umzingeln die Polizisten von hinten. Klettern über Zäune. Rufen auf zum Streik.

5   Fünfzehn Mann vertreiben die Polizisten.

6   Kinder werfen einen Ziegel auf das Wachhäuschen.

7   Ein Polizist rennt auf der Straße den Kindern hinterher.

8   Aus einem Tor wird ein Brett herausgeschoben. Der Polizist fällt hin.

9   Arbeiter organisieren Nachtlager für das Streikkomitee.

10 Ein Polizist schreit einen, der Proklamationen liest, an: »Keine Zusammenrottungen!«

11 [In] einem Schlafraum bewerfen Mädchen einen Polizeiboten mit Kopfkissen.

12 Streikende spielen Karten.

13 Ein Arbeiter wollte Wein trinken, bekam Skrupel, ließ es.

14 Die Administration verbietet, die Fabrik zu betreten.

15 Eine Kantine unter freiem Himmel gegenüber dem Fabriktor.

16 Man schleppt Essen in Eimern durch das Fabriktor.

17 Ein Polizist hat Angst, die beleuchtete Stelle zu verlassen. Junge Leute provozieren eine Plünderung.

18 Ein Polizist pfeift.

19 Streikposten. Streikbrecher gehen zur Arbeit.

20 Streikbrecher klettern über den Zaun, um zu arbeiten.

21 Die Fabrik wird mit Literatur überflutet.

22 In einem Boot – mit einer Quetschkommode – setzen Arbeiter Agitatoren über den Fluß.

23 Meetings.

24 Man hat einen Provokateur gefaßt.

25 Der Provokateur im Wasser.

26 Man wirft die Münze. Mit einer lehmbeschmierten Hacke stiehlt man Geld.

Teil V

Teil VI

Teil VII

Teil VIII

10   Berittene Polizei auf einer Ponton-Brücke.
11   Arbeiterkommando – »Aufgesessen«.
12   Man spießt einen Mann auf einem Zaun auf.
13   Die Administration nimmt die Forderungen der Arbeiter an.

Epilog

Die Streiks waren Lehrstunden des bewaffneten Aufstands.

Regieausarbeitung des Finale

Schlachthaus

1. Der Kopf eines Stiers. Das Schlachtmesser des Metzgers ist gezückt, geht nach oben aus dem Bild.
2. GA   Eine Hand [mit dem Messer] schlägt über die Einstellung hinaus nach unten.
3. T   Eintausendfünfhundert Menschen fallen eine Böschung hinunter (*Profil*).
4. Fünfzig Menschen erheben sich von der Erde, strecken die Hände aus.
5. Das Gesicht eines Soldaten – [er] zielt.
6. HT   Eine Salve.
7. Der Stierleib zuckt zusammen (*Kopf außerhalb der Einstellung*). Fällt hin.
8. GA   Die Beine des Stiers in Zuckungen. Ein Huf schlägt in eine Blutlache.
9. GA   Gewehrschlösser.
10. Mit einem Strick bindet man den Kopf des Stiers an die Schlachtbank.
11. Tausend Menschen laufen vorbei.
12. Hinter einem Gebüsch erhebt sich plötzlich eine Soldatenkette von der Erde.
13. GA   Unter einem unsichtbaren Schlag stirbt der Kopf des Stiers. (Seine Augen beginnen zu erstarren.)
14. Eine Salve – *kleiner, von hinten*.
15. HT   Die Beine des Stiers werden »auf europäische Art« zusammengezogen (Methode des Schneidens von Vieh in liegender Stellung).
16. *Größer*. Menschen fallen die Böschung hinunter.
17. Einer Kuh wird die Kehle durchgeschnitten, es fließt Blut.
18. N   Menschen erheben sich in die Einstellung hinein mit ausgestreckten Händen.
19. Auf die Kamera (*in Fahrt*) geht ein Metzger mit blutigem Strick zu.
20. Die Menge läuft zu einem Zaun, zerbricht ihn. Hinter

dem Zaun ist ein Hinterhalt (*in zwei–drei Einstellungen*).

21 In die Einstellung fallen Hände hinein.

22 Man trennt den Kopf der Kuh vom Rumpf.

23 Eine Salve.

24 Die Menge rollt den Abhang hinunter ins Wasser.

25 Eine Salve.

26 GA   Durch einen Schuß werden Zähne herausgeschossen.

27 Beine von Infanteristen entfernen sich.

28 Blut fließt ins Wasser, färbt es.

29 GA   Aus der Kehle des Stiers fließt Blut.

30 Aus einem kleinen Gefäß gießen Hände Blut in einen Eimer.

31 *In Überblendung* – Ein Förderband mit Blutkübeln bewegt sich auf die Verwertungsfabrik zu.

32 An dem toten Stierkopf wird die Zunge durch die aufgeschnittene Kehle gezogen (eine Schlachthausmethode, die wahrscheinlich verhindern soll, daß die Zunge bei Zuckungen durch die Zähne beschädigt wird).

33 Die Beine der Infanteristen entfernen sich.

34 Man zieht dem toten Stier das Fell vom Kopf.

35 Eintausendfünfhundert Getötete am Rande der Böschung.

36 Zwei abgetrennte tote Stierköpfe.

37 Menschenhände in einer Blutlache.

38 GA   *Über die ganze Leinwand.* Ein totes Stierauge.

Schlußtitel

›Streik‹-Protokoll

1   Titel (1,8; -1,8)* STREIK, PRODUKTION DES ERSTEN GOSKINO-STUDIOS   Abblende.

2   Titel (2,5; -4,3) Aufblende   ZUR DIKTATUR: FILMZYKLUS ÜBER DIE ARBEITERBEWEGUNG IN RUSSLAND   Abblende.

3   Titel (1,2; -5,7) Aufblende   1. FOLGE: ›STREIK‹ IN SECHS TEILEN   Abblende.

4   Titel (1,5; -7,2) Aufblende   DREHBUCH: PROLETKULT UNTER DER REDAKTION VON V. PLETNĔV   Abblende.

5   Titel (1,3; -8,5) Aufblende   DARSTELLER: DAS KOLLEKTIV DES ›ERSTEN ARBEITERTHEATERS‹   Abblende

6   Titel (1,1; -9,6) Aufblende   REGIE: SERGEJ EISENSTEIN

7   Titel (2,0; -11,6) Aufblende   KAMERA: EDUARD TISSÉ BAUTEN; V. RACHAL'S   Abblende.

8   Titel (5,3; -16,9) »DIE KRAFT DER ARBEITERKLASSE IST DIE ORGANISATION. OHNE ORGANISATION DER MASSEN IST DAS PROLETARIAT – NICHTS. ORGANISIERT IST ES – ALLES. DIE ORGANISIERTHEIT IST DIE EINHEIT DES HANDELNS, DIE EINHEIT DES PRAKTISCHEN VORGEHENS«   LENIN 1907

9   Titel (1,9; -18,8) ERSTER TEIL   IN DER FABRIK HERRSCHT RUHE

10   HT, schräg von unten (0,5; -19,3)   zwei Fabrikschlote gegen den Himmel. Einer davon raucht.

11   G, leicht von unten (0,8; -20,1)   ein beleibter Mann, der Fabrikdirektor, streicht sich mit den Fingern über die Backen und leckt sich die Lippen.   Überblendung (0,3).

12   HT (1,0; -21,1)   Menschen, die durch zwei Schwingtüren, die zu einem Bürogang führen, geschäftig ein und ausgehen.   Überblendung (0,3).

13   G, leicht von unten (0,2; -21,3) wie 11,   der

* Die filmtechnischen Abkürzungen und alle Angaben zur Anlage des Protokolls stehen auf S. 300–301.

dicke Mann nimmt die Hand vom Gesicht weg, leckt sich noch einmal die Lippen und fängt an zu lachen.

14 T, von oben   (1,9; -23,2)   Fahrt in einer großen Werkshalle über Arbeitsplätze und Maschinen, an denen Arbeiter arbeiten.

15 Titel   (0,5; -23,7)   IN DER FABRIK IST ALLES RUHIG – ABER . . .

16 Titel   (1,7; -25,4)   ABER*

17** G   (1,1; -26,5)   Das laufende Maschinenrad, vor dem groß im Profil ein Arbeiterkopf mit Pfeife erscheint. Die Hand des Arbeiters winkt einen andern heran.

18** HT   (0,5; -27,0)   Auf einer Galerie mit sich drehenden Maschinenrädern kommen zwei Arbeiter aufeinander zu, sie reden miteinander, ein dritter ist auf dem Weg zu ihnen.

19** N   (0,6; -27,6)   Zwei Arbeiterköpfe im Profil kommen vor einem sich drehenden Rad zusammen, sie drehen sich zur Kamera; der eine flüstert dem anderen etwas ins Ohr.

20 Titel   (0,6; -28,2)   DIE KUMPELS LERNEN

21 AM, von oben   (2,8; -31,0)   in einer Pfütze spiegelt sich eine Gruppe von fünf Arbeitern (AM, von unten, gegen die Fabrikschlote). Sie gestikulieren heftig; einer zeigt auf etwas.

22 HT   (0,5; -31,5)   Eine kleine Gruppe von Arbeitern rennt vor einem Werkszug über die Schienen. Der Zug fährt durchs Bild.

23 N   (0,6; -33,1)   Der Meister schaut den Arbeitern hinterher, er schüttelt den Kopf.

24 HT   (0,4; -32,5)   wie 22   der Meister geht weiter über den Fabrikhof, im Hintergrund der Zug.

25 AM   (0,6; -33,1)   Hinter einem laufenden Maschinenrad stecken drei Arbeiter die Köpfe zusammen.

---

* Die beiden russischen Buchstaben für ›aber‹: H O, legen sich übereinander und werden zu O, indem das H weggeblendet wird. O wird überblendet mit dem laufenden Rad einer Maschine.

** Die Einstellungen 17–19 sind Gegenlichtaufnahmen; es entsteht ein Scherenschnitteffekt.

26   AM (1,4; -34,5)   Der Meister kommt eine Treppe herunter und beobachtet sie.

27   AM (0,5; -35,5) wie 25   die drei Arbeiter flüstern zusammen.

28   HN (0,8; -35,8)   Der Meister beobachtet sie verstohlen.

29   HN (0,4; -36,2)   Die Arbeiter vor dem Maschinenrad mit dem Rücken zur Kamera. Sie schauen durch das Rad in Richtung Meister.

30   HN (0,3; -36,5) wie 28   der Meister verschwindet.

31   N (0,8; -37,3) Position wie 29   einer der drei Arbeiter hat den Meister entdeckt; er zeigt auf ihn und macht seinen beiden Kollegen ein Zeichen mitzukommen. Sie gehen aus dem Bild.

32   AM (0,7; -38,0) wie 26   der Meister schaut ihnen nach, dreht sich um, nimmt seine Mütze ab und kratzt sich am Kopf. Er geht aus dem Bild.

33   HN (1,5; -39,5)   Der Meister bleibt vor einer Maschine stehen, kratzt sich immer noch nachdenklich am Kopf, dann schüttelt er den Kopf, zuckt die Achseln und geht.

34   HT, von unten (1,2; -40,7)   Ein Gerüst gegen den Himmel. Arbeiter sitzen verteilt darauf und reden heftig miteinander.

35   HN (0,3; -41,0)   Ein Arbeiter hält sich am Gerüst fest und schaut um sich; er hat etwas gesehen.

36   T, von unten (0,9; -41,9)   das Gerüst. Ein Mann mit Hut kommt ins Bild, Rücken zur Kamera, er schaut nach oben. (N).

37   N (0,4; -42,3)   Es ist ein älterer Mann mit Bart. Er schaut nach oben und schüttelt den Kopf.

38   AM (0,7; -43,0)   Der Arbeiter von 35 schaut hinunter, ruft seinen Kollegen etwas zu und klettert das Gerüst hinab, aus dem Bild.

39   N (0,5; -43,5) wie 36   der ältere Mann geht aus dem Bild (HT).

40   AM (1,2; -44,7)   Oben auf dem Gerüst. Die Arbeiter verlassen, vermutlich auf ein Zeichen hin, das Gerüst.

41	HT, von unten (2,0; -46,7) die Arbeiter verlassen das Gerüst.

41   HT, von unten   (2,0; -46,7)   die Arbeiter verlassen das Gerüst.

42   AM   (0,8; -47,5)   In der Werkshalle. Der Meister steht vor einer Maschine. Ein anderer Arbeiter kommt zu ihm, schaut sich dabei heimlich um.

43   HN   (0,5; -48,0)   Der Arbeiter flüstert dem Meister etwas zu und geht.

44   Titel   (0,6; -48,6)   SIE SIND IN BEWEGUNG GERATEN

45   N   (2,3; -50,9)   Von links unten nach rechts oben, diagonale, langsame Wischaufblende (0,8). Hinter einem Gitter der »Vorgesetzte«, der Meister und ein Angestellter reden auf ihn ein. Er verschwindet mit dem Meister.

46   Titel   (0,6; -51,1)   DER DIREKTOR

47   HN   (0,2; -51,7)   Der fette Direktor mit Zylinder sitzt auf seinem Schreibtischdrehstuhl; er dreht sich zum Tisch.

48   HT   (2,3; -54,0)   Er klappt den Schreibtisch auf, legt den Zylinder ab, nimmt sich eine Zigarre, lehnt sich zurück. Im Hintergrund geht die Tür auf, der »Vorgesetzte« und der Meister treten ein.

49   N   (0,7; -54,7)   Der Direktor, frontal zur Kamera, pafft an seiner Zigarre und lehnt sich ganz vor auf die Schreibtischplatte.

50   HN, leicht von oben   (0,4; -55,1)   schräg von hinten auf eine Sekretärin. Sie sitzt an einem Schreibtisch und tippt.

51   N   (0,8; -55,9)   wie 49   der Direktor pafft, hört hin und fragt etwas.

52   HN, von oben   (1,1; -57,0)   der Vorgesetzte und der Meister verbeugen sich, sodaß sie auch mit den Köpfen ins Bild kommen und erzählen unterwürfig was los ist.

53   Titel   (0,5; -57,5)   SIE TEILEN ES MIT

54   G   (0,4; -57,9)   Der Direktor, frontal in die Kamera, wirft seine Zigarre wütend beiseite.

55   GG   (0,1; -58,0)   Die Faust des Direktors haut auf den Tisch.

56   AM   (0,1; -58,1)   Von hinten auf die Sekretä-

rin. Sie schreibt. Neben ihr ein Rollschrank für Akten, der oberste Rolladen fällt zu.

57   GG   (0,2; -58,3)   Die Faust des Direktors haut noch einmal auf den Tisch.

58   AM   (0,1; -58,4)   wie 56   der andere Rolladen am Schrank fällt zu.

59   Titel   (0,4; -58,8)   ER VERTEILT DIE AUFGABEN

60   HN   (0,1; -58,9)   wie 50   die Sekretärin erschrickt.

61   HN   (0,3; -59,2)   eine andere Sekretärin erschrickt und fällt in Ohnmacht.

62   HN   (0,2; -59,9)   wie 50   die Sekretärin setzt sich erschreckt auf ihren Stuhl.

63   G   (0,3; -59,7)   Der Vorgesetzte hält sich seinen Hut vors Gesicht.

64   HN   (0,4; -60,1)   wie 50   die Sekretärin klappt ihren Schreibtisch zu und geht benommen aus dem Bild.

65   G   (0,2; -60,3)   wie 54   der Direktor pafft wieder an einer Zigarre und schreit herum. Der Rauch der Zigarre hüllt zum Teil sein Gesicht ein.

66   G   (0,6; -60,9)   Der Meister langt sich an den Kopf und erklärt die Situation.

67   G   (0,5; -61,4)   Der Vorgesetzte kommt hinter seinem Hut hervor und schüttelt beschwichtigend den Kopf.

68   HT, leicht von oben   (2,0; -63,4)   durch ein Türfenster auf das Büro des Direktors. Der Vorgesetzte und der Meister machen, daß sie davonkommen. Der Direktor kommt auf die Tür zu und geht aus dem Raum.

69   AM   (0,3; -63,7)   Der Direktor geht zum Telefon und hebt ab.

70   Titel   (0,5; -64,2)   DEN WEG DER INSTANZEN

71   AM   (0,2; -64,4)   wie 69   der Direktor am Telefon; er beginnt zu sprechen.

72   HN, leicht von oben   (0,9; -65,3)   ein Mann im Frack an einem Schreibtisch (Generaldirektor), hebt den Telefonhörer ab und spricht.

73   AM   (0,5; -65,8)   wie 69   der Direktor heftig gestikulierend am Telefon.

74   HN, leicht von oben   (0,4; -66,2)   wie 72   der Generaldirektor wütend.

75   AM   (0,5; -66,7)   wie 69   der Direktor spricht aufgeregt weiter.

76   HN, leicht von oben   (0,6; -67,3)   wie 72   der Generaldirektor nickt, nimmt den zweiten Telefonhörer auf, hat beide am Ohr.

77   AM   (0,2; -67,5)   wie 69   der Direktor schreit weiter ins Telefon.

78   HN, leicht von oben   (0,7; -68,2)   wie 72   der Generaldirektor legt den ersten Telefonhörer auf, redet am zweiten weiter.

79   HN   (0,4; -68,6)   Der dicke Polizeipräsident, frontal zur Kamera, hat einen Hörer in der Hand und nickt.

80   HN, leicht von oben   (0,4; -69,0)   wie 72   der Generaldirektor hört zu und lacht dann.

81   HN   (0,5; -69,5)   wie 79   der Polizeipräsident hebt einen zweiten Hörer ab und legt den ersten auf.

82   HN, schräg von oben   (0,5; -70,0)   von hinten, der Chef der Geheimpolizei am Telefon, er nickt.

83   HN   (0,6; -70,6)   wie 79   der Polizeipräsident am Telefon nickend und erklärend.

84   HN, schräg von oben   (0,4; -71,0)   der Chef der Geheimpolizei legt auf und greift mit seiner Hand auf den Schreibtisch.

85   G, leicht von oben   (0,5; -71,5)   seine Hand greift nach einer Glocke, er klingelt und stellt sie wieder hin.

86   HT, leicht von oben   (1,0; -72,5)   schräg von hinten. Der Chef der Geheimpolizei sitzt an seinem Schreibtisch, ein Offizier eilt herbei.

87   N   (0,1; -72,6)   Seitlich von hinten. Der Chef der Geheimpolizeit erteilt Befehle:

88   Titel   (1,2; -73,8)   »Die Akten über den Fabrikbezirk«

89   N   (0,1; -73,9)   wie 87   Chef der Geheimpolizei

90   HT, leicht von oben   (0,6; -74,5)   wie 86   er schickt den Offizier wieder weg.   Überblendung (0,2).

91   AM   (0,7; -75,2)   Ein Uniformierter schleppt
      einen Berg Akten heran.
92   AM, leicht von oben   (1,8; -77,0)   schräg von
      hinten der Chef der Geheimpolizei an seinem
      Schreibtisch. Der Uniformierte legt ihm die Akten
      auf den Tisch und verschwindet wieder. Der Chef
      nimmt sich eine:
93   Titel   (1,4; -78,4)   DARLEGUNG DER FRAGE
      ›ÜBER ÄUSSERE BEOBACHTUNG‹
94   G, leicht von oben   (2,5; -80,9)   die Hand des
      Chefs blättert in einer Akte, öffnet eine Schreib-
      tischschublade und nimmt eine andere Akte her-
      aus.
95   GG   (2,0; -82,9)   Die andere Akte wird umge-
      blättert. Vier Fotos von Männern, auf die mit einem
      Stift gedeutet wird.
96   Titel   (3,5; -86,2)   LISTE DER AGENTEN FÜR
      ÄUSSERE BEOBACHTUNG: DIE MEERKATZE, DER STILLE,
      DER PATRIARCH, DER LANDSMANN, DER HARTNÄCKIGE,
      DIE BULLDOGGE, DER FUCHS, DER SCHNEIDER, DER
      SCHÄFER, DIE EULE, DER ZUGVOGEL
97   GG   (2,2; -88,4)   wie 95   vier andere Fotos
      von Männern; die werden lebendig, verneigen
      sich . . .
98   N   (0,3; -88,7)   Der Chef gibt Anweisun-
      gen.
99   AM   (1,0; -89,7)   Der Chef, von hinten ange-
      schnitten, geht auf die beiden Spitzel zu, die den An-
      weisungen zuhören und sich dann mit Verbeugungen
      davonmachen.
100   Titel   (0,5; -90,2)   DIE VORBEREITUNG
101   HN   (1,2; -91,4)   In einem Trödlerladen. Der
      Besitzer, ein alter Mann, sitzt mit seinem Affen da
      und pafft an seiner Pfeife.
102   HT   (2,6; -93,9)   Einer der Spitzel betritt den
      Laden und setzt sich. Der alte Mann begrüßt ihn un-
      terwürfig.
103   HN   (0,6; -94,5)   Der Spitzel erklärt was er
      vorhat.
104   HT   (0,9; -95,4)   wie 102   der Alte lacht hä-
      misch.

105	G (1,6; -97,0) Diagonale Wischblende. Ein Fuchs. Überblendung auf das Gesicht eines Spitzels (0,4).
106	G (0,7; -97,7) Der Spitzel »Fuchs« grinst in die Kamera und nimmt seinen Hut ab.
107	Titel (0,3; -98,0) »Fuchs«
108	AM, leicht von oben (0,9; -98,9) Von schräg hinten: »Fuchs« setzt sich an einen Schminktisch.
109	G (1,2; -100,1) Sein Kopf und seine Hand: Er fährt mit der Hand in einen Schminktopf und schmiert sich sein Gesicht ein.
110	GG (0,6; -100,7) Aufblende. Eine Schrifttafel auf der steht: »Gebt um Christi willen den Blinden«.
111	HN, leicht von oben (3,1; -103,8) das Schild hat ein Blinder um den Hals gehängt. Überblendung zum wirklichen Gesicht des »Blinden« (nach 0,8). Das Gesicht lacht in die Kamera. Überblendung zurück auf das maskierte Gesicht (nach 1,2).
112	HT (1,5; -105,3) wie 102 der Alte und der Spitzel suchen im Laden herum.
113	G (2,0; -107,3) Wischblende, auf eine Eule, Überblendung auf das Gesicht eines Spitzels (0,9).
114	G (0,6; -107,9) Der Spitzel »Eule« reibt sich die Augen.
115	Titel (0,4; -108,3) »Eule«
116	G (0,4; -108,7) wie 114 das Gesicht des Spitzels »Eule«.
117	AM, von oben (0,5; -109,2) »Eule« liegt am Boden und schlüpft in die Hose.
118	HN, leicht von oben (0,1; -109,3) die Beine schlüpfen in die Hose.
119	AM, von oben (0,5; -109,8) wie 117 er zieht mit den Händen an den Hosenbeinen.
120	G (0,2; -110,0) Die Füße, er streckt sie dabei in die Luft.
121	AM, von oben (1,0; -111,0) wie 117 er steht auf und zieht sich die Hose über den Hintern.
122	T, von oben (0,4; -111,4) auf eine belebte Straße in der Stadt. Der Spitzel taucht rechts im Bild auf (AM).

123 Titel (0,9; -112,3) ZUM BESTIMMUNGSORT

124 T, von oben (0,5; -112,8) wie 122 der Spitzel geht über eine Treppe hinunter auf die Straße.

125 HT (0,9; -113,7) Im Trödlerladen. Der Alte und der Spitzel begutachten einen Bären.

126 G (1,5; -115,2) Wischblende auf eine Meerkatze, Überblendung auf den Spitzel (0,4).

127 N (1,4; -116,6) Im Profil der Spitzel, wie er aus einer Flasche trinkt, er setzt sie ab, dreht sich zur Kamera und grinst genüßlich.

128 Titel (0,4; -117,0) »MEERKATZE«

129 HT (0,7; -117,7) »Meerkatze« in einem Zimmer; er hackt Eis.

130 G (0,5; -118,2) Das Eis wird gehackt.

131 HT (0,3; -118,5) wie 129 »Meerkatze« hackt Eis.

132 G (0,2; -118,7) wie 130 das Eis wird in Stücke zerhackt.

133 HN (1,3; -120,0) Drei Arbeiter am Rinnstein sitzend, reden miteinander, plötzlich drehen sie sich nach hinten um.

134 G (0,6; -120,6) Der junge Arbeiter lacht und leckt sich die Lippen.

135 HN (0,6; -121,2) »Meerkatze« mit einem Speiseeiskübel auf dem Kopf, tanzt, hebt den Kübel herunter und stellt ihn auf den Bürgersteig.

136 HN (0,4; -121,6) wie 133 die drei Arbeiter. Der junge springt auf.

137 G, von oben (0,9; -122,7) auf den Eiskübel. »Meerkatze« macht den Eiskübel auf, fängt an, Speiseeis in einen Becher zu füllen.

138 N, leicht von oben (1,2; -123,9) ein Arbeiter schaut »Meerkatze« mißtrauisch von der Seite an.

139 G, von oben (1,1; -125,0) wie 137 Das Speiseeis ist eingefüllt, der junge Arbeiter nimmt den Becher in die Hand.

140 G (0,9; -125,9) Der junge Arbeiter ißt grinsend das Eis.

141 AM (2,1; -128,0) »Meerkatze« mit dem Eiskübel auf dem Kopf, schaut sich noch einmal nach

den dreien um und geht dann die Straße herunter. Vorhangabblende.

142 AM (1,2; -129,2) Im Trödlerladen. Der Spitzel nimmt Geld aus der Manteltasche, der Alte reibt sich die Hände.

143 G (0,3; -130,1) Ein Affe im Käfig.

144 AM (0,5; -130,6) wie 142 der Spitzel gibt dem Alten das Geld.

145 G (1,8; -132,4) Wischblende auf Bulldogge, Überblendung auf das Gesicht des Spitzels, der beim Trödler ist (0,8).

146 N (0,2; -132,6) Das Gesicht des Spitzels »Bulldogge«.

147 G (0,7; -133,3) Der Affe im Käfig springt herum.

148 Titel (0,5; -133,8) »Bulldogge«

149 N (0,3; -134,1) wie 146 der Spitzel »Bulldogge«; er streckt dem Affen im Käfig die Zunge heraus.

150 HT (1,1; -135,3) Der Trödler gibt »Bulldogge« den Leierkasten und den Bären. Rautenabblende.

151 G (1,1; -136,4) Rautenaufblende. Ein Bärenkopf.

152 N (0,5; -136,9) Zwei sitzende Bären.

153 AM (1,1; -138,0) Mehrere Bären laufen einen Weg entlang, schräg an der Kamera vorbei. Überblendung (0,2).

154 HT, leicht von oben (1,6; -139,6) »Bulldogge« geht mit dem Bären und dem Leierkasten eine Straße hinunter.

155 AM (1,1; -140,7) Er geht mit dem Bären durch ein Haustor in einen Hinterhof.

156 HN, von oben (1,8; -142,5) der tanzende Bär, im Hintergrund Kinderbeine.

157 HT (1,2; -143,7) in einem Hof, Frauen und Kinder stehen um die »Bulldogge« und den tanzenden Bären herum.

158 GG (1,2; -144,9) Wischblende auf die Augen des Spitzels »Bulldogge«.

159 Titel (0,6; -145,5) Die Aktiv-Gruppe

160 HT, leicht von oben (0,8; -146,3)   auf dem Fabrikgelände. Auf einer Treppe sagt ein Arbeiter einem anderen etwas ins Ohr.

161 AM (0,2; -146,5)   Auf der Treppe, ein anderer Arbeiter sagt es weiter.

162 HT, von oben (0,5; -147,0)   ein Arbeiter schiebt einen Wagen über den Fabrikhof; ein weiterer kommt daher.

163 AM (0,2; -147,2) wie 161   einer der beiden Arbeiter auf der Treppe ruft hinunter und winkt.

164 N (0,4; -147,6)   der zweite Arbeiter aus 162 antwortet und geht aus dem Bild.

165 HT, leicht von oben (0,4; -148,0) wie 160   ein Arbeiter sagt es einem anderen weiter, sie gehen.

166 HT, von oben (0,4; -148,4) wie 162   ein Arbeiter geht über den Fabrikhof.

167 HT (1,3; -149,7)   Der Arbeiter von 166 geht zwischen zwei Stapeln hindurch, er wird von zwei Kollegen empfangen, sie gehen gemeinsam weiter.

168 HT, schräg von unten (1,4; -151,1)   gegen den Himmel ein Berg aus Rädern, von hinten erklettern ihn ein Arbeiter und eine Arbeiterin.

169 T, von oben (1,4; -152,6)   am Fuß des Berges steht eine Gruppe von Arbeitern. Die beiden stoßen zu ihnen. Freudige Begrüßung.   Überblendung mit gleichzeitiger quadratischer Abblende (0,2).

170 AM (0,2; -152,8)   Die Gruppe debattiert heftig; dabei wird gegessen.

171 N (0,3; -153,1)   Ein essender Arbeiter; dahinter die Arbeiterin. Er spricht:

172 Titel (1,1; -154,2)   »SIE HABEN UNS IN DIE ENGE GETRIEBEN, ALSO MÜSSEN WIR STREIKEN . . .«

173 N, leicht von oben (0,9; -155,1)   Wischaufblende. Aus einem Gewässer taucht ein Schwimmer auf und schwimmt weiter.

174 Titel (0,5; -155,6)   DIE VORBEREITUNG

175 HT, leicht von oben (1,6; -157,2)   an einer Eisenstange, die ins Wasser ragt, tauchen zwei Arbeiter auf.

176 AM (0,4; -157,6)   An Schiffstauen läuft ein

Spitzel in Badehose und mit Sonnenhut aufgeregt hin und her; er sucht ein Versteck.

177   AM, leicht von oben (1,5; -159,1)   zu der Eisenstange kommen immer mehr Arbeiter geschwommen, bis es fünf sind.

178   Titel (0,5; -159,6)   ÜBERALL AGITIEREN

179   AM, leicht von oben (0,4; -160,0)   An der Eisenstange mit Ketten die Arbeiter.

180   Titel (1,2; -161,2)   »EULE« IN BESCHWERLICHER LAGE

181   HT (0,4; -161,6)   Viele Schiffstaue hängen wie ein Vorhang an einer Stange.   Überblendung (0,3).

182   AM (1,2; -162,8)   »Eule« versucht, sich hinter den herunterhängenden Schiffstauen zu verstecken.

183   AM (0,8; -163,6) wie 179   die Arbeiter an der Eisenstange, einer von ihnen hat etwas bemerkt.

184   Titel (0,3; -163,9)   EIN SPITZEL

185   HT, leicht von oben (0,5; -164,4)   ähnlich wie 179   zwei Arbeiter an der Eisenstange, springen kopfüber ins Wasser.

186   AM (0,3; -164,7)   »Eule« klettert in den herunterhängenden Tauen herum.

187   HT, leicht von oben (0,4; -165,1)   die zwei Arbeiter von 185 schwimmen weg, andere Arbeiter springen ihnen nach.

188   HT, leicht von oben (1,5; -166,6)   die Arbeiter klettern an der Eisenstange, die zu einem Anker gehört, nach oben auf einen großen Holzsteg, der weit ins Meer ragt.

189   AM (0,4; -167,0)   Der Spitzel schleicht an den Tauen entlang.

190   HT (0,5; -167,5)   Die Arbeiter fangen an, von der Holzhütte auf dem Steg aus, ins Wasser zu springen.

191   AM (0,3; -167,8)   Ein Arbeiter springt mit dem Kopf voraus über die Kamera hinweg ins Wasser.

192   G (0,2; -168,0)   Die Beine eines Arbeiters, der zum Sprung ansetzt.

193 HT (0,2; -168,2) wie 190   sie springen ins Wasser.

194 HT (1,4; -169,6)   Der Spitzel schleicht am unteren Bildrand an den Tauen entlang.

195 G (0,1; -169,7)   Beine eines abspringenden Arbeiters.

196 HN, von oben (0,7; -169,7)   aufs Wasser; zwei Arbeiter schwimmen durchs Bild.

197 Titel (0,9; -171,2) KONSPIRATIVE SITZUNGEN

198 HT, leicht von oben (1,8; -173,0)   im Klo. Arbeiter werden eingeblendet; sie diskutieren.

199 HN (0,9; -173,9)   Die Arbeiter diskutieren im Klo; plötzlich werden sie gewarnt und gehen schnell auseinander.

200 HT (0,7; -174,6)   Alle springen schnell in die Klosettnischen und tun so, als ob sie scheißen.

201 AM (0,6; -175,2)   In einer Ecke steht der Meister und pinkelt; er schaut sich nach den Arbeitern um.

202 HT (0,8; -176,0) wie 200   die Arbeiter kommen aus ihren Klonischen heraus und gehen in Gruppen aus dem Bild.

203 HN (0,4; -176,4)   Der Meister pinkelt und schaut sich um.

204 AM (0,8; -177,2)   Er macht sich den Hosenladen zu, da kommen die Arbeiter daher und bleiben stehen.

205 N (1,4; -178,6)   Schwenk. Die Arbeiter schauen ihn an, grinsen und lachen ihn aus.

206 N (0,3; -178,9)   Der Meister wendet sich abrupt ab und geht.

207 Titel (0,7; -179,6) SIE SCHÜREN IN DER MASSE

208 N (0,4; -181,0)   Quadratische Aufblende. Singender junger Arbeiter.

209 HN (0,7; -181,7)   Drei singende und tanzende junge Arbeiter; sie kommen auf die Kamera zu.

210 G (1,1; -182,8)   Eine Harmonika wird gespielt.

211 G, von oben (1,4; -184,2)   tanzende Männerbeine.

212	HN, von oben (1,2; -185,4) der Harmonika-spieler mit zwei lachenden Mädchen an den Armen.
213	HN (0,4; -185,8) Drei springende und tan-zende junge Arbeiter.
214	G (0,4; -186,2) Spielende Harmonika.
215	T (5,8; -192,0) Wald und Wiese, mit singen-den, tanzenden Arbeitern. Eine spielende Harmo-nika ist überblendet (nach 3,5 wird sie ausgeblendet). Die Arbeiter kommen fröhlich einen Hügel herauf, auf die Kamera zu, ziehen an ihr vorbei.
216	Titel (0,8; -192,8) ZUR HARMONIKA (TANZEN DIE ARBEITERZIRKEL)
217	G (0,4; -193,2) Im Vordergrund ein diskutie-render Arbeiter. Hinter ihm sind zwei weitere.
218	HN (0,5; -193,7) Der Arbeiter redet auf seine Nebenleute ein.
219	AM (0,8; -194,5) Vier singende Mädchen. Das untere Bilddrittel ist abgedeckt. Rechteck-abblende.
220	G (1,6; -196,1) Quadratische Aufblende. Die Harmonika wird gespielt. Halbe quadratische Abblende.
221	HT (2,3; -198,4) Fabrikgelände. In einem leichten Bogen fährt ein kleiner Schienenwagen-Kran auf die Kamera zu. Am Kran hängt ein großes Rad, dessen Mittelstück am Schluß der Einstellung bildfüllend ist.
222	HT (1,6; -200,0) Mitfahrt auf dem Kran. Auf dem Kranwagen sitzen Arbeiter. Die Kamera ist am Ausleger festgemacht. Der Kran schwenkt, mit ihm die Kamera: Man sieht von oben auf einen Teil des Fabrikgeländes.
223	AM (0,4; -200,4) Die Arbeiter auf dem Kranwagen reden miteinander.
224	HT (1,3; -201,7) wie 222 Fortsetzung der Mitfahrt auf dem Kran. Mitschwenk über den Fa-brikhof, auf dem viel los ist. Die Arbeiter auf dem Kran reden weiter.
225	HN, leicht von oben (0,2; -201,9) der Meister beobachtet die Situation mißtrauisch.
226	HT (0,4; -202,3) ähnlich wie 221 der Kran

fährt nach hinten, dreht sich, sodaß das Rad, das er trägt, vor der Kamera vorbeischwingt.

227 N, leicht von oben (0,5; -202,8) der Meister schaut mißtrauisch hinterher, nimmt die Pfeife aus dem Mund.

228 HT (0,6; -203,4) Im Vordergrund mit dem Rücken zur Kamera: der Meister. Der Schienenkran fährt nach hinten an ihm vorbei.

229 HN, leicht von oben (0,5; -203,9) ähnlich wie 225 der Meister kratzt sich an der Stirn, nimmt seine Mütze vom Kopf und geht links aus dem Bild.

230 HN, leicht von unten (0,5; -204,4) ein Arbeiter auf dem Kran zeigt auf den Meister.

231 AM, von oben (0,5; -204,9) vom rückwärtsfahrenden Kran aus: Der Meister läuft hinter ihm her; er droht mit erhobener Faust. Neben ihm hängt das große Rad.

232 HN, leicht von unten (0,1; -205,0) wie 230 der Arbeiter macht dem Kollegen ein Zeichen.

233 AM (0,1; -205,1) Von hinten auf den Meister. Er läuft dem Kran immer noch hinterher.

234 N (0,1; -205,2) ein Arbeiter, der Kranführer drückt entschlossen einen Hebel.

235 N (0,1; -205,3) Der Meister droht dem Arbeiter wütend mit der Faust.

236 AM (0,2; -205,5) Von hinten auf den schimpfenden Meister und den wegfahrenden Kran. Das Rad kommt ins Bild, bewegt sich auf den Meister zu.

237 N (0,1; -205,6) ähnlich wie 235 das Rad erwischt den Meister.

238 HN (0,1; -205,7) Gegenschuß. Von hinten auf den Meister; das Rad wirft ihn um.

239 AM, von oben (0,1; -205,8) er fällt zu Boden.

240 N (0,2; -206,0) Das Rad schwingt an der Kamera vorbei.

241 N (0,1; -206,1) wie 234 der Kranführer zieht den Hebel zurück.

242 HT (0,2; -206,3) Das Rad schwingt noch nah

an der Kamera vorbei; aber der Kran entfernt sich.

243 AM, leicht von unten (0,8; -207,1) der Kran fährt an der Kamera vorbei; die Arbeiter auf ihm lachen.

244 N (0,5; -207,6) Der Meister steht benommen auf; er setzt seine Mütze wieder auf und hebt beide Fäuste vor Wut:

245 Titel (0,6; -208,2) »ZU FRECH GEWORDEN, DAS GESINDEL«

246 N (0,2; -208,4) wie 244 der Meister schimpft und schreit den Arbeitern hinterher.

247 HT (2,3; -210,7) Der Kran fährt auf den Schienen nach hinten, schwenkt dabei das Rad an der Kamera vorbei. Ins Führerhäuschen eingeblendet wird ein lachendes, gepflegtes Männergesicht.

248 Titel (0,9; -211,6) WÄHRENDDESSEN TRETEN DIE KUMPELS . . .

249 G, von oben (0,4; -212,0) Handgeschriebenes: »Genossen . . .«

250 G, von oben (0,6; -212,6) eine Druckplatte. Die unterste Zeile heißt: »Das Komitee der russischen sozialdemokratischen Arbeiterpartei [Bolschewiki]«.

251 HN (0,6; -213,2) Eine Druckmaschine in Betrieb.

252 G, von oben (0,8; -214,0) das gedruckte Flugblatt: »Proletarier aller Länder vereinigt Euch . . . zum Streick, Genossen, zum Kampf . . .«

253 N, leicht von oben (0,3; -214,3) an der Druckmaschine wird gearbeitet.

254 HN (0,3; -214,6) wie 251 die Druckmaschine in Betrieb.

255 N (0,2; -214,8) an der Druckmaschine wird gearbeitet.

256 G, von oben (0,9; -215,7) der Schluß des gedruckten Flugblattes: ». . . das Komitee der Russischen, Sozialdemokratischen Arbeiterpartei [Bolschewiki]«.

257 Titel (0,7; -216,4) . . . IM UNTERGRUND IN AKTION

258 T, von oben   (1,3; -217,7)   das Fabrikgelände. Links kommen zwei Arbeiter ins Bild, sie schauen sich um und gehen einen Abhang hinunter.

259 HT   (0,9; -218,6)   Auf dem Fabrikgelände. Die beiden Arbeiter und drei andere treffen sich vor einem Stapel Arbeitsmaterial.

260 HN, von oben   (1,9; -220,5)   die fünf Arbeiter. Einer von ihnen holt einen Packen Flugblätter hervor und verteilt sie stoßweise an die anderen; dabei schauen sie sich immer wieder vorsichtig um. Sie verstecken die Flugblätter unter ihren Hemden oder Jacken und verschwinden.

261 HT   (1,8; -222,3)   Ein junger Arbeiter läßt sich von einem Gerüst herab auf eine Plattform. Er duckt sich, schaut sich um und klettert weiter.

262 HT, von unten   (2,2; -224,4)   von unten gegen den Himmel: Der Arbeiter läßt sich in eine Werkshalle hinab.

263 HN   (0,9; -225,3)   Der Arbeiter taucht hinter einem Pfosten an einer Maschine auf, er schaut sich vorsichtig um und legt ein Flugblatt hin.   Diagonale Wischblende (0,2).

264 HN   (0,2; -225,5)   Der Arbeiter versteckt ein Flugblatt an einem Arbeitsplatz.

265 N, leicht von unten   (0,7; -226,2)   ein anderer Arbeiter kommt ins Bild, schaut sich um.   Halbe, diagonale Wischblende.

266 AM, leicht von oben   (0,6; -227,2)   der Arbeiter klebt ein Flugblatt an ein Rohr, er schaut sich um und verschwindet wieder.

267 N,   leicht   von   unten   (0,5;   -227,7)   wie 265   der andere Arbeiter schaut sich um und steht auf.

268 HT, von unten   (0,5; -228,2)   der Arbeiter steigt aus der Werkshalle und macht sich vorsichtig davon.

269 Titel   (1,3; -229,5)   ›SCHLUSS MIT DER GEDULD, ZUM STREIK, GENOSSEN, ZUM KAMPF‹

270 T   (2,1; -231,6)   In der Werkshalle wird gearbeitet. (nach 1,4) Einblendung: niederregnende Flugblätter.

271   Titel (1,4; -233,0)   ZWEITER TEIL: DER ANLASS ZUM STREIK

272   G, von oben (0,3; -233,3)   auf einer Werkbank liegen verschiedene Werkzeuge.

273   AM (0,6; -233,9)   Jemand steckt sich ein Werkzeug in die Tasche; dabei ist sein Kopf nicht zu sehen, er verschwindet.

274   T (0,4; -234,3)   leicht von oben. In der Werkshalle. Ein Arbeiter geht eilig nach hinten weg.

275   Titel (0,5; -234,8)   HAT EINEN MIKROMETER GESTOHLEN

276   T (1,1; -235,9) wie 274 er geht, eilig sich umschauend, durch die Halle. Die Totale ist überblendet mit einer Großeinstellung von oben auf das Werkzeug, das auf der Werkbank liegt.

277   G, von oben (0,5; -236,0)   die Werkbank mit dem Werkzeug – Hände, die danach greifen wollen.

278   N (0,2; -236,2)   Ein Arbeiter beugt sich vor und schaut genau auf die Werkbank.

279   G, von oben (0,3; -236,4) wie 272 die Hände greifen ins Leere.

280   N (0,1; -236,6) wie 278 er schaut entsetzt auf das Werkzeug.

281   G, von oben (0,1; -236,7) wie 272 er zieht die Hände zurück.

282   N (0,4; -237,1) wie 278 er schaut noch einmal genau hin.

283   AM (0,6; -237,7)   Er steht am Werkzeugschrank, öffnet ihn, beugt sich hinein und fängt an zu suchen.

284   G (0,3; -238,0)   Seine Hand nimmt verschiedene Teile und Werkzeuge heraus.

285   AM (0,2; -238,2) wie 283 er hockt vor dem Schrank und sucht.

286   G (0,2; -238,4)   seine Hand nimmt weitere Teile heraus.

287   AM (0,5; -238,9) wie 283 er durchwühlt den Schrank weiter.

288   Titel (0,8; -239,7) DER PREIS DES MIKROMETERS BETRÄGT 25 RUBEL

289   G   (0,2; -239,9)   Seine Hände durchwühlen die Fächer des Schrankes.

290   HN   (0,7; -240,6)   Er lehnt verzweifelt am Schrank, schlägt die Türe zu.

291   AM   (1,1; -241,7)   Er schwankt vom Schrank weg, auf die Kamera zu, hält sich an einem Werktisch fest, wischt sich mit der Hand den Schweiß von der Stirn und schaut nach oben.

292   Titel   (1,3; -243,0)   DREI WOCHEN ARBEIT UMSONST

293   AM   (0,2; -243,2)   wie 291   er geht:

294   Titel   (0,9; -244,1)   INS BÜRO UM DIE SACHE ZU ERKLÄREN

295   HT   (1,4; -245,6)   Im Büro wird er an den Meister verwiesen.

296   HN   (0,4; -246,0)   Er beginnt, die Sache dem Meister zu erklären.

297   G   (0,2; -246,2)   Er erklärt es ihm.

298   G   (0,3; -246,5)   leicht von unten der Meister; er nickt ungläubig mit dem Kopf.

299   HN   (0,5; -247,0)   wie 269   ein Angestellter kommt zu den beiden; der Arbeiter erklärt noch einmal alles, aber man glaubt ihm kein Wort.

300   G   (1,1; -248,1)   Der Meister schaut böse, von unten herauf, auf den Arbeiter; dabei fuchtelt er mit der Pfeife herum und zwinkert mit dem Auge:

301   Titel   (1,1; -249,2)   »WIR HATTEN BISHER KEINE DIEBE«

302   G   (0,3; -249,8)   Der Arbeiter brüllt wütend zurück und setzt seine Kappe auf.

303   HN   (0,3; -249,8)   Gegenschuß auf den Meister und den Angestellten. Sie schütteln die Köpfe und lachen den Arbeiter aus.

304   AM   (0,4; -250,2)   Die zwei lachen den Arbeiter aus, der wird wütend und holt aus.

305   G   (0,1; -250,3)   Der Arbeiter schaut den Meister an.

306   AM   (1,6; -251,9)   wie 304   der Angestellte hält den Arbeiter zurück. Der »Vorgesetzte« kommt ins Bild. Alle drei ziehen die Mützen und verbeugen

sich leicht. Der »Vorgesetzte« schaut den Arbeiter an.

307 Titel (0,4; -252,3) DER VORGESETZTE

308 G (1,1; -253,4) Der Vorgesetzte im Profil; er mustert den Arbeiter von oben bis unten und befragt ihn.

309 G (0,3; -253,7) Der Arbeiter im Profil antwortet ihm.

310 N (0,6; -254,3) Scheinbar zustimmend nicken sich Meister und »Vorgesetzter« zu, dann platzen sie mit dem Lachen heraus.

311 G (0,3; -254,6) Der Arbeiter.

312 N (0,4; -255,0) Der Angestellte flüstert dem Vorgesetzten etwas lachend ins Ohr, der schaut den Arbeiter erstaunt an.

313 G (0,4; -255,4) Der Arbeiter ist wütend; er verteidigt sich schreiend.

314 G (0,2; -255,6) Der »Vorgesetzte« beschimpft ihn:

315 Titel (0,4; -256,0) DIEB

316 G (0,3; -256,3) Der Vorgesetzte setzt den Hut auf und geht.

317 HT (0,7; -257,0) Der Büroraum; der Vorgesetzte verläßt die Gruppe.

318 G (0,3; -257,3) Der Arbeiter schaut ihm nach.

319 HT (1,7; -259,0) wie 317 die anderen beiden lassen ihn auch stehen; er geht bedrückt einige Schritte und hält ein

320 Titel (0,4; -259,4) – DIEB . . .

321 HT (0,9; -260,3) wie 317 der Arbeiter setzt seine Mütze auf und geht.

322 T, von oben (1,0; -261,0) in der Fabrikhalle. Fahrt über Maschinen hinweg, an denen gearbeitet wird (wie Einstellung 14).

323 AM (1,5; -262,8) Der Arbeiter kommt auf seinen Arbeitsplatz zu, wütend und verletzt schmeißt er seine Mütze ins Eck. Mit dem Rücken zur Kamera setzt er sich auf eine Werkbank.

324 T (0,5; -263,2) Die Werkshalle; es wird gearbeitet.

325   AM (0,3; -263,5)   Ein Arbeiter bedient eine
Maschine.

326   HN (0,2; -263,7)   Ein anderer Arbeiter an einer Maschine.

327   AM (0,3; -264,0)   Von hinten, ein weiterer
Arbeiter, arbeitend.

328   G (0,7; -264,7)   Eine Hand mit Werkzeug.   Rautenüberblendung (0,2).

329   HN (0,6; -265,3)   Arbeiter in einer Reihe bedienen die Maschinen. Ein anderer tritt rauchend
hinzu.

330   AM (0,2; -265,5) wie 323   der »Dieb« grü-
belt, den Kopf auf die Hände gestützt.

331   HT, von unten (0,5; -266,0)   die rotierenden
Riemen der Maschinen.

332   G, von oben (0,5; -266,5)   auf die Hände des
»Diebes«, er zieht einen Gürtel durch die Schnalle.

333   T (0,5; -267,0)   Die Werkshalle. Es wird gearbeitet.

334   N, von oben (0,5; -267,5)   eine Leiter fällt um.

335   G (0,6; -268,1)   Der Gürtel hängt fest und
zieht sich zu; er schaukelt leicht.

336   T (0,6; -268,7) wie 324   die Werkshalle, es
wird gearbeitet.

337   HN (0,5; -269,2) wie 329   die Arbeiter stehen in der Reihe, die zwei vordersten unterhalten
sich, lachen, plötzlich entdeckt der eine etwas.

338   N (0,3; -269,5)   Zwei Beine hängen zwischen
einer Maschine herunter.

339   HN (0,3; -269,8) wie 329   die beiden gehen
drauf zu und schauen.

340   N (0,1; -269,9)   Die baumelnden Beine.

341   N (0,2; -270,1)   Die beiden Arbeiter; sie stürzen davon, die anderen hinterher.

342   AM (1,2; -271,4)   Sie kommen bei der Maschine mit dem Erhängten an. Einer steigt hinauf.

343   N (0,4; -271,8)   Er ist oben angelangt, dort, wo
der Gürtel befestigt ist; er nimmt ein Messer in die
Hand.

344   AM (0,4; -272,2) wie 342   die anderen unten halten den Erhängten.

345	N (0,2; -272,4) wie 343 der Arbeiter schneidet den Gürtel durch.
346	HT, von unten (0,3; -272,7) wie 331 die sich drehenden Riemen der Maschinen.
347	AM (0,6; -273,3) wie 344 die Arbeiter lassen den Erhängten herunter, immer mehr kommen herbei.
348	N, von oben (0,3; -273,6) auf das Gesicht des toten Arbeiters; die Augen werden gerade zugedrückt.
349	AM, von oben (0,4; -274,0) von oben auf den toten Arbeiter, wie er von anderen Arbeitern umringt wird; sie haben einen Zettel bei ihm gefunden.
350	N, leicht von oben (0,2; -274,2) einer nimmt den Zettel und liest ihn vor:
351	Titel (6,0; -280,2) »GENOSSEN, DER MEISTER HAT MICH DES DIEBSTAHLS BEZICHTIGT. ICH BIN UNSCHULDIG, KANN ES ABER NICHT BEWEISEN. AUS DEM WERK ABGESTEMPELT ALS DIEB WEGZUGEHEN, BIN ICH NICHT IMSTANDE. UND SO HABE ICH BESCHLOSSEN MIT MIR SCHLUSS ZU MACHEN. LEBT WOHL UND DENKT DARAN: ICH BIN UNSCHULDIG. JAKOV STRONGIN«
352	N (0,2; -280,4) wie 350 der Arbeiter gibt den Zettel weiter.
353	N, von oben (0,8; -281,2) auf das Gesicht des toten Arbeiters.
354	N (0,5; -281,7) wie 350 der Arbeiter nimmt die Mütze ab.
355	AM, von oben (2,1; -283,8) die Arbeiter umringen den Toten und nehmen die Mützen ab. Der Meister tritt dazwischen:
356	Titel (0,5; -284,2) »AUSEINANDER . . .«
357	HN, von oben (0,6; -284,8) Der Meister stößt einen Arbeiter weg; ein anderer packt den Meister am Hemd.
358	N (0,2; -285,0) Drei Arbeiter schauen zu.
359	HN, von oben (0,9; -285,9) wie 357 der Arbeiter hat den Meister am Hemd, droht mit der Faust, wird weggestoßen und geht wieder auf den Meister los.

360   N   (0,1; -286,0)   Einer der zuschauenden Arbeiter bekommt vom Meister etwas ab,

361   AM, von oben   (0,2; -286,2)   er fällt zu Boden, auf Seile und große Eisenspäne.

362   G   (0,1; -286,3)   Seine Hände greifen in die Eisenspäne.

363   N   (0,1; -286,4)   Der Meister schaut auf ihn, schreiend, mit wirrem Haar, er lacht.

364   N   (0,3; -286,7)   Eine Gruppe von Arbeitern zieht den Meister zornig weg.

365   HN, von oben   (0,4; -287,1)   Gerangel mit dem Meister.

366   G   (0,2; -287,3)   Die Hände werden von den Eisenspänen weggezogen.

367   AM, von oben   (0,2; -287,5)   Der Arbeiter erhebt sich wieder.

368   N   (0,3; -287,8)   Gerangel und Gezerre mit dem Meister.

369   AM, von oben   (0,2; -288,0)   Der Arbeiter steht auf.

370   N   (0,6; -288,6)   Er stürzt sich ins Handgemenge und versucht den Meister zu packen.

371   AM   (0,5; -289,1)   Das Handgemenge. Ein Arbeiter zieht einen Kollegen beiseite, um etwas zu besprechen.

372   N   (0,4; -289,5)   Einer der beiden gestikuliert mit der Faust, der andere dreht sich rum und ruft den anderen etwas zu.

373   N, leicht von oben   (0,3; -289,8)   Die Arbeiter sind dem Meister an der Gurgel.

374   AM, leicht von unten   (1,0; -290,8)   ein Kollege steigt hinter den anderen auf eine Maschine; er macht Zeichen aufzuhören. Die Arbeiter machen sich davon, an der Kamera vorbei.

375   N   (0,3; -291,1)   Zwischen Maschinenteilen taucht der Kopf eines Jungarbeiters auf; er pfeift.

376   AM   (0,5; -291,6)   Ein Arbeiter an einer Maschine; ein anderer kommt ins Bild gelaufen, schreit laut hinauf; dabei legt er die Hände trichterförmig um den Mund:

377   Titel   (0,6; -292,2)   »SCHLUSS MIT DER ARBEIT«

378   AM   (0,2; -292,4)   Ein Arbeiter geht an einer Maschine vorbei,

379   AM   (0,2; -292,6)   ein anderer an seiner Maschine dreht sich um.

380   AM   (0,5; -293,1)   Der Arbeiter aus 376 stoppt die Maschine, an der ein Jungarbeiter steht, läuft weiter.

381   AM   (0,3; -293,4)   Im Vorbeigehen stoppt ein Arbeiter eine andere Maschine.

382   AM   (0,2; -293,6)   Der Arbeiter von 381 verläßt die Maschine.

383   N   (0,1; -293,7)   Der Jungarbeiter von 375 schaut herum.

384   HT   (0,8; -294,5)   In der Fabrikhalle kommt ein Wagen mit einer Arbeiterin dahergefahren.

385   AM   (0,1; -294,6)   Ein Arbeiter macht ihr ein Zeichen abzusteigen.

386   G   (0,2; -294,8)   Ein Kollege ruft es weiter.

387   HN   (0,3; -295,1)   Zwischen zwei Stäben ruft es einer dem nächsten zu,

388   G   (0,3; -295,4)   der dreht sich um,

389   HN   (0,2; -295,6)   wie 387   sagt es dem nächsten,

390   G   (0,2; -295,8)   der hört zu, geht zum nächsten,

391   N, von oben   (0,1; -295,9)   zwei Arbeiter schauen auf

392   HN   (0,2; -296,1)   wie 387   er ruft weiter und geht dann.

393   G   (0,2; -296,3)   Ein Arbeiter ruft zurück.

394   N, von oben   (0,1; -296,4)   die beiden Arbeiter von 391 reden miteinander.

395   N   (0,1; -296,5)   Ein Jungarbeiter ruft es weiter.

396   N, von oben   (0,1; -296,6)   die beiden Arbeiter stehen auf, gehen.

397   HT   (0,3; -296,9)   Die Arbeiterin mit Kopftuch steigt vom Wagen.

398   N, von oben   (0,3; -297,2)   durch ein Gestänge: Ein Arbeiter ruft es weiter.

399   AM   (0,2; -297,4)   Ein Arbeiter macht die Werkzeugschranktür zu.

400   N   (0,2; -297,6)   Er geht.

401   AM (0,2; -297,8)   Der Arbeiter von 376 nimmt einen Jungarbeiter bei der Hand; sie laufen weg.

402   AM (0,1; -297,9)   Ein Arbeiter verläßt die Maschine.

403   HT (0,5; -298,4)   Mehrere Arbeiter laufen über Maschinenteile hinweg durch die Werkshalle.

404   Titel (0,4; -298,8)   DIE MEISTER

405   N   (0,4; -299,2)   Ein älterer Mann mit Brille schaut den Arbeitern nach.

406   G   (0,3; -299,5)   Ein Mann mit Bärtchen schaut den Arbeitern nach; dreht sich nach ihnen um.

407   N   (0,3; -299,8)   Der Alte senkt den Kopf zu Boden, er überlegt.

408   N   (0,3; -300,1)   Beine laufen durchs Bild.

409   HN (0,5; -300,6)   Man sieht von hinten, wie ein Arbeiter einen Werkzeugkasten aufmacht und Werkzeug herauswirft.

410   G, von oben (0,4; -301,0)   Werkzeug wird auf den Boden geschmissen.

411   HT (0,3; -301,3)   Eine Gruppe von Arbeitern eilt durch die Halle; sie springen dabei über Werkbänke.

412   G   (0,5; -301,8)   Werkzeug wird zu Boden geschmissen.

413   N   (0,2; -302,0)   Ein Arbeiter von hinten, er macht ein Zeichen nach oben.

414   HT (0,3; -302,3)   wie 411   noch mehr Arbeiter laufen durch die Halle, schräg durchs Bild.

415   AM (0,3; -302,6)   Ein älterer Arbeiter sitzt und arbeitet; er schaut auf.

416   G   (0,6; -303,2) wie 412   Werkzeug wird zu Boden geschmissen.

417   N   (0,4; -303,6)   der Arbeiter von 415 schaut zu den anderen.

418   N   (0,3; -303,9)   Beine, die laufen.

419   HT (0,3; -304,2)   Die Arbeiter von hinten; sie laufen aus der Halle.

420   AM   (0,4; -304,6)   Der ältere Arbeiter von 415 schaut, legt sein Werkzeug weg.

421   HN   (0,1; -304,7)   ähnlich 409   ein Werkzeugkasten wird zugemacht; der Arbeiter geht aus dem Bild.

422   AM   (0,4; -305,1)   wie 413   der Arbeiter setzt die Mütze auf, steht auf und geht.

423   N   (0,1; -305,2)   Gehende Beine.

424   AM, leicht von oben   (0,3; -305,5)   ein Arbeiter kommt hinter der Maschine hervor; im Laufen zieht er sein Jackett an und folgt den anderen.

425   N   (0,3; -305,8)   der Alte von 405 zwirbelt überlegend seine Koteletten.

426   HT   (0,7; -306,5)   die Arbeiter stürmen von hinten nach vorn durch die Halle; auf die Kamera zu.

427   T   (1,3; -307,8)   Blick von oben in die Halle. Im Vordergrund mit dem Rücken zur Kamera steht ein Arbeiter; er winkt den Laufenden zu.

428   GG   (0,1; -307,9)   Ein rufender Mund.

429   T, von oben   (0,6; -308,5)   wie 427   der Arbeiter winkt, andere Arbeiter laufen weiter.

430   HT   (0,8; -309,3)   Leicht von oben, die Arbeiter.

431   HT   (0,5; -309,8)   Die Arbeiter kommen auf die Kamera zu; dabei gegenläufige Fahrt.

432   T, leicht von oben   (0,8; -310,6)   Fahrt mit den laufenden Arbeitern.

433   HN   (0,6; -311,2)   Bei einem Arbeiter, der für die Sirene verantwortlich ist. Im Hintergrund steigen zwei Arbeiter die Treppe herunter; er dreht sich um.

434   Titel   (0,5; -311,7)   »Los, die Sirene«

435   HN, leicht von unten   (0,6; -312,3)   Die zwei Arbeiter reden auf ihn ein,

436   G   (0,1; -312,4)   er gibt eine Antwort:

437   Titel   (0,3; -312,7)   »Einen Dreck werd ich . . .«

438   G   (0,2; -312,9)   wie 436   der Arbeiter schaut grimmig.

439   T, leicht von oben   (0,7; -313,6)   wie 432 Fahrt mit den laufenden Arbeitern.

440   HN   (0,4; -314,0)   Die zwei Arbeiter halten den sich weigernden fest; einer knallt ihm einen Stuhl auf den Kopf; der jedoch packt beide.

441   HT, leicht von oben   (0,2; -314,2)   es kommt zum Kampf.

442   HN   (0,3; -314,5)   Kampf.

443   HT, fast senkrecht von oben   (0,2; -314,7)   der Starke schleudert beide von sich.

444   AM   (0,3; -315,0)   Ein anderer Arbeiter stürzt die Treppe herunter, bleibt an einem Absatz stehen.

445   HT   (0,7; -315,7)   Er wirft sich auf den Starken; sie kämpfen, rollen auf dem Boden.

446   AM   (0,1; -315,8)   Ein weiterer springt die Treppe herunter zu den beiden hin.

447   T   (0,8; -316,6)   Man sieht die Arbeiter von hinten, wie sie über das Werksgelände rennen.

448   G   (0,1; -316,7)   Eine Hand greift nach dem Sirenenseil, zieht,

449   HT   (0,3; -317,0)   die Sirenen pfeifen, außen.

450   N   (0,1; -317,1)   Der eine Arbeiter holt mit einem Stock aus,

451   G   (0,2; -317,3)   die Hand zieht am Sirenenseil, läßt los,

452   HT   (0,2; -317,5)   außen wie 449, die Sirenen pfeifen.

453   HN, von oben   (0,1; -317,6)   am Boden wird mit dem Sirenenbewacher gekämpft.

454   HT   (0,5; -318,1)   Außen. Die Arbeiter stürmen um die Werkshalle herum.

455   HN   (0,3; -318,4)   Ein Arbeiter beim Kampf: fällt hin, versucht wieder aufzustehen.

456   N   (0,1; -318,5)   Der Starke bekommt ein Brett auf den Kopf.

457   HN   (0,2; -318,7)   Der Arbeiter versucht aufzustehen, ein Brett fällt auf seinen Rücken; er geht wieder zu Boden.

458   AM   (0,2; -318,9)   Ein Arbeiter springt zur Tür. Dampf.

459   HN   (0,2; -319,1)   Einer erhebt sich vom Boden.

460   HN (0,4; -319,5)   Der Arbeiter unter dem Brett versucht sich aufzurichten.

461   AM (0,3; -319,8) wie 458   der Arbeiter winkt den anderen.

462   HN (0,8; -320,6) wie 460   der Arbeiter kann nicht aufstehen, weil jemand aufs Brett in seinem Kreuz steigt.

463   HT (1,4; -322,0)   Auf seinem Rücken wird gekämpft. Das Brett mit ihm darunter ist wie eine Wippe; von hinten springt ein Arbeiter den Starken an.

464   HN, von oben (0,1; -322,1)   der Starke fällt in einen Bottich mit Schlamm, den Kopf voraus.

465   HT (0,9; -323,0) wie 454   die Arbeiter laufen,

466   HT (0,3; -323,3)   die Sirene pfeift.

467   HT (0,9; -324,2)   Die Arbeiter laufen in Richtung Kamera schräg durchs Bild über den Fabrikhof.

468   HT (0,3; -324,5) wie 466   die Sirene.

469   N, leicht von oben (0,3; -324,8)   ein Arbeiter lacht.

470   HN (0,4; -325,2)   Der Starke steckt mit dem Kopf im Schlamm.

471   N (0,6; -325,8)   Ein Arbeiter knöpft sich sein völlig zerrissenes Hemd zu, das eigentlich nur noch aus einer Knopfleiste besteht (sein Kopf ist halb angeschnitten).

472   HN (0,5; -326,3)   Die beiden Arbeiter. Der eine deutet auf etwas und pfeift nach oben.

473   HT (0,2; -326,5) wie 466   die Sirene pfeift.

474   N (0,1; -326,6)   Das lachende Gesicht des Arbeiters.

475   HT (0,4; -327,0)   Die laufenden Arbeiter.

476   N, leicht von oben (0,4; -327,4)   aufgeregte Arbeiter im Hof; einer ruft:

477   Titel (0,6; -328,6)   »IN DIE ALTE GIESSEREI«

478   HT (0,6; -328,6)   Zustimmung der Kollegen; man macht sich auf, im Hintergrund die Werksanlagen.

479   HN (0,7; -329,3)   Ein Arbeiter springt auf

eine fahrende Werkslokomotive; er macht ein Zeichen, ihm zu folgen.

480   HT   (0,7; -330,0)   Eine Gruppe von Arbeitern rennt durch einen Torbogen, im Gegenlicht, auf den Schienen hinter der Lok her; sie schwenken ihre Mützen.

481   N   (0,7; -330,7)   Schräg von hinten auf den Lokführer: Das Gesicht des aufgesprungenen Arbeiters taucht außen auf; aufgeregt ruft er:

482   Titel (0,4; -331,1)   »IN DIE MONTAGEHALLE«

483   HT   (0,4; -331,5)   Die Lok fährt in Richtung Kamera.

484   N   (0,4; -331,9)   Der Arbeiter redet auf den Lokführer ein.

485   HT   (0,6; -332,5)   Arbeiter stürmen seitlich auf die Werkshalle zu.

486   AM   (0,5; -333,0)   Ein Arbeiter will sie an der Tür zurückhalten; es kommt zum Handgemenge, immer mehr stürmen auf die Tür zu.

487   Titel   (0,9; -333,9)   »DIE ALTE GIESSEREI IST VERSPERRT«

488   HT (0,4; -334,3) wie 485   Arbeiter drängen sich am Tor.

489   HN (0,4; -334,7) ähnlich 488   Handgemenge, ein junger Arbeiter befreit sich.

490   AM   (0,3; -335,0)   Der junge Arbeiter versucht, sich Gehör zu verschaffen; um ihn herum Gerangel.

491   N   (0,2; 335,2)   Der junge Arbeiter macht den Kollegen Zeichen, in die Werkshalle zu stürmen.

492   HT schräg von unten (0,3; -335,7)   Die Werkshalle.

493   N (0,2; -335,7) wie 491   der junge Arbeiter zeigt auf die Werkshalle.

494   AM   (0,2; -335,9)   Er ist umringt von seinen Kollegen; sie stürmen davon.

495   Titel   (0,9; -336,8)   »LOS, KUMPELS, FREIMACHEN«

496   HT   (0,5; -337,3)   Die Arbeiter rennen eine Treppe hinunter.

497   HT   (0,4; -337,7)   Werksgelände. Eine Lo-

komotive fährt von links vorne nach hinten schräg durchs Bild; auf ihr winkende Arbeiter.

498   HT (0,2; -337,9)   An einer stehenden Lokomotive hantieren Arbeiter rum; einer schaut sich um.

499   AM (0,9; -338,8)   Die Lok, von der man nur das Fahrgestell sieht, fährt in Richtung Kamera; Arbeiter springen ab und laufen an der Kamera vorbei.

500   HT (0,3; -339,1)   Sie laufen zu den Arbeitern an der stehenden Lok.

501   N (0,5; -339,6)   Ein Arbeiter teilt mit, was los ist.

502   HT (0,3; -339,9) wie 498   sie fordern die anderen auf mitzumachen; sie beginnen von der Lok zu steigen.

503   HN (0,3; -340,2)   Sie lassen die Arbeit liegen und klettern runter.

504   HT (0,3; -340,7) wie 498   sie klettern herunter, ein paar laufen schon davon.

505   HT (0,2; -340,7)   Gegenschuß. Die herunterkletternden Arbeiter.

506   AM (0,4; -341,1)   Einer steigt herunter.

507   HT (0,3; -341,4) wie 505   sie steigen herunter und laufen davon;

508   HT (0,4; -341,8) wie 498   sie laufen von der Lok weg, schräg an der Kamera vorbei.

509   HT (0,2; -342,0)   Die Sirene pfeift.

510   HT (1,0; -343,0)   Eine Gruppe jugendlicher Arbeiter kommt angerannt; auf die Kamera zu. Sie bücken sich und sammeln Steine und dergleichen auf.

511   N, von oben (0,2; -343,2)   Hände greifen nach Steinen.

512   G, von oben (0,2; -343,4)   Hände greifen nach Steinen.

513   HN (0,2; -343,6)   Einer richtet sich – mit Steinen in den Händen – auf und geht nach hinten.

514   N, von oben (0,1; -343,7)   Es werden immer mehr Steine und andere Wurfgeschosse aufgehoben.

515   G, von oben (0,2; -343,9)   eine Hand greift nach einem Eisenstück, hebt es auf.

516   HN (0,3; -344,2)   Mit Wurfmaterial bewaffnet, machen sie sich davon,

517   HN (0,2; -344,4)   greifen nach Steinen, gehen
       nach hinten weg.
518   G (0,2; -344,6)   Füße. Sie entfernen sich von
       einem Stein- und Schrotthaufen.
519   HT (0,6; -345,2)   etwas von oben auf die Jungar-
       beiter: Sie rennen mit dem Rücken zur Kamera auf
       die Werkshalle zu und schwingen ihre Wurfge-
       schosse.
520   HT, schräg von unten (0,2; -345,4) wie
       492   die Werkshalle.
521   HT, stark von oben (0,2; -345,6)   Arbeiter
       werfen mit Steinen und anderen Wurfgeschossen.
522   HT, schräg von unten (0,7; -346,3) wie 492   die
       Werkshalle, Scheiben gehen in die Brüche.
523   HT (0,4; -346,7)   Werfende Arbeiter von der
       Seite.
524   N, leicht von oben   (0,3; -347,0)   etwas von der
       Seite: Die Jungarbeiter werfen, auf die Halle zielend.
525   HT (0,1; -347,1)   Die pfeifende Sirene.
526   HT (0,9; -348,0)   Außerhalb der Fabik im
       Wohngebiet. Frauen und Kinder rennen zwischen
       Häusern, Bäumen und Wasserlachen schräg durchs
       Bild.
527   N (0,3; -348,3)   Die Wurfgeschosse zertrüm-
       mern die Scheiben der Werkshalle.
528   HN (0,3; -348,6)   Arbeiter werfen nach oben:
529   HN, von unten (0,3; -348,9)   Fensterscheiben
       zersplittern.
530   HT (0,8; -349,7)   Ein Mann beugt sich von in-
       nen aus dem kaputten Fenster heraus.
531   HT (0,3; -350,0)   Frauen und Kinder rennen
       zwischen den Wasserlachen auf einem erhöhten Weg
       von links nach rechts durchs Bild.
532   AM, schräg von unten   (0,3; -350,3)   der Mann
       aus 530 erscheint außen und macht Zeichen aufzu-
       hören.
533   HN (0,1; -350,4)   Die Jungarbeiter werfen
       weiter.
534   HT, schräg von unten (0,4; -350,8)   auf die
       Fensterscheiben und den Mann; er verschwindet
       wieder.

535 HN (0,1; -350,9) Es wird weitergeworfen, die Jungarbeiter.

536 HT (0,2; -351,1) Der Mann am Fenster zieht sich zurück.

537 N (0,1; -351,2) Zersplitternde Scheiben. Steine fliegen dagegen.

538 HT, schräg von unten (0,1; -351,3) die zersplitternde Fensterfassade.

539 HT (0,2; -351,5) Gegenschuß, von innen nach außen.

540 HT (0,5; -352,0) Im Hof sitzen überall Arbeiter. Ein Stehender ruft ihnen etwas zu:

541 HT (0,9; -352,9) »Zum Kontor, Genossen!«

542 HN (0,5; -353,4) Die Arbeiter und Arbeiterinnen laufen voller Entschlossenheit an der Kamera vorbei.

543 HT (0,4; -353,8) Die pfeifende Sirene.

544 HT (0,3; -354,1) wie 526 Frauen und Kinder.

545 T (1,5; -355,6) In der Montagehalle. Quer über Laufschienen schiebt sich eine Lok auf die hereinkommenden Arbeiter zu.

546 AM (0,5; -350,1) Im Kontor. Der Meister, der »Vorgesetzte« und ein Angestellter eilen an drei an der Wand befestigte Telefone, heben ab, reden heftig und gestikulieren wild dabei.

547 T (2,4; -358,5) Arbeiter erklettern die Lok, die quer auf die Kamera zukommt, dabei leichter Linksschwenk.

548 HT (0,5; -359,0) Sitzende und stehende Arbeiter auf dem Fabrikhof applaudieren.

549 Titel (1,8; -360,8) »Das Tor nicht aufmachen, keinen rein- und keinen rauslassen«

550 AM (0,5; -361,3) wie 546 die drei im Kontor hängen die Telefonhörer ein und hasten an der Kamera vorbei aus dem Bild.

551 HN (0,3; -361,6) Im Vordergrund, mit dem Rücken zur Kamera, ein Arbeiter; er spricht zu den andern im Hof und geht aus dem Bild.

552 HT (0,3; -361,9) wie 548 seine Kollegen applaudieren.

553   Titel (0,5; -362,4)   Tribüne der Arbeit

554   T, von oben (0,3; -362,7)   aus einem Fenster sieht man hinab auf den Hof voller Arbeiter.

555   Titel (0,5; -363,2)   Im Kontor

556   HT, von oben (1,4; -364,6)   an einer Türe, mit Zylinder und Mantel der wütende Direktor. Angestellter, Meister und »Vorgesetzter« laufen unterwürfig auf ihn zu; er schickt sie wütend weg.

557   T (1,0; -365,6) wie 554   der Angestellte erscheint im Profil (HN); er geht zur anderen Fensterseite und schaut verstohlen hinunter.

558   T, stark von oben (0,9; -366,5)   der Hof ist voll von Arbeitern:

559   Titel (2,3; -368,8)   »Ohne unsere Arbeit erlöschen die Hochöfen, bleiben die Maschinen stehen, stirbt die Fabrik . . .«

560   T, von oben auf den Hof (0,6; -369,4)   der Angestellte am Fenster, er schließt es geduckt.

561   T, von oben (0,3; -369,7)   durch ein anderes Fenster auf den Hof. Der Meister schleicht sich heran und öffnet es.

562   T, stark von oben (0,4; -370,1)   auf den Hof voller Arbeiter.

563   Titel (2,0; -372,1)   »In uns ist die Kraft, wir sind die Kraft, wenn wir einig sind im Kampf gegen das Kapital . . .«

564   T, von oben (0,3; -372,4)   das Fenster wird zugemacht; im Vordergrund der Meister, er schlägt sich entsetzt an die Brust.

565   T (0,5; -372,9)   Am anderen Fenster der Vorgesetzte; er schaut noch einmal und geht.

566   T (0,2; -373,1)   Der Meister geht ebenfalls.

567   N (1,0; -374,0)   In einen Schubkarren wird ein Sack gelegt, dann wird er davongeschoben:

568   Titel (1,1; -375,1)   Eine »Equipage« für die Verwaltung

569   AM, von oben (0,8; -375,9)   auf den Boden einer Halle; der Schubkarren wird weggeschoben.

570   HT (0,1; -376,1)   Die Sirene heult.

571   HT (1,0; -377,1)   In der Stadt. Frauen und

Kinder rennen an der Kamera vorbei die Straße hinunter.

572 AM, von oben (1,1; -378,2) eine Gruppe von Arbeitern dringt ins Kontor ein; sie werfen Papiere durch die Luft.

573 HT (0,6; -378,8) wie 571 Frauen und Kinder laufen durch die Stadt.

574 HT (1,0; -379,8) Die Frauen sind am Fabriktor angelangt; sie suchen Einlaß.

575 AM (0,5; -380,3) Gegenschuß vom Fabrikgelände auf die Frauen am Tor. Ein Uniformierter kommt von innen her gelaufen, will sie verscheuchen.

576 HT (0,3; -380,6) wie 574 die Frauen außen am Tor, sie wollen hinein.

577 AM (0,5; -381,1) Gegenschuß. Der Werkschutzmann hat etwas entdeckt und läuft weg.

578 HT (1,1; -382,2) Er läuft an ein anderes Tor, will es sichern, da kommen drei Arbeiter; sie versuchen ihn abzudrängen.

579 N, leicht von oben (0,5; -382,7) auf die Köpfe der Frauen, die sich am Tor drängen.

580 HT (0,2; -382,9) Zwischen Werkschutzmann und Arbeitern kommt es zu einem Kampf um das Tor.

581 N (0,3; -383,2) wie 579 die Frauen.

582 HT (0,5; -383,7) Am Tor innen; den Arbeitern gelingt es, den Werkschutzmann wegzuziehen.

583 G (0,3; -384,0) Der Riegel wird aufgemacht,

584 N (0,1; -384,1) wie 579 das Tor geht auf.

585 N (0,2; -384,3) Gegenschuß; die Frauen schieben es auf.

586 N (0,1; -384,4) Sie schieben,

587 N (0,1; -384,5) und schieben.

588 T (0,9; -385,4) Das Tor wird von innen aufgemacht. Von rechts kommen Arbeiter ins Bild; einer schiebt den Schubkarren aufs Tor zu, die anderen lachen.

589 HT (0,7; -386,1) Gegenschuß. Sie kommen mit dem Schubkarren auf die Kamera zu. Im Schubkarren ist etwas mit dem Sack zugedeckt.

590   N   (0,3; -386,4)   Die Frauen winken und rufen.

591   HN   (0,5; -386,9)   Unter dem Sack taucht der
Vorgesetzte auf; er wird weitergeschoben.

592   HN   (0,4; -387,2)   Vor Freude schreiende Arbeiter, Arbeiterinnen, Arbeiterfrauen und Kinder
rennen auf die Kamera zu.

593   T   (0,4; -387,6)   Der Demonstrationszug mit
dem Schubkarren an der Spitze.

594   AM   (0,6; -388,2)   Sie laufen an der Kamera
vorbei, lachend, die Arme in die Luft werfend.

595   T   (0,6; -388,8)   wie 593   der Arbeiterzug
hinter dem Schubkarren.

596   HT   (0,6; -389,4)   Die Arbeiter von hinten, sie
laufen schräg an der Kamera vorbei.

597   T, leicht von oben   (0,7; -391,1)   sie laufen unter Bäumen dem Schubkarren hinterher.

598   AM, leicht von oben   (0,3; -391,4)   der Schubkarren, in ihm der »Vorgesetzte«; er rudert mit den
Armen und Beinen in der Luft.

599   T, leicht von oben   (0,2; -391,6)   wie 597   der
Zug der Arbeiter und Frauen unter den Bäumen,

600   HT, leicht von oben   (0,5; -393,1)   der Zug der
Arbeiter von hinten.

601   HT   (0,7; -393,8)   Auf einem Hügel über der
Stadt mit einem Fluß kommen die ersten Arbeiter
des Demonstrationszuges mit der Schubkarre an.

602   HT,   leicht   von   oben   (0,6;   -394,4)   wie
600   der Demonstrationszug der Arbeiter von
hinten.

603   HT   (0,2; -394,6)   Auf dem Hügel sind noch
mehr Arbeiter angelangt, sie laufen gemeinsam weiter.

604   N   (0,4; -395,0)   Arbeiter im Demonstrationszug, sie werfen vor Freude und Vergnügen die Arme
in die Luft.

605   N   (0,3; -395,3)   Eine alte Frau mit Kopftuch
schaut auf, sie ist ganz bei der Sache.

606   N   (0,1; -395,4)   wie 604   die Arbeiter freuen
sich.

607 N, leicht von oben (0,1; -395,5) der Schubkarren wird umgekippt.

608 AM, leicht von oben (0,05; -395,55) der
Schubkarren wird ausgeleert.

609 HN, leicht von oben (0,05; -395,6) der »Vorgesetzte« fällt heraus.

610 HT, von oben (0,2; -395,8) auf ein leeres
Holzboot, das am Flußufer festgemacht ist.

611 HN, leicht von oben (0,4; -396,0) der
»Vorgesetzte« bekommt einen Tritt.

612 N (0,1; -396,1) wie 605 die alte Frau feuert
an.

613 HN, leicht von oben (0,2; -396,3) der »Vorgesetzte« bekommt noch einen Tritt.

614 HT (0,6; -396,9) Er rollt den Hügel herunter
auf die Kamera zu.

615 HT, von oben (0,3; -397,2) wie 610 das
Holzboot in dem Fluß, der »Vorgesetzte« rollt ins
Wasser.

616 HN, leicht von oben (0,3; -397,5) er taucht
prustend wieder auf.

617 HN (0,3; -397,8) Eine Gruppe von Arbeitern,
oben auf dem Hügel, sie werfen vor Freude die Arme
in die Luft.

618 HN, leicht von oben (0,2; -398,0) wie
616 der »Vorgesetzte«, er taucht wieder unter.

619 HT (0,2; -398,2) wie 604 noch mehr Arbeiter kommen oben auf dem Hügel an, sie laufen den
anderen hinterher.

620 HN, von oben (0,5; -398,7) von hinten, sie
laufen zu den anderen.

621 HN, leicht von oben (0,3; -399,0) auf dem anderen Schubkarren kommt unter dem Sack der Meister hervor; er schaut entsetzt.

622 G, leicht von oben (0,2; -399,2) der Hut des
»Vorgesetzten« schwimmt auf dem Wasser.

623 N, leicht von oben (0,3; -399,5) der Meister
wird von Händen gepackt, er wehrt sich.

624 N (0,1; -399,6) wie 605 die alte Frau schaut
zu.

625   N, leicht von oben   (0,1; -399,7)   der Schubkarren, in dem der Meister sitzt, wird umgekippt.

626   AM   (0,5; -400,2)   Der Meister rutscht den
Abhang herunter.

627   AM, leicht von oben   (0,2; -400,4)   der Meister
landet beim »Vorgesetzten« im Wasser.

628   AM   (0,1; -400,5)   Oben auf dem Hügel; eine
Gruppe von Arbeitern zeigt lachend auf die beiden.

629   HN, leicht von oben   (0,9; -401,4)   die beiden
tauchen schnaufend wieder auf.

630   HN   (0,5; -401,9)   wie 617   eine Gruppe von
Arbeitern oben auf dem Hügel. Sie heben drohend
die Arme hoch.

631   HN, leicht von oben   (0,3; -402,2)   der »Vorgesetzte« und der Meister stehen jetzt im Wasser;
der »Vorgesetzte« redet auf den Meister ein:

632   Titel   (1,5; -403,7)   »WARUM HABEN SIE DAS
NICHT FRÜHER GEMELDET?«

633   HN,   leicht   von   oben   (0,8; -404,5)   wie
631   der »Vorgesetzte« und der Meister debat-
tieren im Wasser, dann haken sie sich ein und gehen
mit dem Rücken zur Kamera nach hinten weg.

634   HT   (0,6; -405,1)   Eine Gruppe von Arbeitern
und Arbeiterinnen läuft über das Fabrikgelände.

635   HT, leicht von unten   (0,7; -405,8)   oben auf
dem Hügel stehen Arbeiter und schauen zu dem
»Vorgesetzten« und dem Meister, die am Rande des
Flusses sitzen. Der »Vorgesetzte« schimpft zu ihnen
hinauf.

636   Nah   (0,7; -406,5)   Der Meister kippt Wasser
aus seinem Stiefel.

637   HT,   leicht   von   unten   (0,6;   -407,1)   wie
635   der Meister schüttelt den Stiefel kräftig aus,
die Arbeiter oben auf dem Hügel gehen langsam
weg. Der »Vorgesetzte« zieht seinen Kamm heraus
und beginnt sich zu kämmen.

638   N, leicht von oben   (0,2; -407,3)   wie 622   der
Hut des »Vorgesetzten« schwimmt auf dem Was-
ser.   Abblende.

639	T, von oben (2,2; -409,5) die Arbeiter, mit dem Rücken zur Kamera, ziehen durchs Fabrikgelände.
640	HT (0,1; -409,6) Die Sirene pfeift.
641	T, von oben (1,0; -410,6) wie 639 die Arbeiter ziehen durchs Fabrikgelände. Halbe quadratische Abblende mit gleichzeitiger Überblende (0,5).
642	N (4,6; -415,2) Ein sich drehendes Maschinenrad, das langsam mit drei verschieden alten Arbeitern überblendet wird (nach 0,5). Die Arbeiter verschränken die Arme über der Brust, das Rad bleibt langsam stehen. Das Rad wird zum Schluß langsam ausgeblendet. Die drei Arbeiter stehen da und schauen in die Kamera. Quadratische Abblende.
643	G, leicht von oben (1,2; -416,4) quadratische Aufblende: ein Entenküken.
644	N, leicht von oben (1,2; -417,6) vier Entenküken, sie watscheln.
645	N, leicht von oben (0,8; -418,4) ein junges Kätzchen, es springt von oben ins Bild, wendet den Kopf und rennt weiter.
646	Nah von oben (0,8; -419,2) Schweineferkel in einem Hof.
647	HT (1,7; -420,9) In einer ländlichen Arbeitersiedlung mit Bäumen; ein kleines Mädchen treibt eine Schar Gänse auf die Kamera zu.
648	Titel (0,7; -421,6) Die ersten Tage
649	AM, leicht von oben (1,7; -423,3) ein Arbeiter schläft in einem Bett. Plötzlich krabbelt sein kleines blondes Kind auf das Bett und patscht ihm mit der Hand ins Gesicht:
650	Titel (0,7; -424,0) »Steh auf, zur Arbeit«
651	N, leicht von oben (1,8; -425,8) das Kind zieht den Arbeiter an seiner Nase, der wacht auf und lacht. Das Kind macht weiter, er nimmt es in den Arm.
652	AM, leicht von oben (2,1; -427,9) wie 649 er nimmt das Kind, herzt und küßt es und schickt es dann wieder weg. Er nimmt seine Decke, wickelt sich in sie ein und dreht sich um.

653   G   (0,6; -428,5)   Eine Uhr an der Wand, sie zeigt halb acht.

654   AM, leicht von oben (0,3; -428,8) wie 649   der Arbeiter rekelt sich im Bett.

655   N, leicht von unten (0,5; -429,3)   langsame Rechteckaufblende, auf einem Sirenenrohr sitzt ein Rabe.

656   T   (0,3; -429,6)   Die verwaiste Werkshalle.

657   N   (0,8; -430,4)   Auf einen Maschinenteil flattert eine Taube.

658   N   (0,4; -430,8)   Eine Taube, die auf einem anderen Maschinenteil sitzt, fliegt weg.

659   N   (0,4; -431,2)   wie 657   die Taube auf dem Maschinenteil.

660   N   (0,3; -431,5)   Fünf Druckanzeiger, sie zeigen auf Null.

661   N, leicht von unten (0,5; -432,0) wie 655   der Rabe sitzt auf dem Sirenenrohr.   Rechteckabblende.

662   Titel   (0,7; -432,7)   IN DEN FUSSTAPFEN DER VÄTER

663   HT   (1,2; -433,9)   In der Arbeitersiedlung: Schreiende Kinder schieben einen Schubkarren, vor den eine Ziege gespannt ist.   Überblendung (0,2).

664   N, leicht von oben (0,2; -434,1)   eine Kinderhand zerrt an der Ziege.

665   HT, leicht von oben (0,9; -435,0)   die Kinder kommen auf eine Wiese gelaufen und kippen den Schubkarren aus.

666   HT   (1,5; -436,5)   In der Arbeitersiedlung unter einem Baum auf einer Bank sitzt ein Arbeiter und zündet sich eine Pfeife an. Im Hintergrund tritt aus einer Haustür ein anderer Arbeiter.   Überblendung (0,4).

667   HN   (0,3; -436,8)   Die beiden Arbeiter gehen auf einander zu und begrüßen sich.

668   N, von oben (0,8; -437,6)   die Ziege schaut unter dem Sack hervor, neben ihr der umgekippte Schubkarren.

669   HN   (1,5; -439,1)   Das kleine blonde Kind von 649 putzt den Samovar.

670   N   (2,0; -441,2)   Das kleine blonde Kind von 649 putzt den Samovar gründlich.

671   HN, leicht von oben   (2,7; -443,9)   ein kleines Kind mit einem Mützchen auf dem Kopf wird in einer Schüssel, die vor dem Bett des Vaters steht, von der Mutter abgeseift und gewaschen. Alle sind sehr fröhlich und lachen.

672   HT, leicht von oben   (0,6; -444,5)   auf einer Straße in der Arbeitersiedlung kocht ein Junge in einem Samovar Wasser.

673   HN   (2,5; -447,0)   Das kleine blonde Kind von 649 versucht die Stiefel zu putzen.

674   AM   (1,0; -448,0)   Vor dem Haus auf einer Bank sitzt ein Arbeiter, ein anderer kommt und begrüßt ihn, setzt sich dazu.

675   HT, leicht von oben   (1,3; -449,3)   wie 672   der Junge setzt ein Abzugsrohr auf den rauchenden Samovar.

676   N   (0,7; -450,0)   Ein rauchender Arbeiter vor seiner Haustür.

677   AM, leicht von oben   (2,0; -452,0)   eine große Familie im Freien um einen Tisch versammelt; sie essen. Eine Frau bringt einen Samovar und stellt ihn auf den Tisch.

678   N   (0,9; -452,9)   Eine Frau gibt einem kleinen Kind, das sie auf dem Schoß hält, aus einer Schale zu trinken.

679   HT, leicht von oben   (1,8; -454,7)   der Direktor sitzt auf seiner Terrasse an einem Tisch. Er trinkt aus seinem Glas, spuckt aus und schüttet den Inhalt des Glases weg.

680   HN   (1,6; -456,3)   Der Direktor; er lehnt sich in seinen Sessel zurück. Nacheinander bekommt er vier Papiere gereicht; er überfliegt sie, wird mißmutig und wütend:

681   Titel   (0,7; -457,0)   AUFTRÄGE LAUFEN EIN ...

682   G, von oben   (0,8; -457,8)   die Papiere liegen auf dem Tisch neben seinem leeren Glas. Seine Hand verkrampft sich zu einer Faust.

683   G (0,2; -458,0)   Das Gesicht des Direktors
von der Seite.

684   HT, schräg von unten (1,1; -459,1)   Terrasse.
Der Direktor steht auf; er stößt vor lauter Wut zwei
Korbsessel mit dem Fuß die Terrassentreppe herun-
ter und läuft ein paar Stufen hinab.

685   HT, schräg von unten (0,5; -459,6) wie
10   zwei Fabrikschlote gegen den Himmel. Sie
rauchen nicht.

686   HT (0,8; -460,4)   Der Direktor auf der
Treppe, die von der Terrasse hinunter führt; er steigt
sie hinunter, bleibt am untersten Absatz stehen, fängt
vor Wut zu brüllen an und geht die Treppe wieder
hinauf.

687   Titel (1,8; -462,2)   ALLES WAS IHREN THRON
ZUSAMMENHÄLT, STAMMT VON ARBEITERHAND

688   T, leicht von oben (1,5; -463,7) durch einen
Wald kommen viele Arbeiter schräg auf die Kamera
zu.

689   T, leicht von unten (0,4; -464,1)   auf einem
Hügel im Wald stehen Arbeiter in einer großen
Gruppe beieinander.

690   HT (0,4; -464,5)   Ein Arbeiter ragt aus der
Gruppe heraus, er hält eine Rede an seine Kollegen.

691   AM (0,4; -464,9)   Der Arbeiter sitzt auf den
Schultern von zwei Kollegen, er spricht zu den anderen.

692   G (0,4; -465,3)   Der Arbeiter, wie er zu seinen
Kollegen spricht.

693   HT (0,7; -466,0)   Die Arbeitergruppe auf dem
Hügel.

694   N (0,5; -466,5) wie 660   Fünf Druckmesser
in der Fabrik; ihre Zeiger stehen auf Null.

695   HT, leicht von oben (2,1; -468,6)   der verwaiste Bürogang im Kontor, Papier ist am Boden verstreut, eine Katze geht den Gang entlang.

696   AM, leicht von oben (1,7; -470,3)   im Büro
des Direktors, er sitzt mit Mantel und Zylinder an
seinem Schreibtisch, haut auf den Tisch, stützt wütend den Kopf in die Hände, steht unruhig auf und
läuft in seinem Büro auf und ab.

697	N, leicht von unten (0,4; -470,7) wie
655	der Rabe sitzt auf dem Sirenenrohr, er flattert aufgeregt.
698	HT, leicht von oben (1,4; -472,1) der Direktor in seinem Büro, er setzt sich wütend an den Schreibtisch seiner Sekretärin.
699	HN, leicht von oben (0,4; -472,5) von schräg hinten über die Schulter des Direktors auf die versenkbare Schreibmaschine, an der er unbeholfen zu schreiben versucht.
700	G, leicht von oben (0,1; -472,6) die Schreibmaschine auf dem Schreibtisch klappt nach innen weg.
701	HN (0,2; -472,8) wie 699 die Schreibmaschine klappt nach innen weg.
702	G, leicht von oben (0,1; -472,9) die Schreibplatte des Tisches.
703	HN, leicht von oben (0,1; -473,0) wie 699 schräg von hinten, der Direktor erhebt sich und haut mit den Händen auf die Platte.
704	Titel (0,7; -473,7) »DU STREIKST ALSO AUCH . . .«
705	HN, leicht von oben (0,3; -474,0) wie 699 der Direktor wendet sich vom Schreibtisch ab, schlägt seinen Mantelkragen hoch und geht.
706	HT (0,3; -474,3) In der Werkshalle, die verwaisten Maschinen.
707	HT, schräg von oben (0,8; -475,1) eine Gruppe von Arbeitern, die im Freien diskutieren.
708	Titel (0,8; -475,9) AUSARBEITUNG DER FORDERUNGEN
709	HT, leicht von oben (1,1; -477,0) die Arbeiter im Freien unter Bäumen, sie diskutieren in Gruppen. Frauen sind auch dabei. Überblendung (0,7).
710	HN, von oben (0,5; -477,5) eine Gruppe diskutierender Arbeiter.
711	HT, leicht von oben (1,5; -479,0) wie 695 der Direktor geht den Bürogang entlang, er kommt auf die Kamera zu.
712	N (0,3; -479,3) Ein Arbeiter schräg von hinten, er nimmt einen Zettel der Kollegen entgegen.

713   Titel   (1,4; -480,7)   »WIR FORDERN DEN ACHT-STUNDEN-TAG«

714   AM, schräg von oben   (0,5; -481,2)   eine Gruppe von Arbeiterfrauen arbeitet Forderungen aus.

715   N, leicht von oben   (0,1; -481,3)   eine Frau schreibt sie auf einen Zettel auf.

716   Titel   (1,2; -482,5)   »HÖFLICHEN UMGANG VON SEITEN DER VERWALTUNG«

717   AM, leicht von oben   (0,2; -482,7)   eine Gruppe von Arbeitern, sie diskutieren.

718   G, leicht von oben   (0,3; -483,0)   ein älterer Arbeiter aus dieser Gruppe.

719   G, leicht von oben   (0,3; -483,3)   ein anderer Arbeiter aus dieser Gruppe:

720   Titel   (1,2; -484,5)   »ERHÖHUNG DER TARIFE FÜR ALLE UM 30 PROZENT«

721   AM, leicht von oben   (0,6; -485,1)   wie 717   aus der Gruppe der diskutierenden Arbeiter löst sich einer, er geht mit einem Zettel in der Hand weg.

722   Titel   (0,4; -485,5)   IM POLIZEIREVIER

723   HN   (1,1; -486,6)   Es werden Stiefel geputzt.   Überblendung (0,6).

724   HT   (0,3; -486,9)   Mehrere Polizisten im Polizeirevier putzen ihre Stiefel.

725   N   (0,3; -487,2)   Ein Arbeiter erklärt seinen Kollegen, was für eine Forderung auf dem Zettel steht,

726   G, leicht von oben   (0,3; -487,5)   wie 719   der Arbeiter nickt,

727   G, leicht von oben   (0,1; -487,6)   wie 718   der ältere Arbeiter nickt auch.

728   HT   (1,7; -489,3)   ´   Die Arbeiter stehen noch immer in Gruppen zusammen und diskutieren. Eine kleine Gruppe von Arbeitern geht zwischen ihnen hindurch, auf die Kamera zu, einer von ihnen hat die Zettel mit den Forderungen eingesammelt. Die kleine Gruppe bleibt stehen.

729   HN, leicht von oben   (1,4; -490,7)   der Arbeiter faltet die Zettel zusammen, steckt sie unter seine Mütze; die anderen schütteln ihm die Hände, er geht.

730   HT (0,6; -491,3) wie 724   auf der Polizei-
station putzen sich die Polizisten die Stiefel.

731   G (0,2; -491,5)   Ein Arbeiter spricht zu seinen
Kollegen:

732   Titel (2,8; -494,3)   »Unter uns gibt es keine
Feiglinge und Verräter. Unsere Forderungen
werden wir bis zum Ende durchstehen«

733   HT (0,4; -494,7) wie 690   die Arbeiter stehen auf dem Hügel im Wald, sie beklatschen die
Rede.

734   G (0,4; -495,1)   Der Arbeiter fährt in seiner
Rede fort.

735   Titel (0,4; -495,5)   Aktionäre

736   AM, schräg von oben (0,4; -495,9)   im Hause
des Generaldirektors, der Generaldirektor sitzt in
seinem Sessel und reibt sich die Hände.

737   N (0,5; -496,4)   Das Profil eines dicken Ak-
tionärs, er lehnt in einem Sessel und raucht eine Zigarre.

738   AM, schräg von oben (0,4; -496,8) wie
736   der Generaldirektor, spricht die anderen
an.

739   HN (0,3; -497,1)   schräg von vorne, ein anderer fetter Aktionär:

740   Titel (0,4; -497,5)   »Ich trage vor«

741   AM, schräg von oben (0,5; -498,0) wie
736   der Generaldirektor nimmt ein Blatt Papier
vom vor ihm stehenden Tisch.

742   HN (0,8; -498,8) wie 735   der dicke Aktionär lehnt sich in den Sessel zurück und zieht genüßlich an seiner Zigarre.

743   HT, leicht von oben (2,4; -501,2)   die vier Aktionäre lehnen sich in ihre Sessel zurück, die um einen kleinen Tisch stehen, und blasen Zigarrenrauch
in die Luft. Der Generaldirektor trägt vor.

744   AM, schräg von oben (0,6; -501,8) wie 736   der
Generaldirektor trägt die Forderungen der Arbeiter
vor:

745   Titel (1,2; -503,0)   »Sechsstündiger Ar-
beitstag für Minderjährige«

746   HN   (0,8; -503,8)   wie 739   der fette Aktionär faltet die Hände über seinem Bauch zusammen.

747   N   (0,7; -504,5)   wie 737   der dicke Aktionär
pafft Zigarrenrauch in die Luft und äußert sich dazu.

748   HT   (1,1; -505,6)   wie 690   die Arbeiter auf
dem Hügel im Wald beklatschen den Redner.

749   HT, leicht von oben   (0,5; -506,1) wie 743   die
Aktionäre sitzen um den Tisch in ihren Sesseln, der
Generaldirektor legt das Blatt mit den Forderungen
auf den Tisch zurück.

750   N   (0,6; -506,7)   Der Generaldirektor nickt
den anderen zu, sie sollen sich dazu äußern:

751   Titel   (1,8; -508,5)   »SIE VERLANGEN EINE
ERHÖHUNG DES LOHNES UM 30 PROZENT«

752   G   (0,9; -509,4)   Der vierte Aktionär, er pafft
Rauch in die Luft und sagt dann wütend:

753   Titel   (1,6; -511,0)   »30 PROZENT« »UNVER-
SCHÄMTHEIT« »HABEN DIE FABRIK IN DIE POLITIK
GEZOGEN«

754   G   (0,2; -511,2)   wie 752   der vierte Aktionär
fährt wütend fort.

755   N   (0,9; -512,1)   Der dicke Aktionär regt sich
wild gestikulierend auf.

756   N, leicht von oben   (0,9; -513,0)   der fette Aktionär mit der Zigarre in der Hand spricht zu den
anderen:

757   Titel   (0,5; -513,5)   »DAS IST EINE FRECHHEIT«

758   N, leicht von oben   (0,3; -513,8)   wie 756   der
fette Aktionär schimpft weiter.

759   G   (0,6; -514,4)   Der vierte Aktionär pflichtet
ihm bei und pafft an seiner Zigarre.

760   N   (0,8; -515,2)   Der dicke Aktionär gestikuliert und schlägt dann die Hände über dem Bauch
zusammen.

761   N, leicht von oben   (0,3; -515,3)   wie 756   der
fette Aktionär pafft in die Luft.

762   T   (0,7; -516,2)   Durch die Siedlung der Arbeiter schräg in Richtung Kamera reiten Polizisten im
Galopp.

763   HT   (0,3; -516,5)   Ein Polizist springt mit sei-

nem Pferd, mit dem Rücken zur Kamera, über einen Zaun.

764 T (0,7; -517,2) wie 762 durch die Arbeitersiedlung reiten Polizisten im Galopp nach hinten weg.

765 HN (1,1; -518,3) Der Generaldirektor nimmt das Papier mit den Forderungen der Arbeiter vom Tisch, reicht es angeekelt seinem Nebenmann, dann beginnt er zu grinsen:

766 Titel (0,7; -519,0) »UND JETZT, MEINE HERREN ...«

767 HN (1,4; -520,4) wie 765 er legt den Zeigefinger an den Mund und klappt grinsend die Tischplatte auf.

768 N, leicht von oben (0,5; -520,5) auf einem Tablett, das sich aus dem Inneren des Tisches nach oben schiebt, werden gefüllte Gläser und Karaffen mit verschiedenen Getränken sichtbar.

769 HN (0,6; -521,5) wie 765 der Generaldirektor schaut auf die Karaffen und Gläser, die jetzt oben angelangt sind.

770 N (0,6; -522,1) Der Generaldirektor nickt den anderen auffordernd zu, dabei grinst er.

771 HN (1,1; -523,2) Der dicke Aktionär richtet sich etwas auf, entdeckt die Getränke, grinst, lehnt sich lippenleckend zurück in seinen Sessel.

772 N (0,9; -524,1) Der fette Aktionär schaut hin und grinst ebenfalls.

773 N, von oben (0,4; -524,5) die gefüllten Gläser und Karaffen.

774 N (0,5; -525,0) Der vierte Aktionär richtet sich ebenfalls grinsend auf.

775 N, von oben (0,8; -525,8) wie 773 Hände greifen nach den gefüllten Gläsern.

776 T, leicht von unten (1,8; -527,6) hinter einem Hügel gegen den Himmel, frontal zur Kamera, taucht berittene Polizei auf, sie sammelt sich:

777 Titel (0,5; -528,1) DIE PHARAONEN*

778 HT, leicht von oben (1,0; -529,1) die Arbeiter und Frauen, die im Wald beisammen sind, sehen sie

* Anmerkung: »Pharaonen«: Spitzname für die Polizei.

und fangen an entsetzt vor ihnen wegzulaufen, von der Kamera weg.

779   AM (0,5; -529,6)   Ein berittener Polizist hebt seinen Arm als Angriffssignal.

780   AM (0,7; -530,3)   Eine Gruppe von Arbeitern sieht sie und dreht sich entsetzt um, will fortlaufen.

781   HT, leicht von unten (0,6; -530,9)   Gegen den Himmel eine Gruppe der berittenen Polizei, sie reiten los.

782   AM (0,4; -531,3) wie 780   die Arbeiter beginnen wegzulaufen.

783   T, leicht von unten (2,4; -533,7) wie 689   die Arbeiter auf dem Hügel im Wald, sie beginnen den Hügel hinunterzulaufen, in Richtung Kamera. Die berittene Polizei kommt jedoch am Fuß des Hügels ins Bild geritten, sie treibt die Arbeiter wieder den Hügel hinauf.

784   HT (0,4; -534,1)   Ein Teil der Arbeiter versucht vom Hügel zu entfliehen; sie rennen von der Kamera weg.

785   T, leicht von unten (0,6; -534,7)   die Arbeiter und die Frauen rennen den Hügel hinab, auf die Kamera zu.

786   HT (0,5; -535,2) wie 784   sie rennen, die Polizisten reiten hinterher.

787   HT (1,4; -536,6)   Die Arbeiter und Frauen kommen ins Bild und laufen schräg von der Kamera nach hinten weg; die Polizisten reiten hinterher.

788   HT (0,2; -536,8)   Im Vordergrund bäumt sich ein Pferd auf, im Hintergrund laufen die Arbeiter davon.

789   AM, leicht von unten (0,5; -537,3)   im Vordergrund die Polizisten auf ihren Pferden, im Hintergrund Arbeiter, wie sie vor den Polizisten, von der Kamera weg, davonlaufen.

790   AM, von oben (0,8; -538,5)   die Arbeiter und Frauen rennen den Abhang herunter, schräg durchs Bild.

791   HT (0,4; -538,5)   Die Arbeiter laufen, von der Kamera weg. Polizisten reiten im Vordergrund quer durchs Bild.

792   AM, leicht von unten   (0,1; -538,6)   flüchtende Arbeiter laufen auf die Kamera zu, dahinter ein Polizist zu Pferde.

793   HN   (0,5; -539,2)   Arbeiter laufen auf die Kamera zu.

794   T, leicht von oben   (0,1; -539,2)   Die Arbeiter laufen den einen Abhang hinunter und den nächsten wieder hinauf, auf die Kamera zu.

795   AM   (0,1; -539,3)   Im Vordergrund mit dem Rücken zur Kamera ein Arbeiter, der die auf ihn zulaufenden Arbeiter mit erhobenen Armen aufzuhalten versucht.

796   N   (0,1; -539,4)   Derselbe Arbeiter von vorne, er ruft seinen Kollegen etwas zu:

797   Titel   (0,3; -539,7)   »HINSETZEN«

798   N   (0,1; -539,8)   wie 796   der Arbeiter versucht sie aufzuhalten.

799   T, leicht von oben   (0,3; -540,1)   wie 794   die Arbeiter und Frauen in der Mulde zwischen den beiden Abhängen, sie wollen weiterlaufen, links der Arbeiter (AM), er versucht sie aufzuhalten.

800   T, von oben   (0,2; -540,3)   die Arbeiter und Frauen beginnen sich in der Mulde hinzusetzen. Ein Pferd geht dicht an der Kamera vorbei.

801   HN   (0,2; -540,5)   Einige Arbeiter, sie setzen sich.

802   HT   (0,3; -540,8)   Im Vordergrund vor den sitzenden Arbeitern und Frauen zwei Pferde mit Polizisten.

803   HN   (0,5; -541,3)   Der Hinterleib eines Pferdes, es geht langsam in die Mulde, auf die sitzenden Arbeiter zu.

804   T   (1,3; -542,6)   Zwischen zwei Säulen hindurch auf die Aktionäre, wie sie paffen.

805   HN   (0,4; -543,0)   wie 737   der dicke Aktionär mit einer Zigarre, er beugt sich lachend nach vorne.

806   N   (0,3; -543,3)   Der Generaldirektor erhebt lachend den Zeigefinger und sagt zu den anderen:

807   Titel   (0,7; -544,0)   »OH, DAS IST NOCH NICHT ALLES . . .«

808   N   (0,1; -544,1)   wie 806   er lacht.

809   N, von oben   (1,7; -545,8)   Der Tisch mit den
Gläsern und Karaffen, auf dem Tisch eine Spezialzi-
tronenpresse auf Ständern und mit einem Hebel, er
öffnet den Hebel und gibt eine Frucht in die Presse.

810   HN   (0,4; -546,2)   Der dicke Aktionär lacht
und streicht sich den Bauch.

811   N, von oben   (0,7; -546,9)   wie 809   der Generaldirektor schließt den Hebel der Presse zu.

812   G   (0,2; -547,3)   Das angestrengte Gesicht des
Generaldirektors.

813   G   (0,2; -547,3)   Die Hände an der Presse
drücken den Hebel zu.

814   G   (0,2; -547,5)   wie 812   das angestrengte
Gesicht.

815   AM   (0,05; -547,55)   Im Vordergrund die
Hinterbeine eines sich aufbäumenden Pferdes, gleich
dahinter sitzende Arbeiter.

816   AM   (0,15; -547,7)   Das sich aufbäumende
Pferd scheint die sitzenden Arbeiter zu bedrohen.

817   HN   (0,2; -547,9)   Die Vorderfüße des Pferdes
gehen zu Boden, direkt vor den sitzenden Arbeitern,
die vor ihm zurückweichen.

818   AM   (0,1; -548,0)   wie 816   Das Pferd beginnt sich etwas von den sitzenden Arbeitern abzu-
wenden.

819   G   (0,1; -548,1)   wie 813   die Hände des Generaldirektors, die den Hebel fest drücken:

820   Titel   (0,9; -549,0)   »FEST DRÜCKEN, DANN
KOMMT SAFT HERAUS«

821   G   (0,6; -549,6)   Die Hände lassen etwas nach,
öffnen den Hebel kurz und drücken ihn noch einmal
fest zu.

822   G   (0,4; -550,0)   wie 812   das angestrengte
Gesicht des Generaldirektors.

823   HN   (0,1; -550,1)   wie 817   die Füße des
Pferdes nahe an den sitzenden Arbeitern.

824   G   (0,3; -550,4)   wie 812   das lachende Gesicht des Generaldirektors.

825   G   (0,6; -551,0)   Die Hand an der Presse beginnt den Hebel zu öffnen.

826   HT, leicht von oben (0,3; -551,3)   die Polizisten reiten auf die sitzenden Arbeiter zu, mit dem Rücken zur Kamera weg von ihr.

827   HT (0,2; -551,5)   Zwei Pferde, von denen man nur die Leiber sieht (der Kopf ist angeschnitten), bäumen sich dicht vor den sitzenden Arbeitern auf.

828   HT, leicht von unten (0,2; -551,7)   über die Köpfe der Arbeiter hinweg, auf die beiden sich aufbäumenden Pferde.

829   AM (0,2; -551,9) wie 816   die Polizisten bedrohen die am Boden sitzenden Arbeiter mit den Pferden.

830   HT, leicht von oben (0,2; -552,1)   die Polizisten reiten auf die sitzenden Arbeiter zu.

831   G (0,6; -552,7) wie 825   die Hand des Generaldirektors greift nach dem Hebel, umschließt ihn verkrampft.

832   HN, leicht von oben (0,5; -553,2)   der vierte Aktionär greift in sein Glas, nach einer Zitronenscheibe.

833   N, von oben (0,2; -553,4)   die Zitronenscheibe fällt auf seinen Schuh.

834   HN, leicht von oben (0,6; -554,0) wie 832   er schaut auf seinen Schuh hinunter und beugt sich ein wenig vor.

835   N (0,6; -554,6)   Der fette Aktionär schaut auf den Schuh des anderen.

836   N, von oben (0,5; -555,1) wie 833   die Zitronenscheibe liegt auf dem Schuh, der wird ein bißchen bewegt, die Zitronenscheibe fällt herunter.

837   N (0,5; -555,6) wie 835   der fette Aktionär schaut sich suchend um.

838   HN, leicht von oben (0,4; -556,0) wie 832   der vierte Aktionär schaut sich suchend um.

839   N (0,3; -556,3) wie 835   der fette Aktionär entfaltet das Papier mit den Forderungen der Arbeiter:

840   Titel (0,4; -556,7)   ›DIE FORDERUNGEN‹

841   N (0,2; -556,9) wie 835   der fette Aktionär reicht es dem anderen.

842   HN, leicht von oben (0,4; -557,3) wie
       832   der nimmt es entgegen.
843   Titel (2,1; -559,4)   »DIE VERWALTUNG HAT MIT
GROSSER   AUFMERKSAMKEIT   DIE   FORDERUNGEN
DISKUTIERT«
844   N, von oben (1,2; -560,6) wie 833   der Ak-
       tionär hat sich zu seinem Schuh hinunter gebeugt,
       erst schiebt er die Zitronenscheibe beiseite, dann
       wischt er mit dem Papier, auf dem die Arbeiterforde-
       rungen stehen, seinen Schuh ab.
845   HN (0,8; -561,4)   Der Generaldirektor schaut
       auch auf den Boden zum Schuh und verzieht die
       Mundwinkel.
846   G, von oben (0,1; -561,5)   das zusammenge-
       knüllte Papier liegt am Boden.
847   HN (1,1; -562,6) wie 845   der Generaldi-
       rektor richtet sich wieder auf und winkt einem Die-
       ner.
848   T, leicht von unten (1,0; -563,6)   Von ganz
       hinten kommt ein Diener mit einer Lampe in der
       Hand in gesetzten Schritten eine riesige, breite
       Treppe herunter.
849   HN (0,4; -564,0) wie 845   der Generaldi-
       rektor deutet auf den Boden und lehnt sich in seinen
       Sessel zurück.
850   G, von oben (0,2; -564,2) wie 846   das zu-
       sammengeknüllte Papier wird von einem Schuh zur
       Seite gestoßen.
851   AM, von oben (1,8; -566,0)   der Generaldi-
       rektor und der vierte Aktionär, zwischen ihnen auf
       dem Boden das Papier. Die Beine des Dieners kom-
       men ins Bild, er streift mit dem Fuß das Papier, bückt
       sich danach und legt es auf das silberne Tablett, das
       er in der Hand hält. Er richtet sich wieder auf:
852   Titel (0,5; -566,5)   »ABRÄUMEN«
853   AM, von oben (0,5; -567,0) wie 851   der
       Diener bückt sich noch einmal, um die Zitronen-
       scheibe aufzuheben.
854   N (0,9; -567,9)   Der Diener kommt mit sei-
       nem Kopf von unten ins Bild, richtet sich vollends
       auf und legt sie etwas angewidert auf sein Tablett.

855   AM, von oben   (0,7; -568,6)   wie 851   er wendet sich ab und geht.

856   T, leicht von oben   (2,7; -571,3)   vom oberen Treppenabsatz die Treppe hinunter auf die weit unten sitzenden Aktionäre. Der Diener steigt die Treppe herauf, kommt auf die Kamera zu.

857   T   (0,6; -571,9)   wie 804   zwischen zwei Säulen hindurch auf den Tisch, um den die Aktionäre sitzen, sie prosten sich zu.

858   T, leicht von oben   (0,7; -572,6)   wie 856   der Diener auf dem obersten Treppenabsatz (AM) im Vordergrund, er schaut sich verstohlen nach hinten zu den Aktionären um, nimmt den Zettel und schaut hinein:

859   Titel   (0,7; -573,3)   »EINE RECHT HÜBSCHE ANTWORT!«

860   AM   (0,5; -573,8)   wie 856   er grinst und geht aus dem Bild.

861   Titel   (1,0; -574,8)   KEINE FAMILIE OHNE SCHWARZES SCHAF

862   T, leicht von oben   (1,5; -576,3)   von einem Hügel durch Bäume auf Gruppen von Arbeitern, ein paar raufen, andere spielen.

863   HT   (1,0; -577,3)   Vom Schilf im Wasser aus auf eine Gruppe, die einen Kreis bildet. Die Arbeiter schauen abwechselnd nach oben und wieder nach unten.

864   AM, leicht von oben   (0,7; -578,0)   im Kreis, auf dem Boden liegt ein Tuch mit Münzen. Einer wirft eine Münze nach oben, dann schauen alle auf das Tuch.

865   G, von oben   (0,3; -578,3)   Das Tuch mit den Münzen darauf.

866   G   (0,1; -578,4)   Ein Arbeiter, er schaut auf.

867   G   (0,1; -578,5)   Ein anderer Arbeiter mit einer Zigarette im Mund.

868   N   (0,8; -579,3)   Ein Dritter, er dreht eine Münze zwischen den Fingern hin und her; sein Nebenmann schaut ihm zu.

869   GG   (0,2; -579,5)   Die Münze liegt auf Daumen und Zeigefinger.

870   G (0,1; -579,6) wie 866   er schaut nach unten (auf die Münze).

871   G (0,1; -579,7)   Ein anderer Arbeiter schaut
ebenfalls nach unten.

872   GG (0,1; -579,8) wie 869   die Münze auf
den Fingern wird in die Luft geworfen.

873   G (0,2; -580,0) wie 866   er wirft den Kopf
weit nach hinten in den Nacken, um der Münze nach-
zuschauen.

874   G (0,2; -580,2)   Der, der die Münze in die Luft
geworfen hat, schaut ebenfalls nach oben.

875   N (0,1; -580,3)   Ein anderer Arbeiter schaut
nach unten.

876   G (0,2; -580,5) wie 866   er schaut ebenfalls
nach unten.

877   AM, leicht von oben (0,4; -580,9)   wie 864
alle schauen auf den Kreisboden, die Münze fällt
neben das Tuch, einer aus dem Kreis greift danach.

878   AM (1,1; -582,0)   Es kommt unter den Arbeitern zu einer Rauferei.

879   HT, leicht von oben (0,4; -582,4)   einer von
den Arbeitern bekommt einen Stoß, er fällt.

880   N, von oben (0,7; -583,1)   auf dem Boden liegen Spielkarten und mehrere Münzen. Eine Hand
wirft die Münzen in eine Mütze und verschwindet.

881   AM (0,5; -583,6) wie 878   die Arbeiter raufen miteinander.

882   T, leicht von oben (0,5; -584,1) wie
856   weit unten hinter den Säulen, der Tisch mit
den Aktionären.

883   Titel (1,5; -585,6)   ... UND BIS IN DIE SPÄTE
NACHT KÜMMERTEN SIE SICH UM DIE BELANGE DER
ARBEITER

884   T, leicht von oben (1,9; -587,5)   die Aktionäre
erheben sich aus ihren Sesseln, verabschieden sich
voneinander.

885   HT (0,6; -588,1)   Zwei Aktionäre am oberen
Treppenabsatz, sie drehen sich um und winken dem
Generaldirektor zu.

886 HT (1,9; -590,0)   Zwischen zwei Säulen hindurch, der Generaldirektor erhebt sich auch aus seinem Sessel, schaut ihnen nach, kommt dann gemächlich und rauchend auf die Kamera zu. Im Hintergrund geht der Diener an den Tisch und beginnt aufzuräumen.

887 HT (1,5; -591,5) wie 885   der dritte Aktionär stößt zu den beiden anderen, sie ziehen noch einmal den Zylinder vor dem Generaldirektor und gehen dann die Treppe hinunter.

888 HT (1,0; -592,5) wie 886   der Generaldirektor schaut ihnen noch nach und geht dann an der Kamera vorbei aus dem Bild.

889 T, leicht von oben (0,7; -593,2) wie 884   der Diener räumt auf, klappt den Tisch wieder zu.

890 HT, leicht von unten (1,0; -594,2)   wehende Zweige gegen den bedeckten Himmel.

891 G (0,2; -594,4)   Halbe, senkrechte Wischaufblende Schild: »Konsum«.

892 GG (0,4; -594,8)   Geschlossener Türriegel mit einem Vorhängeschloß.

893 HT (0,8; -595,6)   Auf der Straße vor dem Laden, wartende Frauen, manche von ihnen mit Kindern auf dem Arm.

894 G (0,9; -596,5)   Schild, auf dem geschrieben steht: »Konsum wegen Reparaturarbeiten geschlossen«.

895 HN (0,7; -597,2)   Frauen mit kleinen Kindern auf dem Arm, sie wischen ihnen die Tränen aus dem Gesicht, beruhigen sie.

896 Titel (0,4; -597,6)   BROT

897 G (0,7; -598,3)   Ein Baby im Arm seiner Mutter, es wird geschaukelt.

898 AM, leicht von oben (0,9; -599,2)   diagonale Wischaufblende, ein Arbeiter in seinem Bett, jemand schlägt die Bettdecke zurück.

899 AM (0,4; -599,6)   Seine Frau stellt sich vor sein Bett, geht auf ihn los und stößt ihn.

900 N (0,5; -600,1)   Der Arbeiter im Profil, seine Frau reibt vor seiner Nase die Finger aneinander (das Zeichen für Geld), er wendet den Kopf ab.

901 N, von oben (0,4; -600,5) eine kleine Katze sitzt auf dem dreckigen Boden neben der Türschwelle.

902 N ° (0,5; -601,0) Die Frau schimpft.

903 N (0,2; -601,2) Der Mann wendet sich ab.

904 AM (0,4; -601,6) wie 899 er will sich ins Bett zurückfallen lassen, die Frau bückt sich.

905 N, leicht von oben (0,4; -602,0) am Bettenpfosten lehnt eine Einkaufstasche, sie packt ihn und einen Schuh, der unterm Bett steht, sie nimmt ihn.

906 N, leicht von oben (0,3; -602,3) wie 901 die Katze am Boden neben der Türschwelle, sie wird von dem Schuh getroffen.

907 N (0,2; -602,5) Das Profil des Mannes, er schüttelt den Kopf.

908 N, leicht von oben (0,4; -602,9) wie 905 die Frau stampft mit dem Fuß auf und geht aus dem Bild.

909 N, leicht von oben (0,3; -603,2) wie 901 die Katze an der Türschwelle, die Beine der Frau kommen ins Bild; sie drehen sich noch einmal um.

910 HN (0,8; -604,0) Sie schimpft auf ihn ein (in die Kamera) und geht dann wütend an die hintere Wand, wo ihre Jacke hängt.

911 N (0,2; -604,2) Sie schaut ihn wütend an und dreht sich zur Tür.

912 N, leicht von oben (0,5; -604,7) wie 901 die Beine der Frau, sie geht.

913 AM (0,6; -605,3) die Frau von hinten, sie dreht sich noch einmal um und schimpft ins Zimmer zurück.

914 AM, leicht von oben (0,3; -605,6) wie 898 der Mann wirft sich wieder aufs Bett.

915 Nah, leicht von oben (0,2; -605,8) wie 901 die Katze kommt über die Türschwelle auf die Kamera zugelaufen und geht aus dem Bild.

916 AM, leicht von oben (0,8; -606,6) wie 898 der Arbeiter dreht sich auf den Bauch, verbirgt das Gesicht in den Kissen.

917 N, schräg von oben (0,7; -607,3) eine Kommode, an ihr stehen die Schubladen offen, es wird

in den Laden herumgewühlt und der Inhalt heraus-
geschmissen.

918   N, von oben   (0,6; -607,9)   Tücher, Mützen
und kleine Kleidungsstücke fallen auf den Boden.

919   N, schräg von oben (0,2; -608,1) wie
917   das letzte Stück wird aus der Lade heraus-
gezogen und auf den Boden geworfen.

920   N, von oben   (0,4; -608,5) wie 918   es fällt
auf den Boden zu den anderen Sachen.

921   HN, schräg von oben   (1,2; -609,7)   ein Mann
an der Kommode, durchwühlt auch die oberen kleinen Fächer. Er reißt die Spitzendecke von der Kommode und wirft sie auf den Boden.

922   Titel   (0,3; -610,0)   ZUM TRÖDLERMARKT

923   HN   (0,7; -610,7)   Der Arbeiter von hinten; er
setzt seine Mütze auf.

924   HT (0,9; -611,6)   Das Zimmer. Der Mann steht
vor der Kommode mit dem Rücken zur Kamera.
Seine Frau sitzt, mit dem Rücken zur Kamera, vor
dem Fenster an einem Tisch. Der Arbeiter reißt den
Spiegel von der Kommode herunter. Die Frau dreht
sich zu ihm um, er schaut sie an.

925   N   (0,3; -611,9) wie 917   der Spiegel landet
auf den anderen Sachen am Boden.

926   HT   (0,5; -612,4) wie 924   er schaut seine
Frau an und bückt sich zu einer Truhe.

927   HN, leicht von oben   (1,1; -613,5)   der Arbeiter kniet an der Truhe, öffnet sie, wühlt in ihr herum,
findet nichts.

928   HN   (1,1; -614,6)   Die Frau hebt das kleine
Kind von ihrem Schoß, steht auf, wendet sich zur
Kamera, greift seitlich nach einem Kleidungsstück
und setzt sich mit ihrem Kind wieder auf den Stuhl.

929   HN, leicht von oben   (0,7; -615,3) wie
927   der Arbeiter kniet an der Truhe, den Kopf
in die Hände gestützt; plötzlich dreht er sich zu seiner
Frau um.

930   HN   (1,0; -616,3) wie 928   das Kind auf dem
Schoß der Frau, zerrt das Kleidungsstück hervor, das
sie versteckt hält.

931 HN, leicht von oben (0,9; -616,2) wie
927   der Arbeiter an der Truhe steht auf und geht
nach hinten zu seiner Frau.

932 HN (0,3; -616,5)   wie 930   der Arbeiter sieht
das Kleidungsstück, das unter dem Kind auf dem
Schoß der Frau hervorschaut; er nimmt das Kind von
ihrem Schoß. Er hält das Kleidungsstück in der
Hand.

933 HN, leicht von oben (0,3; -616,8) · er setzt das
Kind auf die anderen Sachen am Boden.

934 N (0,1; -616,9)   Er schreit seine Frau an.

935 HN, leicht von oben (0,5; -617,4) wie
933   sie schiebt das Kind zur Seite und stellt ihren
Fuß auf das Kleidungsstück.

936 N (0,2; -617,6) wie 934   er schreit sie an.

937 N (0,2; -617,8)   Sie schreit zurück.

938 N (0,3; -618,1) wie 934   er greift nach dem
Kleidungsstück, sein Gesicht verkrampft sich.

939 HN, leicht von oben (0,1; -618,2) wie 933   er
zieht das Kleidungsstück unter ihrem Fuß hervor.

940 N (0,3; -618,5) wie 934   er zerrt wütend an
dem Kleidungsstück.

941 N, leicht von oben (0,4; -618,9)   das Kind sitzt
weinend am Boden.

942 AM, leicht von oben (0,6; -619,5)   er hat den
Stoff des Kleidungsstückes in der Hand.

943 N, leicht von oben (0,5; -620,0) wie 941   das
weinende Kind am Boden. Sie nimmt es auf den
Arm.

944 AM, leicht von oben (1,5; -621,5)   sie setzt das
Kind auf den Stuhl, lehnt sich mit dem Gesicht gegen
die Wand und weint. Er steht auf, nimmt das Bündel
Sachen, die auf dem Boden lagen und geht zur
Tür.

945 HN (0,6; -622,1)   Gegenschuß. Er steht an der
Türe. Sie versucht ihn zurückzuhalten.

946 AM, leicht von oben (0,7; -622,8) wie
942   sie zieht ihn am Arm und faßt in ihre Schür-
zentasche.

947 HN (0,3; -623,1) wie 945   sie hält ihm die
geschlossene Hand hin.

948   G   (0,7; -623,8)   Die Hand öffnet sich; darin liegt ein kleines Schmuckstück.

949   HN   (1,5; -625,3)   wie 945   er greift danach, steckt es weg, will sie berühren, sie wendet sich ab. Er packt das Bündel und geht.

950   G, leicht von oben   (0,3; -625,6)   auf einem mit Zeitungen bedeckten Tisch steht eine halbleere Schüssel mit einem Löffel darin.

951   HN   (0,5; -626,1)   Der blonde Arbeiter von 649 sitzt an seinem Bettrand. Er sucht unter dem Kissen seinen Tabaksbeutel.

952   G, leicht von oben   (0,4; -626,5)   der Beutel in seinen Händen. Er macht ihn auf.

953   N   (0,9; -627,4)   Neben seinen Beinen am Boden sitzt das blonde Kind. Es stößt das übergeschlagene Bein an, so daß es hin- und herschaukelt.

954   Titel   (1,1; -629,6)   WAR EINMAL EIN TABAKS-BEUTEL UND DER WAR LEER . . .*

955   G, leicht von oben   (0,4; -630,0)   wie 952   die Hände stülpen den Beutel um; er ist leer.

956   N   (0,9; -630,9)   wie 953   das Kind stößt das Bein des Vaters an und schaut zu ihm hinauf.

957   N   (0,2; -631,1)   Der Vater stützt den Kopf in die Hand.

958   AM, leicht von oben   (0,5; -631,6)   das Kind am Boden steht auf, und will zu seinem Vater auf den Schoß. (Der Kopf des Vaters ist abgeschnitten.)

959   G   (0,1; -631,7)   Das Bein des Vaters stößt das Kind weg.

960   AM   (0,3; -632,0)   wie 958   er stößt das Kind mit dem Fuß weg; das Kind fällt hin.

961   HN   (0,3; -632,3)   Der Vater sitzt auf dem Bettrand und schnauzt das Kind an.

962   N, leicht von oben   (0,7; -633,0)   das Kind sitzt am Boden und weint.

963   HN   (0,4; -633,4)   wie 961   der Vater wickelt die Schnur um den leeren Tabaksbeutel und schaut zu dem Kind.

---

* Častuška-(Scherzlied-)Zeile.

964   N, leicht von oben   (0,6; -634,0)   wie 962   das
        Kind am Boden, neben ihm steht die Schüssel. Es
        schleckt mit den Fingern die Schüssel aus.

965   N (0,4; -634,4)   Der Vater schüttelt mißmutig
        den Kopf.

966   N, leicht von oben   (0,4; -634,8)   das Kind hat
        die Schüssel an sich genommen, schleckt mit den
        Fingern darin herum und schaut zum Vater.

967   Titel (0,8; -635,6)   »PAPA, LOS ESSEN«

968   HN, leicht von oben   (1,3; -636,9)   der Vater
        wickelt die Schnur um den Tabaksbeutel und
        schmeißt ihn dem Kind zu. (Der Kopf des Vaters
        ist abgeschnitten.)

969   N, leicht von oben   (0,9; -637,8)   wie 966   der
        Beutel fällt in die Schüssel; das Kind nimmt ihn her-
        aus und steckt ihn in den Mund.

970   HN, leicht von oben   (0,3; -638,1)   der Vater
        lehnt sich zurück.

971   N, leicht von oben (0,4; -638,5)   wie 966   das
        Kind lutscht am Tabaksbeutel, es reibt sich dabei
        die Augen.

972   HN   (0,5; -639,0)   Der Vater, den Kopf in die
        Hand gestützt, kratzt sich nachdenklich am Kopf und
        schaut auf das Kind.

973   N, leicht von oben   (0,3; -639,3)   das Kind
        steckt den Beutel in den Mund.

974   G   (0,5; -639,8)   Das Kind mit dem Beutel im
        Mund schaut den Vater an

975   HN   (0,4; -640,2)   wie 972   der Vater schaut
        zum Kind, dann schmeißt er sich verzweifelt rück-
        wärts aufs Bett.

976   G   (0,4; -640,6)   Das Kind mit dem Beutel im
        Mund schaut ihn an.

977   HN   (0,5; -641,1)   Er dreht sich auf den Bauch
        und versteckt sein Gesicht in den Kissen.

978   G   (0,2; -641,3)   Das Kind mit dem Beutel im
        Mund.

979   Titel (0,7; -642,0)   DER ROTEN BESTIE AUF DER
        SPUR

980   GG   (0,9; -642,9)   Ein Auge, es öffnet sich,
        dreht sich, schließt sich.   Abblende (0,3).

981 HN (1,2; -644,1) Im ovalen Spiegel einer Tür sieht man eine vorbeifahrende Straßenbahn und Passanten. Ein Spitzel mit Hut und Pfeife kommt auf den Spiegel zu, schaut hinein und dreht sich um.

982 GG (0,8; -644,9) Das Gesicht des Spitzels, verdeckt durch eine Hutkrempe. Er hebt den Kopf und blickt forschend. Überblendung mit einer waagrechten Wischblende (0,2).

983 AM (0,8; -645,7) Zwei Arbeiter kommen auf die Kamera zu. Im Hintergrund fährt eine Straßenbahn. Überblendung mit Vorhangblende auf und zu (0,2).

984 AM (0,7; -646,4) Der Spitzel geht ihnen hinterher, von der Kamera weg. Wischblende von unten nach oben (0,2).

985 HN, von oben (0,7; -647,1) auf dem Straßenpflaster erscheinen die Schatten und Beine der beiden Arbeiter. Wischblende von oben nach unten (0,2).

986 HN, von oben (0,8; -647,9) der Spitzel schleicht hinterher, auf die Kamera zu.

987 G (2,0; -649,9) In einem Rundspiegel spiegelt sich das Geschehen auf der Straße, verzerrt und auf den Kopf gestellt. Der Spitzel kommt dem Spiegel näher.

988 GG (0,6; -650,5) Die Hutkrempe des Spitzels geht langsam nach oben. Augen und Nase kommen zum Vorschein.

989 HN (1,4; -651,9) In einer Kneipe sitzen die beiden Arbeiter, sie trinken und reden. Der eine von ihnen zeigt auf etwas.

990 G (1,3; -653,2) wie 987 der Spiegel mit dem Kopf des Spitzels, der Pfeife raucht.

991 HN (0,5; -653,7) wie 989 die beiden schauen hin und stehen auf.

992 G (1,0; -654,7) wie 987 der Kopf des Spitzels im Spiegel entfernt sich langsam.

993 HT, leicht von oben (2,3; -657,0) durch eine offene Tür auf die Straße mit Passanten und Pferdedroschken. Der Spitzel eilt über die Straße, schiebt dabei eine Frau zur Seite, schaut in Richtung Kamera

und verschwindet seitlich. Die beiden Arbeiter tauchen neben der Kamera auf, gehen eine zur Tür führende Treppe hinunter und treten auf die Straße hinaus. Sie schauen sich um und gehen in dieselbe Richtung wie der Spitzel.

994 AM (0,7; -657,7) Der Spitzel. Er kommt zu einem Laden, bleibt stehen und verschwindet in der Ladentür.

995 AM, leicht von oben (0,2; -657,9) von innen durch die Schaufenster des Ladens auf die beiden Arbeiter; sie schauen sich suchend um.

996 AM (0,9; -658,8) Außen vor dem Laden. Die beiden Arbeiter entdecken den Spitzel nicht; sie gehen weiter. Kurz danach huscht der Spitzel aus der Ladentür; er bleibt noch vor dem Schaufenster stehen und schaut ihnen nach.

997 GG (0,1; -658,9) Das Auge des Spitzels.

998 AM (0,6; -659,5) wie 996 der Spitzel vor dem Schaufenster schlägt sich den Mantel zu, dreht sich dabei um die eigene Achse und geht den Arbeitern nach.

999 N, leicht von oben (0,8; -660,3) Zigarettequalmend, über Papiere gebeugt, der Polizeipräsident.

1000 T, von oben (1,9; -662,2) auf einer hohen Mauer sitzen die beiden Arbeiter. Ganz unten, am Fuß der Mauer, kommt der Spitzel von hinten her angerannt. Sie entdecken ihn und lassen sich auf der anderen Seite der Mauer herunter.

1001 HT (1,2; -663,4) Auf der anderen Seite der Mauer. Die beiden Arbeiter kommen von hinten auf die Kamera zugerannt; sie schauen, ob der Spitzel sie weiterverfolgt und rennen an der Kamera vorbei aus dem Bild.

1002 HT (0,7; -664,1) Der Spitzel kommt von hinten angesaust, schaut über eine Mauerbrüstung nach den Arbeitern.

1003 GG (0,2; -664,3) Das Auge des Spitzels

1004 HT (0,4; -664,7) wie 1002 der Spitzel verschwindet über eine Treppe nach unten.

1005 N, leicht von unten (0,7; -665,4) an einer

Straßenecke, zwei Straßenschilder; eines davon trägt den Namen »Schlaubergergäßchen«. Überblendung (0,2).

1006	HT (0,3; -665,7) Die beiden Arbeiter kommen an einem Eisenzaun entlang das Gäßchen heruntergerannt.
1007	AM (0,6; -666,3) Von der anderen Seite des Zaunes. Die Arbeiter schauen durch die Gitterstäbe und laufen weiter.
1008	T, von oben (0,8; -667,1) innen, auf den vom Zaun begrenzten Vorgarten. Die beiden Arbeiter verstecken sich hinter einer Säule.
1009	HN, schräg von oben (0,6; -667,7) vor dem Zaun. Der Spitzel kommt angelaufen, man sieht nur seine Beine von hinten. Er hüpft auf den Steinsockel des Zaunes, späht, und rennt weiter.
1010	HT (0,8; -668,5) Der Spitzel läuft am Zaun entlang herunter. Er bremst, um ums Eck zu biegen. Bis hierher ist die linke Bildhälfte abgedeckt. Der Spitzel bleibt stehen und rudert mit den Armen. Die linke Bildhälfte wird aufgeblendet: Da stehen die beiden Arbeiter.
1011	N (0,2; -668,7) Der Spitzel weicht zurück.
1012	HN, leicht von unten (2,1; -670,8) Grinsend ziehen die beiden Arbeiter die Mützen und gehen auf die Kamera zu, bis ihre Gesichter ganz groß sind. Sie packen den Spitzel am Kragen und ziehen ihn ins Bild und werfen ihn hoch.
1013	HN, leicht von oben (0,1; -670,9) der Spitzel fliegt durch die Luft.
1014	AM, von oben (0,3; -671,2) der Spitzel landet bäuchlings auf dem Rasen.
1015	HN (0,6; -671,8) Die beiden Arbeiter hinter den Gitterstäben lachen herzhaft.
1016	AM, von oben (0,4; -672,2) wie 1012 der Spitzel richtet sich auf, und faßt sich mit schmerzverzogenem Gesicht an den Bauch.
1017	HN (0,8; -673,0) wie 1013 die lachenden Arbeiter legen sich die Arme um die Schultern und gehen davon.
1018	HT (1,3; -674,3) In der Arbeitersiedlung. Ein

Amtsdiener hängt in einem Schaukasten eine Bekanntmachung auf. Eine Gruppe von Kindern
kommt angelaufen und schaut ihm zu.

1019   HN, leicht von oben   (0,7; -675,0)   Eine alte
Marktfrau sitzt auf ihrem Suppentopf; ein Arbeiter
tritt an sie heran.

1020   N, leicht von oben   (0,4; -675,4)   Sie schaut etwas mürrisch zum Arbeiter auf.

1021   HN,   leicht   von   oben   (0,2;   -675,6)   wie
1018   der Arbeiter deutet auf ihren Suppen-
topf.

1022   N,   leicht   von   oben   (0,2;   -675,8)   wie
1020   die Marktfrau senkt den Kopf.

1023   HN,   leicht   von   oben   (0,3;   -676,1)   wie
1019   die alte Marktfrau richtet sich etwas auf
und hebt ihren Rock hoch.

1024   HN, von oben   (0,3; -676,4)   sie nimmt eine
Tonschüssel in die Hand.

1025   N,   leicht   von   oben   (0,2;   -676,6)   wie
1020   die Alte spricht zum Arbeiter.

1026   N, von oben   (1,2; -677,8)   mit einer Kelle wird
dünne Suppe in die Tonschüssel geschöpft, die der
Arbeiter zwischen den Händen hält.

1027   HN, von oben   (0,3; -678,1)   wie 1024   die
Marktfrau deckt ihren Rock wieder über den Suppentopf.

1028   HN   (0,5; -678,6)   Der Arbeiter löffelt die
Suppe. Plötzlich entdeckt er etwas.

1029   HN   (0,7; -679,3)   Von hinten über die Kin-
derköpfe hinweg auf den Amtsdiener, der die Bekanntmachung ansteckt.

1030   HN   (0,5; -679,8)   wie 1028   der Arbeiter
sieht das, löffelt hastig die Suppe hinunter und stellt
die Schüssel weg.

1031   HT   (0,9; -680,7)   Der Amtsdiener vertreibt
die Kinder vom Schaukasten und geht davon.

1032   HT   (1,9; -682,6)   In der Arbeitersiedlung, in
einer engen Gasse zwischen zwei Bretterhäusern
geht ein anderer Spitzel, die Arme auf dem Rücken
verschränkt, einige Schritte in die Gasse hinein; er
dreht sich verstohlen um, kommt auf die Kamera

zu (bis AM) und macht ein fieses Späherge-
sicht:

1033   Titel (0,6; -683,2)   DIESE EULE SIEHT AUCH BEI
       TAG

1034   HT (0,6; -683,8) wie 1031   der Arbeiter
       kommt mit der Mütze in der Hand an den Platz mit
       dem Schaukasten, dreht sich um und setzt dabei die
       Mütze auf.

1035   HN (0,3; -684,1)   »Eule« fährt hinter eine
       Holzwand zurück.

1036   HT (0,5; -684,6) wie 1031   der Arbeiter
       geht auf den Schaukasten zu.

1037   HN (0,3; -684,9)   Der Arbeiter schaut auf die
       Bekanntmachung.

1038   Titel (3,2; -688,1)   »MIT GROSSER AUFMERK-
       SAMKEIT HAT DIE VERWALTUNG DIE FORDERUNGEN
       DER ARBEITER ERÖRTERT, UND HÄLT SIE AUFGRUND
       DER FOLGENDEN PUNKTE FÜR UNANNEHMBAR:«

1039   Titel (3,0; -691,1)   »1. DER ACHTSTUNDENTAG
       IST EINE VÖLLIG UNGESETZLICHE FORDERUNG, DIE DIE
       VERWALTUNG NICHTS ANGEHT ... 2. DIE LOHN-
       ERHÖHUNG ...«

1040   HN (0,4; -691,5) wie 1037   der Arbeiter
       schaut sich um.

1041   HN, leicht von oben (0,8; -692,3)   der Amts-
       diener, an einem Backwarenstand, scherzt mit der
       Bäckerin.

1042   G, leicht von oben (0,6; -692,9)   die Amtsdie-
       nershand betätschelt die Hand der Bäckerin. Dane-
       ben, auf einer Schnur aufgereiht, Brezeln.

1043   HN (0,4; -693,3) wie 1037   der Arbeiter
       schaut hin und wendet sich wieder der Bekanntma-
       chung zu.

1044   Titel (0,8; -694,1)   »4. DER HÖFLICHE UM-
       GANG ...«

1045   HN (0,2; -694,3) wie 1035   »Eule« holt et-
       was aus ihrer Manteltasche hervor.

1046   G, leicht von oben (0,4; -694,7)   Er nestelt an
       einer größeren Taschenuhr herum.

1047	N (0,9; -695,6) Der Arbeiter schaut in alle Richtungen, ob ihn jemand beobachtet.
1048	HN, leicht von oben (0,5; -696,1) »Eule« kommt geduckt, mit der Uhr in der Hand, hinter einer Hausecke hervor.
1049	GG (0,1; -696,2) Die Uhr in seinen Händen.
1050	N (0,5; -696,7) Der Arbeiter öffnet den Schaukasten und langt nach der Bekanntmachung, sich dabei vorsichtig umsehend.
1051	(0,9; -697,6) Die Uhr in der Hand des Spitzels, mit der fotografiert wird, überblendet mit der amerikanischen Einstellung: Der Arbeiter am Schaukasten, der die Bekanntmachung in der Hand hält. Mit einer Rautenblende wird die Uhr (= Fotoapparat) ausgeblendet (0,2). Die Einstellung vom Arbeiter wird mit einer Rautenblende zur Großeinstellung von der Uhr (0,3).
1052	HN (0,2; -697,8) wie 1050 der Arbeiter geht aus dem Bild, zurück bleibt der leere Schaukasten.
1053	GG (0,4; -698,2) wie 1051 »Eule« verschließt die Uhr (Fotoapparat).
1054	HN, leicht von oben (0,3; -698,5) wie 1048 er steckt die Uhr in den Mantel und verschwindet wieder hinter der Hausecke.
1055	HT (1,5; -700,0) Der Arbeiter geht vom Schaukasten weg, steckt sich die Bekanntmachung unters Hemd und schaut sich noch einmal um.
1056	N, von oben (1,8; -701,8) »Eule« zuhause, öffnet die »Uhr«.
1057	G (0,4; -702,2) »Eule« leckt sich eifernd die Lippen,
1058	N (1,4; -703,6) wie 1056 nimmt den Film aus der »Uhr«
1059	GG, von oben (1,4; -705,0) und taucht den Film ins Entwicklerbad.
1060	HN (0,5; -705,5) »Eule« zwischen ihren Geräten und Flaschen sitzend.
1061	GG (0,7; -706,2) wie 1059 der Film wird aus dem Entwicklerbad genommen.

1062	N, von oben (0,5; -706,7) über die Schulter von »Eule«, wie er sich den Film anschaut.
1063	GG (0,5; -707,2) Das Negativ des am Schaukasten stehenden Arbeiters.
1064	Titel (0,7; -707,9) BEIM TREFFPUNKT
1065	AM (1,2; -709,1) Im Bauteil eines Kanalrohrs sitzt wartend ein Arbeiter. Im Hintergrund taucht ein anderer Arbeiter auf und geht auf den ersten zu.
1066	AM, leicht von oben (0,1; -709,2) der erhebt sich. (Gegenschuß)
1067	AM (0,3; -709,5) wie 1065 die Arbeiter gehen aufeinander zu.
1068	AM, leicht von oben (0,7; -710,2) wie 1066 sie schütteln sich die Hände. Der eine zieht die Bekanntmachung unter seinem Hemd hervor. Sie verschwinden hinter einem Stück Kanalrohr.
1069	AM (0,9; -711,1) Sie setzen sich auf ein Bauteil. Der eine beginnt zu lesen.
1070	Titel (3,5; -714,6) »DER HÖFLICHE UMGANG IST DER VERWALTUNG ZU EMPFEHLEN, WENN SICH DIE ARBEITER IHR BEDINGUNGSLOS UNTERORDNEN«
1071	G (0,8; -715,4) Die beiden Arbeiter sind wütend.
1072	T (1,0; -716,4) Sie trennen sich.
1073	Titel (0,5; -716,9) ABENDS
1074	HN, leicht von oben (0,9; -717,8) »Eule« kommt unterwürfig zu einer Tür herein.
1075	AM, leicht von oben (1,3; -717,1) von hinten, der Chef der Geheimpolizei an seinem Schreibtisch. »Eule« tritt heran.
1076	HN (0,9; -720,0) »Eule« nimmt das Foto aus der Tasche und zeigt es dem Chef.
1077	N (0,3; -720,3) Der Chef schaut es sich an.
1078	GG, von oben (0,5; -720,8) das Foto von dem Arbeiter, wie er die Bekanntmachung abnimmt.
1079	AM, leicht von oben (1,2; -722,0) wie 1075 Der Chef nimmt das Foto, macht »Eule« ein Zeichen wegzugehen, schaut sich das Foto genauer an und winkt.
1080	HN, stark von oben (1,0; -723,0) über die

Glatze des Chefs hinweg: An seinen Schreibtisch tritt
ein anderer Gehilfe. Er reicht diesem das Foto.

1081   GG, von oben   (0,2; -723,2)   wie 1078   das
        Foto des Arbeiters.

1082   HN,   stark   von   oben   (1,3;   -724,5)   wie
        1080   der Gehilfe steckt das Foto ein, bekommt
        einen Auftrag und macht sich davon.

1083   Titel (0,4; -724,5)   NACHTS

1084   AM, leicht von oben   (0,9; -725,8)   auf der
        Straße. Es regnet. An einem Häusereck rinnt aus
        einer Dachrinne Wasser.

1085   HT   (0,8; -726,6)   Ein Auto fährt im Regen die
        Straße hinunter.

1086   AM   (0,9; -727,5)   Ums Eck mit der Regen-
        rinne schaut geduckt ein Spitzel.

1087   HT   (1,5; -729,0)   wie 1085   ein Auto fährt
        die Straße herauf.

1088   HT   (0,3; -729,3)   wie 1085   ein Arbeiter
        kommt hinter einem Haus hervor auf die Straße. Er
        schaut sich vorsichtig um.

1089   HN, von oben   (0,4; -729,7)   man sieht nur die
        Beine des Arbeiters, der die regennasse Straße über-
        quert.

1090   HT   (0,1; -729,8)   wie 1088   der Arbeiter
        geht die Straße hinunter.

1091   HT   (1,0; -730,8)   Der Arbeiter geht die Straße
        hinunter. Hinter einem Haus kommt ein Geheimpo-
        lizist hervor. Der Arbeiter entdeckt ihn und rennt
        davon.

1092   AM   (1,3; -732,1)   wie 1086   der Arbeiter
        rennt auf die Hausecke zu. Dahinter taucht ein ande-
        rer Geheimpolizist auf. Zwischen den dreien kommt
        es zum Handgemenge. Der Arbeiter zwingt beide
        zu Boden.

1093   HN   (0,7; -732,8)   In einem Auto vergnügen
        sich ein dicker reicher Mann und ein Mädchen in
        Abendkleid.

1094   AM   (0,6; -733,4)   wie 1092   der Arbeiter
        versucht zu entkommen. Die beiden Geheimpolizi-
        sten rappeln sich auf und verfolgen ihn.

1095   HT, leicht von oben   (1,9; -735,3)   die beiden

Geheimpolizisten holen den Arbeiter an einer Straßenecke ein und versuchen ihn festzuhalten. Das Auto fährt vorbei.

1096   HN (0,6; -735,9) wie 1093   im Auto: der dicke, reiche Mann und das leichte Mädchen. Sie setzt sich einen Hut auf.

1097   HT, leicht von oben (0,9; -736,8) wie 1095   der Arbeiter kann sich freimachen und läuft dem Auto hinterher.

1098   HN (1,0; -737,8)   Das Auto kommt ins Bild gefahren, der Arbeiter springt aufs Trittbrett auf und fährt mit dem Auto weiter (HT). Vorn kommt ein Verfolger ins Bild.

1099   HT (0,9; -737,7)   Das Auto fährt langsam von hinten nach vorn die Straße herunter.

1100   HN (0,5; -738,2)   Von außen durch die nassen Autoscheiben auf das Mädchen im Wagen. Sie zerrt ihren reichen Freier hin und her.

1101   AM (0,8; -739,0)   Das Auto kommt zum Stehen. Der Arbeiter wird von den Geheimpolizisten, die herankommen, vom Trittbrett heruntergezerrt.

1102   HN (0,5; -739,5)   Das Mädchen lehnt sich weit aus dem Autofenster und feuert die Geheimpolizisten an:

1103   Titel (0,3; -739,8)   »SCHLAGT ZU!«

1104   AM, leicht von oben (1,4; -741,2)   der Arbeiter wird zu Boden geschlagen, getreten und dann hochgezerrt.

1105   AM (1,2; -742,2)   Der Arbeiter setzt sich noch einmal zur Wehr, aber sie schleppen ihn ab.

1106   N (0,7; -742,9)   Das Mädchen schaut ihnen belustigt nach. Ein Spitzel geht durchs Bild.

1107   AM (0,4; -743,3) wie 1105   die Männer verschwinden im Dunkel.

1108   N (0,6; -743,9) wie 1106   das Mädchen und der reiche Mann schauen ihnen nach und lehnen sich zurück ins weiche Polster.

1109   AM, leicht von oben (0,4; -744,3) wie 1084 an einem Häusereck, eine Regenrinne. Es regnet.

1110   HN, von oben (1,9; -746,2)   halbe Rautenaufblende. Der Arbeiter wird in einem Zimmer auf den

Fußboden geworfen und mit den Füßen bearbeitet. Stiefel treten auf ihn nieder.

1111 N (0,8; -747,0) Der Arbeiter wird festgehalten und ins Gesicht geschlagen.

1112 HT (0,8; -747,8) Die Geheimpolizisten. Der Arbeiter wird erneut zu Boden geworfen.

1113 HN, von oben (0,5; -748,3) Die Stiefel der Geheimpolizisten treten nach ihm.

1114 N, leicht von oben (0,8; -749,1) ein schlafender Polizist wacht auf, gähnt und schaut sich gelangweilt um.

1115 HN, von oben (0,2; -749,3) wie 1113 die Polizistenstiefel treten den Arbeiter.

1116 N, leicht von oben (0,4; -749,7) Der Polizist lehnt sich zurück und schläft weiter.

1117 N (0,7; -750,4) Aus einer Arrestzelle beobachtet ein Gefangener voller Angst das was geschieht. Ein anderer Gefangener stößt ihn beiseite und schaut gierig zu.

1118 HT, leicht von oben (1,2; -751,6) die Polizisten richten den Arbeiter auf, bilden einen Kreis und stoßen ihn herum.

1119 G (0,6; -752,2) Ein Mädchengesicht taucht hinter den Stäben einer Zelle auf und ist erschreckt.

1120 HT, leicht von oben (0,4; -752,6) wie 1118 die Polizisten machen den Arbeiter fertig.

1121 N (0,2; -752,8) wie 1117 der zweite Gefangene feuert die Polizisten an:

1122 Titel (0,3; -753,1) »SCHLAGT ZU!«

1123 HN (0,3; -753,4) Die Polizisten stoßen den Arbeiter herum.

1124 HN (0,1; -753,5) Ein paar Polizisten fangen ihn auf.

1125 G (0,1; -753,6) wie 1119 das Mädchen hinter den Zellenstäben schaut erschrocken.

1126 N (0,05; -753,65) Ein Polizist holt aus.

1127 HN (0,15; -753,8) wie 1123 der Arbeiter wird weggestoßen.

1128 G (0,1; -753,9) wie 1119 das erschreckte Mädchen duckt sich weg.

1129 HN (0,2; -754,1) wie 1123 sie fangen ihn auf.

1130	N (0,1; -754,2) wie 1117 der Gefangene feuert die Polizisten schreiend an.
1131	HN (0,2; -754,4) wie 1124 zwei Polizisten werfen den Arbeiter zu Boden.
1132	N, leicht von oben (0,1; -754,5) wie 1117 der schlafende Polizist.
1133	HT (0,6; -755,1) wie 1112 der Arbeiter fällt auf den Boden, die Polizisten umringen ihn. Abblende (0,2).
1134	Titel (0,7; -755,8) DIE NÄCHSTE NACHT
1135	G, leicht von oben (0,2; -756,0) eine halbvolle Sektschale auf einem festlich gedeckten Tisch.
1136	HN (0,8; -756,8) Ein elegant gekleidetes Liliputanerpaar tanzt.
1137	N, leicht von oben (0,4; -757,2) die Beine des Liliputanerpaares: Sie tanzen auf dem Tisch.
1138	HN (0,7; -757,9) wie 1133 das tanzende Liliputanerpaar.
1139	G, leicht von oben (0,5; -758,4) eine Sektflasche wird geöffnet, es schäumt. Eine Sektschale wird gefüllt.
1140	N, leicht von oben (0,5; -758,9) wie 1137 die Füße des tanzenden Paares. Als Abschlußfigur des Tanzes beugt sich die Liliputanerfrau rücklings über das Knie des Mannes.
1141	G (0,3; -759,2) wie 1139 die Sektschale wird gefüllt.
1142	G, leicht von oben (0,6; -759,8) wie 1135 die nächste Sektschale wird spritzend eingeschenkt; dabei schäumt der Sekt und schwappt über.
1143	N (0,5; -760,3) Der Chef der Geheimpolizei macht ein ärgerliches Gesicht.
1144	G, leicht von oben (0,4; -760,7) wie 1135 auch das zweite Glas wird gefüllt.
1145	G (0,8; -761,5) Der Arbeiter aus 1105, der am Tisch vor dem tanzenden Liliputanerpaar sitzt, fährt sich verzweifelt durch die Haare.
1146	N (0,3; -761,8) wie 1143 der Chef der Geheimpolizei beobachtet den Arbeiter.

1147	G (1,4; -763,2) wie 1145 der Arbeiter wendet sich abrupt ab. Im Hintergrund werden die Beine des tanzenden Liliputanerpaares sichtbar.
1148	AM, leicht von oben (0,7; -763,9) vor dem Tisch mit den Tanzenden: der Arbeiter. Der Geheimpolizeichef geht auf ihn zu.
1149	HN, leicht von oben (0,5; -764,4) er setzt sich zu dem Arbeiter an den Tisch; der erhebt sich.
1150	Titel (1,4; -765,8) ANWÄRTER 102: VIER BIS SECHS JAHRE SCHWERE ZWANGSARBEIT ... ODER ...
1151	HN, leicht von oben (0,2; -766,0) beide stehen. Aus Bauchsicht sieht man, daß ein General etwas auf den Tisch legt.
1152	G, leicht von oben (0,3; -766,3) er legt einen Geldschein auf den Tisch.
1153	AM, leicht von oben (0,6; -766,9) wie 1148 der Arbeiter dreht sich verstohlen nach dem Geldschein um und greift danach. Der Chef der Geheimpolizei beobachtet ihn.
1154	G, leicht von oben (0,7; -767,6) wie 1152 die Hand des Arbeiters greift zögernd nach dem Geldschein und bleibt darauf liegen.
1155	AM (0,2; -767,8) Die Liliputaner auf dem Tisch machen eine Tanzfigur.
1156	G, leicht von oben (0,5; -768,3) wie 1152 die Hand des Arbeiters ergreift den Geldschein und wird weggezogen.
1157	AM, leicht von oben (2,5; -770,8) wie 1148 Arbeiter und Geheimdienstchef gehen um den Tisch, zögern einen Moment und gehen dann ab. Die Liliputaner beenden den Tanz, schauen den beiden nach. Die Frau greift freudig nach den Weintrauben auf dem Tisch.
1158	HN (1,4; -772,2) Die Liliputaner beginnen gierig, die auf dem Tisch liegenden Sachen zu verschlingen. Sie schauen sich dabei ängstlich um.
1159	Titel (0,4; -772,6) AM MORGEN
1160	AM, leicht von oben (2,2; -774,8) im Arbeitszimmer des Chefs der Geheimpolizei. Er und der Arbeiter kommen auf den Schreibtisch zu (anfänglich die Köpfe abgeschnitten). Der Chef zeigt

ihm Fotos, woraufhin sich der Arbeiter schnell abwendet.

1161 N (0,3; -775,1)   Der Chef der Geheimpolizei schaut ihn auffordernd an.

1162 N (0,4; -775,5)   Der Arbeiter wendet sich ihm zu, fragend und mißtrauisch.

1163 N (0,5; -776,0) wie 1161   der Chef der Geheimpolizei grinst ihn an.

1164 N (0,3; -776,3) wie 1162   der Arbeiter schaut ihn nochmal an und senkt den Kopf.

1165 AM, leicht von oben (0,2; -776,5) wie 1160   der Arbeiter wendet sich dem Schreibtisch mit den Fotos zu.

1166 HN, leicht von oben (1,4; -777,9)   »Eule« tätschelt einen Kollegen auf den Kopf und zeigt zum Schreibtisch. Sie schauen beide grinsend hin.

1167 Titel (0,6; -778,5)   »HABEN IHN GUT BEARBEITET«

1168 AM, leicht von oben (0,7; -779,2) wie 1160   Arbeiter und Geheimdienstchef beugen sich über die Steckbrieffotos auf dem Schreibtisch.

1169 GG, von oben (0,3; -779,5)   die Hand des Arbeiters hebt eine Fotografie von einem anderen Arbeiter auf.

1170 HN, leicht von oben (0,8; -780,3) wie 1166   »Eule« und sein Kollege lachen hämisch.

1171 GG, von oben (0,6; -780,9)   das Foto des Arbeiters, darunter ein zweites.

1172 Titel (0,8; -781,7)   DER ANFÜHRER UND . . . EIN GEFÄHRLICHER

1173 GG, von oben (1,1; -782,8)   die Köpfe des Fotos von 1168 fangen an lebendig zu werden, schauen herum, schieben sich ineinander und verschwinden dabei.

1174 N, leicht von oben (1,4; -784,2)   Vorhangaufblende. Derselbe Arbeiter bei einer Besprechung mit Kollegen. Er zieht ein Stück Papier hervor. Das Ganze findet auf dem Friedhof statt.

1175 HN, von oben (0,8; -785,0)   der Arbeiter legt das Papier auf eine Kiste. Im Anschnitt zwei Kollegen.

1176   Titel   (0,8; -785,8)   DIE RESOLUTION WIRD
DISKUTIERT

1177   AM, leicht von oben   (0,7; -786,5)   die drei
Kollegen sitzen zusammen.

1178   HT   (0,9; -787,4)   Ein anderer Kollege ist auf
dem Weg zur Gruppe. Er schaut sich um und geht
weiter.

1179   AM   (0,9; -788,3)   Begrüßen sich freudig. Fünf
Kollegen, darunter eine Frau.

1180   N   (0,5; -788,8)   Ein Arbeiter klopft einem
Kollegen auf die Schulter und beginnt zu den anderen zu reden:

1181   Titel   (1,0; -789,8)   »WER STIMMT FÜR DIE
FORTSETZUNG DES STREIKS?«

1182   N   (0,2; -790,0)   wie 1181   der Arbeiter
spricht zu den Kollegen.

1183   AM, leicht von unten   (0,7; -790,7)   der stehende Sprecher, der sitzende Arbeiter und die Arbeiterin heben die Hand.

1184   G   (0,1; -790,8)   Der Sprecher:

1185   Titel   (0,4; -791,2)   »DAGEGEN?«

1186   G   (0,2; -791,4)   Der Sprecher.

1187   AM, leicht von oben   (0,4; -791,8)   die beiden
anderen Arbeiter heben die Hand.

1188   Titel   (1,0; -792,8)   »DIE MINDERHEIT IST FÜR
DIE ARBEITSAUFNAHME«

1189   AM, leicht von oben   (0,4; -793,2)   wie
1187   die zwei Arbeiter beugen sich nieder und
gehen aus dem Bild.

1190   HT, leicht von oben   (0,8; -794,0)   die fünf Arbeiter setzen sich zusammen und beginnen zu diskutieren.

1191   N, leicht von oben   (0,7; -794,7)   wie 999   Zi-
garettenqualmend, über ein Papier gebeugt: der Polizeipräsident.

1192   HT, leicht von oben   (1,3; -796,0)   wie
1190   die Aktivgruppe diskutiert. Nach 0,7 wird
eine Hand überblendet, die nach ihnen greift.

1193   G, von oben   (0,7; -796,7)   Überblendung: Die
Hand landet auf dem Schreibtisch des Polizeipräsidenten und greift dort nach einem Federhalter.

1194   HN (0,7; -797,4)   Der Polizeipräsident an seinem Schreibtisch, schreibt etwas auf das Papier.

1195   GG, von oben (0,4; -797,8)   er schreibt auf das Papier: Unabhängig von den Untersuchungsergebnissen festzunehmen.

1196   T (1,0; -798,8)   Die fünf Kollegen von der Aktivgruppe trennen sich.

1197   HN (0,6; -799,4) wie 1194   der Polizeipräsident winkt einem Gehilfen.

1198   N, von oben (0,5; -799,9)   unter einem steinernen Sarg verschwinden die Beine eines Spitzels.

1199   AM (0,9; -800,8)   Der Spitzel »Eule« huscht über den Friedhof.

1200   HN (1,0; -801,8)   Hinter einem steinernen Sarg: ein anderer Spitzel; er trägt eine Melone auf dem Kopf, schaut herum und verschwindet wieder.

1201   G (0,2; -802,0)   Eine Eule sitzt im Friedhof auf einem Stein.

1202   Titel (1,3; -803,3)   5. TEIL PROVOKATION FÜR DIE ZERSCHLAGUNG

1203   HN (0,6; -803,9)   Quadratische Aufblende. Der Spitzel mit der Melone kommt mit einem Buch vor dem Gesicht auf die Kamera zu.

1204   G, von unten (0,4; -804,3)   ein Katzenkadaver baumelt mit dem Kopf nach unten an einem Gerüst.   Kurze Rechtecküberblendung auf den Spitzel, der sich dem Gerüst nähert.

1205   T, leicht von unten (0,8; -805,1)   der Spitzel am Gerüst, wo zwei tote Katzen baumeln. Nach der einen wirft er sein Buch und geht weiter.

1206   N (0,4; -805,5)   Der Spitzel frontal zur Kamera; zieht sein Monokel hervor und schaut angestrengt.

1207   HT (0,4; -805,9)   Gegenschuß. Zerfallene Steinruine mit Gerümpel.

1208   N (0,4; -805,3)   Der Spitzel mit seinem Monokel schaut genauer hin. Er geht aus dem Bild, im Hintergrund wird die Stadt sichtbar.

1209   Titel (0,9; -806,2)   DIE POLITISCHE POLIZEI IST NICHT WÄHLERISCH

1210   HT, leicht von oben (0,4; -806,6)   der Spitzel stolpert über einen Zwerg, der einen Korb in der Hand hält.

1211   Titel (0,7; -807,3)   »AUGENBLICKLICH WERD ICH BERICHT ERSTATTEN«

1212   HT, leicht von oben (0,5; -807,8)   der Spitzel folgt dem Zwerg durch eine Öffnung in der Ruine.

1213   HT, leicht von oben (0,7; -808,5)   durch eine Öffnung sieht man den Zwerg, wie er dem Spitzel zuwinkt ihm zu folgen.

1214   AM (1,2; -809,7)   Sie kommen bei einem Schrottauto an; der Zwerg klopft an das Blech.

1215   HT, stark von oben (0,9; -809,6)   in dem Auto, in einem Bett, liegt ein Mann; er erhebt sich verschlafen.

1216   N (0,3; -809,9)   Wütend richtet der Mann sich auf, und fährt die beiden an.

1217   GG (0,3; -809,2)   Der Mund des Spitzels formt ein Wort.   Waagrechte Wischblende von oben nach unten (0,1).

1218   GG (0,2; -809,4)   Die gerümpfte Nase und die Augen des Mannes aus dem Auto.

1219   Titel (0,4; -809,8)   DER KÖNIG

1220   N (0,7; -810,5) wie 1216   der König [des Lumpenproletariats] rülpst, schlägt erfreut die Hände über dem Kopf zusammen und verschwindet nach unten in sein Auto.

1221   G (0,4; -810,9)   Der Spitzel lacht und versteckt sein Gesicht hinter der Melone.

1222   AM (1,2; -812,1)   Der König wäscht seinen Hut in einer Wassertonne, neben ihm steht der Zwerg und hilft ihm.

1223   HN, leicht von oben (1,4; -813,5)   der König langt nach unten, holt eine Flasche hervor und setzt zum Trinken an. Neben dem Auto steht der Zwerg, der ihm einen Spiegel hinhält. Der König setzt dem Zwerg seinen Hut auf.

1224   G (0,3; -813,8)   Der König gurgelt und spuckt Wasser aus seinem Mund.

1225   HN, leicht von oben (0,4; -814,2) wie

1223   der König reibt sich die Hände, und schüttelt das Wasser davon ab.

1226   N   (0,4; -814,6)   Von hinten über des Königs Schulter auf den Zwerg, der ihm den Spiegel hält.

1227   G   (0,2; -814,8)   wie 1224   der König spuckt noch einmal Wasser,

1228   N   (0,3; -815,1)   er spuckt das Wasser auf den Zwerg; der hält sich den kaputten Spiegel vors Gesicht.

1229   G, leicht von oben   (2,0; -817,1)   Der Spiegel, auf den das Wasser platscht; daneben das Gesicht des Zwerges. Das Wasser rinnt den Spiegel hinunter; dahinter wird das Gesicht des Königs sichtbar. Er bindet sich ein Halstuch um und grinst.

1230   G   (0,5; -817,6)   wie 1221   der Spitzel lacht und versteckt sein Gesicht hinter der Melone.

1231   N, stark von oben   (2,3; -819,0)   der Zwerg stellt die Schuhe auf den Boden. Der König steigt auf das Trittbrett und schlüpft mit bloßen Füßen in die Schuhe hinein.

1232   AM, leicht von oben   (1,7; -821,6)   der Spitzel und der König begrüßen sich überschwenglich, und steigen in das Auto.

1233   HN   (0,7; -822,3)   Sie klettern in das Auto. Der König bietet mit einer übertriebenen Geste dem Spitzel sein Kissen zum Sitzen an.

1234   G   (0,6; -822,9)   Der Spitzel mauschelt mit dem König.

1235   Titel   (0,6; -823,5)   FINSTERES GESCHÄFT

1236   HN, leicht von oben   (0,3; -823,8)   wie 1233   sie verhandeln.

1237   G   (0,4; -824,2)   Der König reibt die Finger, er will Geld sehen.

1238   HN, leicht von oben   (0,8; -825,0)   der Spitzel holt einen Geldbeutel aus der Mantelinnentasche, schiebt den Zwerg, der ihm über die Schulter schauen will, beiseite, und öffnet ihn umständlich.

1239   G   (0,2; -825,2)   Der König grinst.

1240   HN, leicht von oben   (0,4; -825,6)   der Spitzel kramt umständlich aus seinem Geldbeutel eine Münze hervor.

1241   G (0,4; -826,0)   Der König nimmt die Münze
entgegen; hält sie zwischen Daumen und Zeigefinger
und betrachtet sie.

1242   N, stark von oben (0,9; -826,9)   von hinten
über die beiden auf das Lenkrad, daneben ein Behälter. Der Spitzel gibt dem König drei Geldstücke, der
sie in den Behälter neben dem Lenkrad legt.

1243   HN, leicht von oben (0,8;   -827,2) wie
1236   der König lacht, greift ans Lenkrad als ob
er fährt; die beiden andern lachen mit.

1244   AM, leicht von oben (0,3; -828,0)   sie verlassen das Auto.

1245   HT (1,1; -829,1)   Sie klettern beschwingt eine
baufällige Holztreppe hinauf.

1246   HN, leicht von unten (0,5; -829,6)   Der König
und der Spitzel schauen aus dem Fenster eines Holz-
hauses.

1247   N (0,5; -830,1)   Der König zeigt stolz auf
mehrere Reihen in den Boden eingelassener Fässer:

1248   Titel (1,0;   -831,1)   »Meine Besitzungen
haben keine Grenzen«

1249   HT, leicht von oben (0,3; -831,4)   Auf drei
Reihen der Fässer.

1250   G (0,1; -831,5)   Der Spitzel schüttelt den
Kopf.

1251   Titel (0,8; -832,3)   Der Fässerfriedhof

1252   HN, leicht von unten (0,7;   -833,0) wie
1246   der König schiebt den Spitzel beiseite,
steckt die Finger in den Mund und pfeift.

1253   T, von oben (0,7; -833,7)   aus den Fässern
tauchen zerlumpte Gestalten auf.

1254   HN, leicht von oben (0,5; -834,2)   ein Mann
hilft einer Frau beim Heraussteigen aus der
Tonne.

1255   T, von oben (0,6; -834,8) wie 1253   sie lassen sich neben den Tonnen nieder.

1256   HN, leicht von oben (0,4; -835,2)   das Paar aus
1254 setzt sich hin.

1257   T, von oben (1,4; -836,6)   links und rechts neben der Kamera sind der König und der Spitzel ange-

schnitten. Der König redet zu den Leuten; sie strekken die Arme in die Höhe.

1258   HN   (0,6; -837,2)   Aus einer Tonne taucht noch ein Mann mit nacktem Oberkörper auf.

1259   Titel   (0,3; -837,5)   EIN GAUNER

1260   N, leicht von oben   (0,3; -837,8)   zwei Alte, die am Faßrand miteinander reden.

1261   N, leicht von oben   (1,2; -839,0)   eine Frau in einem abgerissenen Abendkleid, die sich die Haare kämmt. Sie findet dabei eine Laus im Kamm, nimmt sie und wirft sie weg.

1262   HN, von unten   (0,4; -839,4)   der König am Fenster redet zu seinen Leuten.

1263   Titel   (1,0;   -840,4)   »ICH BRAUCHE FÜNF GEWISSENLOSE«

1264   HN, leicht von unten   (0,1; -840,5)   wie 1262   der König redet zu seinen Leuten.

1265   T, von oben   (0,4; -840,9)   die Leute schreien heftig gestikulierend.

1266   Titel   (0,6;   -841,5)   »WIR ALLE SIND GEWISSENLOS«

1267   T, von oben   (0,3; -841,8)   wie 1265   die Leute neben den Fässern.

1268   HN, leicht von unten   (0,2; -842,0)   wie 1262   der König macht ihnen ein Zeichen zu verschwinden.

1269   AM   (0,4: -824,4)   eine Frau stürzt vom Faßrand kopfüber in das Faß.

1270   HT, leicht von oben   (0,6; -843,0)   die Leute verschwinden in ihren Fässern.

1271   HN, leicht von oben   (0,2; -843,2)   einer verschwindet in seinem Erdloch.

1272   HT   (0,2; -843,2)   ein anderer verschwindet zwischen zwei Brettern nach unten.

1273   T, leicht von oben   (0,4; -843,8)   Reihen von in den Boden eingelassenen Fässern; die Leute sind »wie vom Erdboden verschluckt«.

1274   HN, leicht von oben   (0,6; -844,4)   der Zwerg läuft zwischen zwei Fässern hindurch.

1275   T, leicht von oben   (0,4;   -844,8)   wie 1273   Reihen von Fässern.

1276   AM, leicht von oben   (1,4; -847,2)   Einer dieser Lumpenproletarier wird in einem Faß von einem
Vorbeikommenden stürmisch begrüßt.

1277   HT   (0,6; -846,8)   Einige Lumpenproletarier
kommen auf die Kamera zugelaufen.

1278   AM   (1,6; -848,4)   Sie stellen sich dem Spitzel
vor.

1279   HT, leicht von oben   (0,8; -849,2)   diejenigen,
die ausgewählt wurden, gehen mit dem König und
dem Spitzel hüpfend zwischen den Fässern davon.

1280   HN, leicht von oben   (0,4; -849,6)   unter einem
Sack taucht ein älterer Mann auf; er ruft ihnen nach.

1281   HT,   leicht   von   oben   (0,5;   -850,1)   wie
1279   der König dreht sich um.

1282   HN,   leicht   von   oben   (0,4;   -850,5)   wie
1280   der alte Mann kriecht aus seinem Faß.

1283   HT   (0,5; -851,0)   Er geht auf den König zu,
er will mitgenommen werden.

1284   N, leicht von unten   (0,2; -851,2)   der König
weist ihn ab.

1285   HT   (0,3; -851,5)   wie 1283   der König stößt
ihn in ein Faß.

1286   AM, stark von oben   (0,4; -851,9)   der Alte
fällt mit einem Plumps in ein Wasserfaß.

1287   N,   leicht   von   unten   (0,2;   -852,1)   wie
1284   der König erhobenen Hauptes.

1288   HN, stark von oben   (0,3; -852,4)   der alte
Mann taucht aus dem Wasser auf und schimpft nach
oben.

1289   N, von unten   (0,3; -852,7)   Schwenk am Ton-
nenrand entlang. Die anderen schauen lachend nach
unten.

1290   AM, stark von oben   (0,2; -852,9)   der alte
Mann im Wasser.

1291   HT   (0,3; -853,2)   wie 1283   der König oben,
die anderen schauen belustigt ins Faß hinein.

1292   HN, von oben   (0,2; -853,4)   der alte Mann
droht mit den Fäusten.

1293   HT   (1,0; -854,4)   Die anderen machen sich
belustigt auf den Weg, der Alte schimpft ihnen nach.

1294   HT   (1,2; -855,6)   Vor dem Gerüst mit den

Katzenkadavern steigen aus einem Erdloch: zuerst der König . . .

1295   HN, stark von oben   (1,1; -856,7)   dem Spitzel wird aus dem Erdloch herausgeholfen; es folgt die Frau mit dem vergammelten Abendkleid.

1296   HT   (0,4; -857,1)   wie 1294   fast alle sind schon herausgestiegen; dem letzten wird ein Zeichen gemacht, daß er sich beeilen soll.

1297   Titel   (0,3; -857,4)   »AN DIE ARBEIT«

1298   HT   (2,1; -859,5)   Im Gegenlicht. Sie steigen eine Treppe herunter und verschwinden nach hinten in Richtung Stadt.

1299   AM, stark von oben   (1,0; -860,5)   einer der Lumpenproletarier in seinem Faß; er schaukelt sein Kind.

1300   Titel   (1,3; -861,8)   MEERKATZEN EN GROS – EULEN UND BULLDOGGEN STÜCKWEISE

1301   AM, leicht von oben   (0,6; -862,4)   auf dem Markt. Ein Arbeiter kauft einen Fisch. Er wickelt ihn in Zeitungspapier.

1302   HN   (0,7; -863,1)   Auf dem Markt. Von hinten kommt ein Spitzel; er bleibt vor der Kamera stehen und schaut.

1303   AM   (1,3; -864,4)   Der Arbeiter mit seinem Fisch bleibt vor einem Marktstand stehen; ein anderer kommt von hinten angelaufen, sagt ihm etwas wichtiges; sie schauen sich um. Der Arbeiter steckt den Fisch hastig unter die Jacke. Sie fangen an fortzulaufen.

1304   HT, leicht von oben   (1,5; -865,9)   sie rennen von der Kamera weg, ein kleines Gäßchen hinunter. Der Spitzel bleibt hinter einer Hausecke stehen, schaut ihnen hinterher und folgt ihnen.

1305   HT, leicht von oben   (0,9; -866,8)   Sie rennen über einen Hof, schauen sich um und verschwinden nach links.

1306   HT, leicht von unten   (1,1; -867,9)   Sie rennen eine Treppe hinauf; der eine gibt dem anderen ein Zeichen; ihre Wege trennen sich.

1307   HT   (0,3; -868,2)   Der eine Arbeiter springt über ein Gitter nach unten.

1308   HT, leicht von unten (0,5; -868,7) wie 1305 der Arbeiter schaut hinter einer Säule hervor, verschwindet wieder.

1309   HT (1,5; -870,2) In einem Arkadengang zwischen den Säulen schleicht der Spitzel auf die Kamera zu.

1310   AM (0,6; -870,8) Treppen. Der Spitzel verschwindet hinter einem Mauervorsprung.

1311   HT, von oben (0,3; -871,1) der Spitzel zieht sich den Mauervorsprung hoch und hält nach den beiden Ausschau.

1312   AM (0,3; -871,4) Die Treppe. Der Spitzel eilt sie hinauf; sein Kopf ist nicht zu sehen.

1313   HT, von oben (0,4; -871,8) wie 1311 der Spitzel kommt die Treppe neben dem Mauervorsprung herauf und verschwindet.

1314   AM (0,5; -872,3) wie 1312 der Arbeiter kommt hinter einem Mauervorsprung hervor, schaut dem Spitzel nach und versteckt sich wieder.

1315   HT, leicht von oben (2,1; -874,4) an derselben Treppe. Der Arbeiter erscheint unten am Treppenabsatz; er ruft nach seinem Kollegen. Der kommt angerannt. Beide laufen ein Stück die Treppe hinauf und halten nach dem Spitzel Ausschau. Sie laufen davon.

1316   HT (1,0; -875,4) Der Spitzel kommt eine andere Treppe heruntergelaufen, schaut sich um; kann die Arbeiter nicht sehen, ärgert sich.

1317   T (1,2; -876,6) Die beiden Arbeiter laufen schnell einen Arkadengang hinunter. Neben der Kamera kommt der Spitzel ins Bild – Rücken zur Kamera – schaut ihnen nach.

1318   N (1,0; -877,6) Der Spitzel steht mit dem Rücken zur Kamera, er schaut den beiden Arbeitern nach, dreht sich zur Kamera, beißt zornig an seiner Unterlippe und kommt einen Schritt auf die Kamera zu (G).

1319   T, schräg von oben (1,1; -878,7) die beiden Arbeiter laufen eine Treppe hinunter, die vom Gang zu einer belebten Straße führt.

1320   HT (1,2; -879,9) Unten am Treppenende sitzt

hinter der Zeitung neben einem Pfosten im Vordergrund der Spitzel. Die beiden Arbeiter kommen heruntergelaufen, schauen sich um, sehen ihn nicht und gehen weiter.

1321   T, schräg von oben (0,7; -880,6) wie 1319 die beiden Arbeiter überqueren die belebte Straße.

1322   HT (0,8; -881,4) wie 1320 der Spitzel faltet die Zeitung zusammen, geht ihnen nach, scharf an der Kamera vorbei.

1323   Titel (0,5; -881,9) ZUR WEITERGABE

1324   HN, leicht von oben (1,1; -882,0) An einem Holztor spricht der Spitzel mit einem andern; der öffnet das Tor, und übernimmt die Verfolgung.

1325   T (2,0; -884,0) Auf der Straße. Zwei Straßenbahnen fahren aneinander vorbei, die eine nach hinten, die andere auf die Kamera zu. Die beiden Arbeiter kommen dahergelaufen und springen je auf eine verschiedene Bahn auf. Am Schluß kommt der Spitzel ins Bild, schaut beiden Trambahnen hinterher, weiß nicht welcher er folgen soll; läuft einige Schritte auf die Kamera zu.

1326   Titel (0,5; -884,5) KRIEGSRAT

1327   HN, leicht von unten (0,6; -885,1) die ersten der Lumpen, darunter der Zwerg, klettern einen Hügel hoch auf ein Haus zu.

1328   G (0,3; -885,4) Ein Schild auf dem steht: STAATLICHER WEINLADEN NR. 135.

1329   HN, leicht von unten (1,3; -886,7) wie 1327 die Lumpenproletarier und einer der Spitzel treffen sich auf dem Hügel. Der Spitzel erklärt ihnen etwas.

1330   HT, leicht von oben (0,5; -887,2) Ein Demonstrationszug von Arbeitern und Arbeiterinnen biegt um ein Eck; führt scharf an der Kamera vorbei.

1331   HN, leicht von unten (0,4; -887,6) Die Lumpen laufen auf das Haus zu.

1332   HT, leicht von oben (0,7; -888,3) In einem Lagerraum, leere Kisten. Überblendung (0,4).

1333   HN (1,0; -889,3) Der Zwerg und der König

brechen das Fenster zum Lagerraum auf. Der Zwerg
steigt zuerst ein.

1334 Titel (0,4; -889,4) VOM TREFFEN

1335 HT, leicht von oben (0,4; -890,1) wie
1330 die Arbeitermassen ziehen an der Kamera
vorbei.

1336 Titel (0,4; -890,5) BEI DER ARBEIT

1337 HN, leicht von oben (1,0; -891,5) der Zwerg
im Lagerraum riecht an verschiedenen Korbflaschen.
Er findet etwas.

1338 N (0,6; -892,1) Der König schaut von außen
zum Fenster herein, nimmt seine Mütze ab, und zieht
Streichhölzer daraus hervor. Er wirft die Streichhölzer dem Zwerg zu.

1339 HN, leicht von oben (0,5; -892,6) wie
1337 der Zwerg entzündet ein Streichholz.

1340 G, leicht von oben (0,2; -892,8) er hält das
brennende Streichholz an herumliegendes Stroh.

1341 T (0,2; -893,0) Der Demonstrationszug
kommt an einem Haus vorbei. Im Vordergrund der
Spitzel.

1342 N, leicht von oben (0,6; -893,6) der Zwerg im
Lagerraum macht, daß er davonkommt. Er läuft auf
die Kamera zu.

1343 T (0,5; -894,1) wie 1341 der Demonstrationszug; im Vordergrund lehnt der Spitzel an einem
Baum.

1344 G, leicht von oben (0,1; -894,2) Stroh fängt
zu brennen an.

1345 AM (0,1; -894,3) Eine Ecke im Lagerraum,
Schnapsflaschen.

1346 T (0,4; -894,7) Ein breiter Zug von Arbeitern
kommt locker über eine Wiese.

1347 HN, leicht von oben (0,2; -894,9) der Zwerg
sitzt im Stroh und klatscht vor Freude in die Hände.

1348 N (0,1; -895,0) Auf einem Regal, eine Batte-
rie Schnapsflaschen.

1349 G (0,1; -895,1) Eine helle Explosionswolke.

1350 N (0,1; -895,2) wie 1348 die Schnapsflaschen kippen vom Regal.

1351 HN (0,3; -895,5) Außen vor dem Weinladen.

Die Eingangsfront wird von der Explosion herausge-
drückt.

1352   HN (0,3; -895,8) wie 1351   Rauch, der Tür-
rahmen fällt nach vorn.

1353   T (0,4; -896,2) wie 1346   Der breite Zug
von Arbeitern hält an; sie schauen sich um.

1354   T, von oben (0,4; -896,6)   die Arbeiter kommen auf das Haus zugelaufen; vor ihnen stürzt ein
Baum um.

1355   G, von oben (0,2; -896,8)   zwei Schnapsflaschen fallen um; der Schnaps läuft auf den Boden.

1356   HT, leicht von unten (0,6; -897,4)   aus dem
Fenster des rauchenden und brennenden Hauses
wirft eine Frau ein Polster heraus.

1357   (0,2; -897,6)   Rauchschwaden bildfüllend.

1358   G, von oben (0,2; -897,8)   umgefallene
Schnapsflaschen, der ausgelaufene Schnaps brennt.

1359   G (0,3; -898,1)   eine Explosionswolke.

1360   HT, leicht von unten (0,4; -898,5) wie
1356   die Frau wirft noch mehr Sachen aus dem
Fenster.

1361   G, von oben (0,4; -898,9)   umgefallene, ausgelaufene Schnapsflaschen. Der Boden und das
Stroh um sie herum brennen lichterloh.

1362   HT, leicht von oben (0,4; -899,3)   Männer und
Frauen laufen aufgeregt hin und her, um die Möbelstücke nach draußen zu schaffen.

1363   G, leicht von oben (0,2; -899,5)   eine umgefallene Korbflasche, daneben Feuer.

1364   N, von oben (0,3; -899,7)   eine Kiste mit Flaschen; daneben brennendes Stroh.

1365   Titel (0,5; -900,3)   Sɪᴇ ᴍɪsᴄʜᴇɴ sɪᴄʜ ᴜɴᴛᴇʀ ᴅɪᴇ
Aʀʙᴇɪᴛᴇʀ

1366   AM, leicht von oben (0,9; -901,2)   die Arbeiter, mit dem Rücken zur Kamera, schauen auf das
brennende Haus. Im Vordergrund erscheint die Frau
mit dem vergammelten Abendkleid und einem
Kopftuch; sie schleust die Lumpenproletarier unter
die Arbeiter.

1367   (0,3; -901,5)   Rauch [bildfüllend].

1368   AM, leicht von oben (0,4; -901,9) wie

1366   die Lumpenproletarier mischen sich unter die Arbeiter.

1369   G, leicht von oben   (0,1; -902,0)   eine brennende Korbflasche.

1370   AM   (0,6; -902,6)   Am unteren Bildrand die Köpfe der Arbeiter, dem Haus zugewendet.

1371   AM, von oben   (0,2; -902,8)   die Arbeiter und Arbeiterinnen, einige drohen.

1372   AM   (0,8; -903,6)   wie 1370   auf den zwischen Arbeiterköpfen herausragenden Baumstamm klettert die als Arbeiterin verkleidete Frau [mit dem vergammelten Abendkleid].

1373   Titel   (0,3; -903,9)   VERNICHTEN . . .

1374   N   (0,4; -904,3)   wie 1370   sie läßt sich vom Baum herab.

1375   T, stark von oben   (1,4; -905,7)   durch ein Fenster auf die Arbeiter vor dem Haus. Ein Arbeiter schwingt sich herauf und klettert durch das Fenster.

1376   HT   (0,3; -906,0)   Im Innern des brennenden Hauses eilen der König, der Zwerg und ein Komplize umher – Kopf abgeschnitten.

1377   T, stark von oben   (0,4;   -906,4)   wie 1375   der Arbeiter klettert in das Haus.

1378   G, leicht von oben   (0,1; -906,5)   eine brennende Korbflasche fällt um.

1379   Titel   (0,9; -907,4)   DIE JUNGS DES KÖNIGS SIND IN AKTION

1380   HN, leicht von oben   (0,7; -908,1)   die Lumpenproletarier heben ein schönes, brennendes Sofa hoch.

1381   HN, leicht von oben   (0,2; -908,3)   in der Menge. Einige aufgeregte Arbeiter.

1382   HN, leicht von oben   (0,6;   -908,9)   wie 1380   die Lumpenproletarier schmeißen das brennende Sofa aus dem Fenster.

1383   HT   (0,1; -909,0)   Außen. Das Sofa fliegt aus dem Fenster.

1384   HN, leicht von oben   (1,0;   -910,0)   wie 1381   aufgeregte Arbeiter, Rauch wird überblendet, bis das Bild damit gefüllt ist.

1385   AM, von oben   (0,8; -910,8)   wie 1371   der

Rauch wird wieder ausgeblendet. Die Arbeiter, teils drohend.

1386   HT, leicht von unten   (0,2; -911,0)   aus dem Fenster des Hauses wird ein Wäschestück geworfen.

1387   HT   (0,1; -911,1)   Gemäuer und Rauch.

1388   GG   (0,1; -911,2)   Ein Feuermelder.

1389   AM   (0,8; -912,0)   Zur Bewachung am Feuermelder drei Polizisten, sie machen Witze.

1390   HT   (1,2; -913,2)   wie 1376   Der König und seine Komplizen zerren einen Schrank durchs Bild. Das Bild füllt sich mit Rauch.

1391   HT, leicht von unten   (0,2; -913,4)   zwei Fenster des Hauses. Papiere flattern herunter.

1392   HT   (0,2; -913,6)   Unten vor dem Haus. Verschiedene brennende Möbelstücke liegen davor; ein Schrank fällt herunter.

1393   HN   (0,4; -914,0)   Ein Polizist schielt um eine Häuserecke.

1394   AM   (0,5; -914,5)   Im Hintergrund die Menge vor dem Haus. In den Vordergrund, mit dem Rücken zur Kamera, kommen zwei Arbeiter aus der Aktivgruppe. Sie winken eine Arbeiterin zu sich ran.

1395   HT   (0,5; -915,0)   Der Schrank fliegt aus dem Fenster des brennenden Hauses.

1396   AM, leicht von oben   (0,3; -915,3)   wie 1371   aufgeregte Arbeiter.

1397   AM   (0,4; -915,7)   wie 1394   eine Arbeiterin läuft zu den beiden, der eine schickt den andern zu den Arbeitern vor dem Haus.

1398   Titel   (1,0; -916,7)   »Eine Provokation, hol die Feuerwehr«

1399   AM   (0,3; -917,0)   wie 1394   die beiden Arbeiter laufen nach hinten zur Masse vor dem Haus; die Arbeiterin läuft links aus dem Bild.

1400   AM   (0,7; -917,7)   Die drei Polizisten vor dem Feuermelder werden von ihrem Vorgesetzten abgekanzelt.

1401   GG   (0,1; -917,8)   Der Feuermelder schräg von der Seite.

1402   AM   (0,3; -918,1)   wie 1400   der Vorgesetzte schreit die Polizisten an.

1403   Titel (1,7; -919,8)   »Unsinn quatscht ihr, bewacht den Feuermelder, sonst platzt die Sache«

1404   HT (1,0; -920,8)   Die Polizisten vor dem Feuermelder; von hinten kommt die Arbeiterin angelaufen. Sie packt die Polizisten und rennt zum Feuermelder.

1405   GG (0,1; -920,9) wie 1401   schräg von der Seite der Feuermelder. Die Hand der Frau versucht ihn einzuschlagen.

1406   HN (0,1; -921,0)   Die Polizisten gehen auf die Frau los.

1407   GG (0,05; -921,05) wie 1388   ihre blutige Hand am Feuermelder.

1408   HN (0,05; -921,1) wie 1406   die Polizisten greifen nach ihr.

1409   GG (0,1; -921,2) wie 1388   die blutige Hand der Frau wird von einer behandschuhten Polizistenhand weggezogen.

1410   AM (0,6; -921,8)   die Frau stößt die Polizisten von sich und entwischt ihnen.

1411   N, leicht von unten (0,1; -921,9)   zwei Polizisten drohen ihr mit den Fäusten.

1412   AM (0,05; -921,95) wie 1410   die Polizisten, mit dem Rücken zur Kamera, drohen hinter der Frau her.

1413   HT, leicht von unten (1,15; -923,1)   aus einem brennenden Haus über die Holzhintertreppe, tragen zwei Frauen eine große Kisten hinunter.

1414   G (0,2; -923,3)   Die Arbeiterin vom Feuermelder schreit die Polizisten an.

1415   N, leicht von unten (0,1; -923,4) wie 1411   der vorgesetzte Polizist geht wütend mit Fäusten auf sie los.

1416   N, leicht von oben (0,4; -923,8)   auf die Arbeiterin, die mit dem Rücken zur Kamera steht, geht der wütende Polizist los. Doch sie schlägt ihn mit der Hand ins Gesicht, sodaß er nach hinten umkippt.

1417   N (0,1; -923,9)   er fällt mit offenem Mund nach hinten; zwei Kollegen können ihn gerade noch auffangen.

1418 HN (0,3; -924,2) wie 1416 da die Polizisten alle Hände voll zu tun haben, wischt sie an ihnen vorbei.

1419 HN (0,3; -924,5) Sie erreicht den Feuermelder (im Hintergrund die Polizisten) und drückt kräftig auf den Knopf.

1420 G, leicht von oben (0,2; -924,7) der Polizist ist k.o.

1421 GG (0,4; -925,1) die blutigen Hände der Arbeiterin drücken fest auf den Knopf des Feuermelders.

1422 N (0,7; -925,8) wie 1419 die Arbeiterin rennt an der Kamera vorbei davon. Der niedergeschlagene Polizist rappelt sich auf, und verfolgt sie mit den übrigen Polizisten.

1423 T, von oben (0,5; -926,3) zwei Feuerwehrwagen, mit Pferden bespannt, fahren gerade unter der Kamera weg.

1424 AM, leicht von oben (0,6; -926,9) Rückfahrt vor den galoppierenden Pferden eines Feuerwehrwagens. Die Köpfe der Pferde sind meist abgeschnitten.

1425 Titel (0,7; -927,6) »GENOSSEN, MIR NACH«

1426 T (0,9; -928,5) Einer aus der Aktivgruppe winkt den Kollegen, ihm zu folgen; er stellt sich auf einen Steinhaufen; die anderen folgen ihm, mit dem Rücken zur Kamera.

1427 AM (0,9; -929,4) Der aus dem Aktiv und ein Kollege stehen mit dem Rücken zur Kamera auf dem Steinhaufen und reden zu den Kollegen.

1428 N (0,5; -929,9) Der Streikführer halb mit dem Rücken zur Kamera:

1429 Titel (1,8; -931,7) »DIE WOLLEN UNS BESOFFEN FASSEN, LIEFERT EUCH DER PROVOKATION NICHT AUS«

1430 N (0,3; -932,0) wie 1428 er redet weiter.

1431 T (0,4; -932,4) wie 1426 immer mehr Arbeiter und Arbeiterinnen umringen die beiden.

1432 AM (0,7; -933,1) Auf den übereinandergefallenen Möbeln vor dem brennenden Haus: die Lumpenproletarier; sie saufen.

160

1433   AM, leicht von oben   (1,0; -934,1)   Die als Arbeiterin verkleidete Frau nimmt eine Flasche, schaut hinein und fängt daraus zu trinken an.

1434   N (0,3; -934,4)   Einer der Lumpenproletarier mit einer Flasche in der Hand und einer anderen am Mund.

1435   AM, leicht von oben (0,5; -934,9) wie 1433   die Besoffene kippt nach hinten um.

1436   N (0,4; -935,3)   ein Arbeiter redet zu seinen Kollegen:

1437   Titel (2,4; -937,7)   »HIER ARBEITEN DIE PROVOKATEURE HAND IN HAND MIT DER POLIZEI, VERTEILT EUCH AUF DIE HÄUSER, GENOSSEN, GEHN WIR!«

1438   N (0,3; -938,0) wie 1436   der Arbeiter zu seinen Kollegen, er macht ihnen ein Zeichen mitzukommen.

1439   AM (0,6; -938,6) wie 1427   die beiden Redner und die anderen Arbeiter machen sich davon.

1440   AM (0,4; -939,0) wie 1432   drei der Lumpenproletarier liegen besoffen auf einem Haufen von Möbelstücken.

1441   T, leicht von oben (0,7; -939,7)   von hinten auf die Arbeiter, sie stehen vor dem brennenden Haus.

1442   N (0,1; -939,8) wie 1434   Der Besoffene.

1443   HT (0,3; -940,1)   über die Köpfe der Arbeiter hinweg auf das brennende Haus.

1444   HT, leicht von unten (0,3; -940,4)   vom brennenden Außengeländer springt jemand herunter.

1445   N, von oben (0,1; -940,5)   der Oberkörper knallt auf den Boden.

1446   (0,1; -940,6)   kurzer Reißschwenk.

1447   HT, leicht von unten (0,2; -940,8) wie 1444   das Außengeländer bricht zusammen.

1448   AM, leicht von oben (0,5; -941,3)   die verkleidete Arbeiterin liegt besoffen auf dem Boden. Ein Holz fällt auf sie nieder. Sie schreit.

1449   HN (0,5; -941,8)   Aus dem Fenster schlagen Flammen.

1450   T (0,8; -942,6)   Die Arbeiter ziehen vom Haus weg.

1451   HT, leicht von unten   (0,5; -943,1)   durch ein
        Fenster des brennenden Hauses springt einer der
        Lumpenproletarier.

1452   N   (0,2; -943,3)   Der Polizeivorgesetzte winkt
        jemand ran.

1453   T   (0,9; -944,2)   wie 1450   die Arbeiter zie-
        hen ab; im Vordergrund kommen in paar Polizisten
        angeritten und bleiben stehen:

1454   Titel   (0,4; -944,6)   »GEPLATZT . . .«

1455   HT, leicht von oben   (0,8; -945,4)   der Zug der
        Arbeiter und Arbeiterinnen biegt um die Ecke.

1456   HT   (1,0; -946,4)   Ein Feuerwehrwagen biegt
        um die Ecke, an der Kamera vorbei. Es wird kurz
        mitgeschwenkt.

1457   T   (0,7; -947,1)   wie 1450   das Ende des Ar-
        beiterzuges. Die Polizisten auf ihren Pferden stehen
        im Vordergrund.

1458   HT   (0,9; -948,0)   Die Feuerwehrmänner stei-
        gen vom Wagen. Der Spitzel, der beim ›König‹ war,
        kommt aufgeregt angelaufen.

1459   HN   (0,3; -948,3)   Die Feuerwehrmänner wol-
        len einen Schlauch herunternehmen. Der Spitzel
        zeigt aufgeregt in Richtung der Arbeiter:

1460   Titel   (0,3; -948,6)   »MIR NACH«

1461   HN   (0,4; -949,0)   Er drängt die beiden Feuer-
        wehrleute zum Aufsteigen.

1462   HT   (0,8; -949,8)   Der Feuerwehrwagen fährt
        einen Bogen zurück an der Kamera vorbei.

1463   HN   (0,6; -950,4)   wie 1449   aus einem Fen-
        ster schlagen Flammen.

1464   AM, leicht von oben   (0,4; -950,8)   auf einem
        Bett im Freien sitzt weinend eine Frau; zwei Kinder
        verbergen die Köpfe in ihrem Schoß.

1465   HT, leicht von oben   (0,4; -951,2)   brennende
        Möbel.

1466   HT   (0,8; -952,0)   Die Arbeiter ziehen ab, mit
        dem Rücken zur Kamera.

1467   G   (0,2; -952,2)   Der Spitzel reißt seinen Mund
        auf und steckt seine Finger hinein.

1468   HT, leicht von oben (0,3; -952,5) wie
        1455   der Zug der Arbeiter

1469	G (0,2; -952,7) wie 1467 der Spitzel pfeift auf seinen Fingern zweimal kräftig.
1470	N, leicht von oben (0,3; -953,0) Ein Feuerwehrmann nimmt die Trompete an den Mund und bläst.
1471	AM, leicht von oben (0,3; -953,3) Arbeiter ziehen an der Kamera vorbei; man sieht nur ihre Beine.
1472	G, von oben (0,2; -953,5) das Wasser für die Feuerwehrschläuche wird aufgedreht.
1473	N, von oben (0,7; -954,2) der Feuerwehrschlauch auf dem Boden füllt sich.
1474	AM, leicht von oben (0,1; -954,3) wie 1471 die gehenden Beine der Arbeiter.
1475	G, von oben (0,2; -954,5) zwei Feuerwehrspritzen.
1476	HT (0,3; -954,8) Der Zug der Arbeiter, einige zeigen aufgeregt auf die Feuerwehrleute.
1477	G, von oben (0,2; -955,0) wie 1475 aus den beiden Spritzen kommt das Wasser.
1478	HT, leicht von oben (0,6; -955,6) die Beine der Arbeiter. Das Wasser erreicht sie.
1479	HT, leicht von oben (0,4; -956,0) im Vordergrund das Straßenpflaster, im Hintergrund die Arbeiter. Sie werden naßgespritzt.
1480	G, von oben (0,3; -956,3) wie 1475 die Spritzen mit Wasserstrahl.
1481	AM, leicht von oben (0,4; -956,7) die Arbeiter werden bespritzt
1482	N, leicht von oben (0,2; -956,9) eine Arbeiterin wird naßgespritzt:
1483	Titel (0,4; -957,3) »WITZBOLDE«
1484	AM, leicht von oben (0,2; -957,5) wie 1481 die Arbeiter und Arbeiterinnen werden naßgespritzt.
1485	G, von oben (0,1; -957,6) zwei Wasserstrahlen, im Anschnitt ein Helm.
1486	N, leicht von oben (0,3; -957,9) wie 1482 ein kräftiger Wasserstrahl trifft die Frau.
1487	HT, leicht von oben (0,3; -958,2) die Beine

der Arbeiter. Sie weichen vor dem Wasserstrahl etwas zurück.

1488 HT, leicht von oben (0,7; -958,9) die Arbeiter laufen nach hinten, um den Wasserstrahlen zu entkommen.

1489 T (0,9; -959,8) Die Arbeiter und Arbeiterinnen kommen um die Straßenecke auf die Kamera zugelaufen, um den Wasserstrahlen zu entfliehen.

1490 HT (0,4; -960,2) Mehrere Arbeiter heben eine auf den Boden gestürzte Frau auf, schleppen sie mit sich.

1491 T (0,7; -960,9) wie 1489 die Arbeiter kommen die Straße heruntergelaufen.

1492 T, leicht von oben (0,3; -961,2) im Vordergrund angeschnitten die spritzenden Feuerwehrleute. Im Hintergrund fliehen die Arbeiter.

1493 HT, stark von oben (0,4; -961,6) die Arbeiter laufen davon, mit dem Rücken zur Kamera.

1494 HT, stark von oben (0,6; -962,2) sechs Feuerwehrleute, mit dem Rücken zur Kamera. Sie spritzen.

1495 HT, stark von oben (0,8; -963,0) in der unteren Bildhälfte laufen die Arbeiter; von oben kommen Wasserstrahlen.

1496 HT, leicht von oben (0,5; -963,5) die Arbeiter fliehen vor dem Wasserstrahl nach hinten.

1497 N (0,7; -964,2) Arbeiter, die sich mit den Armen vor den Strahlen zu schützen versuchen.

1498 Titel (0,3; -964,5) SACKGASSE

1499 N (0,5; -965,0) wie 1497 die sich schützenden Arbeiter.

1500 HN, leicht von oben (0,5; -965,0) die Arbeiter werden stark von den Wasserstrahlen getroffen.

1501 G (0,4; -966,0) Das Gesicht eines Arbeiters wird getroffen.

1502 HN, leicht von oben (0,6; -966,6) wie 1500 die bespritzten Arbeiter.

1503 HN (0,4; -967,0) Vier Feuerwehrmänner schräg von vorne. Sie senken gleichzeitig die Spritzen.

1504   N (0,8; -967,8)   Die Arbeiter werden vom Wasserstrahl stark getroffen.

1505   N (0,7; -968,5)   Arbeiter, die vom Wasserstrahl getroffen werden.

1506   Titel (0,6; -969,1)   DER KAMPF UM DEN AUSGANG

1507   HN, leicht von oben (0,2; -969,3)   die Arbeiter versuchen aus der Sackgasse auszubrechen.

1508   AM (0,3; -969,6)   Ein paar Arbeiter drängen sich durch eine Holztüre in einen Innenhof.

1509   HN, leicht von oben (0,4; -970,0)   die Arbeiter drängen zum Ausgang.

1510   N (1,2; -971,2)   Jemand will die Arbeiter aufhalten; sie gehen auf ihn los.

1511   AM, leicht von oben (0,3; -971,5)   eine Reihe Feuerwehrmänner schräg von hinten; wie auf Kommando heben sie die Spritzen.

1512   AM, leicht von oben (0,3; -971,8)   wie 1508   immer mehr Arbeiter können durch die Tür entkommen.

1513   Titel (0,4; -972,2)   DURCHGEBROCHEN

1514   HT (0,6; -972,8)   Eine Gruppe von Arbeitern versucht dem Wasser zu entkommen.

1515   N, leicht von oben (0,2; -973,0)   ein Feuerwehrmann bläst mit der Trompete ein Signal.

1516   HT, stark von oben (0,6; -973,6)   eine Reihe Feuerwehrmänner. Sie drehen sich um und spritzen in die andere Richtung, aus der die Arbeiter heranzustürmen versuchen.

1517   HT (1,3; -974,9)   Mehrere Arbeiter laufen an Häusern entlang. Sie werden von harten Wasserstrahlen erfaßt.

1518   AM (0,7; -975,6)   Zwei Arbeiter fliehen eine Treppe hinauf.

1519   AM, leicht von unten (0,4; -976,0)   die Arbeiter auf einem Dach.

1520   HT, stark von oben (0,3; -976,3)   wie 1516   die Feuerwehrleute vertreiben die angreifenden Arbeiter.

1521   AM (0,5; -976,8)   Auf dem Dach; ein Arbeiter wird von den Wasserstrahlen getroffen.

1522   HN, stark von oben   (0,2; -977,0)   mehrere
        Arbeiter gehen von den Wasserstrahlen getroffen zu
        Boden.

1523   HN, stark von oben   (0,3; -977,3)   ein Arbeiter
        wird hart im Rücken getroffen und fällt nach vorne
        über.

1524   AM   (1,6; -978,9)   wie 1521   der Arbeiter auf
        dem Dach versucht dem Wasserstrahl zu entkom-
        men, läuft auf die Kamera zu, sucht nach seinem
        Kollegen.

1525   Titel   (0,3; -979,2)   VERSCHWUNDEN

1526   AM   (0,5; -979,7)   Ein Zimmer in einem Haus.
        Plötzlich kommt ein Wasserstrahl durchs Fenster.

1527   G, leicht von oben   (0,3; -980,0)   ein Feuer-
        wehrmann lacht.

1528   AM   (0,1; -980,1)   wie 1525   im Zimmer, der
        Strahl trifft.

1529   G   (0,5; -980,6)   im Zimmer, das Geschirr fällt
        vom Tisch.

1530   AM   (0,05; -980,65)   schräg von hinten, die
        Feuerwehrleute.

1531   HN, stark von oben   (0,35; -981,0)   Arbeiter
        werden getroffen.

1532   AM, von unten   (0,4; -981,4)   einige versuchen
        die Treppen hinunter zu fliehen.

1533   AM, leicht von oben   (0,5; -981,9)   andere
        wollen ihnen folgen; sie werden stark von den Strah-
        len getroffen.

1534   AM   (0,6; -982,5)   Am Ende der Treppe: Ei-
        ner bleibt erschöpft, vom Strahl getroffen, liegen;
        die beiden anderen entkommen.

1535   HN   (2,0; -984,5)   Der Getroffene versucht
        sich wieder aufzurichten; zwei andere kommen nach,
        wollen ihm aufhelfen, werden aber vom Wasser wei-
        tergedrückt; der erste bleibt liegen.

1536   Titel   (0,6; -985,1)   »WASCHT DIE RÄDELS-
        FÜHRER DURCH«

1537   HT   (1,2; -986,3)   Einige Arbeiter flüchten
        eine Hauswand entlang, zwei Strahlen sind auf sie
        gerichtet.

1538   HT   (1,4; -987,7)   Zwischen zwei Mauern hindurch, von mehreren Strahlen getroffen schwankt ein Streikführer auf die Kamera zu.

1539   N (0,4; -988,1)   Der Streikführer wird ins Gesicht getroffen.

1540   Titel (0,6; -988,7)   »SCHWEINE, AUF DIE EIGENEN LEUTE«

1541   N (0,2; -988,9) wie 1539   der Streikführer wird von zwei Seiten getroffen.

1542   HN (0,2; -989,1) wie 1538   der Streikführer zwischen mehreren Strahlen eingekeilt.

1543   AM, leicht von oben (0,2; -989,3)   ein Feuerwehrmann schürt den Druckkessel.

1544   N (0,5; -989,8)   Das Rad am Kessel wird stärker aufgedreht.

1545   HT (0,6; -990,4)   Der Streikführer versucht schwankend den vielen Wasserstrahlen zu entkommen.

1546   G, von oben (0,2; -990,6)   ein Wasserstrahl, angeschnitten zwei Feuerwehrhelme.

1547   HT (0,6; -991,2) wie 1545   der Streikführer stürzt zu Boden, richtet sich aber wieder auf.

1548   G, von oben (0,1; -991,3)   zwei Wasserstrahlen.

1549   N, von oben (0,3; -991,6)   ein Wasserstrahl peitscht über das auf dem Boden stehende Wasser.

1550   N, von oben (0,3; -991,9)   der Wasserstrahl trifft die Beine des Streikführers.

1551   N, von oben (0,6; -992,5)   der Streikführer bricht zusammen und rutscht in ein schlammiges Erdloch ab.

1552   G, von oben (0,1; -992,6)   eine Feuerwehrspritze.

1553   HN, von oben (0,4; -993,0)   der Streikführer versucht aus dem Erdloch herauszukommen.

1554   GG (0,2; -993,2)   Ein sich drehendes Rad an der Wasserpumpe.

1555   AM (0,4; -993,6)   Der Anführer versucht aus dem Erdloch zu entkommen.

1556   HN, von oben (0,3; -993,9) wie 1553   der Streikführer wird mit noch stärkerem Wasserstrahl niedergehalten.

1557	N, von oben (0,4; -994,3) der Streikführer fällt in das Erdloch zurück.
1558	HN, von oben (0,4; -994,7) wie 1553 der Streikführer in dem Erdloch.
1559	N, von oben (0,3; -995,0) wie 1557 der Streikführer versucht sich noch einmal aufzurichten.
1560	G, von oben (0,05;.-995,05) zwei Spritzen in Aktion.
1561	AM, leicht von oben (0,55; -995,6) der Streikführer liegt erschöpft in dem Erdloch.
1562	AM, leicht von oben (0,3; -995,9) wie 1543 der Feuerwehrmann verläßt den Druck-kessel.
1563	G (0,3; -996,2) wie 1554 das Rad an der Wasserpumpe verlangsamt seine Bewegung.
1564	AM, von oben (0,9; -997,1) wie 1561 die Beine von zwei Polizisten werden sichtbar; sie bük-ken sich nach dem erschöpften Streikführer und zie-hen ihn aus dem Erdloch.
1565	Titel (0,4; -997,5) Festgenommen
1566	HN, von oben (0,6; -998,1) sie schleifen den Streikführer weg.
1567	HT, stark von oben (0,6; -998,7) wie 1516 die Feuerwehrmänner vertreiben die Ar-beiter.
1568	N, von oben (0,8; -999,5) ein Arbeiter wird von einem Wasserstrahl stark getroffen.
1569	N (0,5; -1000,0) Eine Frau wirbelt getroffen herum.
1570	N (0,3; -1000,3) Zwei Arbeiter werden im Gesicht getroffen.
1571	N (0,3; -1000,6) wie 1569 die Frau fällt zu Boden.
1572	N (0,2; -1000,8) wie 1570 die beiden Ar-beiter mit dem Wasserstrahl im Gesicht.
1573	N (0,8; -1001,6) Eine Arbeiterin wird von Wassersalven total getroffen.
1574	N, stark von oben (0,2; -1001,8) ein Arbeiter hält schützend die Hände vors Gesicht.
1575	N (0,2; -1002,0) wie 1572 die Frau wird am Hals getroffen.

1576   HN, stark von oben (1,0; -1003,0)   am Boden liegende sich windende Arbeiter, werden von den Wassersalven getroffen; am Schluß bleibt nur noch ein Wasservorhang.

1577   Titel (1,1; -1004,1)   6. TEIL LIQUIDIERUNG

1578   N, leicht von oben (1,4; -1005,5)   eine Gruppe von Arbeitern; einer hat eine Zeitung:

1579   Titel (6,9; -1012,4) ».. . IM VIERTEL DER FABRIKEN WURDE VON DEN STREIKENDEN EIN STAATLICHER WEINLADEN ZERSTÖRT UND VERBRANNT. DIE MENGE WURDE MIT WASSER AUSEINANDERGEJAGT. DIE LAGE IN DEM VIERTEL IST GESPANNT, MAN BEFÜRCHTET WEITERE POGROME««

»AUF ANORDNUNG DES GOUVERNEURS WURDEN TRUPPEN IN DAS GEBIET ENTSANDT!«

1580   G, von oben (0,8; -1013,2)   eine Hand, die auf Zeilen in der Zeitung zeigt.   Überblendung (0,6).

1581   HT (0,8; -1014,0)   Einen Hügel herauf reiten Soldaten auf die Kamera zu, links und rechts reiten einige vorbei.

1582   Titel (0,6; -1014,0)   DER ERSTE ZUSAMMENSTOSS

1583   HT, leicht von oben (0,8; -1015,4)   Arbeiter stehen in Gruppen zusammen. Starke Erregung.

1584   T, leicht von oben (0,9; -1016,3)   die Soldaten reiten auf die Arbeiter zu, den Rücken zur Kamera.

1585   HT, leicht von oben (0,6; -1016,9) wie 1583   die Soldaten machen vor den zusammen-stehenden Arbeitern und Frauen halt; – über die Arbeiter hinweg auf die Soldaten:

1586   Titel (0,6; -1017,5)   »AUSEINANDER«

1587   HT, leicht von oben (1,3; -1018,8)   seitlich auf die Arbeiter, wie sie vor den Soldaten zurückwei-chen.

1588   HN, von oben (1,4; -1020,2)   die Arbeiter und Frauen bleiben stehen; sie reden untereinander. Ein kleines Kind entfernt sich von der Gruppe und geht zu den berittenen Soldaten.

1589   N (0,6; -1020,8)   Zwischen den Beinen der Pferde läuft das Kind unter ihnen hindurch.

1590   HN   (0,8; -1021,6)   Das Kind zwischen den Pferdebeinen.

1591   AM, leicht von oben   (2,0; -1023,6)   die Arbeiter und Frauen diskutieren. Im Vordergrund eine Frau; sie bemerkt, daß ihr Kind weg ist und fängt zu suchen an. Ein Arbeiter entdeckt es.

1592   AM, leicht von oben   (0,4; -1024,0)   das Kind sitzt unter den Pferden

1593   N, leicht von oben   (0,3; -1024,3)   einige Arbeiter und Arbeiterinnen; sie zeigen aufgeregt in Richtung Kind.

1594   HN, stark von unten   (0,2; -1024,5)   ein Pferdekopf geht nervös hin und her; darüber der Soldat.

1595   G   (0,3; -1024,8)   die erschreckte Mutter; sie schreit.

1596   AM, leicht von oben   (0,9; -1025,7) wie 1592   die Mutter läuft zum Kind und nimmt es hoch; sie wird zwischen zwei Pferden eingeklemmt.

1597   N, leicht von oben   (0,3; -1026,0)   die Arbeiter wollen ihr zur Hilfe kommen.

1598   HN, leicht von oben   (0,3; -1026,3)   die Arbeiterin hat ihr Kind unter dem einen Arm, mit dem anderen versucht sie ein Pferd wegzudrücken.

1599   HN, leicht von unten   (0,1; -1026,4)   der Soldat auf dem Pferd holt mit der Nagajka* aus.

1600   HN, leicht von oben   (0,1; -1026,5) wie 1598   die Frau läßt den Zügel des Pferdes los und fällt zu Boden.

1601   AM, leicht von oben   (0,1; -1026,6)   sie stürzt auf das Pflaster.

1602   N, leicht von oben   (0,1; -1026,7)   einige Arbeiter und Arbeiterinnen aus der Menge reagieren voller Schrecken.

1603   HN, leicht von unten   (0,1; -1026,8) wie 1599   der Soldat schlägt erneut mit der Nagajka zu.

1604   AM, leicht von oben   (0,4; -1027,2) wie

* Nagajka, Peitsche der Kosaken

1601   die Frau richtet sich von den Knien auf und macht eine hilfesuchende Geste zu den anderen.

1605   Titel (0,8; -1028,0)   »Genossen, helft«

1606   N, leicht von oben (0,5; -1028,5)   die Frau legt schützend den Arm über ihren Kopf.

1607   HN, leicht von unten (0,2; -1028,7) wie 1599   der Soldat schlägt erneut auf sie ein.

1608   AM, leicht von oben (0,5; -1029,2)   die Frau erhebt sich, im Hintergrund die Front der Pferdebeine. Die Genossen kommen hinter der Kamera hervor auf die Frau zu.

1609   HT, leicht von oben (0,5; -1029,7)   die Arbeiter und Arbeiterinnen laufen auf die Soldaten zu. Die Frau mit dem Kind kann entkommen.

1610   AM, leicht von oben (0,4; -1030,1) wie 1608   die Arbeiter, mit dem Rücken zur Kamera, stürmen auf die Soldaten los.

1611   HT, leicht von oben (0,7; -1030,8) wie 1609   die Arbeiter drängen die Soldaten etwas zurück. Zwei Soldaten im Hintergrund fangen an, mit Nagajkas auf die Leute loszuschlagen. Die Frau setzt ihr Kind ab.

1612   HT, leicht von oben (0,6; 1031,4)   die Frau mischt sich unter die angreifenden Arbeiter und Arbeiterinnen; im Vordergrund das Kind.

1613   AM, von oben (0,6; -1032,0)   einige Arbeiter ziehen an den Zügeln eines Pferdes. Die Frau versucht auf das Pferd des Soldaten zu steigen und ihn runterzuzerren.

1614   HT, leicht von oben (1,0; -1033,0) wie 1612   die Arbeiter stürmen auf die Soldaten zu; das weinende Kind im Vordergrund.

1615   AM, von oben (0,6; -1033,6) wie 1613   die Frau und die anderen Arbeiter ziehen den Soldaten vom Pferd.

1616   HN, leicht von oben (0,6; -1034,2)   die Arbeiter versuchen, die Soldaten vom Pferd zu ziehen. Im Vordergrund ein Soldat, der mit seiner Nagajka nach allen Seiten schlägt.

1617   AM, leicht von oben (0,4; -1034,6)   die Soldaten dreschen auf die angreifenden Arbeiter ein.

1618	AM, von oben (0,5; -1035,1) die Frauen und Männer verdreschen einen heruntergezogenen Soldaten.
1619	AM, leicht von oben (0,6; -1035,0) wie 1617 der Kampf.
1620	AM, von oben (0,5; -1036,2) drei Soldaten schlagen kräftig zu. Überblendung (0,4).
1621	T, leicht von oben (1,4; -1037,6) die Arbeiter und Arbeiterinnen laufen davon, von der Kamera weg; die Soldaten galoppieren hinterher.
1622	HT (2,2; -1039,8) Die Arbeiter öffnen ein großes Holztor, strömen in einen Hof und schließen das Tor wieder.
1623	HN, von unten (0,1; -1039,9) ein Arbeiter gegen den Himmel, der seinen Kollegen etwas zuruft:
1624	Titel (1,0; -1040,9) »ZUR SCHMIEDE GENOSSEN, ZU DEN GROSSEN HÄMMERN«
1625	HT, leicht von oben (0,6; -1041,5) die aufgeregten Arbeiter in dem Hof; im Hintergrund einer, der übers Tor schaut.
1626	HN, von unten (0,1; -1041,6) der Arbeiter beim Tor hält Ausschau.
1627	HT, leicht von oben (1,0; -1042,6) wie 1625 der Arbeiter klettert vom Tor herunter und macht den anderen ein Zeichen zum Entfliehn.
1628	T, leicht von oben (0,5; -1043,1) die fliehenden Arbeiter.
1629	HT, leicht von oben (1,0; -1044,1) wie 1625 die Soldaten kommen in den Hof geritten, an der Kamera vorbei. Im Hintergrund drängen sich Arbeiter an die Wand.
1630	T, stark von oben (0,8; -1044,9) die fliehenden Arbeiter. Links angeschnitten eine Hauswand.
1631	HT, leicht von oben (0,4; -1045,3) wie 1625 im Vordergrund Soldaten; sie schlagen mit Nagajkas auf die im Hintergrund an die Hauswand gepreßten Arbeiter.
1632	HT, stark von oben (0,6; -1045,9) die Arbeiter fliehen diagonal durchs Bild.

1633	T, stark von oben (0,5; -1046,4) wie 1630 die restlichen Arbeiter fliehen.

1633   T, stark von oben (0,5; -1046,4) wie 1630 die restlichen Arbeiter fliehen.

1634   T, von oben (0,6; -1047,0) die Arbeiter fliehen quer über einen Hof.

1635   T, von oben (0,3; -1047,3) sie fliehen über den Hof und versuchen ihre Häuserblocks zu erreichen.

1636   HT, von oben (0,1; -1047,4) die Arbeiter laufen auf ein Hauseck zu.

1637   HT (0,6; -1048,2) Im Vordergrund eine offene Holztür von innen; die Arbeiter drängen herein; der erste, der hereinkommt, versucht, die Tür zuzumachen.

1638   HT, von oben (0,5; -1048,5) · wie 1636 die Arbeiter in panischer Angst vor dem engen Einlaß.

1639   T, leicht von oben (0,4; -1048,9) wie 1634 die Soldaten reiten im Galopp über den Hof.

1640   HT, leicht von oben (0,4; -1049,3) die Arbeiter stauen sich an der Tür. Im Hintergrund reiten einige Soldaten heran.

1641   AM (0,5; -1049,8) der Arbeiter an der Tür wird eingeklemmt; die anderen versuchen hereinzukommen.

1642   N (0,4; -1050,2) Der Arbeiter an der Tür hat seinen Arm eingeklemmt und kann sich nicht befreien.

1643   AM (0,3; -1050,5) wie 1637 die Arbeiter versuchen vergeblich, die Tür aufzuziehen.

1644   AM, von oben (0,6; -1051,1) die Arbeiter drängen heftig zur Tür hin.

1645   G, leicht von oben (0,6; -1051,7) Das schmerzverzerrte Gesicht des eingeklemmten Arbeiters.

1646   HT, stark von oben (0,3; -1052,0) Überblendung der drängenden Arbeiter und losschlagenden Soldaten.

1647   AM (0,5; -1052,5) wie 1637 die Tür wird von außen aufgezogen; der eingeklemmte Arbeiter fällt verletzt zu Boden. Die Arbeiter werden an der Tür vorbeigetrieben.

1648   T, leicht von oben (0,2; -1052,7) wie 1634 die Arbeiter werden in einer Ecke des Hofes zusammengetrieben.

1649   AM (0,6; -1053,3) wie 1637 die Arbeiter werden von den Soldaten von der Tür zurückgedrängt. Im Vordergrund der verletzte Arbeiter.

1650   T, von oben (1,5; -1054,8) wie 1635 die Arbeiter versuchen vor den Soldaten in alle Richtungen des Hofes zu fliehen:

1651   Titel (0,5; -1055,3) »DURCH DIE WOHNUNGEN«

1652   HT, leicht von oben (0,7; -1056,0) die Arbeiter von Soldaten verfolgt, versuchen, mit dem Rükken zur Kamera, in die verschiedenen Häuser zu gelangen.

1653   HT, leicht von unten (0,5; -1056,5) sie fliehen über einen steinigen Steilweg.

1654   HT (0,4; -1056,9) wie 1652 die Fliehenden.

1655   HT (0,9; -1057,8) Die Arbeiter kommen von außen auf ein verschlossenes Eisentor zugerannt.

1656   HT, von oben (0,6; -1058,4) die Soldaten dreschen auf ein paar zusammengetriebene Arbeiter ein.

1657   HN, von oben (0,5; -1058,9) die eingekesselten Arbeiter.

1658   AM, leicht von oben (0,6; -1059,5) einige der berittenen Soldaten versuchen, die fliehenden Arbeiter an einer Hausecke zusammenzutreiben.

1659   AM (0,5; -1060,5) Durch das Gitter des geschlossenen Tores: die eingekesselten Arbeiter.

1660   HN, von oben (0,2; -1060,7) wie 1657 die eingekesselten Arbeiter.

1661   HT (0,5; -1061,2) wie 1655 die Soldaten versuchen die Arbeiter vom Tor abzudrängen.

1662   HT, leicht von oben (0,5; -1061,7) die Arbeiter versuchen in die Häuser zu fliehen. Eine Frau wird von einem Soldaten an eine Rundmauer gedrängt.

1663   AM, von oben (0,7; -1062,4) über die Mauer

auf die Frau, die an der Mauer hochzuklettern versucht.

1664   AM, stark von oben (0,8; -1063,2)   die Frau mit den Armen über der Mauerbrüstung. Von oben kommt ein anderer Soldat, beide schlagen mit den Nagajkas auf sie ein.

1665   AM (0,5; -1063,7)   Mit dem Pferd wird die Frau gegen die Mauer gedrängt. Das Pferd bäumt sich auf.

1666   HN, stark von oben (0,4; -1064,1)   Die eingekesselten Arbeiter mit zum Schutz erhobenen Armen.

1667   AM, von oben (0,2; -1064,3)   wie 1664   das Pferd des zweiten Soldaten macht einen Sprung nach vorn.

1668   G, von oben (0,4; -1064,7)   die sich an die Mauer klammernde Frau wird von Nagajkas getroffen.

1669   HN (0,5; -1065,2)   Die Frau versucht auf die Brüstung der Mauer zu klettern. Im Vordergrund (G) die Füße des zweiten Pferdes.

1670   AM (0,2; -1065,4)   wie 1665   das Pferd bäumt sich vor der Frau auf.

1671   T, leicht von oben (0,4; -1065,8)   vom Hof innen, das Eisentor, außen die Arbeiter. Ein Kind springt seitlich von einem Schuppendach auf den Hof, rennt zum Tor.

1672   N, leicht von oben (0,2; -1066,0)   das Kind erreicht das Tor.

1673   AM, leicht von oben (0,6; -1066,6)   wie 1663   die Frau wird von dem Soldaten auf dem Pferd von der Mauer heruntergeprügelt.

1674   N, leicht von oben (0,7; -1067,3)   wie 1672   das Kind öffnet das Tor, die Arbeiter strömen hinein.

1675   T, leicht von oben (1,1; -1068,4)   wie 1671   die Arbeiter können das Tor aufdrücken, fliehen in den Hof, verfolgt von den herangaloppierenden Soldaten.

1676   T, von oben (0,5; -1068,9)   die flüchtenden Arbeiter im Innern des Hofes.

1677	T, leicht von oben (0,7; -1069,6) wie 1671 einige Soldaten breschen durch das Tor, den Arbeitern hinterher.
1678	T, von oben (0,5; -1070,1) wie 1676 die erregten Arbeiter im Innern des Hofes.
1679	Titel (0,4; -1075,5) EINGEDRUNGEN
1680	T, von oben (1,9; -1072,4) wie 1676 mehrere Soldaten folgen den fliehenden Arbeitern in den Hof. Überblendung. (0,6)
1681	T, leicht von unten (0,2; -1072,6) Innenhof des Wohnblocks. Blick auf die Außengalerien von drei Stockwerken; über Leitern gelangt man von Stockwerk zu Stockwerk; kleine Brücken verbinden auf jedem Stockwerk die Blockhälften. Wäsche ist aufgehängt. Die Arbeiter und Arbeiterinnen versuchen über Galerien und Leitern vor den herangeloppierenden Soldaten zu fliehen.
1682	AM (0,4; -1073,0) Auf einer oberen Galerie. Hinter einem auftauchenden Soldaten die Dächer der umliegenden Häuser.
1683	T, leicht von unten (0,5; -1073,5) wie 1681 die verzweifelt Fliehenden.
1684	T, schräg von oben (1,1; -1074,6) über den Innenhof über die verschiedenen Galerien hinweg. Die Fliehenden. In den Galerien tauchen die prügelnden Polizisten zu Pferd auf.
1685	HT, schräg von oben (1,2; -1075,8) im Vordergrund peitscht sich ein Soldat den Weg über eine Brücke frei. Flüchtende Frauen auf der unteren Galerie.
1686	HT, leicht von unten (0,8; -1076,6) Fliehende. Ein paar versuchen von der untersten Galerie zu entkommen.
1687	HT, schräg von oben (0,5; -1077,1) wie 1685 auf der unteren Galerie versuchen die Frauen zu entkommen.
1688	HT, von unten (1,0; -1078,1) fliehende Arbeiter über eine Brücke. Einer steigt über das Gitter.
1689	HT (0,5; -1078,6) Auf der obersten Brücke zerren ein paar Arbeiter am Zügel eines Pferdes.
1690	HT, von unten (0,4; -1079,0) wie 1688 auf

der Brücke erscheint ein Soldat zu Pferd. Der Arbeiter, der übers Gitter klettern wollte, geht zurück, hängt am Gitter.

1691 N, stark von oben (0,3; -1079,3) Gegenschuß. Der Arbeiter schreit auf und sackt weg.

1692 T, leicht von unten (0,5; -1079,8) wie 1681 der Innenhof mit den Fliehenden.

1693 N, stark von oben (0,4; -1080,2) wie 1691 die Hände des Arbeiters an den Gitterstäben. Eine Hand rutscht ab.

1694 HT, von unten (0,1; -1080,3) wie 1688 auch die andere Hand rutscht ab; er stürzt ab.

1695 AM, stark von unten (0,2; -1080,5) gegen den Himmel die Galerie, der Arbeiter fliegt durch die Luft.

1696 HT, leicht von oben (0,9; -1081,4) er stürzt auf den Betonboden des Hofes. Von allen Seiten kommen fliehende Arbeiterinnen; sie laufen an ihm vorbei auf die Kamera zu.

1697 N, leicht von oben (1,1; -1082,5) oben auf einer Galerie sitzen ein Junge und ein Mädchen; sie spielen unberührt mit Katzen und Puppen. Kurzer Runterschwenk – ihre Köpfe werden abgeschnitten –, die fliehenden Arbeiter.

1698 HT, leicht von oben (0,7; -1083,2) wie 1696 vor dem heruntergestürzten Arbeiter laufen aufgeregt in alle Richtungen die Frauen, verfolgt von zwei Polizisten und zwei Soldaten.

1699 HT, leicht von oben (1,1; -1084,3) die Soldaten gehen auf eine Gruppe von Arbeitern mit Nagajkas los.

1700 HT (1,0; -1085,3) wie 1637 der verwundete Arbeiter liegt auf einer Türschwelle. Im Hintergrund werden Arbeiter verfolgt.

1701 HT (0,5; -1085,8) auf der obersten Galerie flüchtet eine Gruppe von Frauen vor einem Soldaten zu Pferd.

1702 HT, leicht von oben (0,5; -1086,3) einige Frauen versuchen durch eine Tür zu entfliehen, während der Soldat mit der Nagajka auf sie einschlägt.

1703	AM, stark von unten (0,4; -1086,7) einige Frauen versuchen über eine Eisenleiter zu entkommen.

1703   AM, stark von unten (0,4; -1086,7)   einige Frauen versuchen über eine Eisenleiter zu entkommen.

1704   HT, leicht von oben (0,4; -1087,1) wie 1702   ein paar Frauen verschwinden noch hinter einer Tür, andere entkommen über die Brücke.

1705   AM, stark von unten (0,5; -1087,6)   Frauen entfliehen über eine Eisenleiter nach unten.

1706   HT, leicht von unten (0,4; -1088,0)   Ein Arbeiter versucht sich an einer Wäscheleine festzuhalten; sie reißt; er stürzt ab.

1707   HT, leicht von oben (0,2; -1088,2)   der Arbeiter stürzt auf die untere Galerie, wo die Frauen zu fliehen versuchen.

1708   AM, leicht von unten (0,4; -1088,6) wie 1705   die Frauen bemühen sich um den abgestürzten Arbeiter.

1709   HN, leicht von unten (1,2; -1089,8)   die beiden Kinder aus 1697 spielen.

1710   HN, von unten (0,8; -1090,6)   unter Peitschenschlägen eines Soldaten fliehen einige Arbeiter.

1711   T (2,5; -1093,1)   Im Gegenlicht. Die Brücken und Galerien. Auf den Brücken: Soldaten zu Pferde, die auf fliehende Arbeiter einschlagen. Dabei Hochschwenk vom Hof bis zur obersten Brücke.

1712   Titel (0,4; -1093,5)   Zu Bestien geworden

1713   N, von oben (0,9; -1094,4)   auf einer oberen Galerie packt ein Soldat, mit dem Rücken zur Kamera, ein kleines blondes Kind am Hemd und hält es weit über die Brüstung. Mitschwenk.

1714   T, von unten (0,3; -1094,7) wie 1711   im Gegenlicht die Galerien.

1715   HN, von oben (0,6; -1095,3)   das Kind an der Hand des Soldaten. Unten Galerien und der Hof. Er läßt es fallen.

1716   T, von unten (0,4; -1095,7) wie 1711   wilde Flucht auf den Galerien.

1717   G, von oben (0,5; -1096,2)   das Kind liegt tot auf dem steinernen Hof. Schatten wischen über die Leiche.

1718	HT, leicht von oben (0,4; -1096,6) wie 1707 der gestürzte Arbeiter inmitten der aufgeregten Frauen.
1719	HN, leicht von oben (0,4; -1097,0) das blonde Kind liegt tot im Hof, zwei Schatten fliehen drüber hinweg.
1720	T, von unten (1,4; -1098,4) über die Brücken reiten gleichzeitig drei Soldaten. Arbeiter und Frauen liegen tot auf den Galerien und Brükken. Überblendung (0,6).
1721	GG (0,6; -1099,0) Das lachende Gesicht des Polizeipräsidenten.
1722	G (0,3; -1099,3) Der Spitzel, der den König der Lumpenproletarier eingekauft hat, lacht wild.
1723	N, von oben (0,4; -1099,7) der gefangene Streikführer dreht sich mit Entschlossenheit wütend zur Seite:
1724	Titel (1,2; -1100,9) »ALLE KRIEGT IHR NICHT UNTER, DIE KUMPELS WERDEN HELFEN«
1725	N, von oben (0,3; -1101,2) er wendet sich entschlossen zurück.
1726	G (0,2; -1101,4) wie 1722 der lachende Spitzel.
1727	AM, leicht von oben (1,2; -1102,6) am Schreibtisch, der Polizeipräsident; vor ihm der vor Erregung erstarrte Streikführer. Hinter dem Sessel des Polizeipräsidenten steht der Spitzel; er lacht kräftig mit, bis ihn der Polizeipräsident zurechtweist.
1728	N, leicht von oben (0,3; -1102,9) der Polizeipräsident.
1729	Titel (0,4; -1103,3) DIE KUMPELS
1730	N, leicht von oben (0,1; 1103,4) wie 1728 der Polizeipräsident zum Arbeiter.
1731	AM, leicht von oben (2,1; -1105,5) wie 1727 der Polizeipräsident erhebt sich von seinem Schreibtisch, geht nach hinten zu einem anderen Schreibtisch. Der Arbeiter steht zögernd auf und folgt ihm nach hinten.
1732	HN, leicht von oben (0,6; -1106,1) der Polizeipräsident über eine Stadtkarte gebeugt deutet auf etwas; der Streikführer beobachtet ihn.

1733   AM, leicht von oben (0,3; -1106,4) wie
        1727   im Vordergrund der leere Schreibtisch des
        Präsidenten. Im Hintergrund die beiden über eine
        Karte gebeugt. Der Spitzel schleicht sich langsam nä-
        her.

1734   G, leicht von oben (0,1; -1106,5)   die dicke
        Hand des Polizeipräsidenten liegt auf der Karte:

1735   Titel (0,5; -1107,0)   »IHR BEZIRKCHEN . . .«

1736   HN, leicht von oben (0,2; -1107,2) wie
        1732   der Streikführer schaut dem Polizeipräsi-
        denten hart ins Gesicht.

1737   HN, leicht von oben (0,1; -1107,3)   der
        Streikführer beugt sich etwas über die Karte.

1738   Titel (0,3; -1107,6)   »IST BEREITS . . .«

1739   G, leicht von oben (0,2; -1107,8)   die Hand
        des Polizeipräsidenten macht auf der Karte eine Be-
        wegung des Einkassierens.

1740   HN, leicht von oben (0,3; -1108,1) wie
        1737   der Arbeiter schaut ungläubig.

1741   N, leicht von unten (0,2; -1108,3)   der Polizei-
        präsident, frontal zur Kamera, nickt bestätigend mit
        dem Kopf.

1742   HN, leicht von oben (0,3; -1108,6)   Der
        Streikführer wendet sich ab.

1743   HN (0,2; -1108,8)   Der Spitzel schaut ihn lau-
        ernd an.

1744   N, leicht von oben (0,3; -1109,1)   Der Streik-
        führer versucht sich die Situation zu vergegenwärti-
        gen.   Abblende (0,2).

1745   HT (0,7; -1109,8) wie 1637   im Vorder-
        grund an der Türschwelle ein toter Arbeiter. Im Hin-
        tergrund reiten zwei Soldaten über Trüm-
        mer.   Abblende (0,4).

1746   N, leicht von oben (0,2; -1110,0)   der Streik-
        führer wird innerlich zornig.

1747   N, leicht von oben (0,3; -1110,3)   schräg von
        der Seite der versichernde Polizeipräsident.

1748   G, leicht von oben (0,3; -1110,6)   der unter-
        würfig zustimmende Spitzel.

1749   HN, frontal zur Kamera (0,2; -1110,8)   der
        Polizeipräsident zum Streikführer:

1750   Titel   (1,8; -1112,6)   »UND SIE, JUNGER MANN,
WENN SIE ZU UNS KÄMEN, WIR WÜRDEN SIE . . . NA?«
1751   N, leicht von unten (0,4; -1113,0) wie
1741   der Polizeipräsident schaut den Streikführer fragend an.
1752   G (0,6; -1113,6)   Dem Arbeiter kommt eine
Idee; er wendet sich abrupt zum Polizeipräsidenten.
1753   N, leicht von unten (0,1; -1113,1) wie
1741   der Polizeipräsident erwartet voll Spannung die Antwort.
1754   GG, leicht von oben (0,4; -1114,1)   der Spitzel
macht lange Ohren.
1755   G (0,3; -1114,4)   der Streikführer schaut zum
Polizeipräsidenten.
1756   HN (0,2; -1114,6) wie 1749   der Polizeipräsident streicht sich den Bart.
1757   AM, leicht von oben (0,4; -1115,0)   der
Streikführer geht mit den Fäusten auf den über Karten gebeugten Polizeipräsidenten los.
1758   N, leicht von unten (0,05; -1115,05)   der Spitzel fährt erschrocken zurück; sein Mund ist vor
Schreck offen.
1759   AM, leicht von oben (0,05; -1115,1) wie
1757   der Arbeiter holt zum Schlag aus.
1760   HN (0,05; -1115,15)   Seine Hand klatscht in
das Gesicht des fetten Polizeipräsidenten.
1761   G, leicht von oben (0,15; -1115,3)   verschiedene Farbfläschchen auf der Stadtkarte.
1762   HN (0,1; -1115,4)   Der Polizeipräsident holt
mit der Faust zum Schlag aus.
1763   G, leicht von oben (0,05; -1115,45)   er schlägt
mit der Faust auf den Tisch mit dem Plan.
1764   G, leicht von oben (0,35; -1115,8)   die Fläsch-
chen fallen um; die farbigen Tinten laufen aus.
1765   G, leicht von oben (0,6; -1116,4)   die Tinte
rinnt über den Stadtplan.
1766   HN (0,3; -1116,7) wie 1762   der Polizeipräsident holt wütend mit beiden Fäusten aus.
1767   G, leicht von oben (0,05; -1116,75)   er schlägt
mit beiden Fäusten auf den Tisch.
1768   HN, leicht von oben (0,25; -1117,0)   die Beine

des Spitzel. Er springt in die Luft und fällt rücklings in einen Sessel.

1769 G, leicht von oben   (0,1; -1117,1)   die Tinte breitet sich rasch über den Stadtplan aus.

1770 HN, leicht von oben   (0,2; -1117,3)   der Spitzel fliegt aus dem Sessel heraus.

1771 G, leicht von oben   (0,1; -1117,4)   die Hand des Polizeipräsidenten klatscht in die Tinte.

1772 HT, leicht von oben   (0,5; -1117,9)   der Streikführer geht wütend auf den Polizeipräsidenten zu.

1773 G, leicht von oben   (0,2;   -1118,1)   wie 1771   der Polizeipräsident nimmt seine Hände wieder aus der Tinte.

1774 HT, leicht von oben   (0,6; -1118,7)   ein Adjutant kommt, der Polizeipräsident winkt ihm, daß er schnell machen soll:

1775 Titel   (0,3; -1119,0)   »ABFÜHREN«

1776 HT, leicht von oben   (1,2; -1120,2)   der Streikführer wird in aufrechter Haltung vom Adjutanten abgeführt; beim Hinausgehen beschimpft er den Spitzel.

1777 HN   (0,2; -1120,4)   wie 1762   der Polizeipräsident holt wütend mit beiden Fäusten aus.   Abblende (0,1)

1778 Titel   (0,4; -1120,8)   SCHLACHTHOF

1779 G   (0,1; -1120,9)   Eine blutbeschmierte Metzgerhand holt aus.

1780 HT, leicht von oben   (1,0; -1121,9)   Arbeiter und Frauen rennen und fallen einen Abhang hinunter.

1781 T, leicht von oben   (0,5; -1122,4)   sie kommen hinter kahlen Wintersträuchern den Abhang herauf.

1782 HT   (0,4; -1122,8)   Sie rennen an der Kamera vorbei den Abhang hinauf.

1783 T, leicht von oben   (0,2;   -1123,0)   wie 1781   Sie rennen den Abhang hinauf; die ersten rennen an der Kamera vorbei.

1784 G   (0,05; -1123,05)   Die Metzgerhand mit dem Messer holt aus.

1785 N   (0,35; -1123,4)   Das Messer fährt ins Genick eines Rindes.

1786   AM, leicht von oben   (0,3; -1123,7)   das Rind
        knickt zusammen.

1787   G, von unten   (0,4; -1124,1)   Halt suchende
        Hände.

1788   AM, leicht von oben   (0,4; -1124,5)   Im
        Schlachthof. Ein Metzger mit einer großen Schürze
        kommt auf die Kamera zu.

1789   G, von unten   (0,3; -1125,8)   die Hände.

1790   T, leicht von oben   (0,4; -1126,2)   Soldaten
        durchkämmen den Wald.

1791   N, von oben   (0,4; -1126,6)   der Hals des Rinds
        wird aufgeschlitzt.

1792   HT, von oben   (0,4; -1127,0)   Die Soldaten,
        leicht von hinten, durch kahle Äste hindurch; sie fan-
        gen an zu schießen.

1793   N, von oben   (0,6; -1127,6)   wie 1791   Blut
        fließt aus dem aufgeschlitzten Hals.

1794   HN, leicht von oben   (0,4; -1128,0)   Der Kopf
        des Rinds wird nach hinten gedreht; noch einmal
        wird ein Messer in den Hals gerammt.

1795   HT, von oben   (0,5; -1128,5)   wie 1792   vor-
        rückende Soldaten, sie schießen.

1796   T, leicht von oben   (0,5; -1129,0)   die Soldaten
        knien in Formation und schießen.

1797   T, leicht von unten   (0,5; -1129,5)   die Flie-
        henden überrennen einen Zaun.

1798   T, leicht von oben   (0,5; -1130,0)   die Arbeiter
        hetzen die Böschung zum nahen Fluß hinunter; seit-
        lich zur Kamera.

1799   T   (0,5; -1130,5)   Die Arbeiter laufen, von der
        Kamera weg, die Flußböschung hinunter.

1800   HT   (0,4; -1130,9)   Niederkniende Soldaten.
        Sie laden durch und schießen.

1801   T   (0,2; -1121,1)   wie 1799   sie rennen.

1802   Titel   (0,4; -1131,5)   ZERSCHLAGUNG

1803   HT   (0,4; -1131,9)   Hinter Büschen kommen
        Soldaten herauf.

1804   T   (0,6; -1132,5)   wie 1799   im Hintergrund
        die fliehenden Arbeiter; vorne kreuzen die in Reihe
        marschierenden Arbeiter das Bild.

1805   HT, leicht von oben   (0,3; -1132,8)   wie

1780   Männer und Frauen fliehen den Abhang hinunter.

1806   N, von oben (0,3; -1133,1) wie 1791   der Hals des Rindes wird weiter aufgeschlitzt, Blut fließt heraus.

1807   AM, leicht von oben (0,4; -1133,5)   die zukkenden Beine des Rindes.

1808   G, leicht von oben (1,0; -1134,5)   die Hand des Metzgers schlitzt alle Adern im Hals auf; Blut strömt.

1809   T, leicht von oben (1,0; -1135,5)   die niedergemetzelten Arbeiter und Arbeiterinnen.   Überblendung (0,5).

1810   AM, leicht von oben (0,4; -1135,9)   auf die Beine der in Reih und Glied marschierenden Soldaten.

1811   T, leicht von oben (3,3; -1139,2)   Schwenk über die niedergemetzelten Arbeiter.   Abblende (0,4).

1812   GG (0,2; -1139,4)   Zwei Augen schauen in die Kamera. Die Stirn legt sich in Falten. Ernst, entschlossen, mit Trauer.

1813   Titel (4,1; -1143,5)   UND ALS BLUTIG UNAUSLÖSCHBARE NARBEN BLIEBEN AUF DEM KÖRPER DES PROLETARIATS DIE WUNDEN VON DER LENA, VOM TALKI-PASS, VON ZLATOUST, JAROSLAVL', CARICYN UND KOSTROMA*

1814   GG (0,2; -1143,7)   Die beiden Augen schauen durchdringend in die Kamera.

1815   Titel (0,2; -1143,9)   DENKT DARAN

1816   Titel (0,3; 1144,2)   PROLETARIER

[ENDE]

---

* Städte und Gegenden blutiger Streikniederschlagungen.

II. Voraussetzungen der Theater- und Filmarbeit

Wie ich Regisseur wurde

Es war vor langer Zeit.
Vor ungefähr dreißig Jahren.
Doch ich kann mich noch sehr genau daran erinnern, wie es gewesen ist.
Ich meine die Geschichte, wie meine Beziehungen zur Kunst entstanden.
Zwei unmittelbare Eindrücke lenkten mein Schicksal mit der Wucht zweier Donnerschläge endgültig in diese Richtung.
Der erste war eine von F. F. Komissarževskij inszenierte Aufführung der ›Turandot‹ (als Gastspiel des Nezlobin-Theaters in Riga im Jahre 1913)[1].
Von diesem Augenblick an war das Theater für mich Gegenstand konzentrierter Aufmerksamkeit und verzehrender Begeisterung.
In diesem Abschnitt meines Lebens, vorläufig noch ohne begründete Hoffnung, jemals aktiv am Bühnenschaffen teilnehmen zu können, hatte ich noch die ehrliche Absicht, »in Vaters Fußstapfen zu treten« und Architekt zu werden, worauf ich mich ja schon seit meiner Kindheit vorbereitet hatte.
Der zweite Donnerschlag, ein geradezu niederschmetternder, endgültiger Schlag, der mich in der vorerst noch nicht ausgesprochenen Absicht bestärkte, den Beruf des Architekten fallenzulassen und mich ganz der Kunst »hinzugeben«, war die Aufführung von ›Maskerade‹ im ehemaligen »Aleksandrinskij-Theater«[2].
Später war ich dem Schicksal ja so dankbar, daß es mir diesen »Schock« gerade in jenem Augenblick versetzte, als ich bereits mit Erfolg sämtliche Hochschulprüfungen in höherer Mathematik abgelegt hatte, einschließlich der integrierten Differentialgleichungen, von denen ich (wie übrigens auch von den anderen Disziplinen) heute natürlich so gut wie gar nichts mehr weiß. Nichtsdestoweniger war es gerade hier, wo mir der Hang

zum disziplinierten Denken und die Liebe zur »mathematischen« Genauigkeit und Klarheit anerzogen wurden.
Es genügte, daß mich der Wirbel des Bürgerkrieges verschlang
und eine Zeitlang vom Ingenieurinstitut trennte – und schon
riß ich alle Brücken hinter mir ab.
Aus dem Bürgerkrieg kehrte ich nicht wieder ins Institut zu-
rück, sondern ich stürzte mich Hals über Kopf in die Theaterar-
beit.
Am Proletkult-Theater in Moskau war ich zunächst Bühnen-
bildner.
Dann Regisseur.
Später durfte ich mit demselben Kollektiv zum erstenmal als
Filmregisseur arbeiten.
Doch das ist gar nicht das wichtigste.
Das wichtigste ist vielmehr, daß ich mich mit unüberwindlicher,
ja gieriger, unersättlicher Leidenschaft zu der geheimnisvollen
Lebenstätigkeit trieb, die man Kunst nennt. Hier waren keine
Opfer hart genug, mich vor dem einmal gefaßten Entschluß
zurückschrecken zu lassen.
Um von der Front weg nach Moskau kommen zu können, trat
ich in die Abteilung für Orientalische Sprachen an der General-
stabsakademie ein. Zu diesem Zweck bewältigte ich tausend
japanische Wörter und Hunderte von wunderlich anmutenden
Hieroglyphen.
Generalstabsakademie – das bedeutete nicht allein Moskau,
sondern auch die Möglichkeit, später einmal den Fernen Osten
kennenzulernen und sich in die Urgründe der »Magie« der
Kunst zu versenken, die für mich unlösbar mit der Vorstellung
von Japan und China verbunden sind.
Wie viele Nächte habe ich gesessen und gebüffelt, um mir Wörter einer fremden Sprache zu merken, die keinerlei Assoziationen mit den uns bekannten europäischen Sprachen zuläßt!...
Zu wie vielen mnemotechnischen Kniffen mußte ich dabei greifen!...
»Senaka« - der Rücken.
Wie soll man sich so etwas merken?
»Senaka« - Seneca.
Am nächsten Tage prüfte ich mich selbst anhand des Vokabel-
heftes, wobei ich die Spalte mit den japanischen Wörtern mit
der Hand zuhielt und die mit den russischen las:

Spina?*
Spina?
Spina . . .
Spina - Spinoza!!!
und so weiter, und so weiter.
Es ist eine ungemein schwierige Sprache.
Und zwar nicht nur, weil Lautassoziationen mit den uns geläu-
figen Sprachen völlig fehlen, sondern vor allem, weil hier das
Denksystem, das den Satz bildet, grundsätzlich anders ist als
die Denkfolge in unseren europäischen Sprachen.
Dabei ist das schwierigste nicht, sich die einzelnen Wörter ein-
zuprägen und zu merken, sondern jene uns ganz ungewohnte
Denkfolge zu begreifen, aus der heraus sich die orientalischen
Redewendungen, die Satzstruktur, die Wortverbindungen, die
Gestalt der Wortzeichen und so weiter entwickeln.
Später war ich dem Schicksal außerordentlich dankbar, daß
es mir diese Prüfung auferlegte und mir die ungewöhnliche
Denkfolge der alten orientalischen Sprachen und die Bilder-
schrift näherbrachte: Leistete mir doch diese »ungewöhnliche«
Denkfolge später eine große Hilfe, als ich das Wesen der Montage studierte. Und sobald ich dann diese »Folge« als Gesetz-
mäßigkeit der inneren emotionalen Denkfolge erkannt hatte,
die sich von der bei uns als »logisch« bezeichneten unterscheidet, war sie es, die mir half, mich in den verborgensten Schich-
ten der künstlerischen Methode zurechtzufinden. Doch davon
soll weiter unten die Rede sein.
So wurde aus der ersten Begeisterung die Liebe.
Doch ein Liebesverhältnis geht nicht ohne Wolken vorüber,
es ist nicht nur stürmisch, sondern auch tragisch.
Von jeher gefiel mir jener eigenartige Zug Isaac Newtons, sich
über fallende Äpfel Gedanken zu machen und sie zum Anlaß
für alle möglichen Schlußfolgerungen und Verallgemeinerungen zu nehmen. Mir gefiel das so sehr, daß ich sogar meinen
›Aleksandr Nevskij‹ mit einem solchen »Äpfelchen« versah:
Ich ließ nämlich diesen Helden der Vergangenheit den strategi-
schen Plan der Schlacht auf dem Eise nach dem Vorbild des
ausgelassenen Märchens vom Fuchs und dem Hasen entwik-
keln. Das Märchen wird im Film von dem Waffenschmied Ignat
erzählt . . .
Allerdings hat mir an der Schwelle meiner künstlerischen Tä-

* russ. »spina« = der Rücken [Anm. des Übers.].

tigkeit einmal ein solches Äpfelchen – noch dazu auf recht hinterhältige Weise – einen Bärendienst erwiesen.

Es war übrigens kein Äpfelchen, sondern das pausbäckige, rotwangige Gesichtchen des siebenjährigen Sohnes einer Platzanweiserin des Proletkult-Theaters.

Einmal auf einer Probe, blickte ich zufällig in das Gesicht des Jungen, der oft zu uns ins Probenzimmer kam. Mich verblüffte, mit welcher Vollkommenheit sich auf diesem Gesicht, wie in einem Spiegel, alles mimisch widerspiegelte, was auf der Bühne vorging. Und dabei nicht etwa nur entweder Mimik oder Handlungen der agierenden Personen für sich, sondern beides gleichzeitig.

Vor allem diese Gleichzeitigkeit war es, die mich damals so überraschte. Ich vermag heute nicht mehr zu sagen, ob sich diese mimische Nachbildung des Gesehenen auch auf tote Gegenstände erstreckte, wie das Tolstoj von einem der gräflichen Diener berichtet. (Dieser Diener soll es tatsächlich fertiggebracht haben, während des Erzählens auf seinem Gesicht sogar das Leben toter Gegenstände nachzubilden.)

Wie dem auch sei – allmählich begann ich mir Gedanken zu machen, und zwar nicht nur über die verblüffende »Gleichzeitigkeit« der Reproduktion dessen, was der Junge sah, sondern auch bereits über das Wesen der Reproduktion selbst.

Man schrieb das Jahr 1920.

Die Straßenbahn fuhr damals nicht.

Und während des langen Fußmarsches – von den ruhmreichen Brettern des Theaters im Karetnyj Rjad, das schon so viele bedeutende Theaterereignisse erlebt hatte, bis zu meinem ungeheizten Zimmer in Čistye Prudy – hatte ich hinreichend Gelegenheit, über Themen nachzudenken, die von flüchtigen Beobachtungen angeregt worden waren.

Der bekannte Satz von James, daß »wir nicht weinen, weil wir traurig sind, sondern traurig sind, weil wir weinen«, war mir bereits bekannt.

Dieser Satz gefiel mir vor allem in ästhetischer Hinsicht – es gefiel mir seine Paradoxie und außerdem die Tatsache, daß aus einer bestimmten, richtig wiedergegebenen ausdrucksstarken Äußerung eine entsprechende Emotion entstehen kann.

Doch wenn das so ist, dann muß der Junge bei der mimischen Reproduktion der Verhaltensmerkmale der handelnden Personen gleichzeitig all das uneingeschränkt »erleben«, was die

Schauspieler auf der Bühne erleben oder doch zumindest überzeugend darstellen.

Ein erwachsener Zuschauer ahmt die Schauspieler mimisch verhaltener nach, aber wohl gerade deswegen wesentlich stärker *fiktiv*, das heißt, er erlebt ohne faktischen Anlaß und ohne reale Mitwirkung an der Handlung die wundervolle Skala erhabener Gefühle, die ihm das Drama vor Augen führt; oder er läßt den niedrigen und verbrecherischen Trieben seiner Zuschauernatur nicht minder fiktiv freien Lauf – abermals nicht durch Beteiligung, sondern einzig durch dieselben realen Gefühle, die die *fiktive* Teilnahme an den auf der Bühne verübten Missetaten begleiten.

Auf alle Fälle war es stets das Element des »Fiktiven«, das mich bei diesen Erwägungen so bewegt hat.

So gibt die Kunst (vorerst im speziellen Fall der Schauspielkunst) dem Betrachter also die Möglichkeit, auf dem Wege des Miterlebens *fiktiv* Heldentaten zu vollbringen; *fiktiv* große seelische Erschütterungen durchzumachen; *fiktiv* den Edelmut eines Karl Moor zu teilen, sich mit Franz Moor der Last niedriger Instinkte zu entledigen, mit Faust sich als ein Weiser zu fühlen, gottbesessen mit der Jungfrau von Orleans, leidenschaftlich mit Romeo zu sein, sich von den Qualen innerer Probleme mit der liebenswürdigen Unterstützung durch Brand, Rosmer oder den dänischen Prinzen Hamlet zu befreien.

Ja, mehr noch! Als Ergebnis einer solchen »fiktiven« Handlung erlebt der Zuschauer eine vollkommen reale, konkrete Befriedigung.

Nach Verhaerens ›Morgenröte‹[3] fühlt er sich als Held.

Nach Calderons ›Standhaftem Prinzen‹[4] spürt er sein Haupt von Glorienschein siegreichen Märtyrertums umgeben.

Nach ›Kabale und Liebe‹ zerfließt er förmlich vor Edelmut und Mitleid mit sich selbst.

Auf dem Trubnaja-Platz (oder am Sretenskij-Tor?) muß es gewesen sein, wo es mich auf einmal heiß überläuft: Das ist aber doch entsetzlich!

Was für eine Mechanik liegt doch dieser heiligen Kunst zugrunde, in deren Dienst ich getreten bin.

Das ist nicht nur Lüge.

Das ist nicht nur arglistige Täuschung.

Das ist ganz einfach schädlich.

Entsetzlich, ungeheuer schädlich.

Denn wo diese Möglichkeit – nämlich eine Befriedigung fiktiv zu erreichen – geboten wird, wer sollte sie dann über den Weg der realen, echten, tatsächlichen Verwirklichung dessen suchen, was man für billiges Geld, ohne sich auch nur zu rühren, von Theatersesseln aus haben kann, von denen man sich mit dem Gefühl absoluter Befriedigtseins erhebt!

So dachte ich in meinem jugendlichen Leichtsinn ...

Und während ich von der Mjasnicka-Straße zum Pokrovskij-Tor marschierte, verwandelte sich das Bild, das ich gesehen, nach und nach in einen Alpdruck ...

Wir wollen nicht vergessen, daß ich damals zweiundzwanzig Jahre alt war.

Und die Jugend neigt zur Übertreibung.

Töten!

Vernichten!

Ich weiß nicht, ob dieser durch und durch edle Trieb zu töten, der eines Raskol'nikov würdig gewesen wäre, nun den ritterlichen Motiven oder den nicht ausgereiften Gedanken entsprang; ich weiß nur, daß ich nicht der einzige war, in dem er sich regte. Überall schrie man hemmungslos nach Vernichtung der Kunst; nach der Liquidierung ihres wesentlichsten Merkmals – der Form – durch das nackte Material und das Dokument, nach der Liquidierung ihres Sinns durch die Gegenstandslosigkeit: und ihrer organischen Natur durch die Konstruktion, ja, man forderte sogar die Liquidierung ihrer Existenz zugunsten einer nur-praktischen, realen Umgestaltung des Lebens unter Verzicht auf Fiktionen und Fabeln.

Die Tribüne des praktischen Kunsthasses, um die sich Menschen mit unterschiedlicher Denkart und Bildung und aus unterschiedlichen Beweggründen versammelten, war ›LEF‹[5].

Doch was kann schon ein Bursche wie ich, der doch vorerst nur Zaungast des künstlerischen Schaffens ist, sooft er auch seine überschnappende Stimme erhoben hat, gegen die durch Jahrhunderte legitimierte gesellschaftliche Institution, gegen die Kunst, unternehmen?!

Und ein Gedanke gewinnt Raum.

Zuerst sich die Kunst aneignen.

Dann sie vernichten.

Die Geheimnisse der Kunst erkennen.

Alle Schleier von ihnen reißen.

Die Kunst erobern.

190

Meister werden.

Dann sie entlarven, zerschlagen!

Dann treten die gegenseitigen Beziehungen in ein neues Stadium ein:

Der Mörder beginnt mit seinem Opfer zu liebäugeln.

Er beginnt es zu umgarnen.

Unverwandt es zu fixieren und zu studieren.

So belauert der Verbrecher den Tagesablauf seines Opfers.

So kommt er hinter dessen Gewohnheiten.

Er merkt sie sich.

Die Aufenthaltsorte.

Die Adressen.

Schließlich spricht er das seit langem vorgemerkte Opfer an.

Kommt ihm näher.

Läßt sich sogar auf eine gewisse Vertraulichkeit ein.

Und insgeheim streichelt er freundschaftlich die blitzende Schneide seines Stiletts, deren Kälte ihn aber sogleich wieder ernüchtert, weil er selbst nicht so recht an diese Freundschaft glauben will.

Genauso schleichen wir, die Kunst und ich, umeinander herum . . .

Sie umstrickt mich mit allen ihren Reizen.

Und ich – prüfe heimlich die Schärfe des Stiletts.

Als Stilett dient mir das Skalpell der Analyse.

Bei näherer Betrachtung stellt sich heraus, daß die ihres Nimbus beraubte Göttin, »in Erwartung des letzten Aktes«, unter den Bedingungen der »Übergangszeit« doch wohl nicht unbrauchbar ist für die »gemeinsame Sache«.

Eine Krone gebührt ihr nicht.

Aber sollte sie vorläufig nicht dazu taugen, Fußböden zu säubern?

Der Einfluß der Kunst ist eben doch eine Realität.

Und unser junger proletarischer Staat braucht so unendlich viel Einwirkung auf Herz und Verstand, um die unaufschiebbaren Aufgaben erfüllen zu können.

Vor Jahren studierte ich höhere Mathematik.

Scheinbar nutzlos (denn damals konnte ich noch nicht ahnen, daß sie mir einmal gute Dienste leisten würde).

Vor Jahren paukte ich mir japanische Hieroglyphen ein.

Ebenfalls scheinbar nutzlos.

(Von der Nützlichkeit der Paukerei war ich damals noch nicht überzeugt. Mir wurde damals lediglich klar, daß es überhaupt zwei verschiedene Denksysteme gibt; an eine spätere Verwertung dieser Erkenntnisse jedoch dachte ich nicht!)

Haben wir das gepaukt, pauken wir eben auch noch die Methoden der Kunst.

Jetzt hat das Pauken wenigstens den Vorzug, daß es selbst unmittelbaren Nutzen bringen kann.

Also abermals 'ran an Bücher und Hefte . . . Laboratoriumsanalysen . . . Entwürfe . . . Die Mendeleevschen Tabellen und die Gesetze von Gay-Lussac und Boyle-Mariotte – auf dem Gebiet der Kunst . . .

Hier nun ereignet sich etwas ganz Unvorhergesehenes.

Der junge Ingenieur schreitet zur Tat.

Und verstrickt sich sofort hoffnungslos in den Netzen seiner neuen Bekannten, der Theorie der Kunst.

Auf Schritt und Tritt verbirgt sich die schöne Unbekannte vor dem Jüngling, der ausgezogen war, ihr inneres Wesen zu ergründen, hinter sieben Schleiern von Geheimnissen.

Ein wahres Meer von Musselin!

Ein Paquinsches Modell!

Es ist eine alte Wahrheit, daß kein Schwert ein Daunenkissen zu durchhauen vermag. Wie sollte man dann dieses Meer von Musselin durchhauen können, und hiebe man dreist mit einem doppelgriffigen Schwert darauf ein!

Ein Daunenkissen kann nur von einem scharfen türkischen Krummsäbel zerschnitten werden, wenn er mit der typischen Handbewegung eines erfahrenen Saladins oder Solimans geführt wird.

Mit einem frontalen Schlag ist es nicht zu teilen.

Die Krümmung des Türkensäbels ist gleichsam das Symbol des langen Umweges, auf dem man sich an die Geheimnisse, die unter dem Meer von Musselin verborgen sind, mühsam heranarbeiten muß.

Und wenn auch! Wir sind jung, können uns Zeit lassen. Und alles liegt noch vor uns.

Ringsumher brodelt die großartige schöpferische Intensität der zwanziger Jahre.

Sie wetteifert mit dem Irrsinn junger Triebe einer wahnsinnigen Einbildungskraft, mit Fieberphantasien, mit zügelloser Kühnheit.

Und das alles in dem tollen Wunsch, auf irgendeinem neuen

Weg, auf irgendeine neue Art das Erlebnis auszudrük-
ken.

Die Trunkenheit dieser Jahre gebiert, ungeachtet aller Deklarationen, ungeachtet des verpönten Wortes »Schaffen« (das
durch das Wort »Arbeit« ersetzt wurde), ungeachtet auch aller
»Konstruktionen« (die mit ihren knochigen Gliedern die
»Form« erdrosseln wollen), ein schöpferisches (jawohl: schöpferisches!) Erzeugnis nach dem anderen.

Die Kunst und ihr potentieller Mörder kommen vorläufig, in
der unwiederholbaren und unvergeßlichen schöpferischen Atmosphäre der ersten Hälfte der zwanziger Jahre, recht gut miteinander aus.

Doch der Mörder vergißt nicht, nach dem Stilett zu greifen.

Wie gesagt – als Stilett dient ihm das Skalpell der Analyse.

Und an die wissenschaftliche Erforschung der Geheimnisse
geht, das dürfen wir nicht vergessen, ein junger – Ingenieur.

Dank seiner Beschäftigung mit den technischen Disziplinen ist
ihm jener wichtige Lehrsatz in Fleisch und Blut übergegangen,
nach dem eine Untersuchungsmethode erst dann wissenschaft-
lich ist, wenn das zu untersuchende Gebiet mit einer bestimmten Maßeinheit zu erfassen ist.

Suchen wir die Maßeinheit, mit der die Wirkungskraft der
Kunst zu erfassen ist.

Die Wissenschaft hat ihre »Ionen«, »Elektronen«, »Neutro-
nen«.

So soll die Kunst – »Attraktionen« haben.

Aus dem Produktionsprozeß drang jener Terminus technicus
in die Umgangssprache ein, mit dem man das Zusammensetzen
und Aufstellen von Maschinen oder die Einrichtung von Was-
serleitungsanlagen bezeichnet.

»Montage!«

Es ist ein schönes Wort, dieses »Montage«, das so viel bedeutet
wie »Zusammensetzen«. Ein Wort, das zwar noch nicht zum
allgemeinen Sprachgut gehört, aber alle Aussichten hat, ge-
bräuchlich zu werden.

Soll es also sein!

Soll *die Verbindung der Wirkungseinheiten zu einem Ganzen*
mit diesem Terminus benannt werden, der halb in der Sphäre
des Produktionsbetriebes, halb in der Sphäre der music hall zu
Hause ist und den Sinn beider Wörter enthält.

193

Beide sind sie Produkte des Urbanismus, wie wir alle in jenen Jahren furchtbar urbanistisch waren.

So wird der Terminus »Montage der Attraktionen« geboren.

Hätte ich damals mehr über Pavlov gewußt, ich glaube, ich hätte die »Theorie der Montage der Attraktionen« als »Theorie der künstlerischen Reizerreger« bezeichnet.

Es ist interessant, daß hier *der Zuschauer* in der Eigenschaft eines entscheidenden Elements in den Vordergrund trat und – davon ausgehend – der erste Versuch unternommen wurde, die Einwirkung auf den Zuschauer zu organisieren und alle verschiedenen Arten dieser Einwirkung (unabhängig von dem Gebiet und der Dimension) gleichsam *auf einen Nenner zu bringen.* Das half uns später, die Besonderheiten des Tonfilms immer deutlicher vorauszuerkennen, und fand dann in der Theorie der Vertikalmontage seinen endgültigen Ausdruck.

So begann meine künstlerische »Doppeltätigkeit«, bei der stets die schöpferische mit der analytischen Arbeit verbunden war, indem ich »das Werk« bald mit Hilfe der Analyse kommentierte, bald an ihm die Ergebnisse dieser oder jener theoretischen Pläne überprüfte.

Für das *Bewußtwerden der Besonderheiten der künstlerischen Methode* waren mir diese beiden Varianten in gleicher Weise wertvoll. Und das ist für mich das Wesentliche, so schön einerseits die Erfolge und so schmerzlich andererseits die Mißerfolge auch waren!

Schon viele Jahre lang arbeite ich an einem »Kodex«, in dem ich die Erkenntnisse meiner praktischen Tätigkeit niederlege. Doch davon will ich ein andermal berichten.

Und – was wurde denn nun aus den Mordplänen?

Das Opfer war schlauer als sein potentieller Mörder. Während der Mörder mit dem Opfer zu »spielen« glaubte, wurde er von ihm verführt.

Es verführte ihn, zog ihn an sich, fesselte ihn und verschlang ihn für lange Zeit.

Obwohl ich mich nur »vorübergehend« künstlerisch betätigen wollte, ließ ich mich ganz von dem sogenannten künstlerischen Schaffen gefangennehmen, und nur selten gestattet mir die Kunst, die nicht mehr die verführte Königin, sondern meine unerbittliche Gebieterin, »mein grausamer Despot« ist, daß ich mich hinter den Schreibtisch setze und zwei, drei Gedanken zu Papier bringe, die mir ihre geheimnisvolle Natur eingibt. Während der Arbeit am ›Potemkin‹-Film durfte ich in echtem schöpferischem Pathos schwelgen. Und wer nur ein einziges Mal echte schöpferische Ekstase empfunden hat, der wird wohl kaum jemals von dieser wunderbaren Arbeit auf dem Gebiet der Kunst lassen!

1945

Foregger/Mass/Jutkevič/Eisenstein: Brief an die ›Zrelišča‹-Redaktion

Bürger Redakteur!
Obwohl wir im Theater bislang immer noch Molières Formel »Man soll das Seine dort nehmen, wo man es findet« für richtig ansehen, so halten wir es angesichts des in Ihrer Zeitschrift entfachten Streits »Über die moralische Priorität« usw. doch auch für unsere Pflicht, darauf aufmerksam zu machen, daß während der Arbeit des Foregger-Studios[1] am Montageplan für »Gutes Verhältnis zu Pferden«[2] im Oktober 1921 folgendes vermerkt wurde: 1)Bewegliches Trottoir und Treppen, 2)Liftsystem, 3)Trampolins auf Trossen, 4)Amerikanische Trampolins, 5)Kinematische Reklame, 6)Bewegliche Dekoration, 7)Elektrische Lichtreklame und 8) Fliegende »Lux-Laternen.
Umstände rein materiellen Charakters ließen den aufgezeichneten und in seinen Detailumrissen entworfenen Plan allerdings nicht verwirklichen.
Wir melden auf diese Erfindungen keinerlei Prioritätsrechte an, weil die Verwertung technischer Errungenschaften im Theater ja keinerlei Entdeckung darstellt, sondern schon seit langer Zeit existiert. Von den Regisseuren wurden schon im Theater des 18. Jahrhunderts Hebebühne und Drehbühne benutzt, Lichtmaschinen im Theater von Ferrara, pyrotechnische Fokuse im Jahrmarktstheater usw.
Nicht die Pläne am grünen Tisch, sondern nur die reale Ver-

wirklichung vermag den Wert dieser oder jener Erfindung und damit ein Erfinderrecht zu bestimmen.

Der Leiter der Mastfor[3]: I. Foregger[4].

Der Verantwortliche des literarischen Repertoires: Vl. Mass[5].

Der Verantwortliche für künstlerische Dekoration: S. Jutkevič[6].

Bühnenbildner: S. M. Eisenstein.

›Zrelišča‹, 1922/6.

Über das Urheberrecht eines Theaterregisseurs

Das Urheberrecht des Theaterregisseurs ist eine *unabdingbare* Sache.

Genauer: Meine Meinung deckt sich hier völlig mit der von Vs. Em. Meierhold[1], da ich – noch als sein Regieschüler – an der Erörterung dieser Meierhold sehr beschäftigenden Frage teilnahm.

Ich möchte nur darauf hinweisen, daß es Versuche zu einer *genauen Fixierung von Inszenierungen schon gibt*. Ich selbst habe eine genaue Fixierung des Bühnenarrangements (»mise-en-scène«) nach einem Schema in vier Rubriken ausgearbeitet.

Gegenwärtig werden solche Fixierungen von allen Provinztheatern des Proletkult verwendet[2].

Jetzt ist die Frage einer Aufzeichnung der Schauspieler-Bewegung und einer musikalischen Aufzeichnung des Sprechduktus an der Reihe.

Auf letzterem Gebiet arbeitet – soviel ich weiß – Gnesin[3] bei Meierhold.

›Zrelišča‹, 1924/72

Ist Kritik nötig?

(Antwort auf eine Umfrage)

> »Kritisieren ist leicht,
> – versuchts doch aber mal
> selbst.«
>
> Vitalij Lazarenko[1]

Unsere Kritik hat keinerlei Verbindung zur Produktion. In Fragen der Ideologie (im allervulgärsten Sinne des Wortes und ohne über den Rahmen des Allgemeinbekannten hinausgehend) findet sie sich leicht zurecht. In Fragen der *Technik* und der Form aber ist sie meistenteils absolut *hilflos*.

Deshalb vermag die Kritik in keiner Weise Theaterphänomene aufzudecken, den Theaterarbeiter auf den rechten Weg zu bringen oder auch nur mit der Produktion Schritt zu halten (wie etwa Brjusov[2] u. a. zur Zeit des ›Theaters der Konventionen‹[3] taten).

Sie hinkt vielmehr hinterher.

Wir brauchen eine Kritik. Aber eine solche, die soziologisch und formal genügend beschlagen ist. Die Fragen einer Soziologie der Form läßt man einfach beiseite. Und gerade dies ist doch der Eckstein für eine Bewertung der ideologischen Konsequenz und Nützlichkeit von Theaterphänomenen.

Und hierin liegt auch gerade die *Pflicht* der Kritik, zumal eine solche Analyse im Gewirr der Produktion selbst einfach nicht geleistet werden kann.

Was für eine Kritik brauchen wir?

Eine Kritik ist auf allen Gebieten der Theaterarbeit nötig. Das Hauptübel unserer Kritik verbirgt sich aber gerade in der Art dieser Fragestellung selbst: Die Gegenüberstellung von ideologischer und Schauspieler-Kritik ist zumindest nicht sachbezogen. Es wird Zeit, endlich einmal zu lernen, daß man *die technische Arbeit auf der Grundlage ihrer ideologischen Voraussetzungen kritisieren* muß (Materialismus und Idealismus in technischen und formalen Fragen).

Zufriedenstellende Vorbilder einer solchen Kritik habe ich bislang noch nicht getroffen. Als Beispiel einer keineswegs zufriedenstellenden Kritik kann ich die ›Gesammelten Werke‹ von Chr. Chersonskij[4] anführen.

Es wäre wünschenswert, daß der Typ eines professionellen Kritikers, der außerhalb sämtlicher Produktionsprozesse steht, aber dennoch über alle seine Aspekte schreibt, allmählich verschwindet. Seine Stelle sollte ein Bürger einnehmen, der in die Geheimnisse des Handwerks eingeweiht ist, zumindest aber in das, worüber er schreibt. Bis dahin würde es den Produzenten selbst gar nicht schaden, wenn sie sich Zeit für eine objektive Analyse der eigenen Arbeit und der anderer Meister nähmen. An die Feder, Genossen Produzenten!
An die Werkbank, Genossen Kritiker!

›Novyj zritel'‹, 31. 3. 1925.

Sergej Eisenstein Jutkevič : Die achte Kunst

Über Expressionismus, Amerika und natürlich über Chaplin

Ein Kapitel Geschichte: »Nach dem Ende des Großen Krieges kam es zu einem unglaublichen Vorfall: In den erhabenen Parnaß, wo die sieben klassischen Musen ihre ernsthafte Sitzung abhielten, platzte in schneller und irgendwie wunderbar hüpfender Gangart ein langfüßiger Mensch, schüttelte seine Lokkenmähne mit der darauf gestülpten Melone, fuchtelte mit dem unvermeidlichen Stöckchen umher, wobei er es sich nicht verkneifen konnte, einer der ehrenwerten Musen damit an die Nase zu tippen, und plumpste schließlich mit einem Salto auf den Platz des Vorsitzenden. Er zog eine komische Grimasse, zuckte mit seinem schwarzen Oberlippenbärtchen und stieß dann – mit viel Mühe, da er es offensichtlich nicht gewohnt war, vor einer derart erlesenen Gesellschaft zu sprechen – eine seltsame, die Parnaß-Bewohner in Erstaunen versetzende Wendung hervor:

»*Lieben Sie Charlot?*«

Auf diese Weise vollzog sich – von den Bewohnern der RSFSR* unbemerkt – die Verwandlung des ärmlichen »Bioskops« in eine machtvolle Kunst, und Charles Chaplin nahm den achten Platz im Sowjet der Musen ein.

* RSFSR: Russische Sozialistische Föderative Sowjetrepublik [Anm. d. Übers.].

Das ist nunmehr schon Geschichte. Und da wir keine Liebhaber archäologischer Entdeckungen sind, gehen wir jetzt, nachdem wir dieses bedeutsame Faktum dem Bürger zur Kenntnis gebracht haben, zur Gegenwart über. In Frankreich, wo die theoretischen Entdeckungen auf dem Filmgebiet gegenwärtig am fruchtbarsten sind, warf Claude Blanchard[1] die Frage nach dem »Synchronismus« oder dem Geräusch im Kino auf. In seiner Erörterung dieser Frage schreibt er:

»In der letzten Zeit sprachen viele von einer neuen Anwendung des Geräusch-Synchronismus auf den Kinematografen. Das ist eine außerordentlich interessante Frage, obwohl sie allerdings bei weitem nicht so neu ist, wie das scheinen mag. Die Besucher der »dunklen Säle« von 1905/6 werden sich natürlich noch an jene primitiven Geräuschimitatoren erinnern, die unweigerlich zur Vorführung eines Filmes gehörten (Meeresrauschen, das Stampfen eines Dampfers, das Geräusch zerbrechenden Geschirrs usw.).

Ich selbst erinnere mich noch recht lebhaft an einen Film im Dufaillel-Kino, wo ein Gymnasiast vorkam, der eine riesige Zigarre rauchte und dann urplötzlich von der Leinwand verschwand, worauf man Geräusche vernahm, die keinerlei Zweifel über den bejammernswerten Zustand seiner Verdauungsorgane ließen. Diese Geräuschimitatoren wurden wegen ihrer technischen Unvollkommenheit bald aufgegeben. Der Vorführer, der den Tonteil betreute, hatte nur zufällige und unvollkommene Apparaturen zur Verfügung und folglich keinerlei Möglichkeiten für eine vollkommene Koordination seines Teiles mit dem, was auf der Leinwand vor sich ging, d. h. er konnte den Synchronismus nicht realisieren.

»Die Illusion klappte nicht!«

In Frankreich gibt es auf diesem Gebiete noch keinerlei Fortschritte. Das Einzige, worauf Claude Blanchard verweisen kann, ist die Vorführung des schwedischen Filmes ›Der Fuhrmann des Todes‹[2], die von einer gelungenen Kombination aus Schellenspiel und Schlagzeuginstrumenten begleitet wird. Auf Blanchard machte das einen großartigen Eindruck. Für die Vervollkommnung der Synchrontechnik bedeutet es allerdings noch keinerlei Fortschritt: Es ist das Auswechseln des Vorführers von 1905 gegen den Kapellmeister von 1922.

Für die Erarbeitung äußerst komplizierter technischer Apparaturen, die für eine Kombination von Geräusch, Musik und Film geeignet sind, hat der Erfinder neuer Synchronapparaturen Carles Delacommune in der letzten Zeit eine Reihe interessanter Experimente durchgeführt. Claude Blanchard, der an der Vorführung dieser Errungenschaften teilnahm, sieht im Ausbau des hier Erreichten die Schaffung einer »starken dramatischen oder komischen Atmosphäre (Freuen Sie sich, Taïrov![3]), natürlich im Rahmen der entsprechenden musikalischen Stilisation« voraus.

(Sic!)

Es ist peinlich, ein derartiges Herangehen an den Ton bei einem Zeitgenossen und Landsmann von A. Tanneraise lesen zu müssen, bzw. bei einem Kritiker jenes Landes, in dem schon seit zwei Jahren die »Jazz-Band« donnert. Unwillkürlich erhebt sich die Frage, ob die letztgültige Lösung dieses Problems wiederum zur Gänze der vielgeplagten RSFSR aufgeladen werden soll, die – mit den Worten V. E. Meierholds[4] – die Rolle eines Sprachrohrs der neuen Theater- (und jetzt auch Film-) Theorien übernommen hat.

Wir sehen, daß das von dem geschätzten Kritiker so oft wiederholte Wort »Illusion« der konkreten Arbeit des französischen Films erheblichen Schaden zufügt.

Die Mehrzahl der Filme neuer Produktion leidet an dieser bei uns schon längst überwundenen Krankheit. Sogar Louis Delluc, der bekannte Theoretiker der modernen Filmkunst und Autor einer wundervollen Chaplin-Monografie, sowie eines Buches über die »Fotogenität«, konnte sich in seinen Filmen ›La femme de nulle part‹ und ›Fièvre‹ nicht vor dem schädlichen Einfluß des Naturalismus schützen[5]. Und selbst in Amerika, von wo man doch die vollendetsten Vorbilder einer neuen exzentrischen Filmkunst[6] erwarten sollte, hat man sich immer noch nicht von den Verlockungen der »Illusionen« freigemacht.

Trompe-l'œil-Dekorationen: »Die Amerikaner führten sie zu höchster Vollendung«, schreibt der Franzose Galtier Boissière in seinem Aufsatz über die amerikanische Filmkunst. Das kleinste Studio von Los Angeles reproduziert unbedenklich eine ganze Vorstadt New Yorks, ein Duplikat der Avenue de l'Opéra, das Chinesenviertel, die Slums von Rio, Moscheen, indische Pagoden usw. Wenn Sie mit angespanntem Interesse den Sie mitreißenden Verfolgungsjagden in den undurchsichtigen Stadtrandvierteln von San Francisco folgen, so kommen Sie sicher nicht auf den Gedanken, daß sich dies alles zwischen

Häuserfassaden aus Papiermaché abspielt. Und wenn sich der Samurai in einem japanischen Gärtchen den Bauch aufschlitzt, so kommen Sie niemals auf die Idee, daß dieser bezaubernde Garten mit seinen Zwergbäumen nur zehn Quadratmeter mißt, soviel, wie das Kameraobjektiv gerade erfaßt.

Da wir uns gerade erst von der Meininger Methode[7] freigemacht haben, können wir natürlich den Abhängigkeitsgrad der Franzosen und Amerikaner von der Illustration schwerlich beurteilen. Wenn aber die Ausstattungen, von denen Boissière schreibt, genauso ausgeführt werden wie das polenovisch-süße[8] Jerusalem, das Spielzeug-Paris der Katharina Medici, das Papp-Babylon des Belsazar* und schlecht zusammengeleimte Golgatha (das einfach als Attrappe gefilmt wurde) im bekannten ›Intolerance‹-Film des amerikanischen Regisseurs Griffith[9], so können wir jene sensiblen Kritiker nicht gerade beglückwünschen, die schon ›Vater Sergij‹[10] – der einzige russische Film, den Amerikaner je zu Gesicht bekamen – zu verächtlichem Lächeln reizt und es ihnen »unmöglich« macht, »bis zum Ende auszuhalten«. Natürlich sollten Filme dieser Sorte, die auch in Europa ihre Blüten treiben (›Don Juan‹ von Marcel L'Herbier[11], ›Die Frau von nirgendwoher‹ von Louis Delluc, ›Die Lilie des Lebens‹ von Loie Fuller[12] und die Mehrzahl der gegenwärtig in Paris laufenden schwedischen Filme), in der Tat mit Lachen bedacht werden. Aber natürlich nicht etwa deshalb, weil es von einem Garten mit »Tageslicht« in ein Gasthaus mit »Abendlicht« geht, oder weil sich die Beleuchtung in der Zelle nicht entsprechend der herumgetragenen Kerze verändert, worin für die amerikanischen Filmagenten die Gründe lagen, den in Berlin begutachteten »Sergij« nicht nach New York zu holen.

Im Gegensatz zu dieser naturalistischen Tendenz der westlichen Filmkunst entwickelte sich in Deutschland eine neue Richtung, die wir die »nicht naturalistisch-illusionistische« (»uslovnyj«[13]) taufen können. »Das Kabinett des Doktor Caligari‹, ein Film in sechs Akten nach einem Drehbuch von Carl Mayer und Hans Janowitz, inszeniert von dem Regisseur Robert Wiene, stellt die erste Erfahrung mit der expressionistischen Montage dar und wurde von den Filmarchitekten Rodstadt und Arpke realisiert[14].

* Eisenstein schreibt hier irrtümlicherweise »Balthasar« (Anm. d. Übers.).

Im Zusammenhang mit dem nicht naturalistisch-illusionistischen Film (»uslovnyj kinematograf«) ist noch auf den »gezeichneten Film« hinzuweisen, dessen Propagator Guys Boffe ist, der von den jüngsten Erfolgen der Künstler Matrasse und Bouchèr berichtet, die in die Technik des gezeichneten Films die Farbe und das Tuschprinzip einführten.

Schließlich die dritte und mächtigste Strömung in der Filmkunst, die aus Amerika kommt und in sich neue Potenzen zu echter Exzentrik trägt: Der Detektivfilm, der Abenteuerfilm und die Filmkomödie brachten eine Reihe herrlicher Schauspieler hervor, die Léon Moussinac[15] mit den hervorragenden Schauspielern des französischen Theaters konfrontiert – den unerschrockenen Cowboy, den »Ritter ohne Furcht und Tadel« der amerikanischen Prärie Rio Jim[16]; Mary Pickford, den Idealtyp einer Anglosächsin und Heldin unwahrscheinlicher Abenteuerfilme[17]; Douglas, den Sportler und Optimisten[18]; den Japaner Hayakawa[19]; den Dickwanst Fatty[20] in seinen gewürfelten Hosen; den dümmlichen, aber belustigenden Dudul und an der Spitze – der unvergleichliche *Charly Chaplin*!

Allgemeine Verwirrung um Chaplin, den Charlot! Die Zeitschriften bekommen ein buntes Bild: »Charlot geht spazieren, Charlot auf dem Fahrrad, Charlot auf Rollschuhen, Charlot bei Millerand, Charlot verliebt, Charlot – der Säufer«, wie ein Aufsatz des Franzosen Draisa überschrieben ist, der im Zusammenhang mit Charlot die Frage nach dem Unterschied zweier Weltverhältnisse aufwirft.

Es ist allseitig bekannt, welchen gewaltigen Einfluß der Film gegenwärtig auf alle übrigen Kunstarten ausübt.

Eine ganze Reihe moderner Künstler spiegelt in ihren Werken Bilder des modernen Films (F. Léger, Picasso, George Lenan, Auberlot). Louis Latapi schuf eine Reihe wundervoller Plakate für das Foyer des Kinos in Grenelle, auf denen Chaplin und Rio Jim in ihren Filmrollen dargestellt sind.

So wächst und gedeiht also das »glückliche Kind« (I. Èrenburg[21]), und Regisseure, Künstler, Dichter und Techniker aus aller Welt, die ein Interesse am Sieg der neuen Kunst haben, müssen sich mit allen Kräften dafür einsetzen, daß das geliebte Kind nicht in die begierigen Pfoten eines »heliotropen Tantchens« und bigotter Sittenwächter fällt.

›Ècho‹, 1922/2

›Gasmasken‹

(Aus Gesprächen mit S. Eisenstein)

S. M. Tret'jakovs Melodrama des Alltagsmilieus in drei Akten[1], das S. M. Eisenstein im Arbeitertheater des Proletkult inszenierte, ist deshalb interessant, weil es auf einem Kollektivdrama aufbaut – auf der heroischen Entscheidung eines Arbeiterkollektivs, ihr Werk auf Kosten des eigenen Lebens zu retten. In einem Gaswerk ist das Hauptleitungsrohr geplatzt. Dessen Reparatur muß ohne Gasmasken durchgeführt werden, weil es wegen einer Schlamperei des Direktors und des betrieblichen Gewerkschaftskomitees im Werk keine Gasmasken gibt.

Das eingeführte Element eines individuellen Dramas (Tod des Direktorensohns u. a.) dient ausschließlich der Unterstreichung des kollektiven Dramas.

In der *Inszenierung* werden die Bauprinzipien des zweiten und dritten Aktes von ›Hörst Du, Moskau?!‹[2] weiterentwickelt – und zwar in Anwendung auf

1) weniger romantische und dafür sachbezogenere Situationen, sowie

2) Massenarbeit auf der Bühne: Der zweite und die Hälfte des dritten Aktes handeln im Arbeitermilieu, das die Etappen vom Gas über die Krankenbahre bis zum Krankenhaus durchläuft.

Die Behandlung von Heroik und Pathetik ist entschieden antispartakistisch (»Theater der Revolution«[3]) und schon nicht mehr plakativ (wie das in ›Hörst Du, Moskau?!‹ entsprechend der dortigen spezifischen Aufgaben der Fall war). Diese Behandlung ist vielmehr im Stil handfester, milieubezogener *Alltäglichkeit* gehalten (d. h. in den einzig adäquaten Formen, die nach Ansicht des Arbeitertheaters den Kampfbedingungen an der Produktionsfront entsprechen). Das Ziel der Inszenierung ist eine Produktions- und milieuorganisierende Agitation.

Gespielt werden soll das Stück ausschließlich in Arbeiterbezirken, in Fabrikgebäuden. Zu diesem Ziel wurden eine Reihe von Betrieben und Werken im Rogožsko-Simonover Bezirk geprüft (Barri, Dynamo, Amo u. a.)[4]. Die Wahl fiel auf die Kesselwerkstatt des ehemaligen Barri-Werkes, wo während der Aufführung die im Werk vorhandenen Konstruktionen zum

Aufstellen der Kessel die Funktion von Aufbauten übernehmen sollen[5].

Die Bühne wird aus nichtmontierten und mit Brettern bedeckten Teilen von Eisenbahnbrücken konstruiert. Der Zuschauerraum (für 10 000 Arbeiter dieses Bezirks) wird auf horizontalen Kesseln eingerichtet[6].

Geräusche: Fabriksirene, Niethämmer, pneumatische Ratschen, Hämmer, riesige Eisenblätter[7].

Es werden die Möglichkeiten einer »Gasmasken«-Aufführung im Moskauer Gaswerk *während der Arbeitszeit,* die rund um die Uhr läuft, geprüft, wobei der Schluß des Stückes (die volle Ingangsetzung des Werkes nach Behebung des Katastrophenschadens) für die Zeit der Abendgymnastik vorgesehen ist, die an diesem Arbeitsplatz durchgeführt wird[8]. Der Schluß enthält eine Attraktion, die in ihrer Art einmalig ist: Hervorströmen weißglühenden Kokses. Schminke wird nicht verwendet, und die Arbeiten werden von den Künstlern des Arbeitertheaters in gewöhnlichen Arbeitsmonturen ausgeführt werden.

Im Stadtzentrum sollen einige Aufführungen im eigenen Gebäude (Vozdviženka Str. 16[9]) und im Säulensaal des Hauses der Sowjets aufgeführt werden[10].

Entsprechend ihrer Bestimmung kann die Aufführung als Ganzes den Zentrumaufführungen nicht zugeordnet werden[11].

›Zreliŝča‹ 69/1924

S. Eisenstein und Proletkult

(Gespräch mit S. M. Eisenstein)

Auf unsere Frage nach den Gründen seines Konfliktes mit Proletkult teilt Eisenstein folgendes mit:

Die Hauptursache meines Weggangs[1] bestand darin, daß die Leitungsorgane von Proletkult weder im Repertoire, noch in prinzipiellen und formalen Fragen einen festen Theaterkurs steuerten.

Gewöhnlich wurde die gesamte Zielrichtung der Theaterarbeit

von den Bestrebungen der einzelnen Regisseure (vor allem durch meine vierjährige Arbeit) bestimmt. Von Seiten des Proletkult war die Beschäftigung mit der Theaterarbeit eine reine Zensurangelegenheit.

Die Gesamteinschätzung der Arbeit durch Proletkult lief gewöhnlicherweise auf die Sakramentalformel »ideologisch konsequent« hinaus, wobei diese sich zu 90% auf das Sujet und die milieumäßige Stimmigkeit der Details bezog.

Wenn all dies bis zu einem gewissen Grade auch noch durch die Inkompetenz in formalen Theaterfragen zu erklären war, so wurde dann der fehlende Kurs in Repertoirefragen, die man völlig zufällig löste, zu einem noch ernsthafteren Problem. Die berühmte Konsequenz des Repertoires, die sich nach dem ›Gescheitesten‹[1] in einer Polit- und Produktionsagitationslinie[2] zeigte, ist den Verdiensten von S. Tret'jakov, dem Autor der beiden Standardstücke, zuzuschreiben. Für die Zukunft hat man aber nur solche Stücke im Theaterschubfach liegen, die sogar ihrem Inhalt nach ohne konkrete Zielsetzung sind.

Der unmittelbare und ausschlaggebende Anlaß meines Weggangs bestand aber darin, daß der Theaterbegriff von Proletkult ab einem gewissen Zeitpunkt einen Rechtsdruck erlebte.

Auf dieser Grundlage kam es zu einer »Verfolgung« meiner Arbeiten – etwas, was sich in weniger scharfer Form auch schon früher abgezeichnet hatte. Nach der Generalprobe von 1922 wurde der ›Gescheiteste‹ zunächst vom Spielplan abgesetzt und dann doch wieder aufgenommen; aus meinem ›Streik‹-Film wurde zunächst das Proletkult-Emblem entfernt und dann doch wieder eingesetzt. In der laufenden Saison nahm die Verfolgung nunmehr ausgesprochen unerträgliche Formen an, als der künstlerische Beirat des Theaters meine Inszenierungen nicht nur ohne Motivierung, sondern sogar ohne mein Wissen umbaute (aus dem ›Gescheitesten‹ wurde eine Reihe von Tricks – besonders die ›Perche‹[3] – herausgenommen und eigenes Textmaterial hinzugefügt, aus ›Hörst Du, Moskau?!‹ eine Reihe bewußt geplanter Momente in der letzten Kampfszene entfernt usw.). Gleichzeitig bildete sich aber auch kein klarer Kurs heraus. Denn man kann ja wohl die jetzige Orientierung aufs rayonistische Theater (à la Zamoskvoreckij)[4] kaum als Kurs bezeichnen, zumal hier die elementaren Möglichkeiten ihrer Realisierung – von der zweifelhaften Notwendigkeit einer solchen Orientierung einmal ganz zu schweigen – nicht berücksichtigt wurden. Vor allem aber ist das Proletkult-Theater auch weder vom Repertoire, noch von seinem Produktionsstand her hierzu in der Lage.

Außerdem wurde das Theaterkollektiv in der vierjährigen Arbeit mit mir nicht dazu erzogen, sich auf eine monatliche Fertigstellung von Inszenierungen einzurichten (das war eine Vorschrift, die mir Proletkult zusammen mit dem Verbot weiterer Experimentierens erteilte), sondern für die von Proletkult gestellten und von mir auch erfüllten Aufgaben: zur praktischen Ausarbeitung von schauspielerischen Arbeitsmethoden, zur Einrichtung eines Schauspiels u. ä., sowie zur Ausarbeitung von Musterlösungen spezifischer Theateraufgaben (Agitbuffo, Agitguignol[5] usw.), die das Ziel verfolgten, daß die Rayons und Provinzen die Resultate dieser Erfahrungen verwerten konnten. Dann ist auch der Weg des prinzipienlosen Auswechselns von Regisseuren – zu dem Proletkult mit der Berufung des mir zumindest in der ersten Zeit diametral entgegengesetzten Rošal'[6] wiederum zurückkehrt – ebensowenig wie das dem Zufall überlassene und nichtdurchdachte Auswechseln von Theatersystemen geeignet, zu positiven Ergebnissen zu kommen und ein Theater mit eigenem Profil zu schaffen. Dieser Plan erfordert eine einschneidende dramaturgische Umerziehung der Truppe, wozu allerdings schwerlich ein Kollektiv geeignet sein dürfte, das früher nach den Prinzipien einer fundierteren und ernsthafteren Arbeit vorging.

Über eine gemeinsame Filmarbeit mit Proletkult kann ebenfalls keine Rede mehr sein. Und dies noch nicht mal in jener gemäßigten Form, in der mir Goskino die mit Proletkult vereinbarten restlichen sieben Serien des Zyklus ›Zur Diktatur‹ in der Eigenschaft als Goskino-Regisseur (und eben nicht als Proletkult-Regisseur) zu realisieren vorschlug.

Der Grund hierfür liegt wiederum in der Rechtsabweichung der kleinbürgerlich-realistischen Einstellung von Proletkult, die mit meiner Arbeit absolut nicht in Einklang zu bringen ist.

Redaktionsanmerkung: Da die Redaktion dem Konflikt zwischen Proletkult und S. M. Eisenstein eine künstlerisch-prinzipielle Bedeutung beimißt, gibt sie beiden Seiten die Möglichkeit, hierzu Stellung zu nehmen.

›Novyj zritel'‹ 1925/4

Gespräch mit dem Regisseur
S. M. Eisenstein

Der von Goskino in Auftrag gegebene ›Streik‹-Film ist nunmehr endgültig fertiggestellt und durchläuft gerade die Zensur. ›Streik‹ ist mein erster und letzter Film, der in Zusammenarbeit mit dem ›Ersten Arbeitertheater des Proletkult‹ entstand, da ich dieses Theater Anfang Dezember verließ. Den Anlaß hierzu lieferte ein ausgesprochen unschöner Umstand: Mein Recht als Mitautor am ›Streik‹-Drehbuch wurde vom Exekutivbüro des Proletkult nicht anerkannt. Der Grund meines Austritts liegt aber natürlich tiefer und besteht darin, daß im Verlaufe des letzten Jahres meine Arbeit nicht in Einklang mit einer (im Formalen) offen reaktionären Theaterrichtung zu bringen war, die die Leitungsorgane des Proletkult seit jener Zeit einschlugen, als Leute an Einfluß gewannen, die von jeher in Opposition zu allem standen, was ich unternahm, und die beharrlich eine »rechtsgerichtete« Theaterauffassung vertraten. Die nach meinem Austritt eingenommene Arbeitsorientierung zeugt von einem völligen Bruch des Proletkult-Theaters mit der sogenannten »Linken Front«[1] und bedeutet damit eine Stärkung der Front unserer Theaterfeinde. Am meisten ist natürlich das Kollektiv zu bedauern, das eines der jüngsten und besten ist und nun erneut jenem ewigen Wechsel der Regisseure, »Plattformen« und sogen. Versuchen ausgesetzt ist, was eigentlich schon seit 1917 nur ein Auswechseln der individuellen Manieren und Glaubensbekenntnisse einzelner Theaterschaffender war.
Der Bruch mit Proletkult bedeutet für mich einen letzten Anstoß dazu, mich – wenigstens in der allernächsten Zeit - ausschließlich der Filmarbeit zu widmen. Im Zusammenhang hiermit mußte ich auch das einzige für mich in Frage kommende Angebot – als Regisseur im Meierhold-Theater zu arbeiten – ablehnen, vor allem im Hinblick auf den grandiosen Charakter meines neuen Filmarbeitsthemas, der in heroisch-romantischem Stil zu realisierenden Geschichte der Reiterarmee[2], die wunderbares Material für einen Film liefert und die Notwendigkeit mit sich bringt, zumindest 6–7 Monate lang die UdSSR zu bereisen.
Vom ehemaligen Reiterarmisten Blioch[3], dem stellvertreten-

den Produktionschef der Moskauer Zweigniederlassung von Sevzapkino, und meinem Assistenten Mormonénko[4], der mit mir zusammen Proletkult verließ, wird zur Zeit das historische Material – mündliche und schriftliche Erinnerungen der Teilnehmer (der Genossen Budënnyj, Vorošilov, Kalinin, Beloded, Ananasenko[5] u. a.) – systematisiert und die zeitliche Anordnung des Drehbuchs festgelegt, das folgende Teile enthalten soll: Partisanenbewegung, Kaukasische Divisionen, Reiterabteilung und Reiterarmee. Diesem historischen Schema folgt auch der thematische Aspekt, der sowohl den kollektiven, als auch den individuellen Heroismus und schließlich die Rolle der Partei zum Ausdruck bringen soll, der es mit eiserner Energie gelang, die Massen der Reiterarmee zu formieren.

In formaler Hinsicht wird der Film eine fortführende Ausarbeitung der von mir schon im ›Streik‹ demonstrierten Ideen sein, d. h. sozial-massenbezogene Themen vorführen.

Die Länge des Filmes ›Reiterarmee‹ wird 2000–2500 Meter betragen. Zur Realisierung besonders schwieriger Aufgaben – der Kampfszenen – werden Militärfachleute und Teilnehmer der entsprechenden Kämpfe herangezogen werden. Mit der Teilnahme der letzteren rechnen wir zuversichtlich, zumal wir an den Wunsch der Genossen Kalinin und Vorošilov erinnern können, einen Teil der Filmproduktion des Jahres 1925 der Geschichte der Roten Armee zu widmen (Reden auf dem 5. Jahrestag der Reiterarmee), und weil wir ferner die Zusage des Genossen Vorošilov haben, gemeinsam mit dem Genossen Budënnyj an der Realisierung dieses Filmes mitzuwirken, dessen eigentliche Initiatoren sie ja auch sind.   A. L-es.

›Kinonedelja‹, 1925/4

Antwort auf Pletnëvs Polemik in ›Kinonedelja‹

Genossen!

Verweigert nicht den Abdruck folgender Reaktion auf die in No. 6 Euerer Zeitschrift publizierten Dementis des Genossen Pletnëv[1] zu dem in No. 4 abgedruckten Gespräch mit mir[2].

Da ich den Stil, in dem Genosse Pletnëv schreibt, nicht beherr-
sche, werde ich mich ausschließlich mit der sachlichen Seite
befassen. Die Detailanalyse der eingetretenen Situation und
die Interpretation der Motive –nach denen ich »gegangen worden« sein soll –, d. h. die Interpretation des *Anlasses* meines
Weggangs durch den Genossen Pletnëv zeugen eigentlich nur
davon, daß ich meinerseits mehr *Gründe* hatte, Proletkult zu
verlassen, als Proletkult Gründe hatte, sich von mir zu trennen.
Die Motive liegen nämlich in meinem Verhältnis zu Proletkult
und keinesfalls im »revolutionären – in Anführungszeichen –
Charakter« meiner formalen Errungenschaften, der erst im
Moment einer Interpretation meines Hauptgrundes für den
Weggang aufkommt – sie liegen vielmehr in meinem Verhältnis
zur reaktionären Haltung des Exekutivbüros des Moskauer
Proletkult in Theaterfragen. Bisher war meine Arbeit für den
Proletkult offensichtlich ideologisch trotz alledem annehmbar:
Denn wieso hätte Proletkult sonst mit mir im November einen
bis Mai gültigen Vertrag abgeschlossen, der für sein Budget
ausgesprochen schwierige materielle Bedingungen enthielt.
Immerhin hätte das Exekutivbüro ja damals die Möglichkeit
gehabt, sich von mir ohne viel Aufsehen und ohne einen solchen
Konflikt wie jetzt zu trennen. Es hätte bloß auf meine Bedingungen nicht einzugehen brauchen oder sich aber auf meine
Weigerung berufen können, mich am allgemeinen Produk-
tionsplan des Theaters einschränkungslos zu beteiligen (in ihn
waren zwei Stücke von Pletnëv[3] aufgenommen worden, die ich
ihren formalen und dramaturgischen Qualitäten nach katego-
risch ablehnte).
Was das Faktum meines Weggehens von Proletkult selbst angeht, so muß ich zum Leidwesen des Genossen Pletnëv mittei-
len, daß ich mich hierzu keineswegs erst wegen der Resolution
des Exekutivbüros vom 4. XII. *endgültig* entschloß, sondern
schon zwei Wochen früher. Zu dem Zeitpunkt nämlich, als eine
Initiativgruppe des Kollektivs, die von meiner Absicht, mit
Proletkult zu brechen, wußte, sich an mich wandte, um mir
zu meinem größten Erstaunen mitzuteilen, daß sie (aus anderen
– ideologischen und organisatorischen – Überlegungen) ge-
neigt sei, Proletkult zu verlassen. Gleichzeitig fragte sie mich,
ob ich nicht die Leitung dieser das Arbeitertheater verlassen-
den Gruppe, die sich an der rayonistischen Wanderbühne ori-
entiere, übernehmen könne. Für diese Tatsache gibt es zu mei-

nem Leidwesen 23 lebende Zeugen aus dem Kollektiv – mit der kommunistischen Fraktion des Arbeitertheaters an der Spitze. Am 5. XII. reichte die KPR-Fraktion ihre Austrittserklärung aus dem Theater ein, in den folgenden Tagen werden das die übrigen Genossen tun. Mein Austritt jedoch, der vorentschieden ist und einstweilen – vor allem bis zur Klärung der Frage meiner Mitautorenschaft an ›Streik‹ – ruht, war der Grund ihres Austrittes und fand am 4. XII. in nicht erwarteten Formen statt. Genosse Pletnëv hat dies in liebenswürdiger Weise dargestellt, allerdings mit der dahingehenden Abänderung, daß mir auf meine telefonische Anfrage, ob sich (nach dem für mich völlig unerwarteten »Mißtrauens«-Votum) für das Exekutivbüro nicht die hieraus völlig logisch abzuleitende Frage nach meinem Rücktritt stelle, von der Leitung (Genossin Jazvickaja) mitgeteilt worden sei, daß die Frage gestellt, aber noch nicht entschieden sei, woraufhin ich ein Telegramm mit meiner bereits feststehenden Entscheidung abschickte. Wie sich danach herausstellte, war die Frage prinzipiell schon entschieden und die Verzögerung rein formaler Natur. Auf diese Weise war meine Austrittserklärung als verspätet anzusehen, und das zum ersten Mal während unserer gemeinsamen Arbeit auf einem Standpunkt orthodoxen Formalismus beharrende Exekutivbüro konnte »stolz und ehrenhaft« (Pletnëvs Formel) schreiben: »Wir haben Eisenstein gegangen«.

Was nun die Genossen des Kollektivs betrifft, so hat die Proletkult-Verwaltung deren Massenaustritt auf der Grundlage des Kollektivvertrags und der Gewerkschaftsgesetzgebung liquidatorisch verhindert. Das ist meiner Meinung nach Grund genug, wenn auch nicht in »Krokodilstränen« auszubrechen, so doch zumindest sein Mitleid mit dem Kollektiv auszudrücken, da ja schließlich eine Gruppe von gewaltsam zurückgehaltenen Leuten keinesfalls einem Kollektiv im eigentlichen Sinne des Wortes entspricht. Was vom Kollektiv in der Zukunft noch zurückbleiben wird, stellt sich im Mai heraus, wenn der Kollektivvertrag endet.

Die von mir geäußerten Vermutungen hinsichtlich des Regisseurwechsels haben sich nicht nur bestätigt, sondern mit dem »Kurzfilmcharakter« dieses Wechsels sogar meine Erwartungen übertroffen (so konnte sich Genosse Rošal'[3] nur einen Monat halten, bzw. es aushalten – seine Kündigung hat er schon).

Was die Frage meiner Mitautorenschaft am ›Streik‹-Drehbuch betrifft, so werde ich deren Anerkennung schon nicht mehr bei Proletkult suchen. Ich weise nur darauf hin, daß ich niemals eine alleinige Autorenschaft geltend machte oder geltend machen wollte. In diesem Punkt verhält sich Genosse Pletnëv demagogisch: Meine Erklärung für das Exekutivbüro enthält vier Namen – Pletnëv, Eisenstein, Mormonenko[4] und Kravčunovskij (wobei es sich bei den letzten beiden um technische Hilfskräfte handelt). Die Antwort des Genossen Pletnëv auf eine Anfrage des Exekutivbüros enthielt – soweit mir bekannt ist – fälschlicherweise noch zwei weitere Namen: den Experten für den historischen Teil und den für eine gerechte Arbeitsverteilung unter den Schauspielern verantwortlichen Vertreter des Kollektivs.

Die Autorenschaft wird dem »Autorenkollektiv« allerdings erst dann zuerkannt werden, wenn im Exekutivbüro meine 13 Punkte über die Teilnahme an der Drehbucherstellung verhandelt werden, die ich auf Anfrage des Exekutivbüros hin verfaßt habe, das wissen wollte, was denn nun eigentlich von mir stamme und bis zu welchem Zeitpunkt der das Drehbuch »offiziell verantwortende« Pletnëv als »Autor« anzusehen sei.

Meiner Meinung nach ist diese – im Sprichwort »Einer hackt Holz, sieben blasen sich in die Hände«* (obwohl wir nur vier waren) ausgedrückte – Situation das Ergebnis eines bedauerlichen Mißverständnisses, das darauf zurückzuführen ist, daß einige Genossen eine seltsame Auffassung von der Bedeutung kollektiven Schaffens hatten (z. B. die Erwähnung der Genossen von Goskino, die darüber höchst erstaunt sein dürften!) und auch darauf, daß sie so gut wie keine Ahnung von Drehbucharbeit und Drehbuchtechnik hatten.

Auf Ausfälle politischen und persönlichen Charakters zu antworten, halte ich für unangebracht: Auf ersteres wird meine weitere Arbeit Antwort geben und das letztere – das ich ausnahmslos dem Gewissen von V. F. Pletnëv überantworte – klingt in seinem eifernden Text schon zu sehr nach jenem »Menschlich-Allzumenschlichen«.

Mit Genossengruß: S. Eisenstein.

›Kinonedelja‹, 1925/10

---

* Dieses nachgewiesene Sprichwort entspricht dem konkreten Sinn des schwer übersetzbaren Sprichwortes »Odin s soškoj, semero s ložkoj« (»Einer mit einem Kanönchen, sieben mit Löffelchen«) [Anm. des Übers.].

»Das Teufelsnest« (›Streik‹)

Gespräch mit Regisseur S. M. Eisenstein

Sämtliche Aufnahmearbeiten sind schon abgeschlossen. Der Film wird gerade geschnitten und soll Mitte September herausgebracht werden. Alles in allem wurden ca. 8000 Meter aufgenommen – die tatsächliche Länge des Filmes soll 2500 Meter betragen.

Insgesamt planen wir sieben Filme über die illegale [Partei-] Arbeit.

›Streik‹ ist der fünfte Teil dieser Serie. Mit dem fünften Teil wurde begonnen, weil er am dynamischsten und meisten auf Massen bezogen ist[1].

Meiner Meinung nach sind die letzten Sequenzen von ›Streik‹, die sich mit der Darstellung von Unterdrückungsmaßnahmen befassen, am besten gelungen. Es gibt hier Szenen wie ein Blutbad unter 800 Arbeitern, Demonstrationsauflösung unter Einsatz von Wasserstrahlen aus Feuerwehrschläuchen, ein Kosakengemetzel, das sowohl auf Werksgelände wie auch in einer Arbeiter-Mietskaserne (hier reiten Kosaken über die Galerien im vierten Stock des Innenhofes – ein Vorfall, der sich seinerzeit wirklich ereignete) stattfindet usw.

Der Film zielt natürlich auf einen Arbeiterzuschauer. Was die Montage betrifft, so gehe ich keinesfalls von der sogenannten amerikanischen Montage ab, da ich eine andere Ausdrucksform im Film für unmöglich halte[2]. Dem Verständnis eines Arbeiters wird der Film insofern zugänglich sein, als dieser hier Momente und Situationen vorfindet, die ihm vertraut sind.

Obwohl der Film weder eine Fabel noch ein herkömmliches Drehbuch hat, so ist er doch insgesamt auf Inszenierungsmomenten aufgebaut, die auf eine Schilderung von Einzelteilen eines Gesamtbildes hin angelegt sind. Allerdings geschieht dies nicht in der Absicht, das Leiden und den Heroismus einer Einzelperson zum Ausdruck zu bringen. Der Eindruck sollte meiner Meinung nach nicht von Darstellern, sondern von Situationen hervorgerufen werden.

Zum ersten Mal in der Geschichte des Films wird von mir in diesem Film eine assoziative Montage-Methode verwendet. Zum Beispiel: Die Szene mit dem Blutbad unter den Massen, die in Totalen gebracht wird und mit Nahaufnahmen eines im Schlachthof gefilmten realen Todes montiert wird. Dies geschieht mit dem Ziel eines Eindrucks von größtmöglicher Intensität.

›Kinogazeta‹, 11. 11. 1924.

Eisenstein über seine Arbeiten und Pläne

(Zum Herauskommen von ›Streik‹)

Die Montagearbeiten zu ›Streik‹ wurden Anfang Dezember beendet. Der Monat Dezember ging für die Verteidigung der Montageeinheit dieses Filmes gegenüber Proletkult-Korrekturen drauf, die keinerlei Rücksicht auf den Kompositionsaufbau in seiner Gesamtheit, wie auch im Detail nahmen.

In dieser Hinsicht muß auf das große Feingefühl für die Regiearbeit hingewiesen werden, das die mich hierbei unterstützenden Goskino-Vertreter zeigten. Das ist übrigens nicht verwunderlich, wenn man an die Atmosphäre tatkräftiger Anteilnahme und Hilfe denkt, die mich während meiner Arbeit im Ersten Goskino-Studio die ganze Zeit über umgab – angefangen von dem mir in allem entgegenkommenden B. A. Michin[1] bis hin zum teuren »Teekesselchen« (dem Requisiteur Romanov), der vor der Direktion mutig die Verantwortung für das durch meine Schuld zerbrochene Geschirr auf sich nahm. Allen, die mit mir zusammenarbeiteten, drücke ich meine allerherzlichste Dankbarkeit aus, vor allem natürlich Eduard Tissé. Ich gestehe, daß ich im Proletkult mit einer vergleichbaren Anteilnahme an meiner Arbeit bestimmt nicht verwöhnt wurde.

In diesem Monat ist der Film beendet und hat auch schon die Zensur durchlaufen. Ich selbst mache mich an die Arbeiten zur ›Reiterarmee‹, einem Film, der der Geschichte der Reiterarmee gewidmet ist und von Sevzapkino hergestellt wird. Gegenwärtig beschäftigen wir (die Genossen Blioch[2], Mormonenko[3] und ich) uns mit der Sichtung historischen Materials, Teilnehmererinnerungen usw., sowie mit der Anlage eines auf

2–2,5 Tausend Meter (Filmlänge) berechneten Szenariums, das folgende Etappen erfassen soll: Partisanenbewegung, erste berittene Abteilungen der Kaukasischen Division, Reiterkorps und Reiterarmee. Es wurde ein Kontakt zur Militärakademie hergestellt und in allernächster Zeit werden ehemalige Teilnehmer mit uns zusammenarbeiten.

Der Aufnahme-Zeitplan muß schon deshalb 6–7 Monate vorsehen, weil das Szenarium Schlachtenmaterial aus Winter, Frühjahr und Sommer, sowie alle Phasen dieses unvergleichlich mitreißenden Milieumaterials umfaßt. Die Dreharbeiten werden in Moskau, Leningrad und in der ganzen UdSSR durchgeführt werden und sollen im Februar beginnen[4].

›Kinogazeta‹, 20. 1. 1925

Antwort auf Pletnëvs Polemik in ›Kinogazeta‹

Aus Anlaß des in No. 6 der ›Kinogazeta‹ publizierten Briefes von F. Pletnëv bitte ich Nachstehendes zu veröffentlichen: Ich verstehe nicht, worin V. Pletnëvs Brief eine Richtigstellung meiner Tatsachen-Verfälschung in Sachen der Proletkult-Korrekturen am ›Streik‹-Film sein soll: Diejenigen Korrekturen, über die ein *Einverständnis* erzielt worden war, wurden im Film berücksichtigt. Sie waren allerdings nicht so einschneidend, daß sie einen breiten Text und einen terrorisierenden Kontext erforderten. Diejenigen Korrekturen aber, über die *keine Einigung* erzielt werden konnte, weil sie die Geschlossenheit des gesamten Filmes in Mitleidenschaft gezogen hätten, wurden *nicht aufgenommen,* und Proletkult behält sich das Recht vor, über sie zu schreiben. Die Sorglosigkeit, die das Exekutivbüro gegenüber den formalen Werten meines Filmes an den Tag legt, stellt V. Pletnëv jedoch nicht richtig. Worum geht es eigentlich?

Was aber die berühmten »Kälber« betrifft, so geht es den Genossen Pletnëv überhaupt nichts an, aus wieviel Zitzen ich sauge*.

---

* Dieser Satz bezieht sich auf das russ. Sprichwort »Ein liebes Kälbchen säugt bei zwei Kühen« (»Laskovyj telënok dvuch matok sosët«). [Anm. d. Übers.].

Zusammen mit dem übrigen Arsenal von Pletnëvs persönlichen Ausfällen gegen mich sind sie vom kommunistischen Standpunkt aus keineswegs in Ordnung und formal gesehen ausgesprochen schwerfällig geraten.

Mit Genossengruß.
Eisenstein.

Anm. der Redaktion: Mit diesem Brief beenden wir die auf den Seiten der ›Kinogazeta‹ entfachte Polemik, weil wir der Meinung sind, daß sie entweder vor Gericht oder aber in Form einer methodologisch-prinzipiellen Einschätzung der vom Genossen Eisenstein im ›Arbeiter-Theater des Proletkult‹ eingerichteten Inszenierungen fortzusetzen sind.

›Kinogazeta‹, 17. 2. 1925

III. Theorie der Theater- und Filmarbeit

Montage der Attraktionen

(Zur Inszenierung von A. N. Ostrovskijs ›Eine Dummheit macht auch der Gescheiteste‹ im Moskauer Proletkult[1])

I. Die Linie der Theaterarbeit des Proletkult

In wenigen Worten. Das Theaterprogramm des Proletkult besteht nicht in der »Verwertung der Werte der Vergangenheit« oder im »Erfinden neuer Formen«, sondern in der Abschaffung der Institution des Theaters als solchem. Es wird zu einem Ort werden, wo die Hebung des Niveaus der *Qualifizierung und Ausstattung der Massen für ihr Alltagsleben* demonstriert wird. Die Organisation der Werkstätten und die Ausarbeitung eines wissenschaftlichen Systems zur Hebung dieser Qualifikation ist die unmittelbare Aufgabe der wissenschaftlichen Abteilung des Proletkult für den Theaterbereich.

Alles übrige, was gemacht wird, steht im Zeichen der Vorläufigkeit; stellt die Erfüllung nebensächlicher, zusätzlicher, nicht der Hauptaufgaben des Proletkult dar. Dieses »Vorläufig« bewegt sich auf zwei Linien unter dem gemeinsamen Kennzeichen des revolutionären Inhalts.

1. *Das abbildend-erzählende Theater* (statisch, milieuschildernd – der rechte Flügel) ›Morgenröte des Proletkult‹[2], ›Lena‹[3] und eine Reihe von nichtrealisierten Aufführungen des gleichen Typs – die Linie des ehemaligen Arbeitertheaters beim ZK des Proletkult.

2. *Das Agitationstheater der Attraktionen* (dynamisch und exzentrisch – der linke Flügel) – die Linie, die ich gemeinsam mit Boris Arvatov[4] als Grundprinzip für die Arbeit der Wandertruppe des Moskauer Proletkult vorgeschlagen habe.

In Ansätzen, jedoch mit genügender Deutlichkeit zeichnete sich dieser Weg schon im ›Mexikaner‹[5] ab – einer Inszenierung des Autors des vorliegenden Artikels zusammen mit V. S. Smyšljaev[6] (im Ersten Studio des MChT). Danach gerieten wir in völligen prinzipiellen Widerspruch miteinander bei der folgenden gemeinsamen Arbeit (›Über der Schlucht‹ von V. Pletněv[7]). Das führte zum Bruch und zur getrennten Weiterarbeit, die gekennzeichnet ist durch den ›Gescheitesten‹ und . . . ›Der Widerspenstigen Zähmung‹[8], ganz zu schweigen von der ›Theorie des Aufbaus des Bühnenschauspiels‹ von Symšljaev[9], dem alles Wertvolle an dem im ›Mexikaner‹ Geleisteten entgangen ist.

Ich halte diese Abschweifung für notwendig, weil alle Rezensionen des ›Gescheitesten‹, die versuchen, eine Gemeinsamkeit mit irgendwelchen Inszenierungen festzustellen, absolut den ›Mexikaner‹ (*vom Januar – März des Jahres 1921*) zu erwähnen vergessen. Dabei stellt der ›Gescheiteste‹ und die ganze Theorie der Attraktion eine Ausarbeitung und logische Weiterentwicklung dessen dar, was ich in jene Inszenierung eingebracht habe.

3. Der ›Gescheiteste‹ wurde in der Wandertruppe (Peretru[10]) begonnen (und nach dem Zusammenschluß beider Truppen abgeschlossen) als die erste Agitationsarbeit auf der Grundlage einer neuen Methode des Aufbaus einer Theateraufführung.

II. Die Montage der Attraktionen

wird hier zum ersten Mal benutzt und bedarf einer Erläuterung. Als Hauptmaterial des Theaters wird der Zuschauer herausgestellt; die Formung des Zuschauers in einer gewünschten Richtung (Gestimmtheit) – die Aufgabe jedes utilitären Theaters (Agitation, Reklame, Gesundheitsaufklärung usw.).

Werkzeug zur Bearbeitung sind alle Bestandteile des Theaterapparats (das »Gemurmel« Ostuževs[11] nicht mehr als die Farbe des Trikots der Primadonna, ein Schlag auf die Pauke ganz genauso wie der Monolog Romeos, die Grille hinter dem Ofen[12] nicht weniger als die Salve unter den Sitzen der Zuschauer[13]), die in all ihrer Verschiedenartigkeit auf eine Einheit zurückführbar sind, die ihr Vorhandensein legitimiert, auf ihren Attraktionscharakter.

Eine Attraktion (im Theater) ist jedes aggressive Moment des Theaters, d. h. jedes seiner Elemente, das den Zuschauer einer Einwirkung auf die Sinne oder Psyche aussetzt, die experimentell überprüft und mathematisch berechnet ist auf bestimmte emotionelle Erschütterungen des Aufnehmenden. Diese stellen in ihrer Gesamtheit ihrerseits einzig und allein die Bedingung dafür dar, daß die ideelle Seite des Gezeigten, die eigentli-

che ideologische Schlußfolgerung aufgenommen wird. (Der
Weg der Erkenntnis »über das lebendige Spiel der Leiden-
schaften« ist der spezifische Weg des Theaters.)

Einwirkung auf die Sinne und die Psyche natürlich in jenem
Verständnis von unmittelbarer Realität, in dem zum Beispiel
das Guignol-Theater[14] damit arbeitet: das Ausstechen von
Augen oder Abhauen von Händen und Füßen auf der Bühne,
oder die Beteiligung eines auf der Bühne Agierenden per Telefon an einem schrecklichen Geschehen Dutzende Kilometer
entfernt, oder die Situation eines Betrunkenen, der seinen Tod
nahen fühlt, dessen Bitte um Hilfe aber als Rauschphantasie
abgetan wird. Jedoch nicht im Sinne der Entfaltung psychologi-
scher Probleme, wo schon das Thema als solches eine Attraktion darstellt, das – wenn es genügend Aktualität besitzt - auch
außerhalb der vorliegenden Theaterhandlung besteht und wirkt
(ein Fehler, in den die meisten Agit-Theater verfallen, sich
mit Attraktionen nur solcher Art zufriedenzugeben).

Eine Attraktion im formalen Sinne bestimme ich als selbständi-
ges und primäres Konstruktionselement einer Aufführung –
als die molekulare (d. h. konstitutive) Einheit der *Wirksamkeit*
des Theaters und des *Theaters überhaupt.* Ganz analog zu den
Montageteilen der Bilder von George Grosz[15] oder den Elementen der Foto-Illustrationen von Rodčenko[16].

»Konstitutiv« insofern, als es schwierig ist abzugrenzen, wo
das Gefesseltsein durch die edle Gesinnung des Helden aufhört
(das psychologische Moment) und das Moment seiner Anmut
als Person beginnt (d. h. seine erotische Wirkung). Der lyrische
Effekt einer Reihe von Szenen bei Chaplin ist nicht zu trennen
von der Attraktivität der spezifischen Mechanik seiner Bewegungen; ebenso ist schwer die Grenze zu ziehen, wo in den
Martyriumsszenen des Mysterientheaters das religiöse Pathos
in sadistische Befriedigung übergeht usw.

Die Attraktion hat nichts mit einem Kunststück oder Trick
zu tun. Ein Trick (es wird Zeit, diesem falsch verwendeten
Terminus seinen ihm zukommenden Platz zuzuweisen) ist eine
vollendete Leistung innerhalb einer bestimmten Meisterschaft
(hauptsächlich der Akrobatik), ist nur eine von vielen Formen
der Attraktionen in ihrer entsprechenden Darbietungsweise
(oder im Zirkusjargon – der bestimmten Art »sie zu verkau-
fen«). In seiner terminologischen Bedeutung steht der Begriff
– da er etwas Absolutes und *in sich* Vollendetes bezeichnet

– in direktem Gegensatz zur Attraktion, die ausschließlich auf etwas Relativem basiert, nämlich der Reaktion des Zuschauers.

Dieser Zugang verändert in radikaler Weise die Möglichkeiten in den Konstruktionsprinzipien einer »wirkenden Konstruktion« (das Schauspiel als Ganzes). An die Stelle der statischen »Widerspiegelung« eines aufgrund des Themas notwendig vorgegebenen Ereignisses und der Möglichkeit seiner Lösung einzig und allein durch Wirkungen, die logisch mit einem solchen Ereignis verknüpft sind, tritt ein neues künstlerisches Verfahren - die freie Montage bewußt ausgewählter, selbständiger (auch außerhalb der vorliegenden Komposition und Sujet-Szene wirksamen) Einwirkungen (Attraktionen), jedoch mit einer exakten Intention auf einen bestimmten thematischen Endeffekt – die Montage der Attraktionen.

Ein Weg, der das Theater vollständig aus dem Joch der bis heute ausschlaggebenden, unumgänglichen und einzig möglichen »illusionistischen Abbildhaftigkeit« und »Anschaulichkeit« befreit, gleichzeitig aber – durch das Übergehen zur Montage von »real gemachten Dingen« – die Einbeziehung von ganzen »abbildenden Stücken« in die Montage sowie eine zusammenhängende Sujetintrige erlaubt, jedoch nicht mehr als etwas Selbstwertiges und Allbestimmendes, sondern als bewußt ausgewählte, stark wirkende Attraktion mit einer bestimmten Zielintention, insofern nicht die »Aufdeckung der Absicht des Dramatikers«, die »richtige Deutung des Autors«, die »getreue Darstellung der Epoche« usw., sondern nur die Attraktion und das System der Attraktionen die einzige Grundlage der Wirkung einer Inszenierung darstellen.

Von jedem routinierten Regisseur wurde die Attraktion nach Gespür so oder so verwendet, aber natürlich nicht im Sinn der Montage oder der Konstruktion, sondern einzig und allein zur »harmonischen Komposition« (von daher sogar ein besonderer Jargon – »Schlußeffekt«, »ein Auftritt, der viel hergibt«, ein »guter Gag« usw.). Wesentlich aber ist, daß das nur im Rahmen der logischen Wahrscheinlichkeit des Sujets (vom Stück her »gerechtfertigt«) gemacht wurde, und, was das Wichtigste ist, unbewußt und in Verfolgung von etwas ganz anderem (irgendetwas von dem anfangs Aufgezählten). Man muß nur bei der Ausarbeitung des Konstruktionssystems einer Aufführung das Zentrum der Aufmerksamkeit auf das Gebührende, das, was früher als etwas Akzessorisches, Schmückendes angesehen wurde, was aber faktisch den Hauptvermittler der von der Norm abweichenden inszenatorischen Absichten darstellt, verlegen, und, ohne sich logisch – durch Pietät gegenüber der Umweltschilderung und der literarischen Tradition zu binden, *diese Art des Herangehens als Inszenierungsmethode einführen.* (Seit Herbst 1922 wird so in den Werkstätten des Proletkult gearbeitet.)

Die Schule der Montage ist der Film und vor allem das Varieté und der Zirkus, denn eine (vom formalen Standpunkt) gute Aufführung zu machen heißt eigentlich, ein gutes Varieté bzw. Zirkusprogramm aufzubauen, ausgehend von den Situationen, die man dem Stück zugrundelegt.

Als Beispiel das Verzeichnis eines Teils der Nummern aus dem Epilog des ›Gescheitesten‹[17].

1. Einleitungsmonolog des Helden. 2. Ein Stück Kriminalfilm (Erklärung zu P. 1 – Diebstahl des Tagebuchs). 3. Musikalisch-exzentrisches Entree: Die Braut und die drei abgewiesenen Bräutigame (im Stück eine Person) in der Rolle von Brautführern; eine Szene der Wehmut durch die Couplets ›Eure Finger duften nach Weihrauch‹ und ›Mag das Grab . . .‹ (mit der Idee, daß die Braut wie auf einem Xylophon auf sechs Schellenbändern, den Knöpfen der Offiziere, spielt).

4,5,6. Drei parallele Clowns-Entrees mit jeweils zwei Sätzen (das Motiv der Bezahlung für die Organisation der Hochzeit). 7. Entree des Stars (des Tantchens) und drei Offiziere (das Motiv des Hinhaltens des abgewiesenen Bräutigams) mit einem Wortspiel (durch die Erwähnung des Pferdes) zu einer Nummer einer dreifachen Volte auf ein ungesatteltes Pferd (wegen der Unmöglichkeit, es in den Saal zu führen – ein traditionelles Pferd »aus drei Mann«). 8. Im Chor gesungene Agit-Couplets: ›Der Pope hat einen Hund‹, währenddessen bildet der Pope als »Kautschuknummer« die Form eines Hundes (das Motiv des Beginns der kirchlichen Trauung). 9. Unterbrechung der Handlung (die Stimme eines Zeitungsverkäufers bewirkt den Abgang des Helden). 10. Das Erscheinen des Bösewichts in der Maske – ein Stück eines komischen Kinofilms (ein Resumee der 5 Akte des Stücks in verschiedenen Verwandlungen – das Motiv der Veröffentlichung des Tagebuchs). 11. Fortsetzung der (unterbrochenen) Handlung in anderer Gruppierung (gleichzeitige kirchliche Traung mit den drei Abgewiesenen).

12. Antireligiöse Couplets ›Allah verdy‹ (Ein Wortspielmotiv, die Notwendigkeit der Heranziehung eines Mullas angesichts der großen Zahl von Bräutigams bei nur einer Braut) – ein Chor und eine neue, nur in dieser Nummer besetzte Figur – ein Solist im Kostüm eines Mullas. 13. Gemeinsamer Tanz. Spiel mit dem Plakat ›Religion ist Opium für das Volk‹. 14. Eine Farcen-Szene: die Frau und die drei Männer werden in einen Kasten gesteckt und auf dem Deckel Tontöpfe zerschlagen. 15. Sitten und Bräuche parodierendes Trio mit dem Hochzeitslied ›Wer aber bei uns jung ist‹. 16. Jähe Unterbrechung, Rückkehr des Helden. 17. Flug des Helden an einer Longe bis unter die Kuppel (Motiv des Selbstmords aus Verzweiflung). 18. Unterbrechung – Rückkehr des Bösewichts – der Selbstmord wird aufgehalten. 19. Degenkampf (Motiv der Feindschaft). 20. Agit-Entree des Helden und des Bösewichts zum Thema NEP. 21. Akt an einem abschüssigen Drahtseil: Passage von der Manege über die Köpfe der Zuschauer weg auf einen Balkon (Motiv der »Abreise nach Rußland«). 22. Clowneske Parodierung dieser Nummer (durch den Helden) und Absprung vom Seil. 23. Fahrt eines Clowns vom Balkon aus an dem Drahtseil entlang, wobei er sich nur mit den Zähnen festhält. 24. Finales Entree der zwei Clowns, die sich gegenseitig mit Wasser begießen (traditionell), abschließend mit der Erklärung »Ende«. 25. Eine Salve unter den Sitzen der Zuschauer als Schlußakkord.

1923

Mein erster Film

In Ostrovskijs Stück ›Eine Dummheit macht auch der Gescheiteste‹ ist einer der Hauptmotoren der Intrigenhandlung ein Tagebuch, in dem Glumov seine Abenteuer aufzeichnet.
Da wir uns im Proletkult mit einer revolutionären »Modernisierung« Ostrovskijs beschäftigten, d. h. mit einer sozialen Umgestaltung seiner Personen in solche, die sie heutzutage sein könnten (Krutickij – Joffre[1], Mamaev – Miljukov[2] usw. bis hin zu Golutvin, der heute ein Nepman[3] wäre), modernisierten wir natürlich auch das Tagebuch.

221

Das Tagebuch wurde durch eine ›Kinopravda‹ ersetzt, die damals gerade in Mode gekommen war.

Das komplizierte Thema jener psychologischen Einschmeichelei des Abenteurers Glumov bei völlig unterschiedlich denkenden Menschen, mit denen er zusammentrifft, lösten wir auf exzentrische Weise durch seine jeweils entsprechende Umkostümierung auf der Bühne. Im Film-Tagebuch ging das sogar noch weiter. Durch Überblendung verwandelte sich Glumov mit einem Purzelbaum in diesen oder jenen Gegenstand, der von der entsprechenden Handlungsperson gerade gewünscht wurde.

So verwandelte er sich etwa vor Joffre-Krutickij, der im Clownskostüm auf einem Panzer im Hof der RKKA-Militärakademie saß, in ein Maschinengewehr. Den Joffre spielte Antonov[4], der später als Vakulinčuk die Meuterei auf der ›Potemkin‹ auslösen sollte.

Vor dem anderen Clown, Miljukov, der Belehrungen erteilt, verwandelt sich Glumov auf dem Hof des Zoologischen Gartens in einen Esel. Und vor dem Tantchen schließlich, das in Leidenschaft zu ihrem jungen Verwandten entbrannt ist, verwandelt er sich in den Knaben Inkižinov[5], der damit seinem Vater – dem Helden von ›Sturm über Asien‹ – um fünf Jahre voranging.

Auch wenn es uns heute unwahrscheinlich anmuten mag, so rief 1923 meine Forderung, solche Überblendungen ungestellt zu filmen, immerhin eine riesige Panik hervor. Aus irgendeinem Grunde erschien das als etwas sehr Schwieriges. Mit Nachdruck sprach man davon, daß ein schwarzer Samtvorhang nötig sei usw. Ja, der Kameramann Lemberg jr.[6] verweigerte sogar seine Mitarbeit, weil er sich in kein Abenteuer stürzen wollte. Ich drehte den Film mit Francisson[7]. Da Goskino offenbar den Eindruck hatte, ich könnte dadurch Vernunft annehmen, wurde mir . . . Dziga Vertov als Instrukteur für Filmaufnahmen mit Theaterleuten in weißem Atlas und Clownslatschen zugeteilt[8].

Nach den ersten zwei-drei Einstellungen überließ uns Dziga Vertov übrigens unserem Schicksal.

Insgesamt nahmen wir 120 Meter an einem einzigen Tag auf. Ich erinnere mich daran, als ob es heute gewesen wäre: Es war an einem Donnerstag, und am Samstag sollte die Premiere des ›Gescheitesten‹ stattfinden. Goskino hatte die Sache glänzend hingekriegt. Zusammen mit der ›Hochzeit‹ der FĖKSe[9] und Gardins ›Eiserner Ferse‹[10] war das eine der ersten Vereinigungen von Film und Theater, auf der später Erwin Piscator in Deutschland seine glänzende und kurzlebige Epatage aufbaute[11].

Diese Aufnahmen hatten mit dem Kinematografen als solchem noch nichts Gemeinsames, obwohl sie schon Großaufnahmen und Totalen enthielten – ja, sogar ein Stück Abenteuer-Film, in dem Aleksandrov[12] in schwarzer Maske, Zylinder und Frack über die Dächer der Morozov-Villa[13] klettert und sogar von einem Doppeldecker-Flugzeug auf ein dahinrasendes Auto sprang, zum Proletkult-Theater fuhr und in dem Moment, wo das Licht auf der Leinwand verlöschte, mit einem Schrei in den Zuschauerraum stürzte und dabei eine Filmrolle in den Händen schwenkte.

Dieser ganze kleine Film wurde dann unter der lyrischen Bezeichnung »Das Frühlingslächeln des Proletkult« in die »Frühlings-Kinopravda« aufgenommen, die am 21. Mai 1923 – dem ersten Jahrestag der ›Kinopravda‹[14] – vorgeführt wurde.

Interessant ist, daß wir schon damals ein wenig von der ursprünglich geplanten Länge dieses zunächst nach genauer Sekundenauszählung auf 8 Meter berechneten Films abgingen und . . . 120 Meter aufnahmen.

Es ergab sich dabei, daß sich einige charakteristische Züge unseres weiteren Schaffens schon im ersten ›Lächeln‹ zeigten.

1928

Zwei Schädel Alexanders des Großen

In jedem anständigen Kunstkabinett[1] gibt es unweigerlich zwei Schädel Alexanders des Großen – einen des fünfzehnjährigen und einen des vierzigjährigen Alexander.

Film und Theater werden als zwei völlig verschiedene Elementarbereiche gegenübergestellt. Richtig. Als zwei verschiedene Denkkategorien. Ebenfalls richtig. Als etwas mit jeweils unterschiedlichen Einwirkungsmitteln Operierendes. Wiederum richtig. Und solche Gegenüberstellungen sind noch nicht einmal nutzlos. Praktisch haben wir noch so wenig Kenntnisse

223

über die Verfahrensweisen des künstlerischen Eindrucks, daß das ganz bestimmt nichts Überflüssiges ist.

Aber dann kommt man plötzlich zu ihnen und fragt: »Sie sind doch jetzt Katholik, Stundist, Wiedertäufer oder irgend so etwas in dieser Drehe (so'n Kinematografistler). Und sicherlich drängt man Sie nun, in die Moschee oder in die Pagode zu gehen (eine Theaterinszenierung zu machen). Man muß wiedermal in einen anderen Elementarbereich überwechseln.«

Genossen, man kann natürlich davon sprechen; man kann Unterscheidungen treffen, man kann Buster Keatons Dampfschiff mit irgendeinem D-Zug vergleichen[2]. Aber auf jeden Fall außerhalb der zeitlichen und räumlichen Bedingungen. Und dann ist das sogar sehr lehrreich. Wenn man aber irgendwohin fahren muß, so wird man sich immerhin in einen D-Zug und nicht in ›Unsere Gastfreundschaft‹ setzen.

Wenn man von einem vergleichbaren abstrakten Formalismus ausgeht und das Theater und den Film unter allgemeinen Perspektiven, d. h. unter dem Gesichtspunkt der Evolutionsdynamik revolutionärer Darstellungskunst als eines einheitlichen Verfahrensprozesses betrachtet, so steht man vor dem enthüllten Widersinn dieser Fragestellung. Zähnefletschend grinsen sich zwei Schädel desselben Alexander, aber von unterschiedlichem Alter an.

Unter Berücksichtigung des allgemeinen Gangs der Dinge ist der Film, der seit fünfundvierzig Jahren heranwächst, natürlich der fünfzehnjährige Schädel des Theaters.

Mit anderen Worten: Das Kino ist die heutige Etappe des Theaters. Eine klare folgerichtige Phase.

Das tatsächliche Theater als eine selbstständige Einheit im revolutionären Aufbauprozeß, das revolutionäre Theater als Problem – verschwand. Die allseitige Verbrüderung ist nicht verwunderlich. Es gibt nichts, worum man zu kämpfen hätte.

Vier Inszenierungen brachten das Theater an seine Grenzen, jenseits derer es aufhört, Theater zu sein, dorthin, wo es zu einer realen, sozial nützlichen Apparatur werden muß.

Vier Inszenierungen, die letzten im Theater:

›Der Hahnrei‹[3] stellte die Frage nach der Organisation von Bewegungsdemonstrationen. Speziell des Schauspielers. Es führte zur Organisation der menschlichen Bewegung innerhalb eines Milieus, innerhalb pädagogischer Institute für Milieuveränderung.

›*Der Gescheiteste*‹[4] enthüllte mit seiner »Montage von Attraktionen« den Mechanismus und das Wesen theatralischer Einwirkung. Die nächste Etappe: An die Stelle der intuitiv-künstlerischen Komposition von Einwirkungen galt es die wissenschaftliche Organisation von sozial nützlichen Reizerregern zu setzen. Psychologie mit den Kunstmitteln der Darstellung.

›*Die Erde bäumt sich auf*‹[5] war eine Erfahrung hinsichtlich der Organisation von Massenauftritten. Das Theaterkollektiv als ein Teilstück der Masse. Vor uns lagen die »Inszenierungen« von Feiertagen, Gerichtsverhandlungen, Sitzungen usw.

›*Gasmasken*‹[6]: Das war die letzte dem Theater noch mögliche Überwindung des Illusorischen in einer allgemeinen Zielsetzung und Hinwendung zum Materiellen. Montage von Einwirkungen real und materiell existierender Größen und Gegenstände: Die Fabrik als Schauspielelement und nicht als »Gefäß«, Produktionsprozesse und -verhältnisse als Handlungsteile usw. – all das ist faktisch schon fast Film, der ja seine Einwirkung gerade durch Montagezusammenstellung auf ähnlichem Theater-»Material« aufbaut.

So erlebten auch die ersten drei Etappen ihre nächste Phase nicht mehr. An diesen Punkten gab das Theater auf. Und nur meine ›Gasmasken‹ gingen völlig logisch in den ›Streik‹ als in eine Etappe über, die völlig auf dem aufbaut, was hier als »Trick« Eingang fand. Denn ein wirklicher, in Neuland vorstoßender Trick ist ein kleines Stück der *morgigen Etappe,* ein Lichtstrahl, der über die heutige Inszenierung huscht.

Die ganze »Schärfe« der Sache liegt im sich dialektisch entwickelnden Detail, das den Bau der Sache in Frage stellt oder ihn völlig negiert. Ein Bau, der von der nächstfolgenden Etappe dieses Details umgestoßen wird.

In den übrigen Fällen aber, wo das Theater nicht über seine angestammten Grenzen hinausging, hat es sich sogar als ein sich formal entwickelnder Organismus selbst ad acta gelegt. Genossen, es gibt einfach keine Grundlage für ein »Herumtricksen« im »großen Stil« mehr. Man kann das Theater einfach nirgendwohin mehr bewegen!

Mit dem Theater ist es wie mit einem Fernrohr. Maximale Annäherung. Aber mit steigender Annäherung sinkt die Lichtkraft. Es gibt eine Formel – wenn ich mich recht erinnere von Nikolai[7] –, mit der man die potentielle Annäherung ein für alle Mal bestimmen kann. Auf der Grundlage dieser beiden

225

Momente. Eine solche Formel hängt auch über dem Theater. Die Grenzen seiner Vorwärtsbewegung und Entwicklung sind bekannt. Man hütet sich, sie zu überschreiten und geht ihnen aus dem Weg. Man zieht ein verbissenes Im-Kreis-Herum-Rennen nach dem Vorbild der Drehbühne im ›Mandat‹[8] vor!

Weder vor, noch zurück. Und so wurde die Biomechanik[9] zum »biomechanistischen Ballett«, das sich in nichts von der übrigen »Golejzovskerei« im ›D. E.‹[10] unterscheidet. Aus den Bemühungen um eine Produktionskleidung[11] werden die grünen und goldenen Perücken des ›Waldes‹[12] usw.

Vor uns liegen bestenfalls . . . Stürme im Wasserglas. Eine Epatage im Ausmaß einer »Kohlraupe«. Und das Theater tritt in die . . . gute, alte Situation ein. Es wird wieder zum Tempel, zur Schule, zur Bibliothek. Zu allem möglichen. Aber schon nicht mehr zu einer Apparatur selbstständiger, aggressiver Möglichkeiten, zu einem Anstoß (neuer) Lebensgewohnheiten usw.

Das Sprachrohr ist ein Vermittler. Und Schluß. Schließlich ist seine sozial organisierende Rolle grundsätzlich wichtig. Es ist unwichtig, ob das von jetzt an innerhalb oder außerhalb des Theaters stattfindet.

›Brülle, China!‹[13], ›Sturm‹[14], ›Windbeutel‹[15] . . . Was ist hier Theater? Das ist glänzende Publizistik. Eine Antwort auf brennende Bedürfnisse.

Und es ist heute völlig unwichtig, daß ›Brülle, China!‹ ein hervorragendes, ›Der Windbeutel‹ ein ausgesprochen unbedeutendes und ›Sturm‹ überhaupt kein Stück, keine Inszenierung, kein Spiel, sondern ein Klumpen realen Bürgerkrieges ist. Und möglicherweise ist es gerade darum das beinahe Bemerkenswerteste, was wir in diesen Jahren auf den Bühnen sahen.

Man nimmt jetzt – in welcher formalen Gestalt auch immer – die aktuelle Sache als solche. Die Form ist im Theater aus ihrem Schlaf erwacht. Und das nicht zufällig. Es wäre dumm, den Hakenpflug zu vervollkommnen. Man wird einen Traktor bestellen. Und seine ganze Aufmerksamkeit auf den Erfolg der Traktorisierung lenken, d. h. auf das Kino. Und schnelle Bautätigkeit im Klub ist die Aufgabe jedes ernsthaften Theatermannes.

1926

Die Inszenierungsmethode eines Arbeiterfilms

Die Inszenierungs*methode* ist bei *jedem* Film dieselbe: Montage von Attraktionen[1]. Was und wieso das so ist – dazu vergleiche das Buch ›Der Film heute‹. In diesem Buch wird allerdings meine Ansicht zum Filmaufbau reichlich wirr und unverständlich dargestellt[2].

Der Klassenstandpunkt zeigt sich in folgendem:

1. *In der Bestimmung der Zielsetzung eines Werkes* – in einem sozial nützlichen und emotional wie psychisch permanent auf das Publikum einwirkenden Effekt, der sich aus einer Kette spezifisch darauf abzielender Reizerreger ergibt[3]. Diesen *sozial nützlichen Effekt* bezeichne ich als den *Inhalt eines Werkes*.

Auf diese Weise kann etwa der Inhalt des Stückes ›Hörst Du, Moskau?!‹[4] bestimmt werden. Die maximale Spannung aggressiver Reflexe sozialen Protestes in ›Streik‹ ist eine Reflexakkumulation ohne hier vorgeführte Auflösung dieser Spannung (Befriedigung). Das bedeutet, daß eine Konzentration auf Kampfesreflexe (Anhebung des potentiellen Klassentones) stattfindet.

2. *In der Auswahl der Reizerreger selbst.* Und zwar in zweierlei Richtung. In der richtigen Einschätzung ihrer zwangsläufig klassenbezogenen Wirksamkeit. Das heißt: Ein bestimmter Reizerreger vermag nur bei einem Publikum mit einem bestimmten Klassenstandpunkt eine bestimmte Reaktion (Effekt) hervorzurufen. Bei noch detaillierterer Arbeit muß man sogar ein noch unifizierteres Publikum im Auge haben, zumindest gilt dies in berufsgruppenspezifischer Hinsicht. So kennt z. B. jeder Regisseur der »Lebenden Zeitungen« in den Arbeiterklubs[5] den Unterschied eines Publikums von, sagen wir Metall- oder Textilarbeitern, die bei ein und derselben Vorstellung in ganz unterschiedlicher Weise und auf ganz verschiedene Stellen reagieren.

Die klassenmäßige »Zwangsläufigkeit« in Fragen der Wirksamkeit kann recht leicht am amüsanten Mißerfolg einer Attraktion illustriert werden, die hinsichtlich des Arbeiterpublikums eine äußerst starke Wirkung auf die Filmemacher hatte. Ich denke an die Schlachthausepisode. Sein geballt blutiger Assoziationseffekt für bestimmte Publikumsschichten ist hinreichend bekannt. Auf der Krim schnitt die Zensur diese Stelle sogar heraus – zusammen mit der Latrinenepisode. (Auf die Unzulässigkeit solcher scharfen Einwirkungen wies auch ein gewisser Amerikaner hin, der sich ›Streik‹ angeschaut hatte: Er erklärte, daß diese Stelle bei Vorführungen im Ausland sicherlich entfernt werden müsse.) Im Arbeiterpublikum *rief die Schlachthausepisode* diesen »blutigen« *Effekt nicht hervor.* Und zwar aus dem einfachen Grunde, weil ein Arbeiter das Ochsenblut vor allem mit der Verwertungsfabrik neben dem Schlachthaus assoziiert! Und für den an Viehschlachtungen gewöhnten Bauern ist die Einwirkung gleich Null[6].

Das zweite Moment bei der Auswahl von Reizerregern bildet die *klassenbezogene Verständlichkeit* dieses oder jenes Reizerregers

Negative Beispiele: Das Assortiment sexueller Attraktionen, die den meisten marktorientierten bürgerlichen Filmen zugrunde liegen. Kunstmittel und Kunstverfahren, die von der konkreten Realität wegführen, wie z. B. der Expressionismus eines gewissen »Doktor Caligari«[7], oder das süße Kleinbürgergift der Mary-Pickford-Filme[8], die auf Ausbeutung und systematische Anstachelung der selbst bei unserem gesunden und fortschrittlichen Publikum noch vorhandenen kleinbürgerlichen Anlagen hin getrimmt sind.

Das bürgerliche Kino kennt ähnliche Klassen-»Tabus« nicht weniger als wir. So findet sich in dem Buch ›*The Art of the Motion picture*‹ (New York 1911) an der Spitze einer Liste unerwünschter Themenattraktionen die »*Wechselbeziehung von Arbeit und Kapital«,* und in einer Reihe hiermit: »sexuelle Perversionen«, »übertriebene Grausamkeit«, »physische Entartung« . . .

Das Studium der Reizerreger und ihrer Montage mit interpretierender Zielrichtung kann ein erschöpfendes Material für die Frage nach der *Form* liefern. Der Inhalt ist – meinem Verständnis nach – ein Komplex von kettenförmig aufeinander bezogenen Erschütterungen, denen das Publikum in einer bestimmten Reihenfolge ausgesetzt werden soll (grob gesagt: so und so viel Prozent an Material, das die Aufmerksamkeit fesseln soll, so und so viel Prozent, um Zorn zu erregen usw.). Aber dieses Material muß nach einem Prinzip organisiert sein, das zu diesem gewünschten Effekt auch wirklich hinführt.

Form aber ist nun die Realisierung dieser Absichten im Detail-material und zwar auf dem Wege einer Erschaffung und Auswahl solcher Reizerreger, die die notwendigen Prozentsätze, d. h. die konkretisierende und faktische Seite eines Werkes hervorzurufen vermögen.

Besonders sei noch an die »Attraktionen des Augenblicks« erinnert, d. h. an jene Reaktionen, die zuweilen im Zusammenhang mit bestimmten Tendenzen oder Ereignissen des gesellschaftlichen Lebens auftreten.

Im Gegensatz hierzu gibt es auch eine Reihe »ewiger« Attraktionsphänomene und -verfahren.

Ein Teil von ihnen ist klassenmäßig nützlich. So wird z. B. ein Klassenkampfepos mit Sicherheit seine Wirkung auf ein gesundes und integriertes Publikum ausüben.

Ebenso verhält es sich auch mit »neutral« einwirkenden Attraktionen, wie z. B. mit Alogismen, todesmutigen Kunststükken, Doppeldeutigkeiten u. ä.

Deren verselbstständigte Verwendung führt allerdings zu einem l'art pour l'art, auf dessen konterrevolutionäres Wesen schon zur Genüge hingewiesen wurde.

Wenn darauf aufmerksam gemacht wurde, daß eine Augenblicksattraktion nicht auf den Tagesärger spekulieren darf, so sei auch noch mit Nachdruck darauf hingewiesen, daß auch eine ideologisch zulässige Verwertung von neutralen und zufälligen Attraktionen nur als Mittel zur Hervorrufung jener nicht bedingten Reflexe benutzt werden darf, die wir nicht als verselbständigte brauchen, sondern als Auslöser klassenbezogen nützlicher bedingter Reflexe. Diese aber wollen wir mit den bestimmten Objekten unseres sozialen Prinzips kombinieren.

1925

Zur Frage eines materialistischen Zugangs zur Form

Die einhellig begeisterte Aufnahme, die ›Streik‹ bei der Presse fand, gestattet es – ebenso wie auch der Charakter dieser Einschätzung selbst –, in ›Streik‹ nicht nur einen Sieg dieses Filmes, sondern auch einen *ideologischen Sieg auf dem Gebiet der Form* zu sehen. Dies ist heute ganz besonders wichtig, wo man sich mit geradezu fanatischer Bereitschaft auf die als »Formalismus« abqualifizierte Arbeit auf formalem Gebiet stürzt und ihr . . . völlige Formlosigkeit vorzieht. In ›Streik‹ haben wir es mit dem ersten Beispiel revolutionärer Kunst zu tun, bei dem sich die Form revolutionärer als ihr Inhalt erwies.

Das revolutionär Neue an ›Streik‹ ist aber durchaus nicht das Resultat jener Tatsache, daß sein Inhalt – die Revolutionsbewegung – historisch bedingt und nicht individuenbezogen war, woraus sich auch der bewußte Verzicht auf Intrigen, das Fehlen eines Helden und das übrige erklärt, was ›Streik‹ als den ersten proletarischen Film kennzeichnet. Das Neue an ›Streik‹ besteht vielmehr darin, daß hier ein *adäquat aufgestelltes formales Verfahren* zur Anwendung kam, das einen *Zugang* zur Aufdeckung des Reichtums historisch-revolutionären Materials grundsätzlich ermöglichte.

Das historisch-revolutionäre Material – die »produktive« Vergangenheit der modernen revolutionären Wirklichkeit – wurde hier erstmalig von einem adäquaten *Gesichtspunkt* aus ins Visier genommen: Seine charakteristischen Momente wurden unter dem Gesichtspunkt ihres »produktiven« Wesens[1] als Etappen eines einheitlichen Prozesses untersucht. Mein formaler Anspruch bei einer inhaltlichen Bestimmung der sieben Serien des Zyklus ›Zur Diktatur‹ – so wie ich das Proletkult gegenüber dargelegt habe – besteht in folgendem: Aufdeckung der proletarischen Logik und Darstellung der Technik der Kampfmethoden als eines »lebendig« verlaufenden Prozesses, der keine anderen feststehenden Regeln als das Endziel kennt, d. h. also: Darstellung von jeweils unter Berücksichtigung der Kräfteverhältnisse und Bedingungen einzelner Kampfphasen zu variierenden und zu gestaltenden Methoden, die in aller ihrer Alltagsbezogenheit aufgezeigt werden müssen.

Es ist ganz offensichtlich, daß die Spezifik eben dieses *Charak-*

ters (Massenbezogenheit) jener Bewegung noch keinerlei Rolle für die Konstruktion des bezeichneten logischen Prinzips spielt und auch dessen *Massenbezogenheit* nicht bedingt. Die Form der Sujetbearbeitung des Inhalts – im vorliegenden Fall das erstmalig verwendete Verfahren einer Drehbuchszenarien-Montage (d. h. deren Konstruktion nicht auf der Basis irgend-welcher allgemein anerkannter Dramaturgie-Gesetze, sondern Inhaltsdarstellung mit Hilfe von künstlerischen Verfahren, die eine Montagekonstruktion grundsätzlich bestimmen, etwa in der Organisation chronikalischen Materials*) – und die adä-quate Ausrichtung des Blickpunktes aufs Material erwiesen sich im vorliegenden Fall als die *Folge einer grundlegenden formalen Vergegenwärtigung des vorliegenden Materials*, eines formal grundlegend erneuernden und (historisch) primär deter-minierten Regie-»Tricks« bei der Konstruktion eines Films.

Was die Etablierung der neuen Form des Filmphänomens als der Folge einer neuen Sichtweise des sozialen Auftrags (knapp formuliert: »Illegalität«) angeht, so beschritt die Regie in ›Streik‹ einen für die revolutionäre Durchsetzung des Neuen auf künstlerischem Gebiet immer gültigen Weg – den Weg der *dialektischen* Einführung von Bearbeitungsmethoden in eine Materialienreihe, die dieser Reihe uneigentlich sind und einer anderen – benachbarten oder konträren – Reihe entstammen. So vollzog sich etwa auch die »Revolutionierung« ästhetischer Konzepte der sich in den letzten fünfundzwanzig Jahren vor unseren Augen verändernden Theaterformen unter dem Vor-zeichen einer Aufnahme von äußeren Merkmalen benachbar-ter Kunstarten[2]. (Konsequenterweise traten in der Folgezeit Diktaturen von Literatur, Malerei, Musik, exotischem Theater in der Epoche des »Theaters der Konventionen«[3], von Zirkus oder rein äußerliche Filmgags u. ä. auf). Hier ging es um die Applikation der einen Serie ästhetischer Phänomene auf eine andere (die Rolle des Zirkus und des Sports bei der Erneuerung schauspielerischer Meisterschaft vielleicht ausgenommen). Das Revolutionäre von ›Streik‹ drückt sich darin aus, daß hier das erneuernde Prinzip nicht der Reihe »künstlerischer Phänome-

---

* Dazu ist übrigens zu bemerken, daß infolgedessen in der Darstellungstech-nik selbst – in ›Streik‹ und in anderen Serien des Zyklus ›Zur Diktatur‹ – das Moment eines eigentlichen Szenariums fehlt und ein Sprung vorliegt: Das Thema ist eine Montageliste, etwas, was logischerweise gerade dem Montagecharakter der Sache völlig entspricht [Anm. S. M. Eisensteins].

ne«, sondern der Reihe *unmittelbar utilitärer* Phänomene entstammt, was besonders für das Konstruktionsprinzip der im Film dargestellten produktiven Prozesse gilt. Diese Entscheidung ist schon deshalb von Bedeutung, weil sie die Grenzen des ästhetischen Bereichs verläßt (was logischerweise für meine Arbeiten gilt, da sie auf jeden Fall ihren Prinzipien nach niemals auf Ästhetik, sondern aufs ›Schlachthaus‹* abzielen). Sie ist jedoch dadurch von noch größerer Bedeutung, daß hier auf eine *materialistisch* adäquate Weise gerade *jene Sphäre* aufgespürt wurde, deren Prinzipien allein die *Ideologie der Formen revolutionärer Kunst bestimmen* können, *so wie sie auch die revolutionäre Ideologie grundsätzlich bestimmt haben*: die *Schwerindustrie,* die Fabrikproduktion und die Formen des Produktionsprozesses.

Im Zusammenhang mit der Form von ›Streik‹ können nur sehr naive Leute von »Widersprüchen zwischen den ideologischen Forderungen und den formalen Abweichungen des Regisseurs« sprechen. Es wird nämlich allmählich Zeit, daß jedermann dies begreift: Die Form wird von sehr viel tiefer liegenden Faktoren bestimmt als durch irgendeinen mehr oder weniger gelungenen äußerlichen »Gag«.

An dieser Stelle kann und darf schon nicht mehr von einer »Revolutionierung« der Formen – des Filmes in unserem Fall – gesprochen werden, da dieser Ausdruck – von einem produktiven Standpunkt aus – jeden gesunden Menschenverstand vermissen läßt. Es muß vielmehr grundsätzlich von einem Fall revolutionärer Filmform gesprochen werden, weil diese schließlich kein Resultat scharlatanhaften »Suchens«, sondern eher eine »Synthese von formaler Meisterschaft und unserem spezifischen Inhalt« ist (wie Pletněv im ›Novyj zritel'‹ schreibt[3]). *Revolutionäre Form heißt: Produktion adäquat aufgefundener technischer Verfahrensweisen zur Konkretisierung des neuen Standpunktes und Zugangs zu Dingen und Phänomenen,* Produktion einer neuen Klassenideologie, des tatsächlichen Erneuerers nicht nur der *sozialen Bedeutsamkeit, sondern auch des materiell-technischen Wesens des Films,* der das aufdeckt, was wir als den »unserigen Inhalt« bezeichnen. Nicht durch eine Revolutionierung der Pferdedroschken-Formen entstand

* Dieser Ausdruck erinnert an die berühmte ›Schlachthaus‹-Sequenz des ›Streik‹-Finale, die »dokumentarisch«, d. h. an »Ort und Stelle« gedreht wurde [Anm. der Übers.].

die Lokomotive, sondern durch eine adäquate Berücksichtigung der praktischen Entwicklung einer *neuen – bislang noch nicht aufgetretenen – Energieform* – des Dampfes. Nicht das Suchen nach Formen, die dem neuen Inhalt entsprechen, erbringt die Formen revolutionärer Kunst, die man bis auf den heutigen Tag *spiritualistisch* zu »erraten« *versucht,* sondern vielmehr das *logische Bewußtmachen aller technischen Produktionsphasen der Kunstwerke unter Berücksichtigung der* ›*neuen Energie-Form*‹ – *der herrschenden Ideologie.*

Auf diese Weise erwiesen sich das von mir benannte Prinzip eines Zugangs, sowie der ebenfalls von mir deklarierte Gesichtspunkt bei der filmischen Verwertung historisch-revolutionären Materials als materialistisch adäquat. Als solche wurden sie auch von der ›Pravda‹ erkannt, und zwar – wie zu erwarten war – nicht etwa von *professionellen Kritikern* (die nicht über die eigene Nase, d. h. über meinen »Exzentrismus« hinauszuschauen vermögen), sondern von einem *Kommunisten*[4], der den (formalen!) Zugang als »sogar bolschewistisch« bezeichnete. Dies stellte er ungeachtet der Tatsache einer sujetprogrammatischen Schwäche fest, d. h. trotz des Fehlens von Material, das die Technik des bolschewistischen Untergrunds und die ökonomischen Voraussetzungen eines Streiks mit der erforderlichen Deutlichkeit skizziert. Hierin liegt natürlich ein großer Mangel des sujetbezogen-ideologischen Inhaltsteils, obgleich selbst dieser im vorliegenden Fall nur als eine »nicht erschöpfende Darstellung des produktiven Prozesses« (d. h. des Kampfprozesses) aufgefaßt wird. Dieser Mangel bewirkte aber immerhin eine gewisse überflüssige Verfeinerung von an und für sich einfachen und strengen Formen.

Wie aus den Darlegungen hervorgeht, ist auch der *zweite bewußt angewendete* Regietrick – die *Massenbezogenheit* – logisch durchaus nicht zwingend: Tatsächlich haben auch nur zwei der sieben Serien des ›Zur Diktatur‹-Zyklus keine Individuen, sondern Massen zum Inhalt. Es ist kein Zufall, daß ›Streik‹ – eine dieser Serien, der Reihenfolge nach die *fünfte* – als *erste* ausgewählt wurde. Das massenbezogene Material wurde als das durch seine Plastizität bestgeeignete Material für die Etablierung des dargelegten Prinzips eines Zugangs zur Form angesehen – und zwar im Hinblick auf die gegebene Lösung und als *ergänzende dialektische Konfrontation* dieses Prinzips *mit dem auf Fabel und Individuum bezogenen Material des bürgerlichen Films.* Dieses massenbezogene Material ist auch formal bewußt gebaut, und zwar durch die Konstruktion einer logischen Antithese zum bürgerlichen Westen, dem wir *keinesfalls nacheifern, sondern dem wir uns in jeder Beziehung kontradiktorisch entgegenstellen.*

Ein massenbezogener Zugang bewirkt außerdem, daß das Publikum in maximaler Intensität emotional mitgerissen wird, was für die Kunst grundsätzlich, erst recht aber für eine revolutionäre Kunst von entscheidender Bedeutung ist.

Eine derart zynische Darlegung der Konstruktionsprinzipien von ›Streik‹, welche die schönen Worte über seine »Elementar- und Kollektivgestaltung« vielleicht ein wenig relativieren mag, bietet als Ausgleich hierfür aber immerhin eine ernsthafte und sachbezogene Basis und bestätigt damit die Tatsache, daß ein marxistisch *adäquat* applizierter Zugang zur Form eine ideologisch wertvolle und sozial notwendige Produktion erbringt.

All das berechtigt uns, ›Streik‹ diejenige Bezeichnung zuzuerkennen, die wir gewöhnlicherweise den revolutionären Umstürzen in der Kunst zu geben pflegen: Oktober.

›Streik‹ – *das ist der Oktober des Films.*

Ein Oktober, der sogar seinen Februar hat. Denn was sind Vertovs Arbeiten anderes als ein »Sturz der Selbstherrschaft« künstlerischer Kinematografie und . . . weiter nichts. Es handelt sich hier lediglich um meinen einzigen Vorläufer – die ›Kinopravda‹[5]. Das ›Filmauge‹[6] dagegen, das zu einem Zeitpunkt auftauchte, als die Aufnahmen und ein Teil der Montage von ›Streik‹ schon beendet waren, konnte keinerlei Einfluß mehr nehmen – *hatte* im Grunde auch *nichts, womit es Einfluß ausüben könnte,* da ja das »Auge« eine Reductio ad absurdum von technischen Methoden darstellt, die sich für eine Filmchronik eignen. Hier offenbart sich Vertovs Tendenz zur Verabsolutierung eben dieser technischen Chronikmethoden bei der Erschaffung einer neuen Filmkunst. Faktisch gesehen ist *dies jedoch nur ein* »mit der Fahrt einer einzigen Kamera« *gefilmter Akt der Negation* eines Teilaspekts der Filmkunst.

Wenn ich auch eine gewisse genetische Verbindung mit der ›Kinopravda‹ nicht bestreite (aus Maschinengewehren wurde im Februar und im Oktober auf die gleiche Weise geschossen – es fragt sich nur auf wen!) – denn sie ging wie ›Streik‹ von produktiven Chroniken aus, so halte ich es doch für noch wichtiger, *auf einen ausgesprochen prinzipiellen Unterschied* hinzuweisen – auf den *Unterschied in der Methode.* ›Streik‹ ist weder eine »Weiterentwicklung von Methoden der ›Kino-pravda‹« (Chersonskij), noch der »Versuch, einige Konstruk-tionsmethoden der ›Kinopravda‹ der Spielfilm-Kinematografie aufzupropfen« (Vertov). Auch wenn auf eine gewisse *Ähnlich-keit* in der *äußeren* Konstruktions*form* hingewiesen werden kann, so ist ›Streik‹ doch gerade in seinem wesentlichsten Teil – *in seiner formalen Konstruktionsmethode – das direkte Ge-genstück zum ›Filmauge‹.*

Beginnen wir zunächst mit der Feststellung, daß ›Streik‹ *keinen Anspruch* darauf erhebt, *über den Rahmen der Kunst hinaus-zugehen, worin ja letztlich auch seine Stärke liegt.*

Unserer Auffassung nach ist das *Kunstwerk* (zumindest auf den beiden Gebieten, auf denen ich arbeite – Theater und Film) vor allem ein *Traktor, der die Psyche des Zuschauers mit der geforderten Klassenzielsetzung umpflügt.*

Diese Eigenschaft und Orientierung fehlt der ›Kinoki‹-Produk-tion[9]. Meiner Meinung nach kam es auf Grund eines bestimm-ten – und dieser Epoche unangemessenen – »Übermuts« der ›Kinoki‹-Produzenten zu einer Ablehnung der Kunst statt zur *Bewußtmachung des materialistischen* Wesens – zumindest aber der *utilitären Verwertbarkeit der Kunst.*

Ein solcher Leichtsinn bringt die ›Kinoki‹ in eine ziemlich pre-käre Lage, da man ja bei der Formanalyse ihrer Arbeiten fest-stellen muß, das diese völlig zur Kunst gehören, *ja sogar zu einer künstlerischen Ausdrucksform von ausgesprochen gerin-gem ideologischem Wert: zu einem primitiven Impressionismus nämlich.*

Mit einem Montagesatz von Stückchen ursprünglichen Lebens (bei den Impressionisten – *ursprünglicher Töne*) *webt Vertov* ohne Rücksicht auf deren Einwirkung *den Teppich eines poin-tillistischen Bildes.*

Das ist natürlich eine »ach so lustige« Art von Staffelmalerei. In thematischer Hinsicht ist dies genauso revolutionär wie . . . die AChRR[10], die sich mit ihrem »Peredvižnikitum« brüstet. Deshalb gehört ja der Erfolg auch den ›Kinopravdas‹, die stets aktuell und damit thematisch schlagkräftig sind – nicht aber dem ›Filmauge‹, das weniger günstige Themen behandelt und daher (größtenteils jedenfalls) jenseits seiner primitiven Agita-tionsmomente *einen Reinfall* wegen ihrer *formalen Hilflosig-keit gegenüber der Einwirkung* erlebt.

Vertov wählt nämlich *dasjenige* aus seiner Umgebung aus, *was ihn* beeindruckt, nicht aber *das, womit* er den Zuschauer beeindrucken und damit dessen Psyche umpflügen kann.

Der praktische Unterschied unserer Methoden zeigt sich besonders deutlich an dem wenigen in ›Streik‹ und ›Filmauge‹ gemeinsamen Material, das Vertov für ein Plagiat hält (›Streik‹ enthält wenig Material, das ein Hinterherlaufen hinter ›Filmaugen‹-Anleihen rechtfertigen würde). Das gilt besonders für die im ›Filmauge‹ stenographiert und im ›Streik‹ *blutig beeindruckend* wiedergegebene ›Schlachthaus‹-Szene. (Gerade dieses ohne Glacéhandschuhe mit extremer Schärfe wirkende Beeindrucken machte fünfzig Prozent der Zuschauer zu Gegnern dieses Films.)

Das ›Filmauge‹ läuft wie ein berühmter Impressionist mit dem Skizzenbuch in der Hand (!) hinter den Dingen an sich hinterher; es *setzt sich weder aufrührerisch mit der unvermeidlichen Statik von deren Kausalitätszusammenhang auseinander, noch überwindet es diesen Zusammenhang kraft eines starken sozial-organisatorischen Motivs, sondern unterwirft sich vielmehr dem kosmischen Zwang dieser unvermeidlichen Statik.* Vertov fixiert diese durch eine äußerliche Dynamik und maskiert auf diese Weise die Statik seines Pantheismus (in der Politik bezeichnet man solche Positionen als Opportunismus und Menschewismus) mit einer auf Kunstgriffen des Alogismus aufbauenden Dynamik (darin rein ästhetizistisch: Winter – Sommer in der ›Kinopravda‹, Nr. 19) oder schlicht durch den Kurzfilmcharakter seiner Montagestücke, die er in der leidenschaftslosen Vollständigkeit ihrer Ausgewogenheit Stück für Stück brav reproduziert.* Was ›Streik‹ angeht, so sollte man

* Bezüglich der letzten Endes statischen Methode Vertovs ist es interessant, ein Beispiel von den in abstrakt *mathematischer* Hinsicht geglücktesten Montagestellen anzuführen – das Aufziehen einer Fahne über einem Pionierlager (ich weiß nicht mehr, in welcher Serie der ›Kinopravda‹). Hier haben wir ein treffendes Beispiel für eine Lösung nicht im Sinne der *emotionalen Dynamik* des Faktums der hochgehenden Fahne an sich, sondern der *Statik einer Untersuchung* dieses Prozesses. Neben *dieser* unmittelbar wahrnehmbaren Charakterisierung ist hier in der Technik der Montage selbst symptomatisch, daß meist Kurzfilmstücke *statischer* (ja sogar *reflektierter*) *erster Entwürfe* verwendet wurden, die natürlich aufgrund ihrer Drei- und Vierzelligkeit innerhalb der Einstellung wenig zur Dynamik geeignet sind. Doch hier, bei diesem besonderen Beispiel (man muß dazu sagen, daß dieses Verfahren in der »Manier« Vertovs überhaupt sehr verbreitet ist), haben wir gleichsam in einem Brennpunkt konzentriert (»Symbol«) – die Wechselbeziehungen zwischen Vertov und der von ihm untersuchten äuße-

lieber keine Stücke aus einem Kontext herausreißen, der *mit einem bewußt gewollten und berechneten Plan* darauf abzielt, daß sich diese Stücke *in entsprechender Korrelation auf den Zuschauer stürzen und diesen* mit entsprechenden Assoziationen *dem tragenden und letztgültigen Ideenmotiv gefügig machen.*

Das bedeutet natürlich keineswegs, daß ich mich in meinen weiteren Arbeiten nicht um eine Eliminierung der Reste von Theaterelementen bemühen werde, die sich mit dem Film nicht organisch verbinden lassen. Dies gilt vielleicht auch für den *Höhepunkt des intendierten Vorsatzes* – für die *Inszenierung*: Das Wichtigste – die *Regie*, d. h. die *Organisation des Zuschauers mit Hilfe organisierten Materials* – ist ja schließlich im Film (von dem hier die Rede ist) nicht nur durch eine *materielle* Organisation gefilmter Einwirkungsphänomene, sondern auch durch eine mit Hilfe der Aufnahmen zu erreichende *optische* Organisation möglich. So wie der Regisseur im *Theater* die *potentielle Dynamik* (bzw. Statik) eines Autors, Schauspielers u. ä. *zu einer sozial einwirkenden Konstruktion* umformt, so *arbeitet* er hier – *im Film* – *mit einer Auswahl* und formt dabei die *Wirklichkeit* und reale Phänomene *mit derselben Zielsetzung* montierend um. Es handelt sich dabei immer noch um die gleiche *Regie*, die mit der über eine *Fixierung der Zuschaueraufmerksamkeit* nicht hinausgehenden *positivistischen* ›Kinoki‹-*Darstellerei* nicht das geringste zu tun hat.*

ren Welt. Es handelt sich hier eben um die montageartige »Maskierung« statischer Stücke in Dynamik.

Es ist noch zu beachten, daß wir hier einen Fall individuell gefilmten Montagematerials haben, d. h. eine Montagekombination, die *bis zum Schluß* in den Verantwortungsbereich des Regisseurs fällt. [Anm. S. M. Eisensteins].

   * Der Gerechtigkeit halber muß hinzugefügt werden, daß auch Versuche einer anderen, *einwirkungsbezogenen* Materialorganisation von Vertov unternommen werden, besonders im zweiten Teil der ›Leninskaja kinopravda‹ (Januar 1925). Allerdings tritt diese einwirkende Organisation bei einer die Anwendung unberücksichtigt lassenden Hervorrufung von »Stimmungen« hier vorerst nur in einer Form auf, die sich auf dem Wege eines emotionalen »Kitzels« vortastet. Wenn aber Vertov diesen ersten Meisterschaftsgrad der Einwirkung verläßt und lernt, beim Publikum die für ihn notwendigen Zustände hervorzurufen und durch ihre Montage dem Publikum eine einkalkulierte Spannung zu vermitteln, dann ... wird es kaum irgendeine Meinungsverschiedenheit zwischen uns geben, denn dann hört Vertov auf, ein ›Kinoki‹ zu sein und beginnt, ein *Regisseur*, ja vielleicht mehr noch ... ein »Künstler« zu werden.

Dann kann auch die Frage gestellt werden, durch wen wessen Methoden (nun, durch wen wohl schon? und wessen Methoden?) verwendet werden können,

›Filmauge‹ ist nicht nur ein Symbol des *Sehens*, sondern auch ein Symbol des *Betrachtens*. Wir müssen jedoch nicht *betrachten*, sondern *wirken*.

Wir brauchen kein »Filmauge«, *sondern eine* »Filmfaust«. Der sowjetische Film muß maßgeschneidert werden! Und wir werden nicht »mit dem vereinten Sehen von Millionen Augen gegen die bourgeoise Welt kämpfen« (Vertov[11]), weil man uns nämlich schnell und eifrig Millionen von Leuchten unter diese Millionen von Augen stellt!

Es gilt, mit der Filmfaust maßzuschneidern, zu schneidern, bis der Endsieg errungen ist. Und gerade jetzt gilt es – angesichts der Gefahr einer Projektion der »alten Lebensform« und des Kleinbürgertums auf die Revolution – zu schneidern, wie nie zuvor!

Weg frei für die Filmfaust!

1925

Das Mittlere von Dreien

Wenn ich es recht verstehe, so erwartet die Redaktion dieser Jubiläumsnummer[1] von den Filmschaffenden vor allem autobiographisches Material. Besonders aber Material über die verschiedenen Wege, auf denen sie zur sowjetischen Filmkunst fanden.

Ich halte das für einen durchaus berechtigten Wunsch. Vor allem dann, wenn er auf die Filmschaffenden der ersten Stunde sowjetischer Filmkunst zielt – jener Zeit, als der sowjetische Film nach dem ersten Jahrfünft mit kräftigen eigenen Beinen auf festem, eigenem Boden stand und sein gewichtiges eigenes

weil man erst dann *ernsthaft* über irgendwelche Vertovschen Methoden sprechen kann, die bislang nur auf das dargestellte intuitive Verfahren seiner Konstruktionspraxis beschränkt sind (und wahrscheinlich von Vertov selbst nur sehr begrenzt erkannt wurden). Man kann *Verfahren einer praktischen Fertigkeit* nicht als *Methode* bezeichnen. Doch theoretisch ist die Lehre vom »sozialen« Sehen nicht mehr als eine zusammenhanglose Montage von schwülstigen Phrasen und »Allgemeinplätzen«, die – was ihre Montage angeht – weit hinter der einfachen Montage-»Fingerfertigkeit« zurückstehen, die er ohne jeden Erfolg versucht, »sozial« zu begründen und anzupreisen [Anm. S. M. Eisensteins].

Wort in der allgemeinen Geschichte der Filmkultur sprach. Dieser Redaktionswunsch hinsichtlich der ersten Stunde (wenn es erlaubt sei, diesen Terminus, mit dem man die Revolutions- und Kriegsetappen der letzten Jahrzehnte bezeichnet, in Analogie auf die Filmgeschichte zu übertragen) ist nicht nur wegen der Befriedigung einer möglicherweise gesetzmäßigen »historischen Neugier« berechtigt.

Wenn wir jedes Revolutionsjahr zehnfach rechnen, dann kann sich die sowjetische Filmkunst schon für recht alt ansehen: Hundertfünfzig Jahre sind kein Pappenstil!

Aber es geht um mehr.

Die individuelle Geschichte, genauer: die Geschichte des individuellen Weges jedes Künstlers zum Film wird hierbei zu einem Teil der allgemeinen Geschichte dessen, wie und woraus sich die sowjetische Filmkunst zu einer organischen und stilistischen Einheit ausformte. Woher und auf welche Weise die Elemente dessen in sie eingebracht wurden, was dann zu einer sehr bestimmten und ausgefeilten Stilgestalt der sowjetischen Filmkunst ausgeprägt wurde, die – ebenso wie einst Skandinavien, Italien, Amerika oder Deutschland – in einer bestimmten Etappe die Führungsrolle in der Weltfilmkunst übernahm.

Die Grundvoraussetzung für die Führungsrolle unseres Films läßt sich kurz in einem Wort ausdrücken: Oktober. Oder mit einem zusammengesetzten Wort: Oktoberrevolution. Sie war eine notwendige Sache und stark genug, um die technisch schwächste, aber von bahnbrechendem ideologischem Enthusiasmus entflammte sowjetische Filmkunst in einem gigantischen Aufbruch schöpferischen Willens auf den ersten Platz in der Weltfilmkunst voranzubringen.

Umso interessanter ist es also, zu verfolgen, wie die einzelnen Filmschaffenden über ihre jeweiligen Interessen, ihre unterschiedlichen Fachgebiete, Tätigkeits- und Beschäftigungsarten hinaus zusammenfanden und zum Film kamen, wo sie sich in einer Art eiserner Front zusammenschlossen, die bei aller Vielfalt individueller Stilhaltungen letztlich ein deutlich gezeichnetes Profil des frühen Films in der ersten künstlerisch selbständigen Etappe ausprägte.

Wann und wo, wodurch und auf welche Weise begannen sich in der früheren Tätigkeit, bzw. Beschäftigung dieses oder jenes Künstlers diejenigen Züge herauszuarbeiten und -zukristallisieren, die er dann schöpferisch in den kollektiven Komplex dessen einbrachte, was sich in der Folgezeit als der »Sowjetische Stil« in der Filmkunst eines bestimmten Zeitabschnitts etablieren sollte?

Es geht im vorliegenden Fall also um erheblich mehr als um nur private Memoiren. Es handelt sich um eine Rückkehr zu den schöpferischen Quellen dessen, was zur gewaltigen Woge revolutionären Pathos anwuchs, die sich als machtvoller Strom in das einigende Flußbett des sowjetischen Films ergoß.

Vergessen wir nicht, daß wir in der Periode der frühen zwanziger Jahre zur sowjetischen Filmkunst als zu etwas noch gar nicht Existierendem oder gar Entwickeltem kamen. Als wir in sie eintraten, betraten wir keineswegs eine schon erbaute Stadt mit einer Hauptverkehrsader, mit Seitenstraßen zur rechten und linken, mit Plätzen, winkeligen Gäßchen und Sackgassen, wie sie die stilistische Kinometropole unseres Filmes heutzutage darstellt.

Wie Beduinen oder Goldsucher kamen wir. Auf eine nackte Erde. An einen Ort, der unvorstellbare Möglichkeiten in sich barg, von denen bis auf den heutigen Tag nur ein lächerlich kleiner Teil ausgebeutet und bearbeitet wurde.

Und im Chaos der Widersprüche, der unterschiedlichen Herkunft schlugen wir unsere Zelte auf, wobei wir als Auswanderer aus den unterschiedlichsten Kulturgebieten und früheren Tätigkeiten die Früchte unserer jenseits der Gräben gesammelten Erfahrungen ins gemeinsame Lager einbrachten.

Die individuelle Art einer Beschäftigung, der zufällige frühere Beruf, ungeahntes Spezialistentum, unerwartete Kenntnisse – all das ging in den Fundus dessen ein, was bisher noch keinerlei niedergeschriebene Tradition oder gar Gesetzescodex hatte, der die stilistischen Forderungen klar umriß und Grundsätze formulierte.

Es gab das Pathos der Revolution. Es gab das Pathos des revolutionär Neuen. Es gab den Haß auf die von der Bourgeoisie geschaffenen Einrichtungen. Und es gab einen verteufelten Stolz und leidenschaftliches Verlangen, die Bourgeoisie auch an der Filmfront »zu schlagen«.

Eine einmalige Zeit. Eine unwiederbringliche Zeit. Denn das war immerhin die erste Schlacht, die die neue revolutionäre Ideologie an den Fronten der Kultur schlug. Und es war eine Schlacht, die trotz der Zensur, trotz der Gendarmenknüppel und trotz jener niederträchtigen, krummen Schere bourgeoiser

Ummontierer gewonnen wurde. Die Streifzüge der sowjetischen Filmkunst führten unaufhaltsam bis ins tiefste Hinterland der feindlichsten bourgeoisen Bastionen und Länder. Und diese Siege waren für uns selbst eine Überraschung. Am allerwenigsten hatten wir mit einen Eindruck auf den Westen gerechnet. Während der Arbeit hatten wir vielmehr unser wunderbares und neues Land vor Augen. Ihm und seinen Interessen zu dienen, war und blieb bis heute unser Hauptanliegen.

Ich erinnere mich an unser allgemeines ungläubiges Erstaunen, als plötzlich Film auf Film die vom Westen gegen uns errichtete geistige Blockade durchbrach, die jene aus Feuer und Schwert ablöste, von der sich unser junges Sowjetland gerade erst zu erholen begann. Und vielleicht haben wir das meiste einzig und allein auf dieser Linie erreicht. Denn unsere Schuld gegenüber unserem eigenem Lande ist noch lange nicht abbezahlt. In der jetzt einsetzenden Etappe eines neuen Aufschwungs unseres Films liegt die Lösung dieser Aufgabe als Aktivistenarbeit vor uns.

Aus all dem Gesagten wird deutlich, daß die Vorgeschichte unserer filmkünstlerischen Autobiographien eigentlich mehr als nur historischen Nutzen für künftige Forscher erbringen kann. Sie stellen darüber hinaus grundsätzlich wichtige Einsichten bereit. Deutlicher als je zuvor zeichnet sich heute die Notwendigkeit ab, sich der kulturellen Kontinuität bewußt zu werden, die die sogenannte »Spezifik des Films« mit den angrenzenden Kunstarten verbindet. Die Theorie einer »Urgeburt« des Films ist längst überholt. Das Bewußtwerden jener kulturellen Kontinuität erweist sich auch nicht etwa als ein abstraktes akademisches Thema oder ästhetisches Problem, sondern ist vielmehr eine äußerst konkrete Arbeitsanleitung, ein ausgesprochen konkreter Wegweiser für den Ausweg aus einer Reihe prinzipieller Schwierigkeiten, stilistischer Verirrungen und Sackgassen, in die der Film zuweilen – besonders aber seit er mit dem Ton operiert – gerät. Den Filmschaffenden dieser Etappe sind Detailangaben über ihre frühere künstlerische Arbeit und darüber abzuverlangen, wie diese Arbeit in ihrer Filmarbeit Eingang fand.

Ich wage den ersten Schritt in dieser Richtung mit der Hoffnung, daß einiges von diesen Erinnerungen über den Rahmen eines banalen Memoiren-Abends hinaus von Interesse sein kann.

Ohne sich in Sachen »Filmspezifik« allzusehr in theoretisches Gestrüpp zu verlieren, kann immerhin auf zwei ihrer Merkmale aufmerksam gemacht werden.

Es handelt sich dabei um Merkmale, die für alle Kunstarten ganz allgemein konstitutiv sind, in der Filmarbeit aber eine besonders verantwortliche Rolle spielen.

Auf fotografischem Wege erhält man faktische Abziehbilder-Kopien von realen Phänomenen und von Elementen der Realität. Diese Abziehbilder-Kopien – oder wenn man will: Fotowiderspiegelungen – werden in einer bestimmten Bauweise kombiniert.

Sowohl die Abziehbilder als auch deren Kombinationen lassen beliebige Verzerrungsgrade zu, die entweder technisch unvermeidlich oder aber bewußt einkalkuliert sind.

Die Resultate schwanken folglich von der naturalistisch genauen Kombination visuell wahrnehmbarer Phänomene über ein tiefergehendes realistisches Deuten und Umdeuten dieser korrelativen Kombinationen bis hin zu derem völligen Ummodeln in ein von der Natur und der Ordnung der Dinge weder vorgegebenes, noch vorgesehenes formalistisches Spiel.

Die scheinbare Willkür dieser Sache in bezug auf den unverletzbaren natürlichen status quo ist geringer, als es den Anschein haben mag.

Auch wenn diese Willkür zuweilen unbewußt ist, so ist sie doch stets von den sozialen Voraussetzungen des jeweiligen Filmschöpfers determiniert. Zu einem großen Teil determiniert sie auch gerade durch diese Voraussetzungen jenen Autor, der mit bewußter Tendenziosität arbeitet.

Die klassenmäßig determinierte Tendenz bildet die Voraussetzung der scheinbaren Willkür in der filmischen Behandlung dessen, was sich vor dem Objektiv befindet oder dort abspielt.

Im ersten Fall haben wir es mit einem sogenannten Dokumentarfilm zu tun, im zweiten Fall mit einem Spielfilm.

So verschieden diese beiden Möglichkeiten auch der Natur ihrer faktischen Manifestation und Realisierung (Faktum oder Fixierung einer Vorstellung) sind, so stehen sie doch vor dem Objektiv »wie vor dem Auge Gottes« und sind auf dieser Ebene gleichrangig.

Obwohl wir in diesem zweifachen Prozeß (und das gilt teilweise auch für die Grenzen dieses Aufsatzes) natürlich gerne spezifische Züge erblicken würden, so darf doch andererseits keinesfalls übersehen werden, daß in vieler Hinsicht auch in anderen Kunstarten analog verfahren wird – in angrenzenden und in nichtbenachbarten (obwohl sich natürlich schwerlich eine Kunstart finden läßt, die an den Film nicht angrenzt).

Was bleibt dann aber in einem solchen Fall noch das Spezifische des Films? Ja, darf man dann überhaupt noch fortfahren, diese Merkmale als etwas Filmspezifisches zu deklarieren? Man kann. Denn auf dieser Linie liegen die Spezifika des Films nicht so sehr im Phänomen als solchem, sondern vielmehr im Häufigkeitsgrad, mit dem sie gerade im Film auftreten. Sie liegen im Grad ihres Offen-Zu-Tage-Tretens und im Maßstab, den diese Züge bei der Filmarbeit annehmen.

Aus der Natur schöpfen sie alle gleichermaßen: der Komponist die Tonskala, der Maler die Farbtonpalette und der Wortkünstler ein verschiedenartiges Sprachmaterial.

Aber das Ausmaß des unveränderbaren Wirklichkeitsfragments ist hier erheblich geringer und vom mathematischen Stellenwert her gleichförmiger. Das unveränderbare Wirklichkeitsfragment ist in Kombinationen somit auch neutraler und flexibler. Ja, diese Kombinationen verlieren zuweilen jeglichen Anschein von Kombiniertsein und konfrontierender Zusammenstellung. Sie erwecken letzlich den Eindruck einer organischen Einheit.

Ein Dreiklang oder Akkord wirkt wie eine organische Einheit. Die Kombination von drei Montagestücken (und je kürzer sie sind, umso mehr werden es sein) wird dagegen stets als eine dreifache Kollision, als ein Zusammenprall von drei aufeinanderfolgenden Darstellungen wahrgenommen.

Ein Blauton wird auf einen roten Farbton aufgetragen. Das Resultat dessen »lesen« aber alle als violett, nicht etwa als »Simultanblende« von Rot und Blau. Und schließlich läßt diese aufgegliederte Identität auch auf dem Gebiet der Wortfragmente und Wörter die Möglichkeit beliebiger Ausdrucksvarianten zu. Mit welcher Leichtigkeit kann die Sprache etwa die folgenden drei »Nuancen« ihrem Sinn nach voneinander abgrenzen: »ein nicht erleuchtetes Fenster«, »ein dunkles Fenster«, »ein unbeleuchtetes Fenster«.

Versuchen Sie mal, dieselben Nuancen durch die Komposition einer Einstellung auszudrücken! Gibt es überhaupt eine solche Möglichkeit?

Und wenn es sie gibt: Auf was für komplizierten Wegen eines vorbereitenden Kontextes ist dann dieses Stück des Filmstreifens in die Filmnaht so einzunähen, daß sich im letzten Stück das rechteckige schwarze Loch in der Mauer einmal als »dunkles« und ein anderes Mal als »unbeleuchtetes« Fenster ausnimmt?!

Wieviel Scharfsinn und Einfallsreichtum sind für die vorbereitenden und die nachfolgenden Gegenüberstellungen nötig, wenn der gleiche Effekt erreicht werden soll, den der sprachliche Ausdruck im Handumdrehen erzielt?!

Die Natur der filmischen Einstellung ist von der Natur des Wortes, Tones und allen anderen einschneidend unterschieden.

Im Unterschied zu ihnen erweist sich nämlich der komplexe Charakter eines Filmstücks, einer »Einstellung« gegenüber einer eigenständigen Bearbeitung erheblich weniger flexibel. Und deshalb erscheint auch die korrelativ aufeinander bezogene Arbeit von Einstellung und Montage als ein hyperbolisiertes Bild dieses Prozesses – eines Prozesses, der zwar für alle Kunstarten konstitutiv ist, durch seine Ausmaße aber schon eine neue Qualität anklingen läßt.

Auf jeden Fall erweist sich eine filmische Einstellung in bezug auf die Widerstandskraft ihrer Materialien beinahe härter als Granit. Und diese Widerstandskraft ist für sie spezifisch. Ihre Neigung, auf Biegen und Brechen ihre vollständige und faktische Unveränderbarkeit zu bewahren, nistet tief in ihrer Natur.

Diese Hartnäckigkeit bedingte in vieler Hinsicht den Formenreichtum und die Vielfalt des Montagestils.

Wir wissen, was für ein undifferenziertes Werk herauskommt, wenn jemand mit einem wenig gefestigten Klassenbewußtsein auch noch ein ausgesprochen nachgiebiges und widerstandsloses Material in die Hände kriegt.

Damit sind wir nun wieder an unserem Ausgangspunkt angelangt: Stärker und in weit größerem Umfang als in allen anderen Kunstarten muß der Film diesen – sich mikroskopisch auch dort vollziehenden – Prozeß in einer klar umrissenen Weise verdeutlichen.

Die Einstellung ist ein minimal verzerrtes Naturfragment. Montage hingegen setzt einen großen Einfallsreichtum bei der Kombination dieser Naturfragmente voraus.

244

Die Ausarbeitung dieser Probleme beschäftigte uns besonders in dem hier zu behandelnden zweiten Filmjahrfünft. Bei dem leidenschaftlich hierauf konzentrierten Interesse kam es zu Exzessen und Absurditäten. Die minimale Veränderbarkeit eines Phänomens oder eines Gegenstandes vor dem Objektiv wuchs über die Grenzen der Gesetzmäßigkeiten und Normen hinaus ... zur Theorie des Dokumentarismus.

Die gesetzmäßig auftretende Notwendigkeit, diese Fragmente realer Gebilde zu kombinieren, wuchs zu Montagekonzeptionen aus, die das breite Feld filmischer Ausdruckselemente unter der Montage subsumieren wollten.

Wenn sie in einem normalen Rahmen stehen, sind diese Züge und auch das Problem einer kultivierten Auseinandersetzung mit ihnen natürlich eines der allgemeinen Probleme jeder Filmkunst.

Dieser Problemkreis steht gleichzeitig weder im Gegensatz zu anderen Problemen, noch soll er dazu gemacht werden oder diese gar ersetzen. Etwa die Probleme des Sujets.

Mehr noch: Diese Probleme stellen sich genauso klar für den Sujetfilm wie für den sogenannten »sujetfreien« Film.

Wahrscheinlich stellen sie sich hier sogar noch ernsthafter. Das gilt nicht nur für das, was wir gegenwärtig auf der Leinwand zu sehen bekommen, sondern auch im Sinne einer prinzipiellen Prognose.

Da der sujetfreie Film nicht von vornherein in dem gleichen Maße auf die emotionale Einwirkungskraft seines »reduzierten Sujets« bauen kann, wie das der Sujetfilm machen kann und auch macht, mußte er den Prinzipien und der Meisterschaft plastischer Gestaltung größere Aufmerksamkeit widmen. Nolens-volens auf dem Gebiet der Filmsprache und Filmform qualifizierter sein, bzw. werden.

Der sich in günstigerer Situation befindende Sujetfilm weicht häufig auf eine anekdotische Fabel aus, wobei er alle übrigen Mittel einer emotionalen und ideologischen Einwirkung auf den Zuschauer ignoriert.

Kehren wir jedoch zu jenem eingangs als für den Film besonders charakteristisch bezeichneten Doppelprozeß zurück. Wenn er nämlich derart charakteristisch ist und als solcher gerade in dem mittleren der bisher verflossenen drei Filmjahrfünfte mit besonderer Klarheit zutagetrat, dann dürfte es interessant sein, die künstlerisch-biografische Vorgeschichte der Filmschaffenden jener Periode daraufhin zu untersuchen, wie sich gerade diese Züge in ihren präkinematografischen Arbeiten ankündigen, herausarbeiten und entwickeln.

Alle Wege jener Periode führten in dieses Rom. Alles bewegte sich irgendwie in diese Richtung. Und so will ich mich bemühen, *meinen* Pfad darzulegen, auf dem ich selbst dorthin gelangte.

Als Beginn meiner »Filmperiode« wird gewöhnlich meine Inszenierung von Ostrovskijs ›Eine Dummheit macht auch der Gescheiteste‹ im Ersten Arbeitertheater des Prolekult (Moskau, März 1923)[2] angesehen. Das stimmt und stimmt auch wieder nicht. Diese Behauptung stimmt nicht, wenn sie einzig und allein davon ausgeht, daß diese Inszenierung einen kleinen – speziell hierfür gedrehten – komischen Film enthielt, der zudem noch nach allen Regeln der Montageverschränkung in den Handlungsablauf auf der Arena[3] unseres Theaters »einmontiert« worden war. Mit größerem Recht gilt diese Behauptung, wenn sie auf den allgemeinen Charakter dieser Aufführung abzielt, die die beiden Elemente der obengenannten Spezifik schon deutlich aufwies. Untersuchen wir sie der Reihe nach.

Als erstes Merkmal führten wir jene filmische Tendenz an, die bestrebt ist, die Phänomene und deren Elemente nur minimal verzerrt in Griff zu bekommen, d. h. jene Orientierung an der faktischen Realität eines Elements oder Fragments in sich.

Wir verwiesen auf die motivierte Spezifik dieses Zugs und auf dessen relative Selbstverständlichkeit. Schließlich machten wir auch auf einen hiervon ausgehenden Exzeß aufmerksam, der sich in der Theorie des Dokumentarismus manifestierte.

Wenn die Suche mit dieser Zielsetzung erfolgt, so muß der Beginn meiner filmischen Bestrebungen noch um weitere drei Jahre zurückverlegt werden – bis zu der von mir gemeinsam mit V. S. Smyšljaev realisierten Dramatisierung des ›Mexikaners‹ (Moskau, Saison 1919/20).

Das Merkmal und Resultat meiner tatsächlichen Mitarbeit konnte an ihrer Betonung der Unmittelbarkeit eines Phänomens abgelesen werden. An einem Element des Filmischen also – im Unterschied zu einem »Spiel der Reaktionen auf Phänomene«, d. h. im Unterschied zu einem ausgesprochen theatralischen Element.

Gemeint ist die Boxkampf-Szene.

Das Jack London[4] entlehnte (und von uns beiden Regisseuren in Zusammenarbeit mit B. Arvatov[5] überarbeitete) Sujet ist eigentlich recht naiv. Gemessen an der Atmosphäre und den Bedürfnissen des Jahres 1920 wies es jedoch genügend Emotionalität auf, mit der der Zuschauer – ungeachtet dieser wenig überzeugenden Sujetanlage – gefesselt werden konnte.

Das Sujet sieht folgendermaßen aus: Irgendeine Gruppe mexikanischer Revolutionäre braucht für die Finanzierung ihrer revolutionären Tätigkeit Geld. Geld ist aber keines vorhanden. Ein junger Bursche – Mexikaner – meldet sich zur Teilnahme an einer Boxmeisterschaft, um das nötige Geld auf diese Weise zu beschaffen. Nach einer Abmachung mit den Managern soll er sich gegen eine bestimmte Summe k. o. schlagen lassen. Statt dessen schlägt er jedoch den bisherigen Champion und steckt so den größten Teil des ausgesetzten Preises und dazu noch Prozente aus dem Erlös der verkauften Eintrittskarten ein.

Jetzt, wo ich die besonderen Bedingungen des mexikanischen Revolutionskampfes und auch das System der dortigen Boxmeisterschaften an Ort und Stelle etwas näher kennengelernt habe[6], könnte ich selbst mit diesen Kenntnissen – von der geringen ideologischen Überzeugungskraft dieses Sujets ganz zu schweigen – schwerlich ein ähnliches Sujet bearbeiten. Es waren jedoch, wie gesagt, andere Zeiten. Und auch die Bedürfnisse waren anderer Art. Man erinnere sich nur an die nicht weniger unwahrscheinlichen ›Roten Teufelchen‹[7].

Auf jeden Fall bildete der Boxkampf im Ring den Höhepunkt dieser Aufführung. Nach guter alter MCHAT-Tradition[8] sollte der Kampf (wie etwa der Stierkampf im letzten Akt von ›Carmen‹[9]) hinter der Bühne ausgetragen werden. Die Höhepunkte des Kampfes und die verschiedenartigen Emotionen der unterschiedlich interessierten Zuschauer sollten dagegen durch die Erregungen der Handlungspersonen widergespiegelt werden.

Das erste, was ich tat (und damit rückte ich vom Bühnenbildner, als der ich engagiert war, zum Mitregisseur auf), bestand im Vorschlag, den Ring auf die Bühne zu holen. Ja, mehr noch: ihn von der Bühne herunter in die Mitte des Zuschauerraumes zu placieren, wie das unter den Verhältnissen eines tatsächlich stattfindenden Boxkampfes üblich ist.

In diesem Vorschlag kam eigentlich schon meine tendenzielle

Orientierung auf die Konkretheit eines faktenbezogenen Phänomens deutlich zum Ausdruck. Wenn man so will, sogar am Faktum schlechthin. Obwohl nämlich der Ausgang jeder Runde und die Wende des Kampfes zuvor genau geplant waren, wurde der Kampf selbst keineswegs in der Art einer stilisierten Darstellung vorgeführt. Er ähnelte keinem »Figurentanz«, sondern war ausgesprochen real und konkret. Der im voraus festgelegte Ausgang der Runden und des gesamten Kampfes beeinträchtigte die dokumentarische Echtheit und den Realismus unseres Kampfes keinesfalls.

Von allem anderen einmal abgesehen, fiel diese Verhaltensweise unserer jungen Arbeiter-Schauspieler grundsätzlich aus dem Rahmen dessen, was jene im übrigen Verlauf der Aufführung demonstrierten. Während ihre Wirkungsmittel dort in der Miterleben initiierenden Emotion (sie arbeiteten nach dem Stanislavskij-System[10]) lagen, so wirkten sie hier noch auf eine etwas andere Weise auf den Zuschauer ein – mit einem »realen Tun«. Während dort Intonation, Gestus und Mimik als Einwirkungsmittel eingesetzt wurden, traten hier schon nicht mehr darstellende, sondern reale Einwirkungsfaktoren in Aktion: der wirkliche Kampf, das physische Hinfallen eines Körpers, das durch Kraftanstrengungen tatsächlich ausgelöste Keuchen, der Glanz eines wirklich schwitzenden Oberkörpers und der unvergeßlich klatschende Laut eines Boxhandschuhs auf angespannte Muskeln und Haut.

Die illusorisch darstellende – wenn auch schon abstrahierende – Dekoration wich einem wirklichen – d. h. allen technischen Erfordernissen entsprechendem – Ring. (Er befand sich allerdings nicht ganz in der Mitte des Saales, weil ihn die Geißel jeder schöpferischen Theateridee – die Feuerwehr – zum Proszenium hin verbannte. Um den Kreis um den Ring herum jedoch zu schließen, wurden an der Portalseite entlang Schauspieler hingesetzt, die die Zuschauermenge vorstellen sollten. Dieser Kunstgriff feierte übrigens kürzlich in den Szenen ›im Theater‹ bei der wenig gelungenen Dramatisierung der ›Menschlichen Komödie‹ am Vachtangov-Theater[1] seine Wiedergeburt.)

Wie ich mich erinnere, fand meine faktisch-pragmatische Orientierung auf eine gegenstandsbezogene Konkretheit, auf die Faktizität der Einwirkungsmittel noch eine eigenartig negative Bestätigung. Ein oder zwei Jahre später – ich arbeitete schon nicht mehr im Proletkult-Theater – brachte ich einmal V. E. Meierhold in die Aufführung des ›Gescheitesten‹ (zu jener Zeit erlebte ich gerade einen zeitweiligen Rückfall ins Theatralische, der mit einer großen Vorliebe für die Ästhetik des »Theaters der Konventionen« verbunden war).

Sehr deutlich erinnere ich mich an die dem Begründer des »Theaters der Konventionen«[12] von mir, dem jungen Proselyten, gestellte Frage, ob meine hier vorgeführte Lösung nicht einer eigenwilligen »Ketzerei« gegen die Normen des Theatralischen und einem Bruch mit dem Wesen des Theaters gleichkäme, da die Einwirkung hier ja nicht auf einem rein theatralischen, sondern auf einem faktischen und realen Element beruhe und damit doch eigentlich für das Theater »ein Schlag unterhalb der Gürtellinie« sei.

Die Antwort war nebulos-verschwommen, und ich erinnere mich auch nicht mehr genau an sie. Interessant ist jedoch die Frage selbst, weil sich in ihr eine schon damals vorhandene Sensibilität für dieses neue und andersartige Element faktenbezogener Materialität innerhalb der Theaterinszenierung ausdrückt.

Dieses Element sollte dann in meiner darauffolgenden Inszenierung ›Eine Dummheit macht auch der Gescheiteste‹ (Saison 1922/23) mit neuer Kraft zum Durchbruch kommen.

Die Exzentrik dieser Inszenierung, die alle Theaterelemente bis zum Paradox ausspielte, legte diese Tendenz in geradezu grotesker Konfrontation bloß.

In der besagten Inszenierung kam diese Tendenz dadurch besonders deutlich zum Ausdruck, daß sie nicht auf einer illusionistisch-darstellenden Spielbewegung aufgebaut war, sondern auf dem physischen Faktum der Akrobatik: Der Gestus schlägt in Akrobatik um, die Wut stellt sich in einem Kaskadensprung dar, Begeisterung in einem Salto mortale und das Lyrische in einem Hinaufsteigen auf den ›Todesmast‹...

Die exzentrische Stilgroteske dieser Inszenierung ermöglichte das Springen von einem Ausdruckstyp in einen anderen, sowie die allerungewöhnlichsten Kombinationen dieser beiden.

Über den ›Gescheitesten‹ ausführlicher zu berichten, ist aber aus einem anderen Grunde noch viel interessanter (s. unten).

In der Inszenierung ›Hörst du, Moskau?!‹[13] (1923) erlebten diese beiden unterschiedlichen Theatertendenzen von realem Tun und darstellender Imagination in einer originellen Technik des Schauspielerspiels eine eigentümlich kurzfristige Synthese. In Übereinstimmung mit dem Geist des gesamten »linken« Theaterflügels von damals realisierte sich dieses Prinzip von tatsächlicher Arbeit und tatsächlicher Handlung in der realen Arbeit der Bewegungsmanifestation von dem, was durch den Schauspieler dargestellt wird[14].

Dieses Thema ist einer gesonderten kritischen Analyse wert. Und sie wäre durchaus nicht ohne Nutzen. Hier erwähnen wir dieses Prinzip – eines der Grundprinzipien der damals gelehrten Ansichten vom Schauspieler-Spiel – jedoch nur insofern, als die von uns zu untersuchende Filmtendenz zeitweise hierin ihre Zuflucht fand, und insofern, als die Paradoxie des ›Gescheitesten‹ in dieser – natürlich mit einer dem Theaterrahmen entsprechenden Form – Filmtendenz »erstarb«, nachdem sich diese Paradoxie in der Exzentrik ihrer bloßgelegten Konfrontationen totgespielt hatte.

Wie dem auch sei, in der folgenden Inszenierung von S. Tret'jakovs ›Gasmasken‹[15] (Saison 1923/24) tauchten jedenfalls diese beiden Prinzipien dann mit noch größerer Unversöhnlichkeit wieder auf und führten hier zu einem derartigen inneren Auseinanderbrechen dieser widersprüchlichen Tendenzen, daß sie – wenn es sich um eine Filminszenierung gehandelt hätte – unweigerlich »zu den Akten« gelegt worden wäre, wie man so sagt.

Was war geschehen? Der »Kampf« zwischen dem materiell-faktischen und dem fiktiv-darstellenden Prinzip, die solange in guter Nachbarschaft gelebt hatten, solange es um Groteskes und um Exzentrik ging, bzw. solange sie sich in einem Melodrama synthetisch vereinigen konnten, führte in dieser neuen Inszenierung zu einer totalen Entzweiung.

Das Drama wollte sich in derselben Unvereinbarkeit der beiden Elemente verwirklichen, die in Exzentrik und Groteske (wo die Unvereinbarkeit der beiden Elemente eine der bezeichnenden Voraussetzungen des Genres sind) durchaus am Platze ist.

Dieses Drama setzte sich jedoch (in seiner Inszenierung) zwischen zwei Stühle. Es verlor das eine, ohne das andere zu gewinnen. Auf diese Weise ähnelte es dem Krylovschen Schwan, Krebs und Hecht[16]. Krebs und Hecht zogen in jeweils andere Apperzeptionsrichtungen, und dem armen Schwan der Synthese gelang es in keiner Weise, sich in den Himmel zu erheben.

Der Karren blieb aber nicht an seinem Platze stehen, sondern brach in Stücke auseinander. Der Wagenlenker setzte sich ins Kino ab.

All das hatte seine Ursache darin, daß die Regie auf den ausgezeichneten Gedanken kam, das von einer Gaswerksexplosion und dem Heldentum eines Arbeiterkollektivs handelnde Stück auch in einem tatsächlichen Gaswerk aufzuführen, nämlich in dem, das sich in Moskau unweit von ›Zemljanoj val‹ befindet. Hier aber konnte das materielle Faktum des Fabrik-Interieurs in keinerlei Übereinstimmung mit einer Theaterfiktion gebracht werden.

Das Werk lebte ein Eigenleben. Die Vorführung auf ihrem Gelände ein anderes. Eine wechselseitige Einwirkung auf einander kam nicht zustande.

Die gewaltigen Turbogeneratoren des Werkes erdrückten die sich kläglich an ihre schwarzglänzenden Zylinderkörper anschmiegenden winzigen Theateraufbauten völlig.

Darüber hinaus erwies sich der plastische Reiz der Realität dieses Werkes als derart stark, daß er die Ebenen des Faktenmaterials der Wirklichkeit in neuer Leidenschaft erglühen ließ. Und diese Wirklichkeit nahm alles in ihre Hände . . . und mußte so notgedrungen den Rahmen einer Kunst verlassen, die ihr keine unumschränkte Alleinherrschaft zubilligte.

Diese Tendenz brachte uns auf den Weg zum Film.

Damit hören aber die mit diesem Zug unserer Theaterarbeit verbundenen »Abenteuer« noch nicht auf. Im Gegenteil! Als sie auf der Leinwand erscheinen, treiben sie bald jene Blüten, die man als »Typisierungstendenzen« bezeichnen kann.

Diese »Typisierung« ist ein ebenso typischer Zug des zu untersuchenden Filmjahrfünfts wie auch seine »Montagehaftigkeit«, wobei ich von jetzt an diese beiden Begriffe keinesfalls nur auf meine eigenen Arbeiten beschränken will.

Es handelte sich dabei um zwei Züge, die für die damaligen Filmtendenzen allgemein charakteristisch waren. Sie waren gleichsam eine Bloßlegung und Hypertrophierung jener zwei Züge, die wir eingangs (und speziell auch als Gegenstand dieses Aufsatzes) herausstellten und in ihren normalen Dimensionen als für jeden Film spezifisch charakterisierten.

Darüber hinaus möchte ich noch darauf hinweisen, daß die »Typisierungs«-Tendenz jener Zeit sich nicht etwa auf ein ungeschminktes Gesicht vor dem Objektiv oder auf ein Auswech-

251

seln des Schauspielers gegen einen »natürlich ausdrucksvollen Menschen« beschränkte.

In der »Typisierungs«-Tendenz drückt sich meiner Meinung nach auch eine sehr typische und spezifische Orientierung gegenüber denjenigen Phänomenen und Ereignissen aus, die im Inhalt eines Filmes enthalten sind.

Ihnen gegenüber kam dieselbe Methode einer möglichst geringen – in unserem Fall dramaturgischen – Einmischung in den natürlichen Ablauf und die natürliche Kombination von Ereignissen zur Anwendung.

So verstanden, ist letztlich sogar ein Sujet – etwa das von ›Oktober‹[17] – »typisiert«.

Wie wir sehen, kann sich die »Typisierungs-Tendenz« auch im Theater einnisten, was sie ja schließlich auch tut. Ja, sie kann sogar den Übergang vom Theater zum Film bewirken und dann dort stilistisch üppig ins Kraut schießen.

Das reicht aber natürlich noch nicht aus, um in einer bestimmten Etappe zum Stilelement einer regelrechten Bewegung innerhalb der Gesamtfilmkunst zu werden.

Hierfür ist es nämlich nötig, daß sie – im Unterschied zu anderen ähnlichen Tendenzen und Möglichkeiten – von der spezifischen sozialen Lage derjenigen unterstützt und genährt werden, die sie bis an die äußersten Grenzen einer stilistischen Zuspitzung ausformten.

Worin aber bestand nun diese Tendenz?

Es war dies eine Tendenz, die von leidenschaftlicher Begeisterung für das getragen wurde, was ich zum ersten Mal in meiner Eigenschaft als Filmemacher um mich herum erblickte. Es war dies eine Hypertrophie von Ehrfurcht, Begeisterung und Bewunderung gegenüber dem, was ich in der im Aufbau begriffenen sozialistischen Wirklichkeit zu sehen begann.

Wenn die Voraussetzungen für die »Typisierungs-Methode« (im weiteren, d. h. nicht nur auf Personen bezogenen, sondern auch als Index für einen bestimmten Kamerabezug zur Wirklichkeit begriffenen Sinne) schon in einer Reihe spezifischer Theaterelemente nisten, auf die ich aufmerksam zu machen versuchte, dann ist ihre stilistische Etablierung und ihr Aufblühen in der Filmkunst ganz zweifelsfrei mit den neuen Gefühlen und Beziehungen zur Wirklichkeit, mit dem Gefühl einer »Entdeckung« der uns umgebenden wunderbaren Wirklichkeit verbunden.

252

Das Gefühl dieser Wirklichkeits-»Entdeckung« stammte daher, daß die Mehrzahl derjenigen, die die revolutionäre Wirklichkeit auf diese Weise wahrnahmen und erblickten, Leute waren, die zur Revolution gefunden hatten.

Viele von uns hatten am Bürgerkrieg teilgenommen. Meist jedoch eher technisch und nicht als potentiell Führende. Vielfach ohne präzise Vorstellungen über das, wohin und worauf sie zugingen, was sie bewirkten und worauf sie zugehen halfen.

Aus dem Bürgerkrieg zurückgekehrt, erblickten dann viele von uns das Bild dieser in Geburtswehen liegenden sozialistischen Gesellschaft, die heute schon ein vollzogenes Faktum ist.

Diese »erste Begegnung« mit der revolutionären Errungenschaft war natürlich – wie eine jede erste Begegnung – voll erregter Schüchternheit und Berührungsangst. Das Bemühen, möglichst wenig »anzutasten«, den eigenen Willen so weit wie möglich zurückzustecken, hing zweifelsohne ebenso wie jenes – in der »Typisierungs-Methode« widergespiegelte – maximale Sich-Unterordnen mit dem spezifischen Weg zusammen, auf dem diejenigen zur Revolution fanden, die *diese* Form der Wirklichkeitsaneignung lange Zeit hindurch als Methode beibehielten.

Es handelte sich dabei um Menschen, die nicht etwa aus der Revolution hervorgegangen waren, sondern die erst zu ihr hingefunden hatten, in sie eingetreten waren.

Und es bedurfte vieler Jahre (an dieser Stelle lohnt es sich, an das letzte Aufflammen dieser Tendenz, an den Rückfall der RAPP[18] in die Frage, wer »zugehörig« und wer »nichtzugehörig« sei, zu erinnern), bis sich diese zur Revolution gekommenen »Weggefährten«[19] dank einer klugen Taktik der Partei endgültig als Fleisch vom Fleisch und Blut vom Blut der Revolution und des sozialistischen Aufbaus fühlen konnten.

Diese Tatsache bewirkte dann auch eine tiefgreifende Neuorientierung der künstlerischen Zielsetzung. Wenn die erste Etappe für diejenigen, die zur Revolution gefunden hatten, noch im Zeichen einer Entdeckung dieser revolutionären Wirklichkeit stand, so galt für die nächste Etappe nunmehr die Losung, diejenige sozialistische Wirklichkeit zu entdecken, an deren Aufbau sie mit gleichen Rechten und Pflichten teilnahmen.

Als sich nun Weltanschauung und Weltempfinden grundlegend änderten, konnte auch die Methode, die ja nur eine Widerspie-

.gelung des Korrelationsverhältnisses zur Wirklichkeit ist, nicht umhin, sich auf ein neues Gebiet hinzubegeben.

Den Beginn dieser Verschiebung erleben wir heute.

Das gegenwärtige methodologische Wirrwarr ist ein positives Zeichen für die Umorientierung der Filmmethode auf Wege, die dem neuen Selbstbewußtsein des Filmes und der Filmschaffenden entspricht, das der historische Beschluß vom 23. April[20] geweckt hat.

Auf jeden Fall wurde die »Typisierungs-Tendenz«, die – meiner Meinung nach – ihren Nährboden in den aufgeführten Bedingungen fand und deren Merkmale sich auch in der Theaterarbeit nachweisen lassen, zu einem spezifischen Kennzeichen des Filmes jener Zeit.

Wenden wir uns jetzt aber dem zweiten Merkmal der Film-»Spezifik« zu – dem Montageprinzip. Untersuchen wir, wann und wo sich dieses Montageprinzip in meinen Arbeiten aus jener Zeit herausbildete, als ich mich der allgemeinen Bewegung, deren verbissenster Vorkämpfer ich später werden sollte, noch nicht angeschlossen hatte.

In klarer Form treten diese Montagetendenzen in der bewußten Inszenierung des ›Gescheitesten‹ (1923) zutage. Über sie sagte ich bereits, daß sie eine paradoxe Zuspitzung letztlich aller und jeglicher dem Theater und seinen Inszenierungsmethoden konstitutiven Elemente und Wesenszüge darstellte und eine eigenartige Reductio ad absurdum des Theaterkonzepts ausbildete: Komik schlug in Clownerie um, Text in Akrobatik, Zorn in Salto mortale, Freude in Kaskadensprünge.

Und inmitten dieses exzentrischen Unfugs, der sogar den erwähnten kleinen komischen Film enthielt, findet sich auch ein erstes kleines Beispiel einer deutlich ausgeprägten Montage. Und zwar im achten und zehnten Bild des zweiten Aktes der Proletkult-Inszenierung des ›Gescheitesten‹.

Bei Ostrovskij werden im Handlungsverlauf des Stückes eine größere Reihe von Intrigenmomenten miteinander verknüpft. Mamaev führt seinen eigenen Verwandten heimlich der eigenen Frau zu, um seine Ruhe zu haben. Glumov geht über die Anweisungen seines Onkels hinaus, und die Mamaeva nimmt seinen Flirt für bare Münze. Zur gleichen Zeit, als Glumov ihre Protektion ausnützt, arrangiert er aber auch zusammen mit Mamaev seine Brautwerbung um die Verwandte Trusinova, was er wiederum vor der Mamaeva verbirgt. In den Ausmaßen, die sein Flirt mit Tantchen annimmt, betrügt er den lieben Onkel. Indem er aber dem lieben Onkel um den Bart geht, betrügt er gemeinsam mit ihm das Tantchen.

Glumov, der russische Rastignac[21], wiederholt hier in komödienhafter Form alle großen Leidenschaften und bedeutenden Geldtransaktionen seiner französischen Prototypen. Durch die Komödienfiguren schimmern Nucingen, Delphine und Madame de Bossé hindurch. Im Finale der komisch anmutenden Katastrophe Glumovs klingen Töne des tragischen Ausgangs von Lucien de Rubempres' Heiratsgeschichte an.

In Rußland steckte der Typ des Rastignac noch in den Kinderschuhen. Im russischen Reich begann sich der borniierte Pragmatismus in den bei Balzac vorgeführten Dimensionen gerade erst zu entwickeln. Noch war Karriere kein Schreckgespenst aus Gold, Blut, Schmutz und Verbrechen, sondern eher etwas in der Art eines Kinderspiels zwischen Onkeln und Vettern oder zwischen Tanten und ihren Liebhabern. All dies fand noch in familiären Maßstäben statt. Es war noch nicht das große Spiel wichtiger Interessen. Von daher auch der Komödiencharakter. Der aber ist mit Intrigen und witzigen Handlungsverknüpfungen zwischen den im Stück agierenden Personen überreich gespickt. Er ist voller hinterlistiger Kasuistik ... Einer hinterlistigen Kasuistik von Interessenüberschneidungen ... Voller Tanz auf zwei Hochzeiten, voller Spielerei mit zwei Menschen ... Und hieraus entwickelt sich dann ... die hinterlistige Kasuistik dieser beiden Auftritte. Und zwar in Form einer Montageüberschneidung dieser beiden Auftritte.

Die langweilige Abfolge von Mamaevs »Regie«-Anweisungen und die tollpatschig-penible Befolgung seiner »Lebensweisheiten« durch Glumov sind synchron geschaltet. Der Wechsel von »Instruktionen« des Onkels und »Attacken« auf die Tante vermag die ausgesprochen widerliche Rolle des Kupplers Mamaev aufzudecken und zuzuspitzen, wodurch sie Züge clownesker Scherzhaftigkeit annimmt. Die übertriebene Heuchelei von Glumovs Liebeserklärungen erscheint auf diese Weise noch übertriebener. Der schnelle Wechsel zweier Dialoge beschleunigt das Tempo und den scherzhaften Charakter der Situationskomik selbst.

In der Inszenierung des ›Gescheitesten‹ hatte die Bühne die Form eines runden Teppichs, so wie er etwa in der Zirkusarena ausgelegt wird. Der Rand war mit rotem Stoff abgesetzt und glich so einer Barriere. Zu drei Vierteln saßen die Zuschauer um ihn herum. Im Hintergrund stand vor einem gestreiften Zwillichvorhang ein kleiner Podest mit seitlichen Stufen. Die Szene mit Mamaev[22] spielte unten in der »Manege«, wie wir uns damals ausdrückten; die Szene mit der Mamaeva auf dem Podest. Anstelle eines fließenden Auftrittswechsels flog aber Mamaev in unserer Inszenierung ständig von einem zum anderen. Er führte einen fragmentarischen Dialog mit der Mamaeva, brach ihn dann wieder ab, um ihn mit Mamaev fortzusetzen. Die Schlußrepliken der einen Fragmentenreihe stießen mit dem Beginn der nächsten zusammen, wobei sie einen neuen Sinn erhielten und zuweilen zu einem Spiel mit Kalauern wurden.

Die Wechsel selbst bildeten hierbei gleichsam Zäsuren im Spielverlauf der einzelnen Passagen.

Darüberhinaus erzeugte die Anwesenheit einer dritten Person, die sich am Gespräch nicht beteiligte, sondern scheinbar abwesend war, den Effekt eines Illustrativzusatzes in Form dieser oder jener Replik zum Dialog der beiden anderen. So begleitete etwa die Schauspielerin Janukova (Mamaeva) die Worte: »Sie ist eine Frau von sanguinischem Temperament« mit einem entsprechenden mimisch-intonativen Spiel, so als ob sie sich mit einer neuen »Unterbrechung« in das über sie geführte Gespräch einmischen wollte. Dasselbe tat Štrauch (Mamaev) in bezug auf den Dialog, der auf dem Podest geführt wurde*. Auf diese Weise erhielten die milieubezogenen Dialoge Ostrovskijs einen ungewöhnlich spielerischen Charakter, der dem Genre der Zirkus-Clownerie entsprach, in dem die ganze Aufführung gehalten ist.

Die ungefähre – dem Gedächtnis nach rekonstruierte – »hinterlistig kasuistische« Verkettung dieser beiden Dialoge sah folgendermaßen aus:

Der Auftrittsbeginn ist in Ostrovskijs Version gehalten. Dann aber:

---

* Es sei darauf aufmerksam gemacht, daß das Spiel der einzelnen Passagen, wie auch eine ganze Reihe leichter Textveränderungen, die S. Tret'jakov dem Ziel witzig-komischer Konfrontationen dieser Fragmente vornahm, heute – nach zwölf Jahren – natürlich verloren und vergessen sind. Der zitierte Wechsel der Auftritte ist daher nur in ungefährer, jedoch bezeichnender Weise angeführt [Anm. S. M. Eisensteins][23].

1. *Mamaev:* Ja, und dann noch so eine diskrete Sache. In was
   für einer Beziehung stehst du zur Tante?
Glumov: Ich bin ein wohlerzogener Mensch. Ehrenhaftes Verhalten braucht man mir nicht erst beizubringen.
Mamaev: Ach nein, wie dumm. Ach nein, wie dumm. Sie ist
   noch verhältnismäßig jung (an dieser Stelle, glaube ich, erschien die Mamaeva auf dem Podest. S. M. E.), hält sich
   für eine Schönheit (graziös stolzierte die Mamaeva in einem
   »blendenden« Kleid mit Straußenfedern über den Podest),
   deine Ehrenhaftigkeit hat sie gerade nötig! Willst dir wohl
   einen Feind schaffen, was?
Glumov: Ich versteh dich nicht, Onkel.
Mamaev: Verstehst mich nicht? Na, dann höre mal gut zu und
   lern was draus! Gott sei Dank hast du jemanden, bei dem
   du lernen kannst. Die Frauen verzeihen es niemandem, der
   ihre Schönheit nicht beachtet.
Glumov: Ja, ja, ja! (*während er zum Podest lief*) Sie sagen
   es! Daran habe ich gar nicht gedacht. (*Das wurde sowohl
   als Abschluß des Dialogs mit Mamaev, wie auch als Verwun-
   derung über das Erscheinen von Tantchen gespielt.*)

2. *Mamaeva:* Küssen Sie mein Händchen, Ihre Sache geht in
   Ordnung*.
Glumov: Ich hatte Sie doch gar nicht darum gebeten.
Mamaeva: War auch gar nicht nötig. Ich habe das auch so erra-
   ten.
Glumov (küßt ihr die Hand): Ich danke Ihnen (nimmt den
   Hut).
Mamaeva: Wohin wollen Sie denn?
Glumov (auf halbem Wege nach unten): Nach Hause. Ich bin
   überglücklich. Ich eile, diese Freude mit meiner Mutter zu
   teilen.

3. *Mamaev:* Na also, Brüderchen! (*Das klang schon wie ein
   Lob für eine gut gelernte Lektion.*) Aber wenn es auch nur
   um sieben Ecken herum ist, so bist du doch immerhin ein
   Verwandter und kannst dir mehr Freiheiten herausnehmen
   als ein bloßer Bekannter. Kannst ihr ab und an mal – quasi

---

* Gorodulins Zusage, Glumov ein Amt zu verschaffen, spielte im siebten,
und nicht im neunten Auftritt [Anm. S. M. Eisensteins].

aus Vergeßlichkeit – ein übriges Mal das Händchen küssen (*klang wie eine Ermahnung wegen ungenügend entschlossenem Auftreten gegenüber der Tante*), ja und dann mit den Augen ein bißchen was. Ich denke, du kannst so etwas?

Glumov: Kann ich nicht.

Mamaev: Ach, was bist du mir bloß für einer, Brüderchen! Na, so etwa (*dreht die Augen nach oben*).

Glumov: So ganz und gar etwa auch noch? Wie soll denn das gehen?

Mamaev: Na, du wirst das schön vor dem Spiegel üben. Na, und ab und an, atmest du mit melancholischem Blick auf. All das kitzelt die Eigenliebe der Frauen!

4. *Glumov* (*rennt zum Spiegel, vor dem er eine melancholische Miene macht, was von neuem die Mamaeva auf eine Frage bringt*).

Mamaeva: Sie sind glücklich? Daran glaube ich nicht.

Glumov: Ich bin glücklich, soweit das möglich ist.

Mamaeva: Das heißt, nicht so ganz. Das heißt, Sie haben noch nicht alles erreicht.

Glumov: All das, worauf ich zu hoffen wagen konnte.

Mamaeva: Nein, sagen Sie offen: Haben Sie alles erreicht?

Glumov: Was brauche ich mehr! Ich werde eine Stelle bekommen.

Mamaeva: Daran glaube ich nicht. Daran glaube ich einfach nicht. In solchen jungen Jahren wollen Sie sich als Materialist aufführen, wollen mich glauben machen, daß Sie nur noch an den Dienst, nur an Geld denken?

Glumov: Kleopatra L'vovna . . .

Mamaeva: Wollen Sie mir etwa weismachen, daß Sie niemals Herzklopfen haben, daß Sie niemals träumen, niemals weinen, daß Sie niemanden lieben (*die letzten drei Repliken wurden im Crescendo der Leidenschaft vorgetragen*).

5. (*Umso komischer klangen die äußerst sachlichen Repliken des Dialogbeginns.*)

Glumov: Ich danke Ihnen von ganzem Herzen (*so als ob er für die bei der Tante gezeitigten Ergebnisse dankbar wäre*).

Mamaev: Na, und ich bin jetzt auch beruhigter. Begreif doch! Begreif doch!

Glumov: Ich verstehe schon wieder nicht.

Mamaev: Sie ist eine Frau von sanguinischem Temperament (entsprechendes Spiel der Mamaeva auf dem Podest), hat einen heißen Kopf und kann sich leicht irgendeinen Geck zulegen. Weiß der Teufel, auf was für einen Bauer sie verfallen mag, vielleicht sogar auf einen Kriminellen. Solche Verführer kennen keinen Gott. Darauf wärs hinausgelaufen! Und hier verstehst du, es wäre Ihnen doch ganz nützlich, nicht wahr, sind doch ein erfahrener Mann. Sind die Wölfe erst satt, dann haben die Schafe Ruh'. Ha! ha! ha! Kapiert?

Glumov: Einen Verstand haben Sie, Onkel, einen Verstand!

Mamaev: Das will ich auch hoffen!

6. *Glumov (wiederum zum pathetischen Ton von Passage No. 4 zurückkehrend):* Ich habe alles Erreichbare bekommen, alles, worauf ich hoffen durfte.

Mamaeva: Das heißt, daß Sie nicht auf Gegenliebe hoffen dürfen? Warum verschwenden Sie in solchem Fall Ihre Gefühle umsonst? Das sind ja schließlich die Perlen der Seele. Sagen Sie – wer ist diese Grausame?

Glumov: Sie quälen meine Seele, Kleopatra L'vovna.

Mamaeva: Sprechen Sie, Sie Narr, sprechen Sie auf der Stelle! Ich weiß es, ich sehe es Ihren Augen an, daß Sie lieben. Sie Armer. Müssen Sie sehr schlimm leiden?

Glumov: Sie haben kein Recht, zu solchen Mitteln zu greifen.

Mamaeva: Wen lieben Sie?

Glumov: Nehmen Sie sich doch zusammen!

(Die Szene erreicht einen paradoxen Höhepunkt an Leidenschaft. Der neue, rein sachliche, kommerzielle Einschub unterstreicht Glumovs übertriebenes Spiel nur umso mehr. Außerdem wirkt die Unterbrechung wie ein Atemholen, wie eine Zäsur vor dem »schicksalshaften« Geständnis.)

7. (Gehalten in einer überhastet beflissenen »Börsenjobber«-Schnellsprache, in der man ›nicht ganz astreine‹ Machenschaften und Affairen bespricht.)

Glumov: Ja, und dann noch eine Sache! Damit nicht von irgendeiner Seite etwas Dummes aufkommt, schließlich sind die Menschen böswillig, machen Sie mich mit der Tursinova bekannt. Da werde ich dann einer Verwandten sogar mal ganz offen den Hof machen und zu Ihren Gunsten, wenn's Ihnen recht ist, sogar um ihre Hand anhalten. Tja, und dann werden die Wölfe schon richtig satt sein, und die Schafe werden ihre Ruh' haben.

Mamaev: Ja, ja, ja. Das ist eine Sache! Das ist eine Sache!

8. *Mamaeva:* Ist sie Ihrer wert?

Glumov: Mein Gott, was machen Sie bloß mit mir?

Mamaeva: Vermag Sie Ihre Leidenschaft und Ihr wunderbares Herz auch richtig zu schätzen?

Glumov: Meinetwegen schlagen Sie mich tot, ich wage es einfach nicht.

Mamaeva (flüsternd): Mehr Mut, mein Freund, mehr Mut! *(Dadurch, daß Mamaev/Štrauch dies mit dem Schrei: ›Mehr Mut, mehr Mut!‹ unten auf dem Teppich wiederholte, kam es zu einem völlig enthüllten Spiel.)*

Glumov: Wen ich liebe?

Mamaeva: Ja.

Glumov (auf die Knie fallend): Sie.

Mamaeva (mit leisem Aufschrei): Ach! *(Die Mamaeva war einer Ohnmacht nahe. Glumov rannte nach unten. Das nächste Gesprächsfragment mit Onkelchen wurde im Maschinengewehrtempo runtergerattert. Tonlage von Passage No. 7.)* Usw. usw.

So ungefähr, d. h. mit wechselseitiger Überschneidung waren diese beiden Szenen aufgebaut. Dabei muß man natürlich wiederum berücksichtigen, daß dies zu einer Zeit geschah, als im Theater jeder beliebige Grad an Verrücktheit geradezu Gesetz war, als dem Umgang mit den Elementen des Theaters völlig freie Hand gelassen wurde. Im Umkreis von ›Angst‹[24], ›Mein Freund‹[25] und selbst in der ausgesprochenen – aber dennoch im orthodoxen milieubeschreibenden Stil aufgeführten – Farce ›Ein fremdes Kind‹[26] wären solche künstlerischen Verfahren noch nicht einmal in clownesker Form möglich gewesen. Wenn sie dennoch einmal vorgekommen wären, so hätten sie Unverständnis hervorgerufen . . . (Oder etwa doch nicht?) Aber es war die Saison des Jahres 1922/23 . . .

Auf jeden Fall wurde mit diesem Verfahren eine farcehafte Zuspitzung des Clownesken erreicht, das Tempo wurde gesteigert und – was das Interessanteste ist – der extrem zugespitzte Charakter des Exzentrischen entfernte sich nicht etwa mit einem Sprung ins Gegenstands- und Sinnlose vom Themeninhalt dieses Stückfragmentes, sondern stellte sich als eben dieses Thema dar – natürlich in einer bis zum Paradoxen gesteigerten Bühnenrealisation.

Hier mag es angebracht sein, auf einen weiteren filmspezifischen Zug hinzuweisen (spezifisch wiederum in dem Sinne, daß er im Film extensive Anwendung findet). Gemeint ist das Umdeuten von Repliken, das in deren konfrontierender Neuzusammenstellung zu einem neuen Kontext vollzogen wird.

Jeder, der einmal mit filmischen Montagestücken zu tun hatte, weiß aus Erfahrung, daß ein neutrales Stück, ja sogar ein Stück mit ausgesprochen festgelegtem Sinngehalt häufig genug bei einer Zusammenstellung mit einem anderen Stück urplötzlich eine inhaltlich scharf festgelegte Richtung einschlägt, die häufig dem ursprünglichen Sinngehalt, an den man bei der Aufnahme dieses Stückes gedacht hatte, völlig zuwiderläuft.

Hieraus resultiert in vieler Hinsicht das Weise und das Böse in der Kunst des Umschnitts, d. h., wenn es sich dabei wirklich um »Kunst« und nicht um geschmacklose Stümperei handelt. Was für Einfallsreichtum wurde doch mitunter für diese Sache aufgebracht! In jener ruhmreichen Zeit, als bei der Erschließung des Montagephänomens E. Šub, die »Brüder« Vasil'ev, Birrois und Benjamin Boitler[27] in der Morgenröte unseres Filmes daran arbeiteten*.

Ich kann mir das Vergnügen nicht versagen, hier eine Montage à la tour de force anzuführen, die gerade von Benjamin, dem letzten dieser Reihe**, stammt:

Aus dem Ausland kam der Film ›Danton‹ mit Jannings in der Hauptrolle[29]. Bei uns lief er unter dem Titel ›Die Guillotine‹. (Heute kann sich kaum noch jemand an diesen Film erinnern.) In der sowjetischen Version gab es nun folgende Variante: Camille Desmoulins wird zur Guillotine gebracht. Aufgeregt stürzt Danton auf Robespierre zu. Robespierre wendet sich ab und wischt sich langsam eine Träne ab. Der Zwischentitel lautete ungefähr so: »Im Namen der Freiheit muß ich den Freund opfern . . .« Alles wunderschön.

Wer konnte aber ahnen, daß Danton – im deutschen Original

---

* Ich selbst hielt das erste Schnittstück eines »echten« Filmes zum ersten Mal in Händen, als ich – kurz nach der ›Gescheitesten‹-Inszenierung – E. Šub beim Umschnitt von ›Dr. Mabuse‹[28] half. [Anm. S. M. Eisensteins].

** Natürlich ist hier – im Sinne des Benjamins aus der biblischen ›Josephs‹-Geschichte – Benjamin Boitler gemeint [Anm. des Übers.].

ein Müßiggänger und Weiberheld, ein prächtiger Bursche und die einzige positive Figur unter einer Bande von Verbrechern – zum Verbrecher Robespierre gelaufen war und ... ihm ins Gesicht gespuckt hatte? Daß Robespierre sich mit einem Taschentuch die Spucke abwischte? Daß schließlich als Titel die zwischen den Zähnen hervorgestoßene Drohung erschien, eine Drohung, die Wirklichkeit wurde, als am Schluß des Filmes Jannings/Danton die Guillotine bestieg?

Zwei kleine Schnitte entfernten ein Stückchen Film – vom Moment des Ausspeiens der Spucke bis zu ihrem Aufklatschen. Und schon wurde das Beleidigende der Spucke zur Träne des Mitleids für den gefallenen Freund ...

Unsere Praxis kannte nicht wenige solcher Beispiele.

Was hatte nun eigentlich mein Experiment mit der angeführten Ostrovskij-Szene angeregt?

War es etwa schon das besondere »Aroma« der Montage, das von den ersten Montageversuchen des in seinem »Linksradikalismus« verwandten frühen Films herüberwehte?

Immerhin war ›Glumovs Tagebuch‹ aus Ostrovskijs Stück durch einen kleinen komischen Film – ein ›Filmtagebuch‹ – ersetzt worden, was bereits eine Parodierung unserer ersten ›Filmchronik‹-Experimente war.

Meiner Meinung nach war es jedoch vor allem und am ehesten der Einfluß jenes Prinzips, mit dem ein Zirkus- und Musichall-Programm zusammengestellt wird. Ich war von Kindheit an ein leidenschaftlicher Liebhaber dieses Genres[30].

Unter dem Einfluß der Franzosen, von Chaplin (von dem wir allerdings nur gerüchteweise etwas wußten) und der ersten Nachrichten über Foxtrott und Jazz blühte diese frühe Liebe dann prächtig auf. Erinnern sollte man sich daneben noch an die FEKS[31], an Foregger[32], an das ›Theater der Volkskomödie‹[33] und an den eigentlich noch früheren Zirkus-›Mexikaner‹.

In jener Zeit war offensichtlich das Music-hall-Element der wichtigste Nährboden für die Herausbildung eines ›montageförmigen‹ Verlaufs künstlerischen Denkens.

Das aus bunten Fetzen zusammengeflickte Kostüm des Harlekins hatte sich offenbar zum Vorbild für den Aufbau des gesamten Schaubühnenprogrammes gemausert, d. h. gerade an jenem Ort, wo der Harlekin einst seine unumschränkte Herrschaft ausübte.

So war das auch mit der gesamten Inszenierung des ›Gescheitesten‹. Nicht umsonst wurde deren Methode auch als . . . ›Montage der Attraktionen‹ definiert.

Wenn dies nun schon auf die Komposition des Stückes insgesamt zutrifft, so konnten zu dem oben zitierten Fragment – als einem Detail daraus – auch andere Voraussetzungen führen.

Scheint dieses Verfahren nicht ein eigentümlicher Nachklang, eine Reminiszens . . . an Flaubert zu sein? So seltsam es auch klingen mag: bei Flaubert findet sich eines der vorzüglichsten Vorbilder einer »Überkreuz«-Montage mit deutlich ausgeprägter Tendenz zu ausdrucksvoller Zuspitzung mittels dieses Verfahrens. Gemeint ist die Szene auf der Landwirtschaftsausstellung, wo sich Emma und Rodolphe (›Madame Bovary‹[34]) zum ersten Male näherkommen. Hier sind zwei Gespräche ineinandergeflochten: die Rede eines offiziellen Referenten und das erste Gespräch des zukünftigen Liebespaares.

» . . . die Religion und die Landwirtschaft nahmen mehr Raum ein. Die Wechselbeziehungen zwischen beiden wurden dargelegt, und wie beide von jeher die Kultur gefördert hätten. Rodolphe und Madame Bovary plauderten über Träume, Vorahnungen und Magnetismus. Der Redner griff auf die Wiege der menschlichen Gesellschaft zurück und schilderte die wüsten Zeiten, da die Menschen sich in der Tiefe der Wälder von Eicheln genährt hätten. Dann hätten sie die Tigerfelle abgelegt, sich mit Stoffen bekleidet, Furchen gepflügt und Reben gepflanzt. War das nun ein Gewinn, und hatten die neuen Entdeckungen nicht mehr Unzuträglichkeiten als Vorteile mit sich gebracht? Dieses Problem wurde von Derozerays aufgeworfen. Rodolphe war nach und nach vom Magnetismus auf die Wahlverwandtschaften gekommen, und während der Herr Präsident Cincinnatus und seinen Pflug zitierte, Diocletian beim Kohlpflanzen und die chinesischen Kaiser, die den Neujahrstag durch eigenhändiges Säen begingen, setzte der junge Mann der jungen Frau auseinander, daß diese unwiderstehlichen Anziehungskräfte ihre Ursache in einem früheren Dasein haben. »Sehen Sie doch uns beide an«, sagte er. »Warum haben wir einander kennengelernt? Welcher Zufall hat es gewollt? Ohne Zweifel haben uns über die Entfernung hinweg unsere besonderen Neigungen zueinander geführt wie zwei fließende Ströme, die sich vereinigen.«

Und er griff nach ihrer Hand; sie entzog sie ihm nicht.
»Gesamtpreis für gute Bewirtschaftung!«, rief der Präsident.
»Zum Beispiel vorhin, als ich in Ihr Haus kam . . .«
»Für Monsieur Bizet aus Quincampoix . . .«
»Siebzig Francs!«
»Hundertmal habe ich aufbrechen wollen, aber ich bin Ihnen gefolgt, ich bin geblieben.«
»Mistbereitung!«
»Wie ich heute abend hier bleiben würde, morgen, alle übrigen Tage, mein Leben lang!«[35].

Wie wir sehen, handelt es sich hierbei um die gleiche Verflechtung von zwei Linien, die thematisch gleichförmig und gleichermaßen banal sind. Sie steigern die Sache zu geradezu monumentaler Banalität.

Die gleiche Überkreuzform. Die gleichen kalauerartigen Nahtlinien mit einer kalauernden Umdeutung von Satzwendungen und Inhalten.

Literarische Beispiele könnte man noch viele anführen. Diese Verfahren wurden in der Folgezeit sehr populär.

Unser ›toller Streich‹ gegen Ostrovskij blieb ›avantgardistisch‹. Er war zweifelsohne auch der allerfrechste (und in seiner Montage der am wenigsten verhüllte). Hier überschnitten sich nicht zwei Dialogpaare von vier Personen, sondern es kam zu einer auf drei Personen aufgebauten Überschneidung bei ständiger Anwesenheit der sich einmal hier und einmal da aufhaltenden dritten Person.

Auf jeden Fall entwickelte sich dieser Keimling einer Montagetendenz in der anschließenden Inszenierung von ›Patatra‹ dann schon derart schnell und kräftig, daß diese aus Mangel an einer geeigneten Räumlichkeit und den für ihre Realisierung nötigen technischen Möglichkeiten auf dem Papier stehen blieb.

Es war daran gedacht, dieses Stück in Kriminalstück-Tempen ablaufen zu lassen, d. h. mit sehr schnellem Handlungswechsel, mit Szenenverschachtelung und synchroner Aufführung von mehreren Szenen.

Da dieses Projekt erwähnt wurde, sei auch noch an ein anderes – ebenfalls nichtrealisiertes – erinnert. Der Tendenz nach geht es dem gerade erwähnten Projekt unmittelbar voraus. Es stellte einen Versuch dar, etwas, was den gesamten Zuschauerraum einbeziehen sollte, innerhalb des Bühnenportals zu spielen. Es ist sicher recht nützlich, sich auch dieses Projekt in Erinnerung

zu rufen, weil es nurmehr in seinen Entwürfen und Montage-
plänen erhalten blieb, schon während der Proben abgebrochen
wurde und dann erst erheblich später unter anderer Regie und
mit einer ganz anderen – einer rein theatralischen – Konzeption
zur Aufführung kam*.

Gemeint ist Pletnëvs Stück ›Über der Schlucht‹[36]. Daran arbeitete ich in der dem ›Mexikaner‹ folgenden Saison mit Smyšljajev, von dem mich danach prinzipielle Meinungsverschieden-
heiten trennen sollten. (Nach ungefähr einjähriger Pause
kehrte ich dann ausschließlich zu Regiearbeiten zu Proletkult
zurück, kümmerte mich dabei allerdings in alter Manier selbst
um die Dekorationsausstattung meiner Inszenierungen[37].)

In diesem Stück kam eine Szene mit einem Erfinder vor, der
– ähnlich wie Archimedes – in höchster Begeisterung über die
gerade gemachte Entdeckung durch den Trubel der Stadt jagte,
dabei aber auch gleichzeitig vor Verbrechern auf der Flucht
war, die es auf die Frucht seiner Intuition abgesehen hatten.
Auf jeden Fall mußte eine Lösung zur Wiedergabe jener Dynamik der Straße gefunden werden. Ja, nicht nur die Dynamik
der Straße, sondern auch noch die Verlorenheit des Menschen
inmitten des Tempos der »großen Stadt« (»Urbanismus« war
das Attribut unserer Vorstellungen vom Westen).

Mir fiel damals eine lustige Kombination von rennenden Kulissen ein, die in verkleinerter Form Gebäude und Gebäudefrag-
mente vorstellen sollten. Das waren noch keine neutral lackier-
ten Schilde (»murs mobile«), wie sie später von Meierhold in
seiner Inszenierung von ›Trust D. E.‹[38] verwendet wurden und
dort das Bühnenbild der gesamten Handlung in verschiedenar-
tigster Form bestimmten. Es handelte sich noch um rein darstellende Kulissen, ironisch ausgeführte Häuschen, öffentliche
Gebäude und andere Elemente einer Stadt.

Mehr noch. Offensichtlich unter dem Druck der zu lösenden
Ausdrucksaufgabe, die deren Hin- und Herrennen erforderlich
machte, wurden diese beweglichen Kulissen auch noch mit
Menschen bestückt. Diese Personen wurden auf Kettenringrol-
len gestellt und bewegten sich so, als ob sie in bizarrer Weise
in die bemalten Fassaden eingefügt worden wären.

Der Einfluß kubistischer Traditionen hierauf ist unbestreitbar.
Aufspaltung des Menschen durch Flächen. Die Einfügung des

---

* Soweit ich mich erinnere, war das 1925/26 [Anm. S. M. Eisensteins].

Menschen in ein Material und eines Materials in den Menschen entsprach genau der kubistischen Arbeitsweise. Gerade auch in ihrer Malerei, die damals noch wegen des dynamischen Charakters ihrer Formenvielfalt einen großen Einfluß auf mich ausübte. Die bekannten »urbanistischen« Kostüme von Picasso[39], die ich später im parodistischen Szenarium ›Die Strumpfbänder der Colombine‹ fürs Foregger-Theater parodierte[40], hatten auf diese Sache keinen geringeren Einfluß. Im Unterschied zu ihnen handelte es sich aber hier in erster Linie um ein dynamisches Problem. Darin drückte sich der Wunsch aus, die Dynamik einer Stadt und das Aufblitzen von Häuserfronten, Händen, Füßen, Kollonaden, Köpfen und Zylindern wiederzugeben. Mit einem Wort etwas Ähnliches, wie es bei . . . Gogol' zu finden ist, – das, was wir zunächst vor allem in der französischen Malerei entdeckten, bis Andrej Belyj die Aufmerksamkeit auf den eigenartigen Gogol'schen Kubismus lenkte[41].

Recht genau erinnere ich mich an eine vierfüßige Kombination, die aus zwei Bankiers und einer Börsenfassade bestand. Ferner an einen Zirkus, der aus den Füßen einer eingelassenen Kunstreiterin und einem Clown bestand. An einen Policeman, der von einer Kutsche und einem Auto durchschossen war. Und all dies auf Rollen und durch fluktuierendes Licht rennend. Die Projekte blieben auf dem Papier. Ja, anscheinend nicht mal mehr auf dem Papier, sondern nur noch in lyrisch verklärten Erinnerungen.

Für unsere Analyse ist jedoch interessant, daß hier schon der gemischte Schnitt von Großaufnahmen als Mittel für die Wiedergabe der Dynamik einer Stadt auftaucht und mit allen Mitteln versucht, die geringe Eignung dieser Szene seinen Interessen dienstbar zu machen.

Ja, mehr noch! Hier taucht nämlich auch schon das Element einer zwei- und mehrfachen Exposition auf: das ›Hineindrücken‹ des Menschen in ein Gebäude, die Verschmelzung von Material und Mensch in einer komplizierten Darstellung.

Die Überladenheit des ›Streik‹ mit ähnlich komplizierten Kunstgriffen zeugt von einer klaren »Kinderkrankheit des Linksradikalismus«[42], die bei den ersten Schritten auf der Leinwand auftrat. Sie hängt mit dieser früheren Theatertendenz unmittelbar zusammen und aktualisiert auf diese Weise dieselben kubistischen Voraussetzungen, die auch sie beeinflußten.

In einer bestimmten Etappe speiste dieser Quell ebenso die Darstellungsmethodik des expressionistischen und avantgardistischen Films im Westen.

Es ist interessant, die weitere Entwicklung dieser »Larve« der Einheit von Mensch und Material zu verfolgen. Jene buchstäblich mechanische Verschachtelung auf der Bühne also.

Im Film entpuppte sich dieses mechanische Element zur Technik des Kunstgriffes einer mehrfachen Exposition: Die Leinwand (im ›Streik‹) löst diese – und noch viel kompliziertere – Probleme in einer rein plastischen Komposition als synthetische Filmdarstellung.

Schließlich die dritte Etappe: Aus der mechanischen Verbindung, aus einer plastischen Synthese geht die Entwicklung zur thematischen Synthese über. Der Effekt und die Empfindung einer unverbrüchlichen Einheit des Kollektivs mit seiner – von ihm selber produzierten – materiellen Umwelt wird jetzt schon nicht mehr von einem technischen Kunstgriff der Kamera, sondern von der Komposition des Filmaufbaus initiiert.

Im plastischen und thematischen Aspekt des ›Potemkin‹ wird die organische Verbindung von Matrosen, Panzerkreuzer und Meer schon nicht mehr durch einen Trick, die Kürze einer Exposition oder durch ein mechanisches Versatzstück erreicht, sondern durch den Kompositionsaufbau des Films.

Der Inszenierungsplan von ›Patatra‹ fiel ebenfalls nicht folgenlos durch. Diese Folgen zeigten sich allerdings nicht auf ähnlich paradoxem Film-Theater-Terrain, sondern noch im Theater-Rahmen. Obwohl dieser Inszenierungsplan die Grenzen des Theaterteppichs berührte, bewahrte er dennoch die Züge seiner spezifischen Ausprägung auch innerhalb des reinen Theater-Terrains.

Die Unmöglichkeit, die Mise-en-scène-Kurve* durch den ganzen Zuschauerraum zu führen, bzw. in einem einheitlichen System der Handlungsentwicklung zu einer Mise-en-scène-Verflechtung von Bühne und Zuschauerraum zu kommen, bewirkte offensichtlich eine erhöhte Aufmerksamkeit gegenüber dem Mise-en-scène-Problem der Bühnenhandlung.

In der folgenden – realisierten – Inszenierung (›Hörst Du, Moskau?!‹, Herbst 1923) wurde die nahezu geometrisch gehaltene

---

* ›Mise-en-scène‹ im Sinne von Bühnenarrangement. Eisenstein übertrug diesen Terminus auch auf den Film [Anm. d. Übers.].

Mise-en-scène des ›Gescheitesten‹ zu einem Grundelement für die Wiedergabe des streng sujetbezogenen Ausdruckscharakters dieser Handlung.

Der Montageschnitt verlagert sich hier ganz deutlich – und stellenweise sogar schon zu sehr – in die hervorgehoben präzise Mise-en-scène-Komposition. Der Aufbau »schnitt« Gruppen »heraus«, jagte die Aufmerksamkeit von einer Ecke in die andere und fixierte Großaufnahmen: eine Hand mit Brief, das Spiel einer Augenbraue, der Blick eines Auges. Es herrschte eine regelrechte Mise-en-scène-Komposition vor.

Sie herrschte vor und wuchs zu solcher Präzision und Schärfe aus, daß sie das Theater beinahe überbelastete. Die Mise-en-scène näherten sich ihrer Extremgrenze. Sie stand in der Gefahr, zu so etwas wie dem Rösselsprung des Schachspiels zu werden, zu einem Wechsel, bzw. zu einem Prozeß des Wechsels rein plastischer Konturen in einer schon nicht mehr theaterbezogenen Konturendimension ihrer Details und Umrisse.

In diesem kritischen Punkt und auf eben dieser Linie ging unser Theater durch die ›Gasmasken‹ zum Film über. Der streng herausgearbeitete Charakter eines Details durch die Begrenzung der Einstellung und der Übergang von Einstellung zu Einstellung, bzw. aus einer Einstellung in die andere erwiesen sich als logischer Ausweg aus der Hypertrophie der Mise-en-scène. Theoretisch machte dies die stadiale Wechselbeziehung von Mise-en-scène und Montage deutlich.

Pädagogisch wurde das später für die Arbeit des GIK[43] als jene Arbeitsmethode für die Untersuchung von Montage und Film definiert, die von einer Beherrschung des szenischen Aufbaus und der Kunst der Mise-en-scène ausging. Dieser qualitative Sprung vollzog sich organisch und leicht, wobei er die gleichen Gesetzmäßigkeiten in der neuen Qualität auf ein neues Material, ein neues Gebiet und in neue Bedingungen hinüberwachsen ließ.

Auf diese Weise kamen in der ›Gasmasken‹-Inszenierung alle Elemente kinematografischer Tendenzen zusammen: die Faktur der Turbogeneratoren des Gaswerks, die Fabriklandschaft der Umgebung, sowie die Liquidierung der letzten Reste der szenischen Schminke und des Bühnenhaften von Kostüm und Mise-en-scène, einer Mise-en-scène, die die Grenzen szenischer Planung zu Splittern eigenständig kombinierbarer Handlungselemente zerschlug.

Requisiten erwiesen sich in der Umgebung der realen, plastischen Werksschönheit als kindisch. Töricht wirkten auch die Elemente des »Spiels« inmitten dieser realen Umgebung und des scharfen Gasgeruches. Erdrückend waren nicht zuletzt die »Chiffre«-Grenzen szenischer Übergänge, weil sie keine Möglichkeit für eine Projektion des Menschen in jene Elemente der Arbeitswelt zuließen, die sich rings um den jämmerlich kleinen Bühnen-»Platz« erhob, der zwischen den breit abgelegten Plätzen tätiger Massenwirklichkeit verlorenging.

Kurz gesagt – das Stück fiel durch. Wir aber landeten in der Filmkunst.

Unser erstes Opus – ›Streik‹ – gab die ›Gasmasken‹ gleichsam in einem Spiegelbild wieder. So wie sich dort das Werk als eine neue Qualität in den Theaterrahmen »einschlich«, so zappelten hier in der Aufnahme und Entwicklung des (für die damalige Zeit) revolutionär-industriellen Themas und Films immer noch Überreste einer schon fremd gewordenen Erztheatralik herum.

Gleichzeitig war aber die Loseisung vom Theater von so prinzipieller Schärfe, daß ich in meinem ›Aufstand gegen das Theater‹ sogar sein existentiell wesentlichstes Element abschüttelte – das Sujet.

Für die damalige Zeit war das etwas Normales. Der Kollektivismus und das Handeln der Masse erschienen auf der Leinwand als Gegenstück zum Individualismus und zur »Dreiecksgeschichte« des bürgerlichen Films.

Indem unser damaliger Film die individualistische Konzeption des bürgerlichen Helden abwarf, vollzog er dadurch eine derart extreme Überspitzung, daß er bei einem äußerst allgemeinbleibenden Begriff des Massenhelden stehen blieb.

Das war übrigens ein völlig folgerichtiger und gesetzmäßiger Schritt, weil er aus extrem antagonistischem Protest heraus geschah. In einem bestimmten Maß war er eine Reaktion auf das Bedürfnis nach Darstellung eines Kollektivs und kollektiven Geistes schlechthin. In den ersten Jahren bestand eine brennende Notwendigkeit, über das Kollektiv, das kollektive Prinzip und über den Kollektivismus schlechthin zu sprechen.

Bisher war noch kein Bild kollektiver Handlung und kein Bild eines Kollektives auf der Leinwand zu sehen gewesen. Die Masse als einen Protagonisten der Handlung hatte die Leinwand noch nicht kennengelernt.

Das zeitgenössische Wehen eines kollektiven Geistes verlangte nach bildlicher Demonstration und Fixierung.

Hieraus ist auch das emotionale Echo zu erklären, mit dem diese noch recht einseitige Demonstration von Masse und Kollektiv rezipiert wurde.

Einseitig war diese Demonstration insofern, als Kollektivismus neben grundsätzlicher Gemeinsamkeit auch noch größtmögliche Entfaltung der Individualität im Kollektiv bedeutet. Eine solche Konzeption ist dem bürgerlichen Individualismus wesensfremd. Aber sie wurde auch von jener Filmkunst noch keineswegs voll ausgeschöpft, die Filme über das Kollektiv der ersten Periode schuf, in denen der Massenheld in der Eigenschaft des Protagonisten auftritt.

Ich wiederhole jedoch, daß diese Überspitzung seinerzeit gesetzmäßig und berechtigt war. Auf der Leinwand mußte zunächst einmal das Bild und der Begriff des kollektiven Geistes, des sozialen Kollektivs, des von gemeinsamem Enthusiasmus geeinten Kollektivs etabliert werden.

»Individualität innerhalb eines Kollektivs« kam als Bedürfnis und Forderung erst in der folgenden Filmetappe auf. Dieses Bedürfnis ist auch noch heute vorhanden. Und es ist ein Bedürfnis, das bislang noch nicht befriedigt wurde.

In seinem Enthusiasmus, mit den bürgerlichen Konzeptionen zu brechen, sich dem bürgerlichen Film entgegenzustellen, den Kollektivismus an die Stelle des Individualismus zu setzen, ging unser Film mit entflammter Kühnheit vor.

Ich wiederhole, daß er in diesem Enthusiasmus auch die Vorstellung von Sujet und Fabel entzweischlug. Die Fabel wurde als Verarmung, ja als Beeinträchtigung der Mannigfaltigkeit von Ereignis- und Phänomenverläufen angesehen. Die Fabel verstand man als ein Synonym für einen der Ereignisvielfalt der Wirklichkeit nachträglich hinzugefügten Individualismus. Mit großem Feuer schrieb ich 1924: »Nieder mit Sujet und Fabel!«[44], weil ich die Intrige als eine ›individualistische Linie‹ innerhalb der Allgemeingültigkeit des vorzustellenden Ganzen ansah.

Es gab damals verhältnismäßig wenig Filme, mit denen das Bild des Kollektivismus »schlechthin« etabliert werden konnte. Es entstand ein verschärftes Interesse für die Individualität im Kollektiv und für die Persönlichkeit. Die früheren Konzeptionen begannen den Boden sozialer Bedürfnisse und Interessen unter ihren Füßen zu verlieren.

Dieses gesetzmäßige Interesse, diese normale Forderung nach einer realen Demonstration der realen Individualität innerhalb des Kollektivs der Klasse lenkte natürlich auch die Frage nach dem Aufbau der Dinge[45] in eine neue Richtung.

Wie durch den einzelnen Menschen, bzw. durch die einzelne Individualität hindurch die Klasse, bzw. die Wechselbeziehungen des einzelnen Menschen zu ihr sichtbar und wahrnehmbar gemacht werden müssen, so muß und kann auch die einem Gegenstand adäquateste Bauform – das Sujet – in einem individuell besonderen Ereignisverlauf das allgemeine Wesen der sich in Bewegung befindlichen sozialen Kräfte vorstellen und verkörpern.

Sujet und Fabel, die in einer bestimmten Etappe beinahe als ein Anschlag des Individualismus auf die revolutionäre Filmkunst galten, kehrten in erneuerter Form auf ihren angestammten Platz zurück.

In dieser prinzipiellen Hinwendung zum Sujet drückt sich vermutlich das historische Verdienst des dritten Filmjahrfünfts gegenüber der sowjetischen Filmkunst aus.

Ich schreibe bewußt von einer Hinwendung zum Sujet, da es ja in dieser Hinsicht mehr Vorsätze als Errungenschaften gibt. Und die Absichten sind besser als ihre Realisierungen. Dem konnte auch gar nicht anders sein.

An der Sujetproblematik hat sich noch nicht jene brennende Leidenschaft zu Experiment, Studium und Erforschung der Montage- und Einstellungsgebiete entzündet, die jenen Zeitabschnitt bestimmte, den man vielleicht als ›Periode einer Montagehegemonie‹ bezeichnen kann.

Ohne ein solches leidenschaftliches Studium, Forschen und Experimentieren kann aber natürlich gerade angesichts des – in Programmen und Deklarationen so groß herausgestellten – niedrigen Anforderungsniveaus an ein Sujet einfach nichts herauskommen.

Sujet und Fabel gilt es mutig bei den Hörnern zu packen. Jenes Wenden abgetragener bürgerlicher Sujetstoffe aber muß von den Filmmachern, Kritikern und von der Leitung des Filmwesens gemeinsam und kompromißlos angeprangert werden.

Die Periode eines kritischen Zerfleischens der vorangegangenen Etappe sowjetischer Filmkultur geht jetzt ihrem Ende zu. Mit Kritik allein kommt man jetzt nicht mehr durch. Eine Sujetkultur fällt nämlich nicht vom Himmel. Eine Sujetkultur muß vielmehr gemacht werden.

In seinem jugendlichen Übermut hat der neue Sujetfilm natürlich alle Errungenschaften der vorangegangenen Periode radikal verworfen. Die Einstellung ist ausdruckslos. Erlebnisse sind poetisch. Ihre filmische Darbietung jedoch hölzern.

Der poetische Charakter der Filmform ist verlorengegangen. Vor uns haben wir Protokolle über die Taten der Handlungspersonen und die Verbrechen ihrer Gestalter.

Das gesamte auf der Filmleinwand vorgeführte Ausdrucksfeld, die Bildlichkeit der Filmleinwand ist von jenem Leinentuch da verschwunden.

Die Filmleinwand hörte auf, eine Filmleinwand zu sein. Sie wurde zu einem viereckigen Leinentuch von verdächtig weißer Färbung – mehr nicht. Auf ihr bewegen sich graue Menschenschatten. Zuweilen wird das Ganze durch Ton begleitet. Und all das, was nicht vorhanden ist, all das, was früher den poetischen und bildhaften Zauber der Filmleinwand ausmachte, all das, was der Rezeption beim Zuschauer – vom Sujet einmal abgesehen – für ein umfassendes emotionales Erfaßtwerden noch weitgehend abgeht – all dies macht gerade dasjenige aus, wofür die vorangegangene Periode der Filmkunst ›Schweiß und Blut‹ vergoß.

Jetzt aber, an der Grenze zum vierten Filmjahrfünft, wo das abstrakte Gezänk zwischen den Epigonen des »sujetlosen Films« und den Embryos des »Sujetfilms« verstummt, sei an den positiven Beitrag des mittleren Jahrfünfts unserer Filmkunst erinnert.

Meiner Meinung nach kommt dieser Etappe neben der vollständigen Beherrschung von filmischer Schreibweise, Einstellungstechnik und Montagetheorie auch noch ein weiteres Verdienst zu: das Verdienst einer tiefgreifenden Wechselbeziehung zur Literatur, zu literarischen Traditionen und literarischen Methodologien.

Indem sich der Film jener Periode aus einem Antagonismus zum Theater und zur theatralischen Filmkunst des bürgerlichen Westens heraus entwickelte, knüpfte er gleichzeitig einen ausgesprochen engen Kontakt zu allen Manifestationsarten der Literatur.

Eine gewisse Zeit hindurch entfernte sich der Film sogar von seinem eigenen Drama, von seiner eigenen Dramaturgie und bemächtigte sich dabei vollkommen der Methoden von Epos und Lyrik.

Der Film warf die Probleme seiner eigenen Poetik auf[46]. Nicht umsonst entwickelte sich in diesen Jahren der Begriff der Filmgestalt (kinoobraz) als eines eigenständigen Filmelements. Nicht umsonst bildete sich in dieser Periode auch der Begriff der Filmsprache nicht als ein geflügeltes Rezensentenwort, sondern als ein völlig gesetzmäßiges Ausdrucksgebilde kinematografischer Denkweise heraus, einer Denkweise, die zur Applikation der tiefgreifenden Philosophie und Ideologie des siegreichen Proletariats berufen ist.

Wenn der Film nun seine Hand nach einer neuen Qualität der Literatur – nach deren Sujet und der Dramatik ihrer spannenden Fabel – ausstreckt, so darf er dabei keinesfalls diesen reichen Erfahrungsschatz vergangener Etappen vergessen oder übergehen.

Es gilt nicht, zu dieser Periode zurückzukehren. Wir fordern in den Tagen des fünfzehnjährigen Jubiläums unserer Filmkunst auch keineswegs zur Einseitigkeit unserer früheren drei Etappen auf. Wir rufen aber zu einer Synthese des Besten auf, was die Filmkunst der früheren Etappen in ihrem Kampf für ein eigenständiges Profil des sowjetischen Films geleistet hat – zu einer Synthese all des Wunderbaren, was auf den Ebenen von Sujet, Fabel und ideologischer Vertiefung des Marxismus-Leninismus ein neues Bedürfnis initiiert und eine neue Forderung erhebt.

Nur eine Synthese der beiden vorangegangenen Etappen des sowjetischen Films, die mit einem Enthusiasmus für die Lösung seiner neuen Aufgaben vorgenommen wird, eröffnet der neuen Etappe sowjetischer Filmkunst die Perspektive eines siegreichen Weges.

Einer Etappe, die die fünfzehnjährige erfolgreiche Geschichte unserer Filmkunst siegreich vollenden wird.

Einer Etappe monumentaler synthetischer Verallgemeinerungen in den Gestalten von Menschen der Epoche des Sozialismus.

Einer Etappe des sozialistischen Realismus im Film.

1934

Zur Komposition des ›Streik‹-Finale

[. . .]

[Eisenstein]: » . . . kann es überhaupt das Komische als solches geben?«

[Aus den Reihen der Studenten]: »Nein, natürlich.«

[Eisenstein]: »Ich bin sehr froh, daß das für Sie so natürlich ist. Die mangelhafte Berücksichtigung der Tatsache, daß das Komische nur ein bestimmter Spezialfall eines Zustandes, ein bestimmter Spezialfall einer Vorstellung von einer Erscheinung (von daher auch die Suche nach dem Komischen in Großbuchstaben) ist, brachte nämlich unzählige Forschungsarbeiten auf dem Gebiet des Komischen in ein auswegloses metaphysisches Fiasko.

Was aber ist nun das Komische vor allem? Vor allem ist es eine bestimmte Sonderbeziehung zu einer Erscheinung. Ob diese nun willkürlich ist oder nicht, das hängt jeweils davon ab, ob Sie eine komische Situation initiieren und jemanden in diese komische Situation hineinbringen, oder aber, ob Sie selbst in eine komische Situation, bzw. in den Wirkungsbereich eines komischen Gebildes geraten.

Letzteres kann sich nun wiederum zusammenhanglos entwickeln oder aber kalkuliert vorbereitet werden. Hierin aber hat das Komische ebensoviele Unterschiede wie Gemeinsamkeiten mit anderen Erscheinungen – mit Mord, Nahrungsaufnahme, Baden und Heiraten. Sie können töten. Man kann aber auch Sie töten. Schließlich können Sie auch noch von einem »nichteinkalkuliert« herabfallenden Dach genauso getötet werden wie von einem vorbereiteten Überfall. Sie können jemand füttern. Sie können essen. Man kann Sie fressen (etwa die Kannibalen oder die Kritiker) usw.

Für uns, die wir den Hauptakzent auf die »Produktion« des Komischen legen, ist es sehr wichtig, dies im Auge zu behalten: *Das Komische ist vor allem ein Sonderaspekt eines Materialzustandes und einer Beziehung zu ihm.* Unsere Arbeit aber besteht nun darin, sich die Realisationsmethode dieser Beziehung anzueignen. Im Endergebnis werden wir in der Lage sein, Erscheinungen in solche Zustände zu versetzen, in denen sich ihnen mit Sicherheit die ihnen adäquate Beziehung zugesellen wird.

Hieraus erhellt auch die Relativität des Komischen. Diese Relativität stellt sich nun aber keinesfalls als ein Prärogativ des Komischen dar, sondern ist ebenso den anderen Typen einer Vorstellung und der Rezeption von Erscheinungen eigen. Zum Beispiel – dem Entsetzen.

Ich führe ein »eigennütziges« Beispiel an. In meinem ersten Film ›Streik‹ wollte ich das Entsetzen des Finales bis auf seinen Höhepunkt treiben. Die schrecklichste Darstellung von Blut ist das Blut selbst. Die schrecklichste Darstellung des Todes – der Tod. Das ist natürlich schon ein gewisser Sprung über die Grenzen der Kunstmittel hinaus. Aber wir hatten es mit einem pathetischen Ereignis[1] zu tun – mit einem niedergeschlagenen Streik und einem Massenblutbad. Ich führte nun mit Hilfe eines Montageumschnitts in das gespielte Blutbad Filmstücke mit echtem Blut und Tod ein. Den Schlachthof. »Man ging mit den Menschen wie mit Vieh um.« Das Blut und die Grausamkeit des Schlachthofs brachte das Ende des Filmes in völlig thematischer Weise zum Ausdruck. Es kam ein wirklich unheimlicher Eindruck heraus. Viele konnten nur unter Krämpfen auf die Leinwand schauen. Bei der Premiere (1924) war der Effekt des Filmschlusses ausgesprochen stark. Dann brachten wir den ›Streik‹ in den Simonovskij-Bezirk[2], wo wir ihn teilweise auch aufgenommen hatten. Alles verlief wunderbar. Der Film kam ausgezeichnet an, mit einer Ausnahme – der des Finales. Gerade das zum Entsetzen erstarrte Blut des Finales kam nicht an.

Ich war über diesen Reinfall verblüfft, bis ich mir klarmachte, daß ein ›Schlachthof‹ keinesfalls nur als poetische Verallgemeinerung, als Metapher rezipiert werden mußte. Der Schlachthof kann auch als ein Ort rezipiert werden, wo Lebensmittel, Fleisch zubereitet werden. Obwohl die ›Simonovka‹ ein Arbeiterbezirk war, so hatte sie sich doch noch einen vorstädtischlandwirtschaftlichen Charakter bewahrt. Das Abschlachten eines Schweinchens oder Kälbchens war eine ganz normale Sache. Zudem lag auch der Schlachthof selbst ganz in der Nähe von dieser Vorstadt. Die Ströme von Blut und das Zusammenzukken der Lebewesen unter dem Messer des Schlächters, die dem Filmpublikum im Stadtzentrum eisige Schauer über den Rükken jagen, wurden im Außenbezirk in produktions- und wirtschaftsbezogener Weise rezipiert. Das Betrachten dieser Filmstücke weckte weniger Assoziationen an Tod und Blut, als vielmehr an Rindfleisch und Koteletts. Der Kontext war – ich

spreche es offen aus – für das tragische Finale unerheblich!
Ganz genauso relativ ist auch das Komische.
In verschiedenen Perioden und Stadien der sozialen Entwick-
lung wirken unterschiedliche Dinge lächerlich, weil sich in Ab-
hängigkeit zu der Veränderung sozialer Formationen auch der
Bezug zu einer ganzen Reihe von Erscheinungen verändert.
[...]

[ca. 1933]

Das Theater als »Vorschule« filmischer Bild-Ton-Kontrapunktik

[...]
Die Tatsache, daß das Theater zwar sehr unvollkommen und
vergröbert, aber immerhin doch bis zu einem gewissen Grade
als »Vorschule«* audiovisueller Kontrapunktik dienen kann,
ist hinlänglich bekannt. In jenen Fällen, wo eine Tonpartitur
in Verbindung zu einer Partitur visueller Handlung steht, rückt
diese Tatsache recht prinzipiell ins Zentrum der Aufmerksamkeit und tritt in der Praxis selbst mit ausgesprochener Folge-
richtigkeit auf.
Unter einem ähnlichen – meiner eigenen Theatererfahrung
entstammenden – Vorzeichen kam auch ich zur Filmkunst.
Erinnern wir uns daran zumindest im Rahmen meiner ersten
selbständigen größeren Theaterinszenierung von ›Eine
Dummheit macht auch der Gescheiteste‹[1] (1922–1923), so
muß innerhalb dieser auf die Zweischichtigkeit (›dvuplannost'‹)
der Komposition aufmerksam gemacht werden, welche die Inszenierung gleich in zweifacher Weise prägte. Als Stilprämisse
galt das allereinfachste Kettenglied. Diese Situation sollte bewirken, daß jede Äußerung des Artisten** in eine jenseits
ihrer Grenzen angesiedelte Intensität überging. Grob gesagt,
daß die »Überraschung« des Artisten sich nicht darin er-

* Eisenstein verwendet hier das deutsche Wort »Vorschule« ohne Übersetzung und Transkription [Anm. des Übers.].
** Eisenstein verwendet an dieser Stelle bewußt das archaische »Artist« für
»Schauspieler« (»aktër«), um den Zirkuscharakter der Inszenierung zu betonen,
für die die Schauspieler von Zirkusartisten geschult wurden [Anm. des Übers.]

schöpfe, daß er »zurückprallt«. Zurückprallen ist zuwenig; ein umgekehrtes Salto mortale – das ist der Rahmen, den ihm das jugendliche Feuer seines Regisseurs vorschrieb.

Auf genau diese Weise mußte der erzürnte Mamaev, der »bereit war«, sich auf das von seinem Verwandten Kurčaev angefertigte Karikaturbild »zu stürzen«, sich nach dem Willen des Regisseurs auch realiter auf diese Karikatur stürzen. Ja, sich nicht nur darauf stürzen, sondern es sogar zerfetzen, indem er mit einem Saute de lion* durch dieses hindurchsprang. Und die Bemerkung der Mamaeva, »wenn du doch wenigstens auf die Palme gehen würdest«, wurde sogleich dadurch materialisiert, daß ein an Krutickijs Gürtel festgemachter »Todesmast« herbeigebracht wurde, an dem die Mamaeva hinaufkletterte und die Zirkusnummer »Perche« vorführte[2]. Die Metaphern kehrten gleichsam unter buchstäblichen Bedingungen zu ihrem nichtübertragenen, ursprünglichen und unmittelbaren Urbild zurück, von dem sie stammen, und riefen auf diese Weise einen komisch grotesken, »aristophanischen« Effekt hervor (einen solchen Kunstgriff verwendete auch die antike Farce).

Lustiger – aber ganz und gar auf der gleichen metaphorischen Ebene – wurde das »Bild« des Husaren Kurčaev entwickelt. Die Idee seiner völligen Belanglosigkeit, Schablonenhaftigkeit und banalen »Ernsthaftigkeit« wurde dadurch zum Ausdruck gebracht, daß ihn *gleichzeitig* drei Menschen spielten, die uniform gekleidet waren, sich uniform bewegten und im Chor den nichtssagenden Inhalt seiner Repliken aussprachen![3]

Das umgekehrte Aufrollen der Metaphern [. . .]** bildet also eine einheitliche Methode. Der unterschiedliche Intensitätsgrad ihrer (jeweiligen) Applikationen bewirkt jedoch verschiedene Effekte. Bei unvollständiger Applikation zersplittert die Komposition in naturalistische Formlosigkeit. Eine *buchstäbliche* Realisierung der Metaphern bewirkt dagegen automatisch einen grotesk komischen Effekt.

Wenn man so will, liegt hierin – methodisch gesehen – sogar ein direkter Anklang an Ostrovskij selbst. Schließlich stellen

---

* »saute de lion« [franz.]: berühmte Zirkusattraktion, bei der ein Löwe durch einen Reifen springt [Anm. des Übers.].

** Durch solche Klammerausdrücke soll das Auslassen von Passagen angedeutet werden, die sich auf frühere und in diese Ausgabe noch nicht aufgenommene Textstellen beziehen [Anm. des Übers.].

die Familiennamen des Schwätzers Gorodulin* und der bigotten – von Aufschneidereien und Gerüchten lebenden – Alten, der »Turusina«**, ja metaphorische Bedeutungsverweise dar – und Bühnengestalt und -handeln dieser beiden erweisen sich als entfaltete Metaphern ihrer Familiennamen, die in lebenden Bildern und Charakteren Gestalt annehmen.

Diese auf die ganze Aufführung ausgedehnte Situation führte dazu, daß die Theaterform selbst einen Purzelbaum schlug, der sie in die traditionelle Zirkusarena versetzte. Hier wurde im Paradox der Zuspitzung dasselbe vollzogen, worüber ich jetzt schreibe. Die theatralische Darstellung einer Emotion schlug in die zirkushafte Abstraktheit einer Bewegung um. Ebenso sprang das Stück Ostrovskijscher Milieucharaktere in ein Spiel von verallgemeinerten Masken der italienischen Komödie[4] und deren Urenkel in der modernen Zirkusmanege über. Das gelang deshalb, weil der mit italienischen und spanischen Theatertraditionen arbeitende Ostrovskij genau das Gegenteil tat: Die Sammlung verallgemeinerter Masken verwirklichte er in einer Charaktergalerie seiner Moskauer Zeitgenossen. Seine (hier getroffene) Beurteilung ist an und für sich der Dissertation einer Gelehrtenmaske – eines Bologneser Doktors[5] – würdig. Aber ihre praktische Applikation rief nicht geringere Lachsalven und Heiterkeitserfolge hervor als die komischen Resultate ihrer Maske selbst.

Auf jeden Fall schimmerte schon in dieser ersten Verschiebung durch die Gegenständlichkeit des Theaters die Abstraktheit des Zirkus hindurch. Die erste Zweischichtigkeit dieser Aufführung war eine Bewegung des Theaters nach »unten« – zum Zirkus. Die zweite dagegen ging vom Theater nach »oben« – zum Film. Und zwar nicht nur deshalb, weil die »Programm«-Orientierung dieser Vorführung aus einem Wechsel von Akten, Szenen und Auftritten zu einer als »Montage der Attraktionen« bezeichneten Kompositionsform umgebaut wurde, die jedes Fragment des Stückes in einzelne »Nummern« verwandelte, die dann nach Vorbild und Analogie eines Music-hall-Programms durch eine einheitliche »Montage« zusam-

* Die russische Redewendung »gorodit' vzdor« bedeutet soviel wie »Unsinn schwätzen« [Anm. des Übers.].
** Die russische Redewendung »nesti turusy na kolësach« bedeutet soviel wie »das Blaue vom Himmel heruntererzählen« [Anm. des Übers.].

mengebracht wurden. Dies geschah ebenso nicht nur, aber immerhin *auch* deshalb, weil die Handlung selbst am Ende der Vorführung in einen Film überging. Mehr noch – in ein miteinander verquicktes Spiel der Artisten in der Manege und ... auf der Leinwand. Die Geschichte mit dem Raub von Glumovs Tagebuch wurde im entsprechenden Filmfragment zu einem parodistischen Detektivfilm »verallgemeinert«. Wir waren damals alle vom Fieber der ›Grauen Schatten‹, der ›Geheimnisse von New York‹, vom ›Dämon des Hasses‹ und überhaupt von Pearl White[6] angesteckt. Der Inhalt des Tagebuchs parodierte die Idee des ›Pathé-Journals‹: Wir waren damals alle von der Filmchronik und den ersten Arbeiten Vertovs auf dem Gebiet der ›Kinopravda‹ begeistert[7]. Lustig ist, daß der Inhalt selbst schon die auf den Tagebuchseiten bekenntnishaft niedergelegten Situationen des Stückes zu visuellen Metaphern verallgemeinerte – zu buchstäblichen und damit komischen. Glumov ging seinem Onkelchen Mamaev um den Bart, damit der ihm Verstand und Lebenswitz beibringe: In der filmischen Interpretation dieser Tatsache verwandelt sich nun Glumov mit einem Purzelbaum in einen folgsamen Esel, der den Belehrungen aufmerksam lauscht. Vor Krutickij figuriert er als Militarist und verwandelt sich mit einem Purzelbaum und in dienstfertiger Überblendung in eine kleine Kanone[8]. Die Anwesenheit des unter dem Deckmantel verwandtschaftlicher Gefühle auf allerlei Freiheiten mit ihrem »kleinen« Verwandten spekulierenden Tantchen ließ diesen hochgewachsenen Vetter sich durch Purzelbaum und Überblendung in ein dreikäsehohes Jüngelchen verwandeln. So sprang das Theater in Film um und forcierte dabei die Metaphern zu einer dem Theater unerreichbaren Buchstäblichkeitsdimension. Das Ganze wurde durch einen letzten Strich vollendet: Auf die Zurufe (des Publikums) hin verneigte ich mich nicht etwa (auf der Bühne), sondern erschien auf der Leinwand, wo ich mich als seltsamer Pathé-Hahn mit meiner damaligen, dem »Metro-Goldwyn-Mayer«-Löwen würdigen, Künstlermähne verneigte[9].

Vor sehr langer Zeit hat Šklovskij einmal in seiner kleinen Broschüre ›Ihre Gegenwart‹ über die fehlende Verbindung vom ›Gescheitesten‹ und ›Potemkin‹ geschrieben[10].

Es stellte sich aber heraus, daß es doch eine gewisse Verbindung gibt. Wenn im ›Gescheitesten‹ das Paradox Methode und im ›Potemkin‹ die realistische Schreibweise Prinzip war, so liegt dieses Methodenprinzip nunmehr als ein Weg zur Erhellung der wichtigsten universellen Kompositionssituationen ganz allgemein vor uns – und zwar nicht nur im Hinblick auf den Film, sondern weit über dessen Grenzen hinaus, wie wir hier zu begründen und aufzudecken versuchen.

Doch zurück zu unserem direkten und grundlegenden Thema. So sahen also die Voraussetzungen unserer Theater-»Vorschule« aus.

Von dort brachte ich Erfahrung und Gespür für die Doppelschichtigkeit thematischer Gestaltung auf unterschiedlichen – ineinander verschachtelten – Dimensionen mit. Und so seltsam das auch sein mag: Bei den ersten Schritten im Film fanden diese unterschiedlichen Dimensionen auch hier ihre Applikation. Dabei muß allerdings berücksichtigt werden, daß ich einer derartigen Paradoxität nur einmal – im ›Gescheitesten‹ – freie Hand ließ. Die folgenden Theaterarbeiten liefen schon unter dem Vorzeichen der Einführung und Ausarbeitung einer ihrer Abstufung und ihrem Umfang nach realistischen Schreibweise dieser Methode von entfalteter Metapher und verallgemeinertem Bild. Obwohl natürlich das Hauptinteresse bei meiner Arbeit am ›Streik‹ einer Aneignung der filmischen »Spezifik« und einer Umerziehung des Denkens von den Entwicklungsstufen des Theaters auf die Entwicklungsstufe des Films galt, so bildete sich aber hierbei schon das heraus, was ich als die erste Tonerfahrung meiner Filmarbeit bezeichnen könnte. Das war eine Szene aus ›Streik‹, an die wir jetzt erinnern wollen. Seinerzeit wurde sie mit besonderer Herzlichkeit aufgenommen. Auf der Sujetseite zeichnete sie sich – von einem gewissen Lyrismus abgesehen – durch nichts Besonderes aus. Das gilt auch für den hier verwendeten Trick. Offensichtlich handelte es sich hierbei um ein Gespür oder Vorgefühl dafür, daß die mit ›Streik‹ selbstgewählte und schon hier über die Grenzen des Stummfilms hinausgehende Aufgabe irgendwann einmal in ihrem vollen Umfang gelöst werden würde. Ja, mehr noch: Diese noch auf traditionelle Weise ausschließlich mit visuellen Mitteln gelöste Aufgabe stellte in ihrer korrelativen Platzierung der visuellen Mittel schon eine richtige Lokalisierung in bezug auf jene zukünftigen Bereiche und den Sinn einer korrelativen Verteilung derjenigen Lasten dar, die auf der Darstellung und dem liegen, was – direkt ausgesprochen – der Versuch einer Tonrealisierung mit Hilfe von Filmaufnahmen eines visuellen

Gegenstandes ist. Es handelt sich um die ›Harmonika‹-Szene im ersten Teil des Films, an die sich »alte Kinohasen« vielleicht noch erinnern werden[11]. Die Szene bestand darin, daß hier unter dem Deckmantel eines gewöhnlichen Abendspaziergangs ins Grüne am Rande des Arbeiterviertels, unter dem Deckmantel von Harmonikaspiel und Liedersingen, eine fliegende Beratung des künftigen Streikkomitees »im Gange« ist. Im ersten Teil des Filmes gibt es mehrere ähnliche Szenen mit konspirativen Beratungen. Sie blieben nicht besonders stark im Gedächtnis haften. Der Trick, mit dem wir nun die allgemeine Aufmerksamkeit innerhalb einer ganzen Serie analoger Szenen gerade auf eben diese eine Szene lenkten, bestand in folgendem: In dieser Zeit galt mein besonderes Interesse einer zweifachen Exposition von Gegenständen, die sich in ihren Maßstäben erheblich unterschieden. Vielleicht waren das noch nicht überwundene Sympathien für die räumliche Vielschichtigkeit* des Kubismus, als dessen filmische Übertragung sie sich ja auch bis zu einem gewissen Grade darstellten. Heute habe ich jedoch den Verdacht, daß dies schon damals eher eine unvollkommene Form jener Begeisterung für den Zwei-und-Mehr-Ebenen-Charakter war, der von nun an schon nicht mehr als trickreiches Spiel zu definieren ist, sondern als genau fundiertes Abwägen jener zwei unverbrüchlich miteinander verknüpften Ebenen, aus denen jedes Phänomen besteht, das die Darstellung eines Phänomens ist, und durch das hindurch die Verallgemeinerung seines Inhalts gleichsam wie eine zweite Exposition hindurchscheint. Auf jeden Fall enthielt die ›Harmonika‹-Szene ein solches Stück zweifacher, zweischichtiger Exposition, und zwar in einer solchen korrelativen Abgewogenheit, wie wir das hier darlegen. Dieses Stück zog die Aufmerksamkeit natürlich deshalb auf sich, weil jener Kunstgriff hier schon nicht mehr in eng plastischer Weise verwendet wurde, sondern vielmehr als ein Kunstgriff zur Anwendung kam, mit dessen Hilfe in der ersten Exposition die Darstellung und in der zweiten Exposition . . . der Ton wiedergegeben wurde. Mit Hilfe einer konkret gegenständlichen Totalen – die Darstellung des Ereignisses und Gegenstands des Tönens. Mit Hilfe der Großaufnahmen – die Idee des Tönens: der Laut der Harmonika. Für die zweite Exposition ist die Wahl der Großaufnahme ausgesprochen glück-

* »mnogoplannost'«.

lich und richtig, weil die Großaufnahme nämlich an und für sich schon eine Abstrahierung darstellt (sie ist durch den Bildrahmen von weiteren Verknüpfungen abgeschnitten). Tissés Meisterschaft führte hier aber sogar zu einer Abstrahierung der Harmonika selbst: Ihre Fotogestalt wurde in eine Anzahl von sich aufeinander zu- und wegbewegenden Lichtflecken überführt. Das war die Bewegung der auf den Falten des Harmonikabalges befestigten Metallteile. Diese sich aufeinander zu- und wegbewegenden Metallteile vollführten im Zentrum der Darstellung einen rhythmischen Tanz und ließen dabei die weite Tiefe mit dem hellen Fleck eines Teiches durchleuchten, der sich am Ende eines Pfades befand, auf dem sich eine kleine Gruppe singender Arbeiterjugend auf die Kamera zubewegte. An den Bildrändern verschwand diese Tiefe und in den deutlichen und materiellen Vordergrund traten die Klaviatur der Harmonika und die darauf spielenden Hände. Der Bewegungsrhythmus der Lichtflecken fiel mit dem Rhythmus der laufenden Jugendgruppe zusammen, und der auf traditionelle Weise plastisch eingefangene Ton ergriff und umfaßte hier die Landschaft in einem die gesamte Szene irgendwie verallgemeinernden Lied.

So sah die Vorerfahrung des ›Streiks‹ auf dem Gebiet des Tones aus. Exkurse und »Pirschgänge« auf das Gebiet des Tones kannten auch meine folgenden Stummfilmarbeiten.

[. . .]

[nach 1935]

Post scriptum zum ›Bau der Dinge‹

Vielleicht ist gerade hier der geeignetste Ort, die Frage zu beantworten, inwieweit die Exzentrizität, die für meine Theaterarbeiten charakteristisch war, in Beziehung steht zu dem Pathos, das meine Filmarbeiten auszeichnet. Auf die äußere Paradoxie der Tatsache, daß bei mir aus einer exzentrischen Theaterkunst eine pathetische Filmkunst entstanden ist, hat schon vor Jahren V. Šklovskij hingewiesen.

Er schrieb damals:

»Für die Herausbildung des Eisensteinschen heroischen Stils

war es notwendig, daß Eisenstein durch die Montage der exzentrischen Attraktionen hindurchging . . .«

Und mit ironischer Anspielung auf die Eugenik spottete er: »Würde man Puškin bei einem Menschenzüchter bestellen, so würde dieser kaum erraten, daß man, um einen Puškin zu bekommen, einen Großvater aus Abessinien bestellen muß . . .«[1]

Indes ist es interessant, einmal das Wesen jener Bemühungen auf dem Gebiet der Ausdrucksmittel zu untersuchen, die zu der Exzentrizität in meiner Theaterarbeit (1920–1923) führten.

Mir schwebte damals ein Theater vor, in dem die »Sättigung mit emotionalen Elementen« so weit gehen sollte, daß man »die Wut eines Menschen durch einen Salto mortale rückwärts ausdrücken« konnte.

Wohlgemerkt bezogen sich diese Träume auf das dramatische, richtiger: melodramatische – also auf das *ernste* – Theater. Es versteht sich, daß sich hier die verschiedenartigsten Einflüsse kreuzten; doch bereits diese Grundformel enthielt die zwei Hauptthesen, die durch und durch individuell und charakteristisch für mein weiteres Programm und die Methoden seiner Verwirklichung waren.

Erstens: *Als Ausgangspunkt betrachte ich den höchsten Grad der Leidenschaftlichkeit.*

Und zweitens: *Als Methode zur Verwirklichung dieser Leidenschaftlichkeit betrachte ich die Sprengung der gewohnten Dimension.*

Unter diesem Gesichtswinkel macht dieses »Programm« durchaus keinen so »unsinnigen« Eindruck mehr.

Zuerst habe ich diese Thesen jedoch nicht als *Prinzipien* angewandt, sondern *unmittelbar* und *wörtlich*. Und deswegen auch fanden sie nie im Drama selbst Platz, sondern blieben in Form von Zirkusnummern, gesuchter Exzentrik und Attraktionsmontage Fremdkörper.

In reinster Form wurde dieser Traum verwirklicht in der possenhaften Behandlung der Ostrovskijschen Komödie ›Eine Dummheit macht auch der Gescheiteste‹[2].

Maksim Štrauch, der Darsteller des Mamaev, springt aus Wut über das karikaturistische Porträt, das sein Neffe von ihm gemalt hat, mit dem Kopf zuerst mitten in das Bild hinein und fliegt im Hechtsprung durch den Rahmen.

Das war seiner Form wie seinem Wesen nach geradezu symptomatisch für das ganze Stück; überall »fliegt« die Intensität der Handlung über die Grenzen der üblichen Darstellungsnormen hinaus und läßt die Handlung, sobald ein bestimmter Spannungsgrad erreicht ist, die Grenzen des üblichen Maßes und der üblichen Dimension überspringen.

Der Regisseur braucht die »spannungsgeladene« Szene. Glumovs Tagebuch ist von Golutvin gestohlen worden und wird Frau Mamaeva übergeben.

Die »Spannung« wird über den Rahmen des spannenden Dialogs hinausgeführt: eine neue Spannungseinheit wird in die Szene gebracht – das Drahtseil. Golutvin wirft, auf dem Seile tanzend, seine Repliken ins Publikum. Die Spannungsintensität eines solchen »Drahtseilaktes« erweitert die *bedingte* Spannungsintensität des Spiels und führt ein neues Stadium *realer* physischer Spannung ein.

In dieser Inszenierung läuft, wie es scheint, von der ersten bis zur letzten Minute ein Theaterspiel ab, doch beim geringsten »Temperaturanstieg« springt dieses Theater-»*Spiel*« in Zirkus-»*Arbeit*« über: es ist ein fortwährendes Springen aus einer Qualität in eine andere Qualität.

» ... die schauspielerische Gebärde wird zur Akrobatik, die Wut wird durch einen Hechtsprung ausgedrückt, Begeisterung durch einen Salto mortale, Lyrik durch Erklimmen des ›Todesmastes‹. Das Exzentrisch-Groteske des Stils erlaubt den Sprung eines Ausdruckssystems in einen anderen ...«

Das schrieb ich (aus einem ganz anderen Anlaß) über diese Aufführung in meinem Artikel ›Das Mittlere von Dreien‹[3].

Einstweilen bediente sich die Methode komödienhafter, komischer Effekte.

Denn der Sprung – also das *dynamische* Charakteristikum im Ablauf eines Prozesses – vollzieht sich fortwährend im Rahmen der *statischen* Bedingung, im Rahmen der gewaltsamen äußeren Beachtung der Gleichzeitigkeit (das heißt ein und derselben Dimension).

Mit der »neuen Qualität« verfährt man so, *als ob* man es mit der alten, der »voraufgegangenen«, zu tun hätte. Das ist an sich schon eines der Mittel, mit denen man komische Effekte erzielen kann. So wirkt es zum Beispiel sehr komisch, wenn die für das folgende Entwicklungsstadium der Transportmittel typische Form, das ist das Automobil, gewaltsam den Formen der voraufgegangenen Epoche gleichgestellt wird, wenn also

vor das Auto . . . Ochsen (›*Die roten Teufelchen*‹[4]) oder
Maulesel (›*Der letzte Milliardär*‹[5]) gespannt werden.

Hier ist nun wichtig, daß der Autor in dem Augenblick, da
er selbst den Sprung vom Theater zum Film macht, auch bereits
einen inneren Sprung in eine andere Auffassung von der Methode vollzogen hat: ihm ist an der praktischen Arbeit klarge-
worden, daß die Sprung-Methode, mit der man unter den Bedingungen der statischen Gleichzeitigkeit komische Effekte
erzielt, beim dynamisch sich vollziehenden Prozeß Pathos er-
zeugt: Doch davon soll ausführlich zu anderer Zeit und an anderer Stelle die Rede sein.

Für diesen Artikel genügt die Feststellung, daß die Verbindung
zwischen meiner exzentrischen Theaterarbeit und meiner pathetischen Filmarbeit, so sehr sie auf den ersten Blick auch
überraschen mag, ganz und gar folgerichtig und organisch ist!

1939

Nachbemerkung zur Ausgabe der ›Schriften‹ von S. M. Eisenstein

Die Erforschung und Edierung des umfangreichen Nachlasses von S. M. Eisenstein ist auch heute noch nicht abgeschlossen. Immerhin liegen aber inzwischen repräsentative und sorgfältig edierte ›Ausgewählte Werke in sechs Bänden‹ (›Izbrannye proïzvedenija v šesti tomach‹, Moskau 1964–1971) vor, die für die früher erschienenen deutschsprachigen Auswählbände noch nicht zur Verfügung standen. Supplementbände zur sowjetischen Ausgabe sind in Vorbereitung. Auf der Grundlage dieser Edition und mit freundlicher Unterstützung des Verbandes der sowjetischen Filmschaffenden, dem Moskauer Eisenstein-Archiv und besonders dessen Leiter, Naum I. Klejman, wird das Projekt dieser ersten systematisch gegliederten deutschen Ausgabe der ›Schriften‹ in Angriff genommen. Naum I. Klejman begleitete dieses Vorhaben mit kritischen und praktischen Ratschlägen und stellte zusätzliches Text- und Bildmaterial zur Verfügung, wofür ihm ausdrücklich gedankt sei.

Die fachlichen und ökonomischen Schwierigkeiten einer auch nur annähernd vollständigen deutschen Eisenstein-Ausgabe sind so groß, daß sie in absehbarer Zeit weder in der Bundesrepublik noch in der DDR realisierbar sein wird. Der Henschel-Verlag in Berlin (DDR), dem wir für die freundliche Überlassung von Übersetzungen zu danken haben, wird den 1960 erschienenen Band mit ›Ausgewählten Aufsätzen‹ in absehbarer Zeit durch einen weiteren Auswahlband ergänzen.

Unter den gegebenen Bedingungen bietet sich eine Editionsform an, die aus der Fülle des Materials diejenigen Texte herausgreift, die sich um die wesentlichen ausgeführten Filmwerke gruppieren lassen. Damit soll dem allgemeinen und dem wissenschaftlichen Interesse entsprochen werden. Jeder Band wird die filmgeschichtlichen, ästhetischen und politischen Veröffentlichungen sowie das Szenarium und/oder Protokoll des jeweiligen Filmwerks enthalten. Die Ausgabe geht insgesamt chronologisch vor: Band 1: ›Streik‹; Band 2: ›Panzerkreuzer Potemkin‹ (liegt bereits vor); Band 3: ›Oktober‹; Band 4: ›Das Alte und das Neue‹; Band 5: ›Aleksandr Nevskij‹;

Band 6: ›Ivan der Schreckliche‹. Für 1975 ist außerdem ein Band mit Materialien zu Eisenstein vorgesehen, der eine Eisenstein-Chronik, eine Filmographie und Bibliographie sowie Materialien zur Eisenstein-Rezeption, Fotos und andere Dokumente enthalten wird.

Der Vorzug für die gewählte Konzeption der ›Schriften‹ besteht zunächst darin, daß jeweils ein geschlossenes Filmwerk behandelt wird. Dadurch soll die zuweilen widersprüchlich anmutende Evolution des Eisensteinschen Denkens sichtbar gemacht werden, das sich in Texten aus einem Zeitraum von über drei Jahrzehnten manifestiert. Um die Entwicklung in ihrem vollen Umfang verifizieren zu können, empfiehlt es sich, die jeweiligen Bände in ihrem Zusammenhang zu lesen. Der einzelne Band kann jedoch niemals alle Aspekte der Eisensteinschen Ästhetik und Poetik demonstrieren, sondern immer nur die für die infrage stehende aktuelle Filmrealisation typischen Merkmale und Probleme umreißen. Die jedem Band vorausgeschickten Einführungen in die filmgeschichtliche und filmästhetische Problematik ergänzen einander.

Um auch im Rahmen dieser Ausgabe einen möglichst breiten Einblick in Eisensteins theoretische Auseinandersetzung mit seinen Filmen geben zu können, werden zuweilen auch Textstellen aus umfangreicheren Abhandlungen und Aufsätzen aufgenommen. Die Kürzungen werden dabei durch Punkte in eckiger Klammer signalisiert.

Entsprechend dem allgemeinen Editionsprinzip werden die einzelnen Texte in einer Gliederung vorgeführt, die vor allem filmhistorische, ästhetisch-poetologische und publizistisch-politische Aufsätze erfassen soll. Eine solche Anordnung soll aber keinesfalls das konstitutive Merkmal von Eisensteins Theorie und Praxis verdecken, in denen künstlerische, wissenschaftlich-analytische, pädagogische, publizistische und vor allem auch politische Zielsetzungen eine Einheit bilden. Dieser für das Verständnis Eisensteins ausgesprochen wichtige Zusammenhang spiegelt sich auch in dem komplexen Sprachstil der Eisensteinschen Texte, die den Übersetzer vor nahezu unüberwindbare Schwierigkeiten stellen. Das gilt nicht zuletzt für Eisensteins eigenwillige Terminologie, die nicht nur aus dem Fehlen eines verbindlichen Begriffssystems in den »Gründerjahren« der Filmtheorie zu erklären ist, sondern vor allem auch mit dem differenzierten Ausdruckswillen dieses Autors zusammenhängt.

Der komplexe Stil Eisensteins enthält eine Fülle von Anspie-
lungen, die zumal für den deutschen Leser unverständlich bleiben müssen. Deshalb wurde dem Anmerkungsapparat besondere Aufmerksamkeit gewidmet. Hier sollen nicht nur
unbekannte Realien aufgeklärt, sondern auch Interpretations-
hilfen gegeben werden. Die Anmerkungen gehen deshalb erheblich über die entsprechenden Angaben in der russischen
Vorlage hinaus.

Für Hinweise und Anregungen dankt der Herausgeber den
Filmkritikern Klaus Eder und Wolfgang Ruf, dem Chefredak-
teur des ›Kürbiskern‹ und Regisseur Friedrich Hitzer, dem Re-
gisseur und Filmhistoriker Manfred Vosz, der Herausgeberin
der westdeutschen Meierhold-Ausgabe Rosemarie Tietze, dem
Übersetzer und Schriftsteller Eaghor G. Kostetzky, sowie für
Manuskripteinsicht Dr. Karla Hielscher-Günther. Besonderer
Dank gilt Frau Tat'jana Sergeevna Tret'jakova-Gomolickaja
(Moskau) und schließlich dem Lektor des Verlages, Friedrich
Pfäfflin, der diese Ausgabe mit großer Aufmerksamkeit, Ge-
duld und Sachhinweisen betreut.

H.-J. Sch.

Anmerkungen

In den Anmerkungen werden folgende Abkürzungen benützt:

>*Izbr. proïzv.*< für die sechsbändige sowjetische Eisenstein-Ausgabe: S. M. Ėjzenštejn, >Izbrannye proïzvedenija v šesti tomach<, Moskau 1964–1971.
>*Künstler der Revolution*< für den von Hermann Herlinghaus herausgegebenen Bericht der Eisenstein-Konferenz in Berlin/DDR: >Sergei Eisenstein – Künstler der Revolution<, Berlin/DDR 1960.
>*FWM*< für die in Berlin/DDR erscheinenden >Filmwissenschaftlichen Mitteilungen<.
>*Schriften*< für die in der >Reihe Hanser< erscheinende Eisenstein-Ausgabe, München 1973 ff.

Hans-Joachim Schlegel:
Eisensteins Weg von der »Revolutionierung des Theaters« zum Revolutionsfilm
Eine Einführung in >Streik<

¹ S. 245.
² Vgl.: V. Ivanov, >Eisenstein et la linguistique structurale moderne<, in: »Cahiers du cinéma«, numéro spécial 220–221, S. 47a–50b und M. Bystrzycka, >Eisenstein as a precursor of semantics in film art<, in: »Signe, language, culture«, The Hague/Paris 1970, S. 469–484.
³ S. Eisenstein, >Risunki< (Zeichnungen), Moskau 1961; ders., >Meksikanskie risunki / Les dessins mexicains<, Moskau 1969. Auf den präfilmischen Charakter von Eisensteins Schülerzeichnungen macht V. Šklovskij, >S. Ėjzenštejn<, Moskau 1973 an mehreren Stellen aufmerksam.
⁴ Vgl. K. Eliseev, >Junost' chudožnika< (>Künstlerjugend<), in: >Iskusstvo kino<, 1958/1, S. 76–77 und I. G. Rostovcev, >Bronenosec Potemkin< (>Panzerkreuzer Potemkin<), Moskau 1962, S. 7.
⁵ Eisenstein entwarf die Bühnenbilder zu A. Emnuelle >Marat<, >Die Erstürmung der Bastille< (nach R. Rolland) im Garnisonstheater von Velikie Luki (1919/20); >Der Mexikaner< (nach J. London) im Zweiten MChT-Studio (Moskau 1921), >Gutes Verhältnis zu Pferden< und >Kin-

derdiebin‹ im Foregger-Theater (1922), zu L. Tiecks ›Gestiefeltem Kater‹, Shakespeares ›Macbeth‹ und Shaws ›Haus Herzenstod‹ im Meierhold-Theater (1922), arbeitet aber auch noch später an Bühnenbild und Kostümentwürfen mit.

6 Hauptsächlich im Fronttheater der Bürgerkriegszeit 1919–20.

7 Auf jeden Fall sind dazu seine autobiographischen Aufzeichnungen zu zählen. Deutsch: ›Stationen‹, Berlin/DDR 1967, bzw. Düsseldorf 1967.

8 Vgl.: ›Hinter der Leinwand‹ und ›Die vierte Dimension‹ in: ›Schriften‹ 3 bzw. 4.

9 S. 241.

10 Vgl. Anm. 5 zu: ›Wie ich Regisseur wurde‹.

11 Vs. Mejerchol'd, ›O teatre‹ (›Über das Theater‹), Moskau 1913, S. 16, zitiert nach: A. Fevral'skij, Meyerhold und der Film, in: ›FWM‹ IV/1, Berlin/DDR 1966, S. 176.

12 zit. nach: T. Selezneva, ›Kinomysl' 1920-ch godov‹ (›Der Filmgedanke der Zwanziger Jahre‹), Moskau 1972, S. 9.

13 ebd. zitiert.

14 Vgl. Ju. Lotman, ›Die Struktur des künstlerischen Textes‹, hrsg., mit einem Nachwort und einem Register von R. Grübel. Frankfurt/M. 1973.

15 Zu den besonderen Code-Verhältnissen im Film vgl.: U. Eco, ›Der kinematographische Code‹, in: U. Eco, ›Einführung in die Semiotik‹, Autorisierte deutsche Ausgabe von J. Trabant, München 1972, S. 250–261 und L. Rajnošek, ›Specifičnost filmového výrazu‹ (›Die Spezifik des filmischen Ausdrucks‹) S. 251–263, in: ›Otázky divadla a filmu‹ I, hrsg. von A. Závodský. Brno 1970.

16 in ›Kino‹ (Leningrader Beilage) vom 2. 3. 1926, zit. nach N. Zorkaja, ›Tynjanov und der Film‹, in »FWM« 9/1, Berlin/DDR 1968, S. 177. Vgl. hierzu »Poėtika kino«, hrsg. von B. Ėjchenbaum, Moskau 1927. Eine deutsche Ausgabe wird von W. Beilenhoff vorbereitet.

17 Vgl. »Béla vergißt die Schere«, in: ›Schriften‹ 2, S. 134–141.

18 ebd., S. 139.

19 ›Bibliographie deutschsprachiger Literatur zum Proletkult‹, in: ›Ästhetik und Kommunikation. Beiträge zur politischen Erziehung‹ 2. Jg., H. 5–6, S. 191–201. Vgl. außerdem: B. Eisenschitz, ›Le Proletkult, Eisenstein‹, in: ›Cahiers du cinéma‹ a.a.O., S. 46–50.

20 S. 205.

21 ›Schriften‹ 2, S. 122.

22 G. Aleksandrov, ›Posleslovie‹ (›Nachwort‹) zu I. G. Rostovcev, a.a.O., S. 193.

23 zit. nach I. Rostovcev, a.a.O., S. 22.

24 W. I. Lenin, ›Über Kunst und Kultur. Eine Sammlung ausgewählter Aufsätze und Reden‹, Berlin/DDR 1960, S. 372–375.

25 B. Arvatov, ›Kunst und Produktion‹, hrsg. und übersetzt von Hans Günther und Karla Hielscher. München 1972.

²⁶ a.a.O., S. 19–23.

²⁷ K. Hielscher, ›S. M. Eisensteins Theaterarbeit beim Moskauer Proletkult (1921–1924)‹, in: ›Ästhetik und Kommunikation. Beiträge zur politischen Erziehung‹, 4. Jg., H. 13, S. 64–75. (Nach dem freundlicherweise zur Verfügung gestellten Manuskript zitiert).

²⁸ S. 216.

²⁹ Arvatov, a.a.O., S. 85–94.

³⁰ Dieser Einwand muß auch gegen die sonst ausgezeichnete Arbeit von T. Selezneva, a.a.O., erhoben werden.

³¹ Diese Zusammenarbeit findet nicht nur im Theater statt. Tret'jakov verfaßte auch die Zwischentitel für ›Panzerkreuzer Potemkin‹ (zusammen mit Eisenstein und [?] N. Aseev). I. Gazer berichtet in ›S. M. Tret'jakov. Očerk žizni i tvorčestva‹ (›S.M.T. Abhandlung zu Leben und Werk‹), Tartu 1966 (Maschinenschrift), S. 3f. von einem leider noch unveröffentlichten Zeugnis der Zusammenarbeit von Eisenstein und Tret'jakov: »Kürzlich wurde die Handschrift eines zusammen mit S. M. Eisenstein verfaßten Aufsatzes ›Ausdruckskunst‹ (›Vyrazitel'noe iskusstvo‹) gefunden . . ., der zur Publikation vorbereitet wird«. Naum I. Klejman bestätigte im Juli 1973 dieses Publikationsvorhaben.

³² Einer der Lehrer Eisensteins am GVYRM war Ivan A. Aksënov (1884–1935), der 1925 eine der ersten Monographien zu P. Picasso veröffentlichte: ›Pikasso i ego okresnosti‹ (›Picasso und seine Umwelt‹). Von der offensichtlich engen Beziehung Eisensteins und Aksënovs zeugt die Tatsache, daß Aksënov 1935 eine noch nicht publizierte Eisenstein-Monographie schrieb. Vgl. auch: Sergei Jutkewitsch, ›Sergei Eisenstein in den Jahren 1921–1923‹, in: ›Künstler der Revolution‹, S. 109.

³³ Rostovcev, ›Rabota v teatre‹, a.a.O., S. 5–40; Jutkevič, a.a.O., S. 107–128; M. Štrauch, ›Erinnerungen an Eisenstein‹ ebd., S. 59–83 (ders., ›Dva Sergeja Michaïloviča‹, in: S. Tret'jakov, »›Slyšiš‹, Moskva?!‹, Moskva 1966, S. 174–185); R. Dreyer, ›Eisenstein und das Theater‹, ebd., S. 84–106 (dies., ›Z teatralnej przeszłości Eisensteina‹ (›Zur Theatervergangenheit Eisensteins‹), in: ›Kwartalnik Filmowy VIII‹, Warszawa 1958, S. 3–24); A. Fevral'skij, ›S. M. Ėjzenštejn v teatre‹ (›Eisenstein im Theater‹), in: ›Voprosy teatra. Sbornik statej i materialov‹, Moskau 1967, S. 82–101; ›Istorija sovetskogo dramatičeskogo teatra‹ (›Geschichte des sowjetischen Schauspieltheaters‹), Bd. 2 (1921–1925), Moskau 1966, S. 135–138; N. D. Volkov, ›Molodost' Ėjzenštejna‹ (›Die Jugend Eisensteins‹), in: ders., ›Teatral'nye večera‹ (›Theaterabende‹), Moskau 1966, S. 337–342; S. Margolin, ›Pervyj rabočij teatr Proletkul'ta‹ (›Das Erste Arbeitertheater des Proletkult‹), Moskau 1930; J. Toeplitz, ›Geschichte des Films‹, Bd. 1 (1895–1928), Berlin/DDR, bzw. München 1972, S. 299–304; T. Selezneva, a.a.O., S. 102–110; B. Eisenschitz, a.a.O.; K. Hielscher, a.a.O.

[34] Šklovskij, a.a.O., S. 59.

[35] Vgl. Anm. 4 zu ›Das Mittlere von Dreien‹.

[36] Vgl. Anm. 1 zu ›Montage der Attraktionen‹.

[37] S. Tret'jakov, »Mudrec‹ v Proletkul'te‹, Erstdruck und bisher einzige Veröffentlichung in: ›Zrelišča‹ 1923/38. Übersetzung: Hans-Joachim Schlegel. Verlag und Hrsg. danken Frau Tat'jana Sergeevna Tret'jakova-Gomolickaja für die Überlassung einer Textabschrift.

[38] N. D. Volkov, a.a.O., S. 340.

[39] B. Arvatov, ›Pričem tut rabočij teatr', in: B. Arvatov, ›Ob agit- i prozïskusstve‹ (›Über Agitations- und Produktionskunst‹), Moskau 1930, S. 177.

[40] Zit. nach F. Mierau, »Tatsache und Tendenz. Der ›operierende‹ Schriftsteller S. Tretjakow«, in: S. Tretjakow, ›Lyrik, Dramatik, Prosa‹, hrsg. von F. Mierau, Leipzig, bzw. Frankfurt/M. 1972, S. 457. Hier auch deutsche Übersetzung der zitierten Tretjakov-Stücke.

[41] S. 193.

[42] S. Tret'jakov, ›Teatr attrakcionnov‹ (›Theater der Attraktionen‹), in: ›Oktjabr' mysli‹, 1924/1, S. 54; zitiert nach der freundlicherweise von K. Hielscher im Manuskript zugänglich gemachten Übersetzung – jetzt in: ›Ästhetik und Kommunikation. Beiträge zur politischen Erziehung‹, 4. Jg., H. 13, S. 79–82.

[43] Zum Einfluß Bechterevs auf Eisenstein vgl. Selezneva, a.a.O., S. 106f.

[44] S. 194 u. ö.

[45] Vgl. ›Montage 1938‹, in: ›Schriften‹ 5.

[46] Šklovskij, a.a.O., S. 84.

[47] Vgl. ›Schriften‹ 3.

[48] Vgl. ›Schriften‹ 2, S. 17.

[49] Šklovskij, ›Die Kunst als Verfahren‹ (1918), jetzt russisch und deutsch in: ›Texte der russischen Formalisten‹, Bd. 1, hrsg. v. J. Striedter, München 1969. Vgl. auch: R. Lachmann, »Die ›Verfremdung‹ und das ›Neue Sehen‹ bei Viktor Šklovskij«, in: ›Poetica‹ 3, H. 1–2, S. 226–249.

[50] Vgl. H. Boehncke, Nachwort zu: S. Tretjakov, ›Die Arbeit des Schriftstellers‹, Reinbek 1972, S. 209–213 und F. Mierau, a.a.O.

[51] Verwirrt wurde dieser Begriff und die Diskussion seines Inhalts vor allem durch die Verwechslung von Materialismus und Vulgärsoziologismus und -ökonismus wie das etwa in: Girnus/Lethen/Rothe ›Von der kritischen zur historisch-materialistischen Literaturwissenschaft‹, Berlin/West 1971 dokumentiert ist.

[52] Vgl. ›Istorija sovetskogo dramatičeskogo teatra‹, a.a.O., S. 134f. und S. Jutkevič, ›Kontrapunkt režissëra‹ (›Kontrapunkt des Regisseurs‹), Moskau 1960, S. 239. Zur Arbeit Eisensteins bei Foregger vgl.: Ders., ›Sergei Eisenstein in den Jahren 1921–1923‹, a.a.O., S. 116–127.

⁵³ Vgl. ›Schriften‹ 2, S. 129.

⁵⁴ Tretjakov, ›Das Theater der Attraktionen‹, a.a.O., S. 81.

⁵⁵ F. Mierau, a.a.O., S. 461.

⁵⁶ A. Fevral'skij, a.a.O., S. 97.

⁵⁷ Vgl. S. Margolin, a.a.O., S. 41.

⁵⁸ Tretjakov, a.a.O., S. 81.

⁵⁹ LEF 1924/4, S. 217.

⁶⁰ Tretjakov schreibt dazu a.a.O., S. 81: »Die akrobatische Demonstration ruft im Zuschauer vor allem absolute Reflexe hervor, die mit dem schwierigen und für den Zuschauer ungewohnten Bewegungsaufbau zusammenhängen [. . .] Die Publikumswirkung zeigt sich in Äußerungen wie – ›schau mal, ist es nicht schade, daß man seine Bewegungen nicht so beherrschen kann‹, oder ›ich möchte auch radschlagen können‹ usw.«; vgl. auch Volkov, a.a.O.

⁶¹ L.-in [d. i. A. Lëvšin?], ›Novye raboty Proletkul'ta‹ (›Neue Proletkultarbeiten‹), in: ›Lef‹ 1924/4, S. 217 berichtet: »Im Publikum sprang man von den Plätzen auf. Es ertönten Rufe wie: ›Da, da! Der Graf macht sich aus dem Staube. Haltet ihn!‹ Ein hochgewachsener Rabfak-Student sprang auf und schrie in Richtung auf die Kokotte hin: ›Wozu lange mit ihr fackeln, pack sie!‹ und bekräftigte diesen Satz mit einem kräftigen Schimpfwort, und als man die Kokotte in dem Stück tötete und die Treppe hinunterwarf, brummte er erleichtert und fügte so nachdrücklich hinzu: ›Das hat sie auch verdient‹, daß die neben ihm sitzende Dame im Pelz es nicht aushielt, aufsprang und erschrocken mit den Worten: ›Um Gottes willen! Was soll das! Es wird auch hier noch so losgehen‹, zum Ausgang eilte. Jeder getötete Faschist wurde mit Applaus und Geschrei gefeiert. Wie berichtet wurde, zog irgendein Soldat in den hinteren Reihen seinen Trommelrevolver und richtete ihn auf die Kokotte, seine Nachbarn brachten ihn jedoch noch rechtzeitig zur Vernunft« (zitiert in der Übersetzung von K. Hielscher, a.a.O., S. 72).

⁶² G. Aleksandrov, a.a.O., S. 195.

⁶³ S. 251.

⁶⁴ S. Tretjakov, ›Protivogazy‹ (›Gasmasken‹), in: ›Lef‹ 1924/4, S. 108. Vgl. hierzu: Rostovcev, a.a.O., S. 33f.

⁶⁵ Vgl. S. 265f.

⁶⁶ F. Mierau, a.a.O., S. 465.

⁶⁷ I. Ėrenburg, ›A vsë-taki vertitsja‹ (›Und sie dreht sich doch‹), Berlin/Moskau 1922, S. 96. Diese Haltung bestimmt auch die von Ėrenburg und Ėl Lisickij 1922 in Berlin herausgegebene dreisprachige (russ., dt. und frz.) ›Internationale Rundschau der Kunst der Gegenwart‹ ›GEGENSTAND‹ (bzw., VEŠČ und OBJET).

⁶⁸ V. V. Majakovskij, ›Kino i kino‹ (›Film und Film‹), in: ›Pol'noe sobranie socinenij‹ (›Vollständige Werkausgabe‹), Bd. XII, Moskau 1959, S. 29.

⁶⁹ Tretjakov, ›Biografia moego sticha‹ (›Biographie meines Gedichts‹), in: A. Kručënych, ›15 let russkogo futurizma. 1912–1927. Materialy i dokumenty‹ (›15 Jahre russischer Futurismus. 1912–1927. Materialien und Dokumente‹), Moskau 1928, S. 56.

⁷⁰ Vgl. die bei Rostovcev, a.a.O., S. 39 zitierten Äußerungen aus bisher unveröffentlichten Vorlesungsmanuskripten (›Lekcii po režissure‹ v. 21. 10. 1932).

⁷¹ J. Toeplitz, a.a.O., S. 305.

⁷² ›Schriften‹ 2, S. 132. Bezeichnenderweise fällt diese Äußerung schon 1926 im Zusammenhang der abgeschlossenen Arbeiten zum ›Panzerkreuzer Potemkin‹.

⁷² ›Schriften‹ 2, S. 132.

⁷³ V. Schklowskij, ›Sergej Eisenstein‹, in: ›Schriften zum Film‹, deutsch von A. Kaempfe, Frankfurt/M. 1966, S. 87.

⁷⁴ Aus unveröffentlichten Vorlesungsmanuskripten zitiert bei Rostovcev, a.a.O., S. 39.

⁷⁵ Vgl. S. 257–260.

⁷⁶ I. Gazer, a.a.O., S. 28.

⁷⁷ S. 280.

⁷⁸ In Majakovskijs ›Misterija buff‹ (Erstfassung 1918, Zweitfassung 1921) kommt es zu einem »Aufstand der Dinge«, der den Befreiungskampf der Völker gegen ihre Unterdrücker unterstützt. Eisenstein kannte dieses Stück gut und hatte in seiner Fronttheaterzeit ein Bühnenbild hierzu entworfen.

⁷⁹ Vgl. S. 223.

⁸⁰ S. 277.

⁸¹ In etwas überbetonter, verabsolutierter Weise analysiert diesen Aspekt P. Bonitzer, ›Le système de ›La Grève«, in: ›Cahiers du cinéma‹ No. 226–227, Januar-Februar 1971, S. 43f.

⁸² Tretjakov, ›Das Theater der Attraktionen‹, a.a.O., S. 81.

⁸³ Zum Verbot des Filmes in Deutschland vgl. die in den ›Filmwissenschaftlichen Mitteilungen‹ 3/67. Sonderheft zum 50. Jahrestag der Großen Sozialistischen Oktoberrevolution: ›Sowjetischer Film in Deutschland 1922–1932. Eine Dokumentation‹. Zusammenstellung und Redaktion: Hermann Herlinghaus und Lissi Zilinski, Berlin/DDR 1967, S. 965–974 publizierten Dokumente.

⁸⁴ Bonitzer, a.a.O. unterscheidet sogar drei Ebenen – die der Herrschenden, die des Proletariats und die der Handlanger und des Lumpenproletariats – in Entsprechung zur jeweiligen überirdischen, irdischen und unterirdischen Ansiedlung der jeweiligen Vertreter.

⁸⁵ Vgl. Abb. 33.

⁸⁶ Bezeichnenderweise ist dieses Thema von Eisenstein schon sehr früh – in seiner unveröffentlichten ›Belenson-Rezension‹ ausführlich behandelt worden (Auskunft Naum I. Klejmans).

⁸⁷ Vgl. N. Zorkaja, ›Sovetskij istoriko-revoljucionnyj fil'm‹

(›Der sowjetische historisch-revolutionäre Film‹), Moskau 1962, S. 38f.

⁸⁸ Vgl. ›Schriften‹ 2, S. 18f.

⁸⁹ Vgl. ›Schriften‹ 2, Abb. S. 266f. und die entsprechende Analyse, S. 144–148.

⁹⁰ Vgl. »Interview mit J.-L. Godard über die ›groupe dziga vertov‹«, in: ›Sozialistische Zeitung für Kunst und Gesellschaft‹, H. 7, Juni 1971, besonders S. 53.

⁹¹ So berichtet etwa E. Šub in: ›Krupnym planom‹ (›In Großaufnahme‹), Moskau 1959, S. 79, daß Eisenstein wiederholt betont habe, seine ›Trauer-Szene‹ im ›Potemkin‹ sei unter direktem Einfluß der Vertovschen ›Leninskaja kinopravda‹ (= ›Kinopravda No. 21‹) entstanden sei. Und Vertov nahm den durch und durch exzentrischen Filmeinschub der ›Gescheitesten‹-Aufführung (›Glumovs Tagebuch‹) immerhin in die Jubiläumsnummer seiner ›Kinopravda‹ auf – in die ›Vesenjaja pravda‹ (›Frühlingspravda‹), März 1924.

⁹² W. Beilenhoff, ›Nachwort‹ zu: Dziga Vertov, ›Schriften zum Film‹, hrsg. von W. Beilenhoff, München 1973, S. 138.

⁹³ Vgl. hierzu S. V. Drobašenko, ›Final ›Stački‹« (›Das ›Streik‹-Finale‹), in: Drobašenko, ›Fenomen dostovernosti. Očerki teorii dokumental' ›nogo fil'ma‹ (›Das Phänomen der Echtheit. Aufsätze zur Theorie des Dokumentarfilms‹), Moskau 1972, S. 22–25.

⁹³ᵃ Vgl. V. Šklovskij, ›Literatura vne ›sjužeta‹« (›Literatur außerhalb des ›Sujets‹‹), in: V. Šklovskij, ›O teorii prozy‹, Moskau 1929², S. 226 bis 245.

⁹⁴ ›Schriften‹ 2, S. 119.

⁹⁵ Vgl. Anmerkungsvorspann zu ›Inszenierungsdrehbuch‹.

⁹⁶ Rostovcev, a.a.O., S. 52–56. – Auch das Faktum des Arbeiterselbstmords ist historisch, ereignete sich aber 1913 im Petersburger ›Novyj-Lessner‹-Werk, wo es einen langandauernden Streik auslöste.

⁹⁷ W. Lenin, ›Neue Ereignisse und alte Fragen‹, in Lenin, ›Werke‹, Bd. VI, Berlin/DDR 1956, S. 271.

⁹⁸ ebda., S. 274.

⁹⁹ S. 230.

¹⁰⁰ ›Schriften‹ 2, S. 112.

¹⁰¹ Jay Leyda, ›Kino. A History of the Russian and Soviet Film‹, London ²1973, S. 184.

Durch Revolution zur Kunst. Durch Kunst zur Revolution.

Erstdruck: ›Čerez revoljuciju k iskusstvu – čerez iskusstvo k revoljucii‹, in: ›Sovetskoe kino‹ 1933/1–2, S. 34–36; Wiederabdruck in: S. M. Ėjzenštejn, ›Izbrannye stat'i‹, Moskau 1956, S. 405; jetzt in: ›Izbr. proizv.‹, Bd. I, S. 81–83. Deutscher Erstdruck: ›Ausgewählte Aufsätze‹, Berlin/DDR 1960, S. 474–476. Übersetzung: Lothar Fahlbusch.

¹ I. P. Pavlov (1849–1936), berühmter sowjetischer Physiologe. Vgl. I. P. Pavlov, ›Die bedingten Reflexe‹. München 1972.

² Zu ›Der Gescheiteste‹ vgl. Anm. 1 zu: ›Montage der Attraktionen‹.

³ ›Slyšiš', Moskva?!‹ (›Hörst Du, Moskau?!‹); Agit-Guignol in vier Akten von S. M. Tret'jakov (1892–1939), das S. Eisenstein im ›Ersten Arbeitertheater des Proletkult am 7.11.1923 inszenierte; vgl.: ›Das Mittlere von Dreien‹, S. 249f.

⁴ ›Protivogazy‹ (›Gasmasken‹): vgl. Anm. 6 zu: ›Zwei Schädel Alexanders des Großen‹.

›Inszenierungsdrehbuch‹

Erstdruck: In ›Izbr. proizv.‹, Bd. VI, S. 31–64 wurde aus den erhaltenen Manuskriptteilen das zugrunde liegende ›Inszenierungsdrehbuch‹ (›Postavočnyj scenarij‹) rekonstruiert, wobei Teil I und II den Beginn des ›Inszenierungsszenarium‹ vorstellen, während Teil III – VIII aus früheren Drehbuchplänen stammen. Eisenstein befaßte sich seit April 1924 mit dem Plan eines Filmzyklus über die Geschichte der russischen Arbeiterbewegung (deren formale Gestalt er als ›besondere Art von Kulturfilmen‹ bezeichnete) und legte am 1.4.1924 der Leitung des Ersten ›Goskino‹-Studios folgenden Plan vor:

»ERSTE SERIE. Genf. Rußland. Nachrichtenverbindung.
1. Das Auslands-ZK. 2. Entsendung von Menschen und Nachrichtenmaterial. 3. Ankündigung. 4. Ankunft von Menschen und Materialien. 5. Schmuggelware. 6. Beförderung von Menschen. 7. Die russische Organisation (Der Apparat. Menschen. Verteilung von Menschen und Nachrichtenmaterialien).
ZWEITE SERIE. Druckerei
1. Illegale Druckerei (Organisation, Arbeit, Auffliegen). 2. Aufbau der Geheimpolizei (Organisation). 3. Informationsstand (im Zentrum die ›Spinne‹).
DRITTE SERIE. Arbeit in den Massen.
1. Proklamationen. 2. Meetings. 3. Zusammenkünfte. 4. Illegale Maidemonstrationen. 5. Zirkel. 6. Die Demonstrationen vom 9. Januar und 1. Mai (bezieht sich auf die Ereignisse des Jahres 1905, H.-J.S.).
VIERTE SERIE. Kampf.
1. Durchsuchungen. 2. Verhaftungen. 3. Verhöre. 4. Bespitzelung. 5. Provokation. 6. Dunkelzelle. 7. Daktyloskopie (Geheimpolizei wird aktiv).
FÜNFTE SERIE. Streiks.
1. Organisation. 2. Prozesse. 3. Liquidierung.
SECHSTE SERIE. Gefängnisse.
1. Bedingungen. 2. Alltagsleben. 3. Flucht. 4. Vorbereitung (einer

Flucht) als Teil des Gefängnisalltags (Wie man sich nach der Freiheit und nach einer Verbindung mit denen in Freiheit sehnt). 5. Provokation. 6. Abtransport. ›Hundekäfig‹.
SIEBTE SERIE. Gefängnis.
1. Berühmte Fluchtunternehmen. 2. Paßbüro. 3. Evakuierung. 4. Todeskandidaten und Todesstrafe.
ACHTE SERIE. Flucht und Verbannung.
EPILOG.«
(Erstdruck dieses Entwurfs in ›Izbr. proïzv.‹, Bd. VI, S. 517). Übersetzung: Mechtild Russell.

¹ Abgesehen von Eisensteins grundsätzlicher terminologischer Eigenwilligkeit muß die Tatsache berücksichtigt werden, daß es zur Zeit der Drehbuchabfassung noch keine allgemeingültige filmtechnische Terminologie gab. Ungewöhnlich sind vor allem der Archaismus ›melkij plan‹ (auf Anregung N. Klejmans hin mit ›weiter Totale‹ übersetzt) und ›vytesnenie‹, ein Oberbegriff für alle Arten von Bildverdrängung. Eine außerordentlich seltene Einstellungsart, die Eisenstein auch im ›Panzerkreuzer Potemkin‹ häufig verwendet, ist die mit ›bis zum Gürtel‹ bezeichnete. Übers. und Hrsg. danken Naum Klejman für wichtige terminologische Hinweise.
² Sämtliche im Drehbuch verzeichneten Namen verweisen auf die vorgesehenen Darsteller, nicht etwa auf die Personennamen fiktiver Helden (was Eisensteins allgemeiner Filmpoetik, vor allem aber auch seinem ›Typage‹-Konzept widerspräche). Die Spitzelrollen verteilten sich folgendermaßen: P. M. Malek – ›Eule‹, A. P. Kurbatov – ›Fuchs‹, A. P. Janyševskij – ›Meerkatze‹ und M. M. Štrauch (Freund Eisensteins seit Kindertagen und bedeutender sowjetischer Schauspieler) – ›Bulldogge‹. Štrauchs spätere Gattin Ju. S. Glizer (ebenfalls bedeutende Schauspielerin) spielte die ›Königin des Lumpenproletariats‹. Die Rolle eines Geheimpolizisten spielte übrigens der Hauptbuchhalter des Moskauer ›Proletkults‹ Naumovič. Ol'ga G. Petrovskaja – Dichterin und Übersetzerin aus dem Freundeskreis um V. Majakovskij – spielte die Episodenrolle der ›Dame‹ im Auto.
³ Mormonenko (auch: Mormonénko) – d. i. G.V. Aleksandrov, vgl. ›Mein erster Film‹, Anm. 12.
⁴ ›Kaširskaja starina‹ (›Kašírer Altertümer‹), 1871, häufig gespieltes melodramatisches Boulevardstück von D. V. Averkiev (1836 bis 1905), das die russische Vergangenheit idealisiert. Vermutlich Spitze gegen bestimmte Tendenzen im rayonistischen ›Proletkult‹-Theater.
⁵ ›Prochorovka‹; Angabe des Drehorts (eine noch heute existierende Moskauer Textilfabrik).

›Regieausarbeitung des Finale‹
Titel der Hrsg. von ›Izbr. proïzv.‹. Erstdruck in: ›Izbr. proïzv.‹, Bd. VI,
S. 423–224. Übersetzung: Mechtild Russell.

›Streik‹-Protokoll

Das Protokoll wurde nach der bestzugänglichen Kopie, die freundlicherweise die Beta-Film GmbH zur Verfügung stellte, von *Gloria Behrens* angefertigt.
Dabei wurde nach folgenden Prinzipien vorgegangen:

   1. Die fortlaufende Nummer der Einstellung
   2. Die Größe der Einstellung. Dabei bedeuten:
T – Totale; HT – Halbtotale; AM – Amerikanisch; HN – Halbnah;
N – Nah; G – Groß; GG – Ganz Groß.
Im Zweifelsfall wurde die totalere Größe notiert. Gab es zum Beispiel
durch Objektbewegungen signifikante Veränderungen der Einstellungsgröße, dann wurde das im Text durch eine Angabe in Klammer
vermerkt.

   3. Wenn zwischen der Einstellungsgröße und der Klammer mit den
Zahlen nichts steht, dann heißt das, daß die Einstellung normal aus
Augenhöhe aufgenommen ist. Für die anderen Standpunkte wurden
sechs Kategorien gebildet: stark von unten; von unten; leicht von unten; leicht von oben; von oben; stark von oben.

   4. In den Klammern stehen zwei Zahlen. Die erste ist die absolute
Meterlänge der Einstellung. Nach dem Strichpunkt steht die fortlaufende Meterlänge.
Zu beachten ist, daß dies nicht die Originallängen sind. Der Originalfilm ist auf 35 mm mit 18 Bildern pro Sekunde gedreht. Die zur Protokollierung vorliegende Kopie war in 16 mm und 24 Bilder pro
Sekunde. Dabei hat man jedoch die originalen 18 Bilder/Sek. derart
auf 24 Bilder/Sek. kopiert, daß die Originalgeschwindigkeit der
Bewegungen erhalten bleibt.
Will man also die Originallängen haben, muß man in zwei Schritten
umrechnen: zuerst wegen der unterschiedlichen Bildfrequenzen ein
Viertel der Länge abziehen, und dann mit dem ungefähren Umrechnungsfaktor: 2,5, von 16 mm auf 35 mm umrechnen.
Steht im Protokoll zum Beispiel für eine Einstellung die Länge von
1,0 m; dann wäre die entsprechende Länge für das Original ungefähr
$(1,0-0,25)\times2,5=1,9$. (Über den Daumen gepeilt: immer etwas weniger als das Doppelte.)
Hinter Auf-, Ab-, Überblenden stehen in Klammer die Längen.
Überblendungen werden der ersten Einstellung zugerechnet.

   5. Wenn zwischen Klammer und Text ein »wie 100« steht, dann
heißt das: diese Einstellung ist *genau wie* die Einstellung 100, sie ist
ihr nicht bloß ähnlich; meist ist es eine direkte Fortsetzung.

6. Der Text zur Einstellung ist eine möglichst knapp gefaßte Vorgangsbeschreibung. Hier werden Problematik und Grenzen solcher Protokolle sichtbar. Denn der Text ist keine ausführliche Beschreibung des Fortgangs der Geschichte, des gegenständlichen Inhalts der Einstellung oder der anderen Momente filmischer Gestaltung (Bewegungsrichtung der Personen, Licht . . .). Er kann nur das Wichtigste zu beschreiben versuchen.

›Wie ich Regisseur wurde‹

Erstdruck: ›Kak ja stal režissërom‹ im gleichnamigen Sammelband, Moskau 1946 (verfaßt 1945); Wiederabdruck in: S. M. Ėjzenštejn, ›Izbrannye stat'i‹, Moskau 1956, S. 355–362; jetzt in: ›Izbr. proïzv.‹, Bd. I, S. 97–104. Deutscher Erstdruck in der Übersetzung von A. Knipper und G. Dick in: ›Sinn und Form‹ 1958/5–6, S. 890ff; jetzt in ›Ausgewählte Aufsätze‹, Berlin/DDR 1960, S. 463–473, woraus auch die vorliegende Übersetzung stammt. Übersetzung: Lothar Fahlbusch.

[1] Das Rigaer Gastspiel der Theatertruppe K. N. Nezlobins mit Fëdor F. Komissarževskijs (1882–1954) Inszenierung von Carlo Gozzis (1720–1806) Tragikomödie ›Turandot‹ (1762) fand nicht 1913, sondern 1912 statt.

[2] Wie V. Šklovskij (in: ›Ėjzenštejn‹, Moskau 1973, S. 45–49) berichtet, besuchte Eisenstein die Meierhold-Inszenierung von Michaïl Ju. Lermontovs (1814–1841) Drama ›Maskarad‹ (1835) zwei Tage vor Revolutionsausbruch. Das Aleksandrinskij-Theater war die damalige Kaiserliche Oper in St. Petersburg.

[3] Das Drama ›Les aubes‹ (›Die Morgenröte‹) des belgischen Dichters Emile Verhaeren (1855–1916) inszenierte Meierhold im Moskauer Pervyj teatr RSFSR; Premiere: 7. 9. 1921.

[4] Meierholds Inszenierung von P. Calderon de la Barcas (1600 bis 1681) Versdrama ›El pricipe constante‹ (›Der standhafte Prinz‹; 1636) hatte am 18. 2. 1915 im Petersburger Aleksandrinskij-Theater Premiere.

[5] LEF (›Levyj front iskusstv‹ – ›Linke Kunstfront‹): Gruppierung linksavantgardistischer Künstler, die sich 1922 um V. Majakovskij sammelte und bis 1929 bestand. Hauptkräfte: Futuristische und konstruktivistische Vertreter aller Kunstgattungen. Vgl. ihr Manifest: übersetzt und eingeleitet von F. Hitzer in: ›Kürbiskern‹ 1967, Heft 4, S. 43–50, sowie den 1923 in der Zeitschrift ›Lef‹ 1923/2 publizierten Aufruf zur Gründung einer Roten Kunstinternationale in englischer, deutscher und russischer Sprache: ›Genossen – Lebensformer!‹ (›Tovarišči – formovščiki žizni‹); jetzt in: ›Kunst der Revolution‹, Ausstellungskatalog Frankfurt/M. 1972, o. S.

Foregger/Mass/Jutkevič/Eisenstein: ›Brief an die ›Zrelišča‹-Redaktion‹

Erstdruck und bisher einzige Veröffentlichung dieser frühesten gedruckten Äußerung Eisensteins in: ›Zrelišča‹ 1922/6, S. 26. Verlag und Hrsg. danken dem Verband der sowjetischen Filmschaffenden für die Überlassung einer Textabschrift. Übersetzung: Hans-Joachim Schlegel.

[1] Die »Masterskaja Foreggera« (»Foregger-Werkstatt«) entwikkelte sich zunächst als Theaterstudio im Dom pečati (Haus der Presse) und trat vor allem mit Parodien berühmter zeitgenössischer Inszenierungen auf, entwickelte dann als Freies Studio (Vol'naja masterskaja) dabei vor allem die sogenannte »Music-hallisierung des Theaters« und zeigte Tendenzen zu einem »Kinematografischen Theater« (S. Jutkevič, ›Kontrapunkt režissëra‹, Moskau 1960, S. 239). Da diese Tendenzen aber an der Oberfläche blieben, zu reiner Effekthascherei wurden, die vor allem die NEP-Bourgeoisie anzog, traten Eisenstein und kurz darauf auch Jutkevič und Mass aus dem Theater aus. 1925 übersiedelte Foreggers Freies Studio nach Leningrad, wo es dann bald geschlossen wurde. Vgl.: K. L. Rudnickij u. a. (Hrsg.), ›Istorija sovetskogo dramatičeskogo teatra‹, Moskau 1966, S. 134 f.

[2] Der Titel dieser – von S. Jutkevič in ›Sergei Eisenstein in den Jahren 1921 bis 1923‹, in: ›Künstler der Revolution‹, S. 119 f beschriebenen – parodistischen Revue stammt von Majakovskijs am 9. 5. 1918 in: ›Novaja žizn'‹ veröffentlichtem Gedicht ›Chorošee otnošenie k lošadjam‹ (von Hugo Huppert in: W. Majakowski, ›Ausgewählte Werke‹, Bd. I, Berlin/DDR, bzw. Frankfurt/M. 1968, S. 36–38 mit ›Gute Behandlung der Pferde‹ übersetzt), obgleich die Aufführung dieses Gedichtes sonst in keinerlei Weise berücksichtigte und auch nicht von Pferden handelte. Die Premiere fand in der Sylvester-Nacht 1921/1922 im Dom pečati (Haus der Presse) auf dem Nikitinskij bul'var (Moskau) statt.

[3] Mastfor: allgemein gebräuchliche Abkürzung für »Masterskaja Foreggera«.

[4] Nikolaj M. Foregger (d. i. Nikolaus Baron Foregger von Greifenturn, 1892–1939), Ballettmeister und Regisseur. Eröffnete vor der in Anm. 1 beschriebenen Masterskaja Foreggera 1917 in seiner Wohnung das Teatr četyrëch masok (Theater der vier Masken). Vgl. Jutkevič, a.a.O. S. 116–120. Im GVYRM war Foregger Eisensteins Lehrer für Theatergeschichte.

[5] Vladimir Z. Mass (*1896), russischer Dramatiker, Dichter, Prosaschriftsteller und Theaterkritiker, schreibt heute vor allem Musikkomödien, Estraden-Szenen, satirische Verse und Feuilletons.

[6] Sergej I. Jutkevič (*1904), sowjetischer Regisseur, Filmtheoretiker und Bühnenbildner, bekannt vor allem durch seine Filme ›Čelovek

s ruž'ëm‹ (›Der Mann mit dem Gewehr‹), 1938 und ›Lenin v Pol'še‹ (›Lenin in Polen‹), 1966. Studierte zusammen mit Eisenstein am GVYRM (Staatliches Regie-Institut) bei Meierhold und berichtet a.a.O. über die gemeinsamen Jahre mit Eisenstein. Vgl. ›Die achte Kunst‹.

›Über das Urheberrecht eines Theaterregisseurs‹

Erstdruck und bisher einzige Veröffentlichung: ›S. M. Éjzenštejn ob avtorskom prave režissëra‹ in: ›Zrelišča‹ 1924, No. 72. Verlag und Hrsg. danken dem Verband der sowjetischen Filmschaffenden für die Überlassung einer Textkopie. Übersetzung: Hans-Joachim Schlegel.

[1] Vsevolod Émil'evič Mejerchol'd (Meierhold), 1874–1940, Schauspieler und Theaterregisseur, ab 1898 bei Stanislavskij tätig (ab 1902 auch als Regisseur), entwickelte jedoch bald in Opposition zu seinem Lehrer das Konzept einer antinaturalistischen Bühnenkunst, allgemein unter dem Begriff des uslovnyj teatr (Theater der Konventionen, vgl. Anm. 3 zu: ›Ist Kritik nötig?‹) bekannt. Meierhold war der führende Regisseur des revolutionären Theaters und eng mit der »linken Kunstavantgarde« verbunden (wenn auch nicht identisch mit ihr), verkündete 1920 den »Theateroktober«. Vgl. V. Mejerhold, ›Theaterarbeit 1917–1930‹, Hrsg. von R. Tietze, München 1974. Eisenstein trat am 15. 9. 1921 in die von ihm geleitete Klasse der GVYRM (Gosudarstvennye Vysšie Režissërskie Masterskie / Höhere Staatliche Regiestudios, bzw. Staatliche Regieschule) in Moskau ein, wo er sich u. a. mit der von Meierhold entwickelten »Biomechanik« (vgl. Anm. 9 zu: ›Zwei Schädel Alexanders des Großen‹) beschäftigte. Jutkevič, mit dem Eisenstein zusammen die GVYRM besuchte, berichtet darüber in seinem Aufsatz ›Sergei Eisenstein in den Jahren 1921–1923‹, in: ›Künstler der Revolution‹, a.a.O., S. 107–114.

[2] Vgl. S. 206.

[3] Michaïl F. Gnesin (1883–1957), Komponist und Musikwissenschaftler. Vgl. hierzu etwa: V. É. Mejerchol'd, ›Stat'i, pis'ma, reči, besedy‹ (›Aufsätze, Briefe, Reden, Gespräche‹), Bd. 2, Moskau 1968, S. 70–72.

›Ist Kritik nötig? (Antwort auf eine Umfrage)‹

Erstdruck und bisher einzige Veröffentlichung: ›Nužna li kritika? Otvet na anketu‹, in: ›Novyj zritel'‹ 1925/13 (31. 3. 1925), S. 6. Verlag und Hrsg. danken dem Verband der sowjetischen Filmschaffenden für die Überlassung einer Textabschrift. Übersetzung: Hans-Joachim Schlegel.

[1] Vitalij Lazarenko: Über ihn schrieb E. Kusnecov 1931: »Der Springclown Vitalij Lazarenko erwarb sich in diesen Jahren [d. h. in

der ersten nachrevolutionären Zeit, als es Bestrebungen zu einer Theatralisierung des Zirkus und Clownentrèes und -sketchs mit gesellschafts-politischen und Alltagsthemen gab; Anm. d. Hrsg.] große Popularität als politischer Clown. Er kam mit seiner aufgeplusterten Perücke, mit schief aufgesetzter Mütze und schwalbenartig gezogenen Augenbrauen in einem futuristischen Kostüm heraus, das eine Parodie auf die supermodernen, phantastischen Pyjamas der jungen Moskauer Schauspieler darstellte, sprang und hopste und brachte gepfefferte Wortspiele.« (J. Kusnezow, ›Der Zirkus der Welt, mit einem ergänzenden Teil von Ernst Günther und Gerhard Krause‹, Berlin/DDR 1970, S. 231; hier im Abbildungsteil neben S. 209 auch eine der Titelseite der Zeitschrift ›Bič‹ entnommene zeitgenössische Karikatur Lazarenkos). Daß Eisenstein hier das Zitat eines Zirkusclowns als Motto wählt, ist ein programmatisches Signal für seine theoretische und künstlerisch-praktische Einbeziehung von Zirkuselementen. M. Štrauch, mit dem Eisenstein schon als Kind befreundet war, berichtet in seinen ›Erinnerungen an Eisenstein‹ (in: ›Künstler der Revolution‹, a.a.O., S. 63): »Dann kam die Begeisterung für den Zirkus. Wir wickelten im Garten vollständige Programme ab, wobei die Belastung beträchtlich war, denn wir mußten zu zweit sowohl die Menschen als auch die wilden Tiere darstellen. Diese Begeisterung Eisensteins für den Zirkus kam später in seinen ersten Arbeiten im Theater zum Vorschein. Die Wurzeln des zukünftigen Regisseurberufs zeigten sich schon in seinen ersten Kinderspielen und -beschäftigungen.«

[2] Valerij Ja. Brjusov (1873–1924), russischer Dichter, Dramen- und Prosaschriftsteller, Theoretiker des Symbolismus, Übersetzer und Mitarbeiter des Volkskommisariats für Bildung. Brjusov kritisierte – in teilweiser Analogie zu Vs. E. Meierhold (vgl. Anm. 1 zu: ›Über das Urheberrecht des Theaterregisseurs‹) – die Stanislavskijsche Regiemethode am MChT (vgl. Anm. 7 zu: ›Das Mittlere von Dreien‹). Von ihm übernahm Meierhold auch den in der folgenden Anmerkung erläuterten Begriff des uslovnyj teatr (Theater der Konventionen). Vgl. hierzu: K. Martínek, ›Mejerchold‹, Prag 1963, S. 33–34 u.ö.

[3] Der Begriff Theater der Konventionen (uslovnyj teatr, Anm. 2) ist ein Zentralbegriff der Meierholdschen Theaterkonzeption und summiert die Bemühungen um ein bewußt antiillusionistisches Theater im Gegensatz zu Stanislavskijs ›Erlebnistheater‹ (›teatr pereživanija‹). Vgl. hierzu R. Tietzes Einleitungsaufsatz zu: V. E. Mejerhold, ›Theaterarbeit 1917–1930‹, München 1974.

[4] Chrisanf N. Chersonskij (1897–1968), sowjetischer Film- und Theaterkritiker, sowie Drehbuchautor. Kritisierte auf der Diskussion der ARK (Associacija revolucionnoj kinematografii) vom 19. 3. 1925 ›Streik‹ wegen eines angeblichen Mißverhältnisses von Form und Inhalt in diesem Film; vgl. Anm. 9 zu: ›Zur Frage eines materialistischen Zugangs zur Form‹.

Eisenstein/Jutkevič: ›Die achte Kunst. Über Expressionismus, Amerika und natürlich über Chaplin‹

Erstdruck und bisher einzige Veröffentlichung: ›Vos'moe iskusstvo. Ob ėkspressionizme, Amerike i, konečno, o Čapline‹, in: ›Ėcho‹, 1922/2, S. 20–22. Verlag und Hrsg. danken dem Verband der sowjetischen Filmschaffenden für die Überlassung einer Textabschrift. Übersetzung: Hans-Joachim Schlegel.

¹ Die Quelle, auf die sich Eisenstein hier beruft, konnte nicht eruiert werden. Bei der Schreibweise verschiedener französischer Namen, die heute unbekannt sind, ist zu beachten, daß es sich in der vorliegenden Übersetzung um Rücktranskripierungen aus dem Russischen ins Französische handelt.

² Gemeint ist der Film ›Körkarlen‹, 1920 (russ.: ›Povozka-prizrak‹; dt.: ›Der Fuhrmann des Todes‹), den der schwedische Regisseur Victor Sjörström (1879–1960) nach einer alten schwedischen Sage drehte, die Arne Mattsson (*1919) 1959 unter dem gleichen Titel erneut verfilmte.

³ Aleksandr Ja. Taïrov (1885–1950) gründete 1914 das Moskauer Kammertheater, das im Gegensatz zu Stanislavskijs Naturalismus im MChAT (vgl. Anm. 8 zu ›Das Mittlere von Dreien‹) einen expressiv bewegten Stil entwickelte. Vgl.: Meyerhold/Tairow/Wachtangow, ›Theateroktober. Beiträge zur Entwicklung des sowjetischen Theaters‹, hrsg. von L. Hoffmann und D. Wardetzky. Leipzig (1967), S. 229–343 und Ju. Golovašenko, ›Režissërskoe iskusstvo Taïrova‹ (›Die Regiekunst Taïrovs‹), Moskau 1970 (mit ausführl. Bibliografie).

⁴ Vgl. Anm. 1 zu ›Über das Urheberrecht eines Theaterregisseurs‹.

⁵ Louis Delluc (1890–1924), französischer Filmregisseur, Filmtheoretiker und Schriftsteller. »Vater« der französischen Filmkritik, gründete 1921 die Zeitschrift ›Cinéa‹. Veröffentlichte ›Cinéma et Cie‹ (Paris 1919) und ›Photogénie‹ (Paris 1920), ein Buch, das als Beginn der Filmwissenschaft angesehen werden kann und mit dem sich u. a. Ėjchenbaum und Ju. Tynjanov in ›Poétika kino‹ (Moskau 1927) auseinandersetzten. Wichtigste Filme: ›Fièvre‹ (›Fieber‹, 1921) und ›La femme de nulle part‹ (›Die Frau von nirgendwoher‹, 1922), in denen er auf die Dekoration besonderen Wert legte.

⁶ Vgl. Anm. 9 zu ›Mein erster Film‹.

⁷ Die 1858 am Hofe Georgs d. VI. in Meiningen gegründete Theatertruppe (Fr. v. Dingelstedt, Kean) trat u. a. in Petersburg, Moskau, Kiev und Odessa auf, wo ihre »Stimmungsregie«, bzw. ihr mit »echten« Requisiten operierender naturalistisch-ikonografischer Stil einen nachhaltigen Einfluß ausübte, der indirekt auch die ersten russischen Filme (vor allem Jakov A. Protazanov) bestimmte. Vgl.: ›Otto Brahm. Klassiker der Kritik‹, hrsg. von Fr. Martini. Zürich 1964, S. 533f.

⁸ »polenovisch-süß«: Eisenstein erinnert hier polemisch an den Stil

der russischen Malerin V. D. Polenova (1844–1927), deren Hauptsu-
jets realistische Landschaftsbilder, aber auch biblische und historische
Themen waren. Sie gehörte zur Gruppe der »Peredvižniki« (vgl.
Anm. 10 zu ›Zur Frage eines materialistischen Zugangs zur Form‹).

[9] ›Intolerance‹, 1916, ein Film des amerikanischen Regisseurs David
Wark Griffith (1875–1948), besteht aus vier Parallelepisoden, von denen Eisenstein die »jüdische Episode« (Jerusalem, Golgatha), die
»mittelalterliche Episode« (in der Bartholomäusnacht von 1572 initi-
ierte Katharina Medici ein Blutbad unter den Hugenotten von Paris)
und die »babylonische Episode« (Untergang von Babylon und seinem
König Belsazar, nicht Balthasars, wie Eisenstein irrtümlicherweise
schrieb) zitiert. Mit Griffith setzt sich Eisenstein im Zusammenhang
seiner Montagetheorie wiederholt auseinander: vgl. vor allem ›Dik-
kens, Griffith und wir‹ (deutsch in ›Ausgewählte Aufsätze‹, Berlin/
DDR 1960, S. 157 ff; demnächst in ›Schriften‹ 6).

[10] ›Otec Sergij‹ (›Vater Sergij‹), 1918 nach der gleichnamigen
Erzählung Lev N. Tolstojs (1828–1910) gedrehter Film des sowjetischen Regisseurs Jakov A. Protazanov (1881–1945).

[11] ›Don Juan et Faust‹, 1922; Regie: Marcel L'Herbier (* 1890).

[12] ›Le lis de la vie‹, Filmballett von Loie Fuller aus dem Jahre 1920
mit René Clair (d. i. René Chomette, * 1898) in der Hauptrolle.

[13] Eisenstein appliziert hier den Meierholdschen Begriff des »uslovnyj teatr« (»Theater der Konventionen«; vgl. Anm. 2 und 3 zu ›Ist
Kritik nötig?‹) auf den Film.

[14] Weshalb Eisenstein hier die unbekannten Namen Rodstadt und
Arpke nennt, konnte nicht ermittelt werden. Auf jeden Fall schufen
nicht sie, sondern Hermann Warm, Walter Röhrig und Walter Reimann
die Bauten zu dem beispielhaften deutschen expressionistischen Film
›Das Kabinett des Dr. Caligari‹ (1919; Regie: Robert Wiene, nach
einem Drehbuch von Carl Mayer und Hans Janowitz). Eisenstein ver-
tritt hierzu später (z. B. 1941/42 in ›Dickens, Griffith und wir‹, a.a.O.,
S. 166) eine völlig kontroverse Ansicht: ». . . ›Das Kabinett des Doktor
Caligari‹, diese barbarische Orgie der Selbstvernichtung gesunden
Menschentums in der Kunst, dieses Massengrab aller gesunden Prinzipien des Films, dieses Schlachtfeld stummer Hysterie, dieser Tummel-
platz bemalter Leinwand, stümperhaft gezeichneter Kulissen, angepin-
selter Gesichter, unnatürlicher Verzerrungen und abenteuerlicher
Hirngespinste«. – Vgl. zu diesem Film auch: S. Kracauer, ›Von Caligari bis Hitler‹. Hamburg 1958; bzw. den entsprechenden und adäqua-
ter übersetzten Auszug in: D. Prokop (Hrsg.), ›Materialien zur Theorie
des Films. Ästhetik. Soziologie. Politik‹. München 1971, S. 179–193.

[15] Léon Moussinac (1890–1964), bedeutender französischer Film-
wissenschaftler und -kritiker, wichtigster Initiator der Filmklubs in
Frankreich. Einer der wichtigsten Propagandisten der sowjetischen
Filmkunst im Westen. Verfaßte u. a. ›Le cinéma soviètique‹, Paris 1928

und bereitete den 1964 posthum erschienen Sammelband ›Serge Eisenstein‹ vor.

[16] Rio Jim, d. i. William S. Hart (1870–1946), einer der bedeutendsten Schauspieler des amerikanischen Stummfilms. Seinen Schauspielernamen erhielt er nach seiner Rolle in ›The passing of two-gun Hicks‹ (1913), wo er den Hauptheld Rio Jim spielte.

[17] Vgl. Anm. 8 zu ›Die Inszenierungsmethode eines Arbeiterfilms‹. Interessanterweise gilt Mary Pickford (wie auch Douglas Fairbanks, s. u.) für Eisenstein zwei Jahre später als Inbegriff des zu bekämpfenden Hollywood-Stars.

[18] Douglas Fairbanks (d. i. Douglas Upton Ullman, 1883–1939), Partner von Mary Pickford, vgl. Anm. 17.

[19] ›Fatty‹, d. i. Roscoe Arbuckle: einer der Typenschauspieler des amerikanischen »Slapstick-Comedy«-Films.

[20] Sessue Hayakawa (* 1889), japanischer Schauspieler, der vor allem durch seine Rolle in Cecil B. DeMille's ›The cheat‹ (›Der Betrug‹, 1915) berühmt wurde. Er spielte u. a. in französischen, englischen und amerikanischen Filmen (zuletzt in D. Leans ›The bridge on the river Kwai‹, ›Die Brücke am Kwai‹, 1957).

[21] Il'ja G. Ėrenburg (1891–1969) verfaßte 1922 ein konstruktivistisches Lob auf die neue Filmkunst, in: ›A vsë-taki vertitsja‹ (›Und sie dreht sich doch‹), Berlin 1922 (gleichzeitig erschien die zusammen mit Ėl Lisickij redigierte konstruktivistische Zeitschrift ›Objet/Gegenstand/Vešč‹). 1926 kritisiert Eisenstein Ėrenburg in ›Béla vergißt die Schere‹ (›Schriften‹ 2, S. 134) wegen seiner Vorliebe für die »enfantillages« der französischen »Avantgarde«. – Vgl.: ›Die berühmten Ehrenburg-Memoiren. Menschen – Jahre – Leben‹, 3 Bde, 1891–1965, deutsch von Alexander Kaempfe. München o. J. ([2]1972).

»Gasmasken‹ (Aus Gesprächen mit S. Eisenstein)‹

Erstdruck und bisher einzige Veröffentlichung: ›Rabočij teatr Proletkul'ta: »Protivogazy« (iz besed s S. Ėjzenštejnom)‹, in: ›Zreliŝča‹ 69, Jan. 1924, S. 12. Verlag und Hrsg. danken dem Verband der sowjetischen Filmschaffenden für die Überlassung einer Textabschrift. Übersetzung: Hans-Joachim Schlegel.

[1] S. M. Tret'jakovs ›Protivogazy. Melodrama v 3-ch d.‹ (›Gasmasken. Melodrama in 3 Akten‹) wurde erstmals als Bühnenmanuskript in Moskau 1924 veröffentlicht (jetzt in: S. T., ›Slyšiš', Moskva?!‹, Moskau 1966, S. 3–62) und liegt deutsch vor in: Sergej Tretjakow, ›Lyrik, Dramatik, Prosa‹. Aus dem Russischen hrsg. von Fritz Mierau. Leipzig, bzw. Frankfurt/Main 1972, S. 67–97. Eisenstein inszenierte das Stück im Dezember 1923 und führte es am 29. 2. 1924 im Moskauer Gaswerk auf. Vgl. ›Das Mittlere von Dreien‹, S. 250–253.

² Deutsch in Sergej Tretjakow, a.a.O., S. 41–66. Vgl. Anm. 3 zu: ›Durch Revolution zur Kunst . . .‹.

³ 1923 führte Valerij M. Bebutov (1885–1961) im Moskauer Teatr Revoljucii das im gleichen Jahr entstandene Stück ›Spartak‹ (›Spartakus‹) von Vladimir M. Vol'kenštejn (* 1883) auf. Der Theaterkritiker Pavel Markov charakterisiert dieses Stück in ›Teatr i muzyka‹, 1923/32, S. 1035 als »Stilisation des revolutionären Themas im Geiste von Corneille und Racine«.

⁴ Der Rogožsko-Simonover Bezirk ist ein Arbeiterviertel am Rande Moskaus, wo auch die wichtigsten Aufnahmen für ›Streik‹ gedreht wurden. Im ›Inszenierungsdrehbuch‹ wird als Handlungsort von ›Streik‹ das hier erwähnte Dynamo-Werk genannt.

⁵ Diese Projekte einer Umwandlung von Werkshallen in einen Theatersaal wurden ebenso wie auch die hier vorgesehenen Werksaufführungen nicht realisiert.

⁶ Sirenen- und Dampfpfeifenkonzerte gab es schon 1920 bei den Petrograder (Leningrader) Massenfestspielen. Vgl. hierzu: P. M. Keržencev, ›Theaterpolitik‹, in: R. Lorenz, ›Proletarische Kulturrevolution in Sowjetrußland (1917–1921)‹. München 1969, S. 141–152 (hier auch entsprechende Illustrationen auf S. 150 und 151).

⁷ Gemeint ist die obligatorische Bewegungsgymnastik der Arbeiter.

⁸ In der Vozdviženka 16 (heute: Kalinin-Prospekt 16) befand sich das Gebäude des Ersten Arbeitertheaters des Proletkult (heute: »Dom družby«).

⁹ Beide Projekte wurden nicht realisiert.

¹⁰ »Zentrumaufführungen«: Aufführungen, die für die Bewohner des Stadtzentrums bestimmt waren. Wie Tret'jakov, so versuchte auch Eisenstein, die soziologische, ja berufsgruppenspezifische Zusammensetzung seines Publikums im Inszenierungsplan und bei der Wahl der entsprechenden Attraktionen zu berücksichtigen. Vgl. hierzu vor allem ›Die Inszenierungsmethode eines Arbeiterfilms‹ und ›Zur Komposition des ›Streik‹-Finale‹.

›S. Eisenstein und Proletkult. (Gespräch mit S. M. Eisenstein)‹

Erstdruck und bisher einzige Veröffentlichung: ›S. Ėjzenštejn i Proletkul't. (Beseda s S. M. Ėjzenštejnom)‹, in: ›Novyj zritel'‹, 1925/4. Verlag und Hrsg. danken dem Verband der sowjetischen Filmschaffenden für die Überlassung einer Textkopie. Übersetzung: Hans-Joachim Schlegel.

¹ Vgl.: ›Montage der Attraktionen‹.

² Zu diesem Ausdruck, der sich auf ›Slyšiš', Moskva?!‹ (›Hörst Du, Moskau‹ = Politagitation) und ›Protvigazy‹ (›Gasmasken‹ = Produktionsagitation) bezieht, vgl. B. Arvatov, ›Kunst und Produktion‹, hrsg. und übersetzt von Hans Günther und Karla Hielscher. München 1972.

³ Vgl. Abb. 9.

⁴ Das Zamoskvoreckij teatr war das erste einer Reihe von Theatern, die nach der Revolution in den Arbeitervierteln der Moskauer Außenbezirke gegründet wurden.

⁵ Beispiel für ein Agitbuffo ist Majakovskijs ›Misterija buff‹ (Erstfassung 1918; Zweitfassung 1921) und die Inszenierung des ›Gescheitesten‹. Als »Agitguignol« bezeichnete Tret'jakov sein Stück ›Slysiš', Moskva?!‹ (›Hörst Du, Moskau?!‹). Vgl. hierzu: ›Das Mittlere von Dreien‹, S. 249f.

⁶ Grigorij L. Rošal' (* 1899), sowjetischer Regisseur, studierte am GVYRM. Sein erster Film: ›Gospoda Skotininy‹ (›Die Herren Skotinin‹, 1927 nach Motiven der satirischen Gesellschaftskomödie ›Nedorosl'‹ (›Der Landjunker‹, 1782) von Denis L. Fonvizin (1745–1792). Bekannt geworden vor allem durch die deutsch-sowjetische Koproduktion ›Salamandra‹ (›Falschmünzer‹, 1928). Vgl.: I. Osipovič, ›Grigorij Rošal'‹. Moskau 1939 und S. Rozen, ›Grigorij Rošal'‹. Moskau 1965.

⁷ Die Polemik zwischen Eisenstein und V. Pletnёv (als Proletkult-Vertreter) wurde mit nahezu wörtlicher Übereinstimmung in den Zeitschriften ›Novyj zritel'‹, ›Kinogazeta‹ und ›Kinonedelja‹ geführt. Eine dreifache Wiedergabe erübrigt sich daher – vgl. die nachfolgenden Artikel.

›Gespräch mit dem Regisseur S. M. Eisenstein‹

Erstdruck und bisher einzige Veröffentlichung: ›Beseda s režiss. S. M. Éjzenštejnom‹, in: ›Kinonedelja‹, 1925/4 vom 21. 1. 1925. Zeichen des Interviewpartners: A. L.-es. Verlag und Hrsg. danken dem Verband der sowjetischen Filmschaffenden für die Überlassung einer Textkopie. Übersetzung: Hans-Joachim Schlegel.

¹ Gemeint ist die »Linke Front der Künste« LEF; vgl. Anm. 5 zu ›Wie ich Regisseur wurde‹.

² Vgl. Anm. 5 zu: ›Eisenstein über seine Pläne und Arbeiten‹.

³ Vgl. Anm. 3 zu: ›Eisenstein über seine Pläne und Arbeiten‹.

⁴ d. i. G. V. Aleksandrov; vgl. Anm. 12 zu: ›Mein erster Film‹.

⁵ Führende Kommandeure der Reiterarmee.

›Antwort auf Pletnёvs Polemik in ›Kinonedelja‹‹

Erstdruck und bisher einzige Veröffentlichung in der Rubrik: ›Pis'ma v redakciju‹ (›Briefe an die Redaktion‹) von ›Kino-Nedelja‹, 1925/2. Verlag und Hrsg. danken dem Verband der sowjetischen Filmschaffenden für die Überlassung einer Textkopie. Übersetzung: Hans-Joachim Schlegel.

¹ Valerij F. Pletnëv (1886–1942), führender Organisator und Theoretiker des Moskauer Proletkult, Arbeitspräsident des »Ersten Arbeitertheaters des Proletkult« in Moskau, das am 11. 10. 1921 mit dem von ihm verfaßten Stück ›Lena‹ (über die Streikbewegung des Jahres 1912) eröffnet wurde. Eisenstein, der schon zu diesem Stück das Bühnenbild entwarf (zusammen mit Nikitin), plante auch eine Inszenierung von Pletnëvs Stück ›Nad obryvom‹, brach dieses Projekt jedoch noch während der Proben wegen eines Zerwürfnisses mit dem Koregisseur V. S. Smyšljaev ab (vgl. ›Das Mittlere von Dreien‹, S. 265 f.). Zu Lenins Kritik an Pletnëv vgl.: ›Lenins Randbemerkungen zu V. Pletnëv ›An der ideologischen Front«, in: ›Ästhetik und Kommunikation‹, 1972/5–6, S. 113–125 (hier auch S. 87–91: Pletnëvs Aufsatz ›Über den Professionalismus‹).

² Eisensteins ›Brief an die Redaktion der ›Kino-Nedelja« ist die Antwort auf die nachstehende Polemik Pletnëvs zu dem in ›Kino-Nedelja‹, 1925/4, veröffentlichten ›Gespräch mit dem Regisseur S. M. Eisenstein‹:

V. Pletnëv: ›Offener Brief an die Redaktion der Zeitschrift ›Kino-Nedelja‹‹

Werte Genossen!

In der vierten Nummer Eurer Zeitschrift vom 21. dieses Monats habt Ihr ein Gespräch mit S. Eisenstein veröffentlicht, in dem es um den Proletkult-Film ›Streik‹ und Eisensteins »Weggang« von Proletkult geht. Hier ist auch eine Beschuldigung des Exekutivbüros des Moskauer Proletkult wegen einer »ausgesprochen unschönen Maßnahme« – der Nichtanerkennung von Eisensteins Koautorenrechten – am ›Streik‹-Szenarium enthalten.

Das ist schon das zweite Mal, daß Eisenstein in dieser Sache in der Presse auftritt und uns zu einer Richtigstellung zwingt.

Zum Ersten: S. M. Eisenstein ging nicht von Proletkult weg, sondern er wurde gegangen.

Die Fakten sehen folgendermaßen aus: Am 4. 12. 1924 berät das Exekutivbüro eine Erklärung Eisensteins, in der dieser feststellt: »Das Detailszenarium (des ›Streik‹-Filmes; V. P.) wurde von mir ausgearbeitet«, womit er also eine vollständige Urheberschaft am ›Streik‹-Szenarium anmeldet.

Das Exekutivbüro des Moskauer Proletkult trifft folgende Verfügung:

Es bleibt festzuhalten, »daß S. M. Eisensteins Streben nach exklusivem Urheberrecht (am ›Streik‹-Szenarium) prätentiös und der Charakter wie auch der spezifische Ton seiner Erklärung unzulässig ist«.

»Es wird festgestellt, daß S. M. Eisenstein durch seine letzten Auftritte und durch sein allgemeines Verhalten gegenüber Proletkult eine Situation schuf, die sein weiteres Verbleiben bei Proletkult unmöglich macht. Er ist von seiner Arbeit bei Proletkult zu entbinden.«

Und erst nach dieser Verfügung, nachdem er von dieser erfahren hatte, versuchte S. M. Eisenstein eine telefonische Erklärung über seinen Rücktritt abzugeben, die ihm auf telefonischem Wege nicht als offizielle Erklärung abgenommen wurde. Am nächsten Tag ging von ihm eine schriftliche Erklärung über seinen Rücktritt ein, die schon überflüssig war, da S. M. Eisenstein bereits auf Grund der Exekutivbüro-Verfügung aus den Mitarbeiterlisten des Proletkult gestrichen war. Für S. M. Eisenstein ist es natürlich vorteilhaft, stolz und ehrenhaft zu erklären »ich ging von Proletkult weg«. Aber – er macht nur eine »gute Miene zum bösen Spiel«.

Es ist ausgesprochen charakteristisch für S. M. Eisenstein, daß er in dem Gespräch, über das wir schreiben, schon von der Nichtanerkennung seiner *lediglichen Koautorenschaft* am Szenarium spricht.

Auch dieses Recht haben wir ihm nicht zuerkannt, erkennen wir ihm nicht zu und werden wir ihm nicht zuerkennen.

Das ›Streik‹-Szenarium wurde von einem Kollektiv aus Proletkultarbeitern erarbeitet. Teilweise und in beratender Funktion nahmen daran Goskino-Mitarbeiter – die Genossen Ivanov, Goldubin und Šutko, sowie eine Reihe anderer Genossen, Mitglieder des Ersten Arbeitertheaters des Proletkult, teil. An dieser Arbeit nahm auch S. M. Eisenstein teil. Folglich können wir ihm die Teilnahme an der kollektiven Ausarbeitung des ›Streik‹-Szenariums zuerkennen. Das hat ihm auch niemand von uns bestritten.

Dies sind die Fakten, die von dem »unschönen« Verhalten und Tun S. M. Eisensteins zeugen.

Was aber den nächsten Teil dieses Gesprächs betrifft, so müssen wir folgendes erklären:

Das Exekutivbüro mußte einen erbitterten Kampf mit Eisenstein führen: Gegen seine formal »revolutionären« Tendenzen, die sich in seinem Streben nach übermäßigem, selbstwertigem Formalismus und »Trickismus« [von »Trick« abgeleitete Wortneubildung Pletnëvs; Anm. d. Übers.] bei der Ausarbeitung des Regieplanes dieses Filmes zeigten. Ferner gegen die Einführung einer Reihe zweifelhafter Elemente freudianistischer Provenienz.

Wir besitzen jetzt Material über die Einschätzung des Filmes und seiner »revolutionären« formalen Errungenschaften durch das tatsächlich revolutionäre Proletariat, dessen Gericht wir auch unseren Film übergeben. Aus dieser Kritik wird ersichtlich, wie man dieses »Revolutionäre« Eisensteins einschätzt.

Was aber das »Revolutionäre« Eisensteins und das »Reaktionäre« der Leitungsorgane von Proletkult angeht, so kann es hierzu nur eine einzige Antwort geben: Proletkult, der intern und extern auf dem linken Theaterflügel steht, hat sich niemals vom Kampf gegen einen engen Formalismus, gegen Linkeleien um der Linkeleien willen losgesagt und sagt sich auch jetzt nicht davon los. Und es ist nicht die Sache Eisen-

steins, über die weiteren Wege des Proletkult-Theaters zu urteilen. Umso lächerlicher sind Eisensteins Krokodilstränen über das Schicksal des Proletkult-Kollektivs. Eisenstein muß daran erinnert werden, daß er keine »Nežinsker Eberesche« (berühmte zeitgenössische Inszenierung; Anm. der Zeitschriften-Redaktion) der Regie ist, keine »einmalige und unvergleichliche«, wie in der Reklame geschrieben wird. Nur sein übergroßes Selbstvertrauen hat ihn dazu veranlassen können, sich in eine solche – im Ernst gesprochen – lächerliche Situation zu bringen.
Im Auftrag des Exekutivbüros des Moskauer Proletkult: V. PLETNĚV.
(Erstdruck und bisher einzige Veröffentlichung: ›Otkrytoe pis'mo v redakciju žurnala ›Kino-Nedelja‹‹, in: ›Kino-Nedelja‹, 1925/6 (3. 2. 1925), S. 9. Verlag und Hrsg. danken dem Verband der sowjetischen Filmschaffenden für die Überlassung einer Textabschrift. Übersetzung: Hans-Joachim Schlegel).
[3] Offensichtlich sind die Stücke ›Lena‹ und ›Nad obryvom‹ (›Über der Schlucht‹) gemeint; vgl. hierzu Anm. 3 und 7 zu ›Montage der Attraktionen‹.

»Das Teufelsnest« (›Streik‹). Gespräch mit S. M. Eisenstein

Erstdruck und bisher einzige Veröffentlichung: »Čortovo gnezdo« (›Stačka‹). Beseda s režissěrom S. M. Ėjzenštejnom‹ (Zeichen des Interviewpartners: G. G.), in: ›Kinogazeta‹, No. 46(62) vom 11. 11. 1924. Verlag und Hrsg. danken dem Verband der sowjetischen Filmschaffenden für die Überlassung einer Textabschrift. Übersetzung: Hans-Joachim Schlegel.

[1] Ganz am Anfang hatte Eisenstein sogar an acht Serienfilme und einen zusätzlichen Epilog gedacht; vgl. hierzu den Anmerkungsteil zum im ›Inszenierungsprotokoll‹ abgedruckten Vorschlag für die Goskino-Leitung vom 1. 4. 1924. ›Streik‹ blieb der einzige realisierte Film des geplanten Zyklus ›Zur Diktatur‹.
[2] Wenig später erkennt Eisenstein allerdings den grundlegenden Unterschied zwischen der eigenen und der »amerikanischen« Montage. In ›Béla vergißt die Schere‹ (1926) schreibt er: »Man spricht auch noch von »amerikanischer Montage«. Ich befürchte, daß die Zeit gekommen ist, in der man diesen »Amerikanismus« all dem übrigen zuordnen muß, was Genosse Osinskij so erbarmungslos entlarvt hat. Amerika hat Montage noch nicht als eine neue Elementarkraft, als eine neue Möglichkeit begriffen . . .«, in: ›Schriften 2‹, S. 140f. Die Abgrenzung von der erstmals bei Griffith verwendeten »Verfolgungsmontage« beschäftigt Eisenstein in seinen zahlreichen Äußerungen über Probleme der Montage immer wieder; vgl. Anm. 9 zu: ›Die achte Kunst‹.

310

›Eisenstein über seine Arbeiten und Pläne‹ (Zum Herauskommen von ›Streik‹)

Erstdruck und bisher einzige Veröffentlichung: ›Ėjzenštejn o svoïch rabotach i planach (K vypusku »Stački«)‹, in: ›Kinogazeta‹ vom 20. 1. 1925 (Interviewpartner-Zeichen: G. G – zd). Verlag und Hrsg. danken dem Verband der sowjetischen Filmschaffenden für die Überlassung einer Textabschrift. Übersetzung: Hans-Joachim Schlegel.

[1] Boris A. Michin (1881–1963), sowjetischer Bühnenbildner, Filmarchitekt und Filmregisseur. Arbeitete zunächst im MChT und ab 1912 als Filmarchitekt bei der Moskauer Filmfirma A. Chanžonkov. Bereits vor der Revolution als Filmregisseur tätig, schuf nach 1917 Eisenstein durchaus nicht verwandte Abenteuer-Filme wie ›Abrek Zaur‹ (1926) und ›Zakon gor‹ (›Das Gesetz der Berge‹, 1928). War einer der Hauptinitiatoren des Ersten Goskino-Studios und sein derzeitiger Direktor.

[2] Eduard K. Tissé (1897–1961), sowjetischer Kameramann, seit 1914 im Film tätig, 1916–18 als Dokumentarfilmer an der Front, 1918–24 im Allrussischen Filmkomitee: In dieser Zeit entstand eine Reihe Reportage- bzw. Dokumentarfilme über den Bürgerkrieg und den Beginn der Wiederbelebung von Wirtschaft und Industrie, sowie eine Reihe von Kulturfilmen wissenschaftlich-aufklärerischen Charakters. Von ihm stammen eine Reihe von Dokumentaraufnahmen Lenins. Spielfilmerfahrungen schon vor der Zusammenarbeit mit Eisenstein (als Kameramann sämtlicher Eisenstein-Filme): ›Signal‹ (1918), ›Na mužickoj zemle‹ (›Auf Bauernerde‹, 1920), ›Serp i molot‹ (›Hammer und Sichel‹, 1921) u. a. – Reiste 1929–1932 mit Eisenstein und G. Aleksandrov zu Filmaufnahmen für ›Que viva Mexiko‹ nach USA und Mexiko.

[3] Ja. Blioch, späterer Direktor des Ersten Goskino-Studios (als solcher für ›Panzerkreuzer Potemkin‹ verantwortlich) und ehemaliger Kommissar in Budënnyjs Reiterarmee. Zusammen mit V. Stepanov Regisseur des Filmes ›Šangchajskij dokument‹ (›Das Shanghaier Dokument‹, 1927), der das auch Eisenstein, S. M. Tret'jakov (›Ryči, Kitaj!‹ – ›Brülle, China!‹ 1926) u. a. sehr stark beschäftigende Thema der chinesischen Revolution behandelte.

[4] Mormonenko: d.i. G. V. Aleksandrov; vgl. Anm. 12 zu ›Mein erster Film‹.

[5] Dieser nichtrealisierte Film sollte die legendär-heroische Geschichte der »Pervaja konnaja armija« (Erste berittene Armee; kurz: »Konarmija«, Reiterarmee) des Bürgerkriegshelden Semën M. Budënnyj (1883–1973) behandeln, die in der zeitgenössischen Kunst und Literatur wiederholt behandelt wurde. Besonderen Einfluß dürften vor allem die seit 1923 in verschiedenen Zeitschriften erschienenen Erzählungen Isaak E. Babel's (1894–1941) gehabt haben, die 1926 erstmals gesammelt unter dem Titel ›Konarmija‹ erschienen (vgl.: I. Babel, ›Die Reiterarmee‹. Mit Dokumenten und Aufsätzen im

Anhang hrsg. von F. Mierau. Leipzig 1968. Eisenstein, der Babel'
wiederholt (u. a. in: ›Béla vergißt die Schere‹, vgl. ›Schriften‹ 2, S. 139)
zitiert, schätzte diesen ihm strukturell sehr verwandten Schriftsteller
außerordentlich und überarbeitete mit ihm zusammen 1936 das Szenarium der ›Bežin-Wiese‹. Erzählungen des »Reiterarmee«-Zyklus
wurden in ›Lef‹ 1923/4 veröffentlicht, erschienen also nur eine Nummer später als Eisensteins Aufsatz ›Montage der Attraktionen‹. – 1930
behandelte Vsevolod V. Višnevskij (1900–1951), mit dem Eisenstein
in späteren Jahren ebenfalls in Kontakt stand, das gleiche Thema in
seinem Theaterstück ›Pervaja konnaja‹.

›Antwort auf Pletnëvs Polemik in ›Kinogazeta‹‹

Erstdruck und bisher einzige Veröffentlichung in der Leserbrief-
Rubrik der ›Kinogazeta‹ vom 17. 2. 1925. Verlag und Hrsg. danken
dem Verband der sowjetischen Filmschaffenden für die Überlassung
einer Textkopie. Übersetzung: Hans-Joachim Schlegel.

›Montage der Attraktionen‹

Erstdruck: ›Montaž attrakcionov‹, in: ›Lef‹, 1923/3, S. 70–75; jetzt
in: ›Izbr. proizv.‹, Bd. II, S. 269–273. Übersetzung: Karla Hielscher
(gleichzeitiger Übersetzungsabdruck in: ›Ästhetik und Kommunikation‹, 13/1973, S. 76–78.

[1] ›Na vzjakogo mudreca dovol'no prostoty‹ (›Eine Dummheit macht
auch der Gescheiteste‹). »Agitbuffonade in fünf Akten« nach dem
gleichnamigen Theaterstück von Aleksandr Nikolaevič Ostrovskij
(1823–1886) aus dem Jahre 1868. Textbearbeitung: Sergej
M. Tret'jakov und A. G. Archangel'skij; Montage der Attraktionen;
S. M. Eisenstein; Assistenz: G. Mormonenko [d. i. G. V. Aleksandrov; vgl. Anm. 3 zum ›Inszenierungsdrehbuch‹, bzw. Anm. 12 zu:
›Mein erster Film‹]; Trainage [Training der Zirkusattraktionen]:
Rudenko; Musikalischer Teil: Listov und Golubencov. Erstaufführung:
25. 11. 1923 im »Ersten Arbeitertheater des Proletkult«, Moskau.
[2] ›Zori Proletkul'ta‹ (›Morgenröte des Proletkult‹), eine Prolet-
kult-Aufführung mit dramatisierten Gedichten von Arbeiterdichtern,
die sich polemisch gegen Meierholds Inszenierung von E. Verhaerens
(1855–1916) ›Les aubes‹ (7. 11. 1920 im Pervyj Teatr RSFSR, Moskau) wandte.
[3] ›Lena‹: Theaterstück von V. F. Pletnëv (vgl. Anm. 1 zu: ›Erster
Brief an die ›Kinogazeta‹-Redaktion‹) über die Lenaer Ereignisse von
1912, auf die Eisenstein im letzten Zwischentitel von ›Streik‹ anspielt.
Mit ›Lena‹ wurde das Moskauer Erste Arbeitertheater des Proletkult
am 11. 10. 1921 eröffnet. Diese Inszenierung stattete Eisenstein zusammen mit dem Bühnenbildner Nikitin aus.

⁴ Boris I. Arvatov (1896–1940), führender Lef-Theoretiker und Propagandist einer »Produktionskunst«. Seine ersten beiden Bücher (›Iskusstvo i klassy‹ und ›Iskusstvo i proïzvodstvo‹ / ›Kunst und Klassen‹ und ›Kunst und Produktion‹) erschienen 1923, bzw. 1926 im Verlag des Moskauer Proletkult. Vgl.: B. Arvatov, ›Kunst und Produktion‹, Hrsg. und übersetzt von Hans Günther und Karla Hielscher. München 1972.

⁵ Vgl. Anm. 4 zu: ›Das Mittlere von Dreien‹.

⁶ Valentin S. Smyšljaev (1891–1936), Schauspieler und Regisseur des Ersten MChAT-Studios (vgl. Anm. 8 zu: ›Das Mittlere von Dreien‹), arbeitete während der zwanziger Jahre als Regisseur im Moskauer Ersten Arbeitertheater des Proletkult.

⁷ ›Nad obryvom‹ (›Über der Schlucht‹), Bühnenstück von V. I. Pletnëv (vgl. Anm. 1 zu: ›Antwort auf Pletnëvs Polemik in ›Kinonedelja‹), das im Moskauer Ersten Arbeitertheater des Proletkult 1922 aufgeführt wurde.

⁸ Im März 1923 inszenierte V. S. Smyšljaev zusammen mit A. Čeban und V. Gotovcev Shakespeares ›The taming of the shrew‹ (›Der Widerspenstigen Zähmung‹, 1594) in Vachtangov-Nachfolge als »freie schöpferische Improvisation im Geiste der Commedia dell'arte«, wobei »sie Elemente der Buffonade und Exzentrik entwickelten« (Rudnickij u. a. [Hrsg.], ›Istorija sovetskogo dramatičeskogo teatra‹, Bd. 2, Moskau 1966, S. 60).

⁹ V. S. Smyšljaev, ›Technika obrabotki sceničeskogo zrelišča‹ (›Die Technik der szenischen Bühnenbearbeitung‹), Moskau: Verlag des Allrussischen Proletkult 1922.

¹⁰ Peretru: Abkürzung für »Peredvižnaja truppa Moskovskogo Proletkul'ta« (Wandertruppe des Moskauer Proletkults).

¹¹ Aleksandr A. Ostužev (1874–1953) spielte in dem 1923 von Rynda-Alekseev geschriebenen (lt. ›Istorija sovetskogo dramatičeskogo teatra‹, a.a.O. S. 77 f ein »effekthaschendes, oberflächliches Stück«) und im gleichen Jahr vom Moskauer Malyj teatr aufgeführten Drama ›Železnaja stena‹ (›Die eiserne Wand‹) einen – Marquis Posa nachempfundenen – Prinzen.

¹² Die Wendung »Grille hinter dem Ofen« bezieht sich auf eine Dickens-Dramatisierung des Ersten MChAT-Studio aus dem Jahre 1915.

¹³ Vgl. Anm. 17, Attraktionen 25.

¹⁴ Le Théâtre Guignol oder Le Grand Guignol: eines der Pariser Boulevardtheater der zweiten Hälfte des 19. Jahrhunderts, das einen auf den früheren Pantomimen-Vorführungen (vgl. J. Kuznezow, ›Der Zirkus der Welt‹, Berlin/DDR 1970, S. 19 ff) und dem Panoptikum aufbauenden Stil des »Gruseltheaters« entwickelte, einen Stil also, der bewußt auf die Publikumsreaktion zugeschnitten war.

¹⁵ Georg Grosz (1893–1959), deutscher Grafiker und Maler, stu-

dierte 1909–1911 in Dresden, bis 1916 in Berlin, 1918 Dada Berlin (Freundschaft mit John Heartfield), 1920 Verismus, 1924 »Rote Gruppe« Berlin, emigrierte vor dem Faschismus nach New York.

[16] Aleksandr M. Rodčenko (1891–1956), sowjetischer Graphiker, Fotograf (Fotomonteur), Bühnenbildner und Produktionskünstler (Entwürfe neuer Arbeitskleidung etc.). Lef-Mitglied und Konstruktivist. Arbeitete vor allem mit Meierhold, Majakovskij und Tret'jakov zusammen; entwarf zahlreiche Fotomontagen und konstruktivistische Fotoaufnahmen für die Zeitschrift ›Lef‹. Vgl.: L. Volkov-Lannit, ›Aleksandr Rodčenko risuet, fotografiruet, sporit‹ (›A. R. zeichnet, fotografiert, streitet‹), Moskau 1968.

[17] Im Anmerkungsapparat zu diesem Aufsatz wird in ›Izbr. proizv.‹, Bd. II, S. 528–529, eine Rekonstruktion des Epilogs angeführt, die unter der Leitung von M. M. Štrauch zusammen mit den übrigen 1964 noch lebenden Teilnehmern dieser Inszenierung erstellt wurde:

1. Auf der Szene [Manege] - Glumov, der in einem »expositiven« Monolog davon redet, daß ihm sein Tagebuch gestohlen wurde und ihm daher Bloßstellung drohe. Glumov entschließt sich, augenblicklich Mašen'ka zu heiraten und ruft zu diesem Zwecke »Manefa« [einen Clown] herbei, dem er die Rolle des Popen zu spielen vorschlägt.

2. Das Licht verlischt. Auf der Leinwand: Der Raub des Tagebuchs durch einen Mann in schwarzer Maske, durch Golutvin (Parodie auf den amerikanischen Kriminalfilm).

3. Licht im Saal. Mašen'ka erscheint im Kostüm eines sportlichen Autofahrers mit Brautschleier. Hinter ihr her die drei von ihr abgewiesenen Freier – Offiziere [in Ostrovskijs Stück eine einzige Gestalt: Kurcaev], die zukünftigen Trauzeugen auf Glumovs Hochzeit. Es wird die [in der russischen Hochzeitszeremonie vorkommende] »Abschiedstrauer« (von Eltern und Jungfernschaft) gespielt: Mašen'ka singt die erschröckliche Romanze »Mag das Grab mich bestrafen« [Parodie auf die altrussische Hochzeitszeremonie und die zeitgenössische Estrade], die Offiziere singen – Vertinskij parodierend – »Ihre Hände duften nach Weihrauch«. [Ursprünglich hatte Eisenstein diese Szene als exentrische Musiknummer mit Xylophon geplant, wobei Mašen'ka auf den als Quasi-Knöpfe angenähten Schellen an den Uniformen der drei Offiziere spielen sollte.]

4., 5., 6. Nachdem Mašen'ka und die drei Offiziere abgetreten sind, ist Glumov wieder allein auf der Bühne. Aus dem Zuschauerraum stürzen – einer hinter dem anderen – Gorodulin, Joffre und Mamiljukov – drei Clowns – auf ihn zu. Jeder dieser Clown spielt seine Zirkusnummer [Jonglieren mit Kugeln, akrobatische Sprünge] und fordert dafür Bezahlung. Glumov weigert sich und geht ab [»Zweiphrasen-Clownsentrée«: Bei jedem Abtreten zwei Textphrasen: die Repliken des Clowns und Glumovs].

7. Es erscheint die Mamaeva, gekleidet mit provozierendem Luxus [»Etoîle«] und mit einer Zirkuspeitsche in der Hand. Ihr folgen die drei Offiziere. Die Mamaeva will die Heirat Glumovs verhindern, tröstet die abgewiesenen Freier und knallt nach einer Replik über Pferde [»da wiehert ja meine berühmte Stute«, dt. etwa: »Nachtigall, ik hör dir trapsen«] mit der Zirkuspeitsche, worauf die Offiziere rund um die Manege laufen: Zwei bilden ein Pferd, der dritte den Reiter.

8. Auf der Szene erscheint der Pope [»Manefa«]. Es beginnt die »Trauung«. Alle Anwesenden singen »Ein Pope hatte 'nen Hund« [traditionelle »Častuška«, Scherzlied]. »Manefa« führt eine Zirkusnummer vor [»Kautschuk«]: Er mimt einen Hund.

9. Aus einem Schalltrichter: Der Ausruf eines Zeitungsverkäufers. Glumov läßt die Trauung Trauung sein und läuft weg, um zu erfahren, ob sein Tagebuch nicht in der Presse erschien.

10. Es erscheint der Räuber des Tagebuchs mit schwarzer Maske [Golutvin]. Das Licht verlischt. Auf der Filmleinwand – das Tagebuch Glumovs; im Film wird über dessen Verhalten vor großen Gönnern erzählt und gleichzeitig gezeigt, wie er sich vor ihnen in verschiedene dadurch bedingte Bilder verwandelt [in einen Esel vor Mamaev, in einen Panzersoldaten vor Joffre usw.].

11. Die Trauung fängt von neuem an. Den Platz des geflüchteten Glumov nehmen die drei abgewiesenen Offiziere »Kurčaev« ein.

12. Angesichts der Tatsache, daß Mašen'ka sich gleichzeitig mit drei Bräutigamen verheiratet, tragen vier Uniformierte aus dem Zuschauersaal einen auf einer Tafel sitzenden Mulla auf die Bühne. Der setzt die begonnene Trauung fort und singt dabei parodistische Couplets auf Alltagsthemen – »Alla verdy« [»à la Verdi« – aber wohl auch Anklingen von »Allah perdu«].

13. Nachdem er seine Couplets zuende gesungen hat, tanzt der Mulla eine Lesginka, an der sich alle beteiligen und erhebt die Tafel, auf der er saß: Auf ihrer Rückseite steht die Aufschrift »Religion ist Opium fürs Volk«. Der Mulla geht mit dieser Tafel in den Händen ab.

14. Mašen'ka und ihre drei Bräutigame werden in Kisten gelegt [von wo aus sie – für den Zuschauer unbemerkt – verschwinden]. Die Teilnehmer der Hochzeitszeremonie schlagen – die altertümliche Hochzeitszeremonie des »Verpackens der Jungvermählten« parodierend – Tongeschirr auf einer Kiste entzwei.

15. Drei Teilnehmer der Hochzeitszeremonie [Mamiljukov, Mamaev, Gorodulin] singen das Hochzeitslied: »Wer aber unter uns jung und noch unverheiratet ist . . .«

16. Das Hochzeitslied wird vom hereinstürmenden Glumov unterbrochen, der eine Zeitschrift in der Hand schwenkt: »Hurra! In der Zeitung ist nichts drin!« Alle lachen ihn aus und lassen ihn allein.

17. Nach Bekanntwerden seines Tagebuches und seiner mißglückten Hochzeit ist Glumov verzweifelt. Er beschließt Selbstmord zu begehen und bittet einen Uniformierten um eine »Strick«. Von der Decke wird eine »Longe« [Laufleine für Pferde in der Manege] herabgelassen. Glumov befestigt »Engelsflügel« an seinem Rücken und erhebt sich mit einer brennenden Kerze in den Händen langsam zur Decke. Der Chor singt »Am Himmel ein Engel um Mitternacht flog« nach der Melodie »Das Herz eines schönen Mädchens« [Parodie auf Weihnachtsliturgie und Estrade]. Die gesamte Szene parodiert die Himmelfahrt.

18. Auf der Bühne erscheint Golutvin [»der Übeltäter«]. Glumov erblickt seinen Feind, überschüttet ihn mit Flüchen, läßt sich auf die Bühne herab und wirft sich auf den »Übeltäter«.

19. Glumov und Golutin kämpfen mit Schlagdegen [»Spaden«]. Glumov siegt, Golutvin fällt hin, und Glumov zieht aus seinem Bauch eine große Collage mit dem Untertitel »NEP«.

20. Golutvin singt Couplets über die NEP, Glumov begleitet ihn. Beide tanzen. Golutvin schlägt Glumov vor, »ihm zur Hand zu gehen« und mit ihm nach Rußland zu fahren.

21. Golutvin balanciert mit einem Regenschirm über ein Seil, das über die Köpfe der Zuschauer gespannt ist, zum Balkon weg – »er reist nach Rußland«.

22. Glumov entschließt sich, seinem Beispiel zu folgen, hangelt sich auf das Seil hoch, stürzt aber ab [Zirkus-»Kaskade«] und mit den Worten »Ach wie glatt, ach wie glatt, ich machs lieber auf Seitengäßchen« folgt er Golutvin auf einem weniger gefährlichen Weg – durch den Zuschauerraum – »nach Rußland«.

23. Auf der Bühne erscheint ein Rothaariger [ein Clown]. Der weint und spricht dabei vor sich hin: »Sie sind weggefahren, haben aber diesen Menschen hier vergessen«. Vom Balkon läßt sich ein zweiter Clown mit den Zähnen am Seil herab [Zahnkrafttrick].

24., 25. Zwischen beiden »Rothaarigen« entwickelt sich ein Wortgeplänkel; einer überschüttet den anderen mit Wasser, der andere fällt vor Überraschung hin. Einer von beiden verkündet: »Ende« und verneigt sich verabschiedend vor dem Publikum. In diesem Moment gehen unter den Sitzen »Knallfrösche« hoch.

[Die Ziffern 1. bis 25. entsprechen genau den fünfundzwanzig »Attraktionen«, aus denen der Epilog bestand und die auch Eisenstein in seinem Aufsatz anführt. In den eckigen Klammern werden Erläuterungen des Herausgebers angeführt, der diesen Textteil auch übersetzte.]

›Mein erster Film‹

Erstdruck: ›Moja pervaja fil'ma‹, in ›Sovetskij ėkran‹, No. 50 (11. 11.

1928); jetzt in: ›Izbr. proïzv‹, Bd. I, S. 107–108. Übersetzung: Hans-Joachim Schlegel.

[1] César-Joseph-Jacques Joffre (1852–1931), französischer Marschall und Oberbefehlshaber der französischen Truppen im Ersten Weltkrieg. 1918–1920 einer der Hauptorganisatoren der militärischen Intervention gegen das revolutionäre Sowjetrußland.

[2] Pavel N. Miljukov (1859–1943), bürgerlicher Historiker und Ideologe, Führer der Konstitutionell-Demokratischen Partei (sogen. »Kadettenpartei«). Außenminister der Kerenskij-Regierung und nach der Oktoberrevolution führend an Konterrevolution und ausländischer (vor allem englischer) Intervention beteiligt.

[3] Die schon durch zaristische Mißwirtschaft zerrüttete russische Volkswirtschaft wurde durch die Folgen des Ersten Weltkriegs, durch Bürgerkrieg (1918–1920), Polnisch-Russischen Krieg (1919–1920) und Mißernten an den Rand des Ruins gebracht. Lenin setzte daher 1921 eine Staatliche Planungskommission zur Wirtschaftskoordinierung (GOSPLAN) ein und proklamierte auf dem X. Parteitag der KPdSU (März 1921) die Novaja ėkonomičeskaja politika – die NEP (Neue ökonomische Politik – NÖP), die u. a. Naturalsteuer für die Bauern, freien Binnenhandel und Zulassung privater Unternehmer, ja sogar ausländischen Kapitals beinhaltete. Dieses taktische Zugeständnis an Kleinproduzenten (!), deren Anteil am Volkseinkommen sich dann 1923/24 auf 66 % belaufen sollte, war durch die klare politische und ökonomische Kontrolle der Partei abgesichert. Der im Zusammenhang dieser Wirtschaftspolitik auftauchende Händler und Spekulant, der »Nepman«, war für viele linke Künstler ein Symbol kleinbürgerlicher Kräfte, die es im Interesse des revolutionären Gesellschaftszieles zu bekämpfen galt. Vgl. hierzu Majakovskijs und N. Ėrdmans (›Mandat‹, 1925) Satiren, Fëdor Gladkovs Roman ›Cement‹ (1925) u. a. – Auch für Eisenstein ist der »Nepman« immer wieder ein Negativsymbol (vgl. u. a. ›Constanza. Wohin die Fahrt des ›Panzerkreuzer Potemkins‹ geht‹, in: S. M. Eisenstein, ›Schriften 2‹, S. 129).

[4] Aleksandr P. Antonov (1898–1962), sowjetischer Filmschauspieler, mit dem Eisenstein zunächst im Ersten Arbeitertheater des Proletkult und dann in den Filmen ›Streik‹ (Arbeiter des Streikkommitees) und ›Panzerkreuzer Potemkin‹ (Matrose Vakulinčuk) zusammenarbeitete.

[5] Der ›Knabe Inkižinov‹, in den sich Glumov (Strauch) durch Überblendung ›verwandelt‹, war der Sohn des berühmten kirgisisch-sowjetischen Schauspielers V. I. Inkižinov, der in Pudovkins ›Potomok Čingis-chana‹ (›Sturm über Asien‹, 1929) die Hauptrolle des Baïr spielen sollte, und der 1921 Eisensteins Lehrer am GVYRM war.

[6] Aleksandr G. Lemberg (geb. 1898), sowjetischer Kameramann, Sohn von Grigorij M. Lemberg, einem der ersten russischen Kamera-

männer. Dziga Vertov charakterisiert ihn in seinem Aufsatz ›Über die Organisation einer Filmversuchsanstalt‹ (1923) folgendermaßen: »A. Lemberg: Kameramann, kennt die Laboratoriumsarbeit, macht Photos, der erste Kameramann, der mit mir bei der Verteidigung der neuen Montage- und Aufnahmemethoden aufgetreten ist, flink, gewitzt, Experimenten gegenüber aufgeschlossen«, D. Wertow, ›Aufsätze, Tagebücher, Skizzen‹, zusammengestellt und eingeleitet von S. Drobaschenko, Berlin/DDR 1967, S. 78.

[7] Boris V. Francisson (1899–1960), sowjetischer Kameramann. Von Vertov wird er a.a.O. folgendermaßen charakterisiert:»B. Francisson: Kameramann, kennt die Trickaufnahme, spricht durch die Arbeit, ist begierig auf unverbrauchte Ideen und Experimenten gegenüber aufgeschlossen, steuert auf einen Erfinder zu.«

[8] Für Dziga Vertov (d. i. Denis Arkad'evič Kaufman, 1899–1954), den bedeutenden Theoretiker und Praktiker einer in radikaler Gegnerschaft zu theatralischen und literarischen Filmtendenzen stehenden antifiktionalen Dokumentar-Kinematografie, mußte der Theater- und Zirkuscharakter des Eisensteinschen Experiments natürlich ein rotes Tuch sein. Zur Eisenstein-Vertov-Polemik vgl. neben der zitierten Drobaschenko-Ausgabe: D. V., ›Schriften zum Film‹, Hrsg. von W. Beilenhoff, München 1973, sowie den in der vorliegenden Ausgabe publizierten Einleitungsaufsatz, S. 27–29 und vor allem ›Zur Frage eines materialistischen Zugangs zur Form‹.

[9] FÈKS: Fabrika èkscentričeskogo aktëra (Fabrik des exzentrischen Schauspielers), von Grigorij Kosincev (*1905), Leonid Trauberg (*1902) u. a. am 9. 12. 1922 in Petrograd (heutiges Leningrad) gegründetes Schauspielerkollektiv (Studio), das das ›Revolutionierung‹ des Theaters durch Zirkus- und Cabaretmethoden fordernde ›Manifest èkscentričeskogo aktëra‹ (›Manifest des exzentrischen Schauspielers‹) in die Tat umsetzen wollte. Der Gruppe gehörten u. a. auch die Regisseure Sergej Jutkevič und Sergej Gerasimov an; Eisenstein hatte zu ihr ständigen Kontakt und arbeitete an einigen frühen Inszenierungen mit. Die erste FÈKS-Arbeit war Kosincevs und Traubergs Inszenierung von Nikolaj V. Gogol's Komödie ›Ženitba‹ (›Die Heirat‹, 1842; Verfilmungen: 1909 – P. I. Čardynin und 1937 – E. Garin), die – als »Elektrifizierung Gogol's« und »Trick in drei Akten« qualifiziert – am 25. 9. 1922 im Petrograder Proletkult-Theater Premiere hatte. Neben zirkus- und music-hall-artigen Nummern enthielt die Inszenierung auch das Filmfragment ›Charlie Chaplin und die Kokotte Batsy‹.

[10] ›Die eiserne Ferse‹ (›Železnaja pjata‹) war ein von V. R. Gardin mit Schülern der Filmmodell-Klasse (klassa kinonaturščikov) der Ersten Staatlichen Filmschule (›1-aja Goskinoškola‹) realisiertes Film-Theater-Experiment nach Jack Londons politisch-utopischem Roman ›The iron heel‹ (1907). Die Inszenierung war so angelegt, daß

sich Bühnendarstellung und Filmfragmente, in denen dieselben Schauspieler spielten, ablösten.

[11] Erwin Piscator (1893–1966), der wichtigste deutsche Theaterexperimentator der zwanziger Jahre, verwendete in seinen Inszenierungen dokumentarisches und speziell für die entsprechenden Aufführungen gedrehtes Filmmaterial: In ›Sturm über Gotland‹ verwendete er chronikalische Filmfragmente mit Lenin-Aufnahmen und im ›Kaufmann von Berlin‹ (nach W. Mehring) arbeitete er sogar mit mehreren Filmleinwänden, wobei die Schauspieler gleichsam von der Leinwand auf die Bühne (und umgekehrt) traten. Während seiner Emigrationszeit drehte Piscator übrigens 1934 in der UdSSR einen eigenen Film nach Anna Seghers Erzählung ›Der Aufstand der Fischer von St. Barbara‹ (1928) – unter dem russischen Titel ›Vosstanie rybakov‹. Vgl.: E. Piscator, ›Schriften‹ 1/2, Berlin DDR 1968.

[12] Grigorij V. Aleksandrov (*1903), sowjetischer Schauspieler und Filmregisseur, arbeitete mit Eisenstein seit der Proletkult-Zeit zusammen, war Regieassistent und Schauspieler in ›Streik‹ (Meister) und ›Panzerkreuzer Potemkin‹ (Leutnant Giljarovskij), sowie Mitregisseur von ›Oktober‹ und ›Das Alte und das Neue‹ und ›Que viva Mexiko‹. Ist heute u. a. auch Professor im Moskauer Filminstitut und an der Akademie für Gesellschaftswissenschaften, wo er Ästhetik lehrt. Vgl. das aus Anlaß von Hamburger Drehaufnahmen für seinen neuen Film ›Star und Lyra‹ geführte DVZ-Gespräch ›Fast fünfzig Jahre Filmgeschichte‹ in: ›Deutsche Volkszeitung‹ vom 6. 9. 1973, S. 14.

[13] In seinen ›Erinnerungen an Eisenstein‹, in: ›Künstler der Revolution‹, a.a.O., S. 68, beschreibt Maksim Štrauch die Herrichtung der Morozov-Villa (heute: Dom družby) für die Inszenierung des ›Gescheitesten‹: »Der ›Gescheiteste‹ lief im Hause des bekannten Kaufmanns Morozov in der Vonvižezdka. Der Zuschauerraum war in einem der Säle der Villa errichtet. Rings um die Arena, wie im Zirkus, erstreckte sich ein Amphitheater.«

[14] Erklärung von ›Kinopravda‹ in Anm. 7 zu: ›Zur Frage eines materialistischen Zugangs zur Form‹. – Gemeint ist hier die unter dem Titel ›Vesennaja pravda. Vidovaja liričeskaja chronika‹ (›Frühlingspravda. Eine lyrische Bilderchronik‹) stehende ›Kinopravda‹ Nr. 16 vom März 1924; Premiere am zweiten Jahrestag der am 21. 5. 1922 gegründeten ›Kinopravda‹.

›Zwei Schädel Alexanders des Großen‹

Erstdruck: ›Dva čerepa Aleksandra Makedonskogo‹, in: ›Novyj zritel'‹ 1926/35, S. 10; jetzt in: ›Izbr. proizv.‹, Bd. II, S. 280–282. Übersetzung: Hans-Joachim Schlegel.

[1] Mit dem – hier ironisch verwendeten – Begriff ›Kunstkabinett‹

(russ.: ›kunstkamera‹) sind die ersten – noch unsystematisierten, überladenen – Museumsvorläufer gemeint.

² Anspielung auf den amerikanischen Stummfilm ›Our hospitality‹ (1923; Regie: Buster Keaton/Jack Blystone), in dem ein Schaufelrad-Flußdampfer mit dem Namen ›Unsere Gastfreundschaft‹ eine wichtige und der Komiker Buster Keaton (*1895) die Hauptrolle spielen.

³ ›Der Hahnrei‹: Fernand Crommelyncks (1888–1970) Drama ›Le cocu magnifique‹, 1920, wurde am 25. 4. 1922 von Vs. Meierhold (vgl. Anm. 1 zu: ›Über das Urheberrecht des Theaterregisseurs‹) im Teatr aktëra (Moskau) uraufgeführt. (Russ. Titel des von I. Aksënov übersetzten Stückes: ›Velikodušnyj rogonosec‹.)

⁴ ›Der Gescheiteste‹: Eisensteins Inszenierung von Aleksander N. Ostrovskijs Komödie ›Na vsjakogo mudreca dovol'no prostoty‹ (›Eine Dummheit macht auch der Gescheiteste‹) – vgl. Anm. 1 zu: ›Montage der Attraktionen‹.

⁵ Vs. Meierhold inszenierte Marcel Martinets (*1887) Drama ›La nuit‹ am 4. 3. 1923 unter dem Titel ›Zemlja dybom‹ (›Die Erde bäumt sich auf‹; in der Übersetzung von S. Gorodeckij und in der Bearbeitung von S. Tret'jakov) im Teatr im. Mejerchol'da (Moskau).

⁶ ›Gasmasken‹ (›Protivogazy‹) – als ›Melodrama in drei Akten‹ bezeichnetes Agitationsstück von S. M. Tret'jakov (1892–1939), das S. M. Eisenstein im Dezember 1923 inszenierte und am 29. 2. 1924 erstmals im Moskauer Gaswerk aufführt; vgl. ›Das Mittlere von Dreien‹, S. 216–221, und den Aufsatz ›Gasmasken‹.

⁷ Offensichtlich ist der sowjetische Physiker Evgenij L. Nikolaï (1880–1951) gemeint, der sich mit theoretischer Mechanik, vor allem mit der ›Dynamik des Festkörpers‹, beschäftigte.

⁸ ›Mandat‹, Satirische Komödie in fünf Akten von Nikolaj R. Ėrdman (1902–1970), Uraufführung der Meierholdschen Inszenierung am 25. 4. 1925 im Moskauer Teatr im. Mejerchol'da.

⁹ Biomechanik: von Meierhold eingeführtes Trainingssystem für Schauspieler, das aus einer Abfolge von Sprüngen, Ringergriffen, Zufallbringen des Nebenmannes usw. bestand und den Schauspieler zu einem auf der geschulten, harmonischen und mechanischen Körperbewegung aufbauenden Spiel (im Gegensatz zu Stanislavskijs System des »inneren Erlebens«, des »pereživanie«) erziehen sollte. Eisenstein erlernte dieses System zusammen mit S. Jutkevič 1921 bei Meierhold und Zinaïda N. Esenina-Rajch (1894–1939) im Staatlichen Regie-Institut (GVYRM), Moskau; vgl. S. Jutkewitsch, ›Sergei Eisenstein in den Jahren 1921–1923‹, in: ›Künstler der Revolution‹, a.a.O., S. 111–115. Zum Terminus ›Biomechanik‹ vgl. den Einleitungsaufsatz von R. Tietze zu: V. Meyerhold, ›Theaterarbeit 1917–1930‹, München 1974.

¹⁰ ›Golejzovskerei‹ (russ: ›golejzovščina‹): Die Ballettänze in Meierholds Inszenierung von ›D. E.‹ (nach I. Ėrenburg und B. Keller-

320

mann) – Premiere: 15. 6. 1924 in Leningrad – wurden von Ballettmeister K. Ja. Golejzovskij (*1892) einstudiert.

[11] ›LEF‹ (›Levyj front iskusstv‹; ›Linke Kunstfront‹) setzte sich in Programmatik und Praxis für eine Umgestaltung der Alltagswelt, u. a. – hierin bestimmten Bauhaus-Tendenzen verwandt – auch für eine von konstruktivistischen Prinzipien inspirierte »Produktionskleidung« ein (vor allem traten Tatlin und Rodčenko mit Entwürfen hervor). Vgl.: Boris Arvatov, ›Kunst und Organisation der Umwelt‹, in: B. A., ›Kunst und Produktion‹, hrsg. und übers. von Hans Günther und Karla Hielscher. München 1972, S. 52–64.

[12] In Meierholds Inszenierung von A. N. Ostrovskijs (1823–1886) Komödie ›Les‹ (›Der Wald‹, 1871) – Premiere: 19. 1. 1924 im Moskauer Teatr im. Mejerchol'da – trugen die Schauspieler verschiedenfarbige Perücken.

[13] S. M. Tret'jakovs Agitationsstück ›Ryči, Kitaj!‹ (›Brülle, China!‹), 1926, wurde (vermutlich) von Meierholds Schüler V. F. Fëdorov (*1891) am 23. 1. 1926 im Moskauer Teatr im. Mejerchol'da aufgeführt. Vgl. F. Mierau, ›Das Theater als weltpolitisches Tribunal‹, in: S. Tretjakow, ›Lyrik, Dramatik, Prosa‹, Leipzig, bzw. Frankfurt/M. 1972, S. 467–476.

[64] Vladimir N. Bill-Belocerkovskijs (1885–1970) Drama ›Štorm‹ (›Sturm‹) wurde am 8. 12. 1925 von E. O. Ljubimov-Lanskij im Moskauer Gewerkschaftsrat-Theater (Teatr MGSPS) uraufgeführt. Deutsche Übersetzung des Dramas: K. Seeger, Leipzig 1959.

[15] Boris S. Romašovs (1895–1958) Komödie ›Vozdušnyj pirog‹ (›Windbeutel‹) war lt. Theaterstatistik das erfolgreichste Stück der Moskauer Theatersaison von 1925.

›Die Inszenierungsmethode eines Arbeiterfilms‹

Erstdruck: ›Metod postanovki rabočej fil'my‹, in: ›Kinogazeta‹ vom 11. 8. 1925; jetzt in: ›Izbr. proizv.‹, Bd. I, S. 117–119. Deutscher Erstdruck: Anonyme und ausgesprochen unbrauchbare Übersetzung aus dem Englischen, in: ›Kunst in der Revolution‹, Ausstellungskatalog Frankfurt/Main 1972, o. S. – Übersetzung: Hans-Joachim Schlegel.

[1] Vgl. den gleichnamigen Aufsatz S. 216–221.

[2] Aleksandr Belenson, ›Kino segodnja‹ (›Der Film heute‹), Moskau 1925 (im Selbstverlag). Nach Auskunft N. Klejmans stellte sich auf Grund eines erst kürzlich aufgefundenen und noch unveröffentlichten Eisenstein-Manuskriptes heraus, daß es sich bei dem Eisenstein-Kapitel dieses Buches um einen nichtautorisierten Aufsatz von Eisenstein selbst handeln muß (vermutlich kurz nach ›Montage der Attraktionen‹ entstanden und vor allem auch der Frage der Schauspieler-Typage gewidmet). Belenson schrieb diesen Aufsatz um, ersetzte ›ich‹ durch ›er‹, bzw. ›Eisenstein‹, ließ einiges aus und fügte anderes

hinzu. Eisenstein war über dieses unseriöse Produkt sehr empört, machte darauf verschiedentlich aufmerksam (vgl. ›Béla vergißt die Schere‹, in ›Schriften 2‹, S. 138) und schrieb eine – ebenfalls noch ungedruckte – Gegendarstellung in Rezensionsform.

³ Eisenstein beschäftigte sich ausführlich mit der zeitgenössischen wissenschaftlichen Reflexologie, u. a. mit den Arbeiten V. M. Bechterevs ›Ob obščich osnovach refleksologii kak naučnoj discpliny‹ (›Über die allgemeinen Grundlagen der Reflexologie als einer wissenschaftlichen Disziplin‹), 1917 und ›Kollektivnaja refleksologii‹, 1921; vgl. hierzu T. Selezneva, ›Kinomysl' 1920-ch godov‹ (›Der Filmgedanke der Zwanziger Jahre‹), Leningrad 1972, S. 105 ff. Interessant ist in diesem Zusammenhang, daß Eisenstein noch 1945 schreibt: »Hätte ich damals mehr über Pavlov gewußt, ich glaube, ich hätte die ›Theorie der Montage der Attraktionen‹ als ›Theorie der künstlerischen Reizerreger‹ bezeichnet« (›Wie ich Regisseur wurde‹, S. 194). B. Viertel in: ›Schriften zum Theater, hrsg. von G. Heydenreich‹, München 1970, S. 89 berichtet: »Experimenteller Psychologe aus der Schule Pavlovs und zugleich Kenner Freuds, der er [= Eisenstein] war, erweiterte er in Amerika [d. h., als er zwei Jahre lang in Hollywood keinen Film drehen konnte], seine Kenntnisse vom Wesen des Kollektiven, der Masse, als ein handelnder Faktor, zugleich als Publikum«. Wichtig für diesen Zusammenhang ist vor allem auch der Aufsatz ›Constanza. Wohin die Fahrt des »Panzerkreuzers Potemkin« geht‹ in: ›Schriften 2‹, S. 128–133.

⁴ Zu dem von Eisenstein inszenierten Tret'jakov-Stück ›Slyšiš', Moskva?!‹ vgl. Anm. 3 zu: ›Durch Revolution zur Kunst . . .‹.

⁵ ›Živaja gazeta‹ (›Lebende Zeitung‹), eine aus der Bürgerkriegszeit (damals waren vor allem die weitgehend analphabetischen Bauernmassen die Zielgruppe) hervorgegangene Agitationsform, die später auch in Arbeiterklubs zur tagespolitischen Aufklärung und Propaganda beitrug. Die berühmteste ›Živaja-gazeta‹-Gruppe – die 1923 gegründete Gruppe ›Sinie bluzy‹ (›Blaue Blusen‹) – traten auf Einladung der KPD auch vor Arbeitern in Deutschland auf, wo sich dann eigene Gruppen bildeten.

⁶ Vgl.: ›Zur Komposition des »Streik«-Finale‹, S. 276–278 und S. V. Drobašenko, ›Final »Stački««, in: S. D. , ›Fenomen dostovernosti. Očerki teorii dokumental'nogo fil'ma‹ (›Das Phänomen der Echtheit. Aufsätze zur Theorie des Dokumentarfilms‹), Moskau 1972, S. 22–25.

⁷ ›Das Kabinett des Dr. Caligari‹ (1919; Regie: Robert Wiene, nach einem Drehbuch von Carl Mayer und Hans Janowitz) gilt allgemein als das filmisch bedeutendste Werk des deutschen Expressionismus.

⁸ Mary Pickford (d. i. Gladis Mary Smith, *1893), amerikanische Filmschauspielerin und Filmproduzentin. Beim breiten sowjetischen

Filmpublikum der NEP-Zeit derart beliebt, daß sie zusammen mit ihrem Partner Douglas Fairbanks (d. i. Douglas Upton Ullman, 1883–1939) persönlich zur Moskauer Premiere des exotischen Abenteuerfilms ›Der Dieb von Bagdad‹ (›The thief of Bagdad‹, 1924, Regie: Raoul Walsh) anreisen mußte. Eisenstein attackiert sie als Modell des berühmten »Hollywood-Stars« wiederholt. Vgl. Einleitungsaufsatz zu: Eisenstein, ›Schriften 2‹, S. 10 und Viktor Šklovskij, ›Duglas Férbenks i Méri Pikford v Moskve‹, in: V. Š., ›Ėjzenštejn‹, Moskau 1973, S. 129–135 (Bericht über die freundschaftliche Begegnung der amerikanischen Schauspieler mit Eisenstein).

›Zur Frage eines materialistischen Zugangs zur Form‹

Erstdruck: ›K voprosu o materialističeskom podchode k forme‹, in: ›Kinožurnal ARK‹, 1925/4–5; jetzt in: ›Izbr. proïzv.‹, Bd. I, S. 109–116. Übersetzung: Mechtild Russell / Hans-Joachim Schlegel.

[1] Zum Begriff der »Produktionskunst« vgl.: B. Arvatov, ›Kunst und Produktion‹, Hrsg. und übers. von Hans Günther und Karla Hielscher. München 1972.

[2] Vgl. Anm. 3 zu: ›Ist Kritik nötig?‹

[3] Der betreffende Aufsatz von V. Pletnëv (vgl. Anm. 1 zu: ›Antwort auf Pletnëvs Polemik in ›Kinonedelja‹) erschien in der Zeitschrift ›Novyj zritel'‹, 1925/5.

[4] Michaïl E. Kol'cov (1898–1942), sowjetischer Journalist und Schriftsteller, nahm regen Anteil am Aufbau des sowjetischen Dokumentarfilms (Vertovs Vorgänger als erster Redakteur der ›Kinonedelja‹ – der ersten sowjetischen ›Wochenschau‹), ab April 1919 Leiter der Filmchronikabteilung beim Allukrainischen Foto-Film-Komitee, Mitarbeit an ukrainischen Agitationsfilmen für die im Bürgerkrieg kämpfende Rote Armee, Verfasser zahlreicher Filmartikel (neben seinen bedeutenden politischen Reportagen) u. a. einer ›Streik‹-Rezension, die am 14. 3. 1925 in der ›Pravda‹ erschien. Kol'cov nannte ›Streik‹ hier »das erste revolutionäre Werk unserer Filmleinwand« und hob besonders »den materialistischen und revolutionären, ja bolschewistischen Zugang zur Dynamik des Arbeitermilieus« hervor.

[5] ›Kinopravda‹ (›Die Filmpravda‹) benannt in Anlehnung an das Zentralorgan der KPR (b), bzw. KPdSU ›Pravda‹ (›Die Wahrheit‹; 1912 von Lenin begründet). Die ›Kinopravda‹, von der in unregelmäßiger Folge Mai 1922 – Mitte 1925 23 Ausgaben erscheinen, ist eine dokumentierende und agitierende Information über die sich verändernde politische, gesellschaftliche und kulturelle Wirklichkeit der UdSSR, wobei Vertov die formal bewußt aufgenommenen Fakten in reihender Anordnung vorführt und besonders mit den hervorgehobenen Bildtiteln experimentiert (sich bewegende Buchstabenkombina

tionen etc.). Vgl.: Dziga Vertov, ›Schriften zum Film‹, Hrsg. W. Beilenhoff, München 1973.

⁶ »Kinoglaz«: da Eisenstein mit diesem Wort spielt, wird die Übersetzung »Kinoauge« benutzt: Hier meint Eisenstein zunächst ›Kinoglaz – 1-aja serija cikla »Žizn' vrazploch«‹ (›Filmauge – erste Serie des Zyklus »Das überrumpelte Leben«‹) von 1924, einen Film, der »mit versteckter Kamera aufgenommen« Bilder aus dem Leben Junger Pioniere in ausgesprochen überraschenden Perspektiven vorführt. »Kinoglaz« ist gleichzeitig der programmatische Titel des Vertovschen Filmkonzepts (an der er lt. Tagebuch seit 1918 arbeitete). Dieses Konzept wendet sich entschieden gegen die fiktionsbezogene »Filmkunst« und will durch das »Einfangen« der ungestellten, unverfälschten Wirklichkeit »das Unsichtbare sichtbar« machen. Vgl. Dziga Vertov, ›Schriften zum Film‹, a.a.O.

⁷ Vgl. Anm. 4 zu: ›Ist Kritik nötig?‹

⁸ In seinem Aufsatz ›»Kinoglaz« o »Stačke«‹ schreibt Vertov, in: ›Kino‹ vom 24. 3. 1925: »Wir betrachten den ›Streik‹ als den Versuch, einige Konstruktionsmethoden der ›Kinopravda‹ und des ›Kinoglaz‹ dem Spielfilm aufzupropfen« (deutsch in: Dsiga Wertow, ›Aufsätze, Tagebücher, Skizzen‹, zusammengestellt und eingeleitet von Sergej Drobaschenko. Berlin/DDR 1967, S. 106–107).

⁹ »Kinoki« (»Filmaugen«): 1919 gebildete Gruppe von Kameramännern, die die Vertovschen Prinzipien des Dokumentarfilms zu verwirklichen suchten – außer Vertov selbst: sein Bruder M. Kaufman (bis 1929), A. Lemberg (vgl. Anm. 6 zu: ›Mein erster Film‹), I. Beljakov, P. Zotov, Z. Barančevič, A. Kagarlickij, B. Kudinov, V. Komarov, I. Kopalin (später) und die Cutterin E. Svilova.

¹⁰ AChRR: Associacija Chudožnikov Revoljucionnoj Rossii (Künstlerassoziation des revolutionären Rußland), gegründet 1922 (1928–1932 unter der Bezeichnung Associacija Chudožnikov Revoljucii / Assoziation der Künstler der Revolution – AChR), Vereinigung von Künstlern, die von den Realismus-Traditionen des 19. Jahrhunderts ausging, vor allem von den sogenannten »Peredvižniki« (»Wanderer«), einer Gruppe »antiakademischer Realisten, die ab 1863 in einer Art Künstlergenossenschaft ihre Ideen eines kritischen und sozial engagierten Realismus durch Wanderausstellungen in ganz Rußland verbreiten wollten« (R. Hiepe, ›Die Kunst der neuen Klasse‹, München/Gütersloh/Wien 1973, S. 8c). Vgl. ›tendenzen‹, II. Sonderheft 1967, wo S. 287–291, Deklaration und Dokumente der AChRR publiziert werden.

¹¹ Bei Vertov heißt es a.a.O. (vgl. Anm. 8), S. 107: »Nicht sowjetische Zauberei gegen bourgeoise Zauberei, sondern vereint durch die Sicht von Millionen Augen werden wir gegen die kapitalistische Traumfabrik, gegen ihren Betrug kämpfen; unsere Filmwaffe gegen die bourgeoise Welt muß und wird sein – das ›Kinoglaz‹ der Sowjetunion, und dann das ›Kinoglaz‹ der ganzen Welt«.

›Das Mittlere von Dreien‹

Erstdruck: ›Srednjaja iz trëch‹, in: ›Sovetskoe kino‹ 1934/11–12, S. 54–83; jetzt (mit Ergänzungen nach dem Manuskripttext) in: ›Izbr. proïzv.‹, Bd. V, S. 53–78. Deutscher Erstdruck: erheblich gekürzte Übersetzung aus dem Amerikanischen von Marlis Pörtner in: Serge Eisenstein, ›Vom Theater zum Film‹, Zürich 1960, S. 19–34; unter dem Titel: ›Vom Theater zum Film‹. Erste deutschsprachige Übersetzung nach dem sowjetischen Zeitschriftenabdruck von Ruth Herlinghaus in: Hermann Herlinghaus u. a. (Hrsg.), ›Der sowjetische Revolutionsfilm. Zwanziger und dreißiger Jahre. Eine Dokumentation‹, Berlin/DDR 1967, S. 40–72 (unter dem Titel: ›Das Mittlere von Dreien (1924–1929)‹. Neuübersetzung nach dem revidierten Text in ›Izbr. proïzv.‹: Hans-Joachim Schlegel.

[1] Der Text wurde im September 1934 für das fünfzehnjährige Jubiläum des sowjetischen Films (1919–1934) geschrieben und war dem »mittleren« dieser »drei« Jahrfünfte – den Jahren 1924–1929 – gewidmet.

[2] Vgl. Anm. 1 zu ›Montage der Attraktionen‹ (wie überhaupt diesen der ›Gescheitesten‹-Inszenierung gewidmeten Aufsatz).

[3] ›Arena‹: M. Štrauch schreibt in seinen ›Erinnerungen an Eisenstein‹ (›Künstler der Revolution‹, S. 94): »Ein runder Teppich, der an eine Zirkusarena erinnert und, statt einer Barriere, mit rotem Stoff umnäht ist, stellt in der Aufführung des ›Gescheitesten‹ die Bühne dar.«

[4] Dramatisierung einer gleichnamigen »short story« von Jack London, für die Eisenstein Bühnenbild und Kostüme entwarf; vgl. Abb. 5, Jack Londons »hard-living heroes« erregten überhaupt das besondere Interesse der Theater- und Filmkünstler in der Revolutions- und Nachrevolutionszeit – so etwa das Film-Theater-Experiment V. R. Gardins nach dem Roman ›The iron heel‹ (vgl. Anm. 10 zu ›Mein erster Film‹) oder Kulešovs auf einer von Šklovskij ekranisierten London-Erzählung basierender Film ›Po zakonu‹ (›Dura lex‹, 1926).

[5] LEF-Theoretiker und Propagandist einer ›Produktionskunst‹. Vgl.: B. Arvatov, ›Kunst und Produktion‹, hrsg. und übersetzt von Hans Günther und Karla Hielscher. München 1972.

[6] Eisenstein befand sich, mit einer kurzen Unterbrechung im Januar 1931, vom 11. 12. 1930 bis zum 17. 2. 1932 in Mexiko, wo er mit seinem Team den nicht publizierten Film ›Que viva Mexiko‹ drehte.

[7] ›Krasnye d'javoljata‹ (›Die roten Teufelchen‹): nach einer gleichnamigen Erzählung von P. Bljachin 1923 gedrehter Film des schon vor der Revolution filmenden Regisseurs Ivan N. Perestiani (1870–1959). Der große Publikumserfolg dieses Abenteuerfilms (Kinder kämpfen gegen die Machnobanden der Bürgerkriegszeit) veran-

laßte Perestiani 1926 vier weitere Abenteuerfilme mit den gleichen Haupthelden zu filmen.

⁸ MChAT: Moskovskij Chudožestvennyj Akademičeskij Teatr, imeni Gor'kogo (Moskauer Akademisches Künstlertheater, namens Gor'kij), allgemein unter der Bezeichnung Moskauer Künstlertheater bekannt, 1898 unter dem Namen MChT von Stanislavskij und Nemirovic-Dančenko gegründet; 1898–1905 große Erfolge mit Čechov- und Gor'kij-Inszenierungen im Stil des psychologisch-realistischen Illusionstheaters; einige Jahre Bemühungen um eine symbolistische Theatermethodik, von der Stanislavskij unter dem Eindruck der Erfolge V. Meierholds (vgl. Anm. 1 zu: ›Über das Urheberrecht des Theaterregisseurs‹) wieder abließ. Danach Rückkehr zur Methode der ersten Jahre, die noch heute die Inszenierungen am Moskauer Künstlertheater bestimmen.

⁹ In den MChT-Inszenierungen der Bizet-Oper ›Carmen‹ (nach der gleichnamigen Novelle von P. Merimée 1875 verfaßt) fand die Stierkampf-Szene in europäischer Tradition hinter der Bühne statt; die Schauspieler erlebten den Vorgang in der Mauerschau mit.

¹⁰ Stanislavskijs System forderte vor allem »erlebtes Spiel« des Schauspielers (›preživanie‹). Vgl. Anm. 8 und K. S. Stanislawski, ›Die Arbeit des Schauspielers an der Rolle‹, Berlin/DDR 1955.

¹¹ Die Dramatisierung von H. de Balzacs ›La comédie humaine‹ (so der Titel des zusammengefaßten Romanwerkes von Balzac) wurde 1934 in dem 1921 gegründeten und ab 1924 (oder 1925) den Namen seines Begründers tragenden Vachtangov-Theater aufgeführt. Der Schauspieler und Regisseur Evgenij B. Vachtangov (1883–1922) strebte eine Synthese zwischen Meierholdscher Dramatik und dem psychologischen Realismus Stanislavskijs an.

¹² Diese Behauptung Eisensteins ist nicht ganz exakt: Der Terminus »Theater der Konventionen« ist zwar ein Zentralbegriff der Meierholdschen Theaterkunst, aber Meierhold ist nicht sein Begründer: vgl. Anm. 2 und 3 zu: ›Ist Kritik nötig?‹ und R. Tietzes Einleitungsaufsatz zu: Mejerhold, ›Theaterarbeit 1917–1930‹, München 1974.

¹³ Zu Eisensteins Inszenierung des Tret'jakov-Stücks ›Slyšiš', Moskva?!‹ vgl. Anm. 3 zu: ›Durch Revolution zur Kunst . . .‹.

¹⁴ Hiermit sind vor allem die Tendenzen zur Produktions- und faktografischen Kunst gemeint.

¹⁵ Vgl. Anm. 6 zu: ›Zwei Schädel Alexanders des Großen‹.

¹⁶ Bezieht sich auf eine Fabel des »russischen Lafontaine« Ivan A. Krylov (1768–1844).

¹⁷ Vgl. ›Schriften 3‹.

¹⁸ RAPP: Rossijskaja Associacija Proletarskich Pisatelej (Russische Assoziation Proletarischer Schriftsteller), bestand von 1925 bis zur Auflösung am 23. 4. 1932 aufgrund eines ZK-Beschlusses der KPdSU. Nach anfänglich positiver kulturpolitischen Arbeit unter den

Arbeiter- und Bauernmassen fiel diese Gruppe bald in sektiererischen Dogmatismus, gegen den Eisenstein wiederholt – vor allem seit RAPP eine Kontrolle des Filmwesens anstrebte – heftige polemische Stellung bezog; vgl. auch ›Schriften 2‹, S. 114.

¹⁹ Mit dem Ausdruck »poputčik« (»Weggenosse«, aber auch: »Mitläufer«) wurden die nichtkommunistischen Schriftsteller und Künstler in den zwanziger Jahren bezeichnet (vor allem von RAPP, die damit alle Künstler nichtproletarischer Herkunft klassifizierte).

²⁰ Bezieht sich auf die Resolution des ZK der KPdSU ›O perestrojke literaturno-chudožestvennych organizacij‹ (›Über den Umbau der literarisch-künstlerischen Organisationen‹) vom 23. 4. 1932, durch die auch RAPP aufgelöst wurde.

²¹ Eugène de Rastignac, der schon in dem Roman ›La peau de chagrin‹ (1831) auftaucht, ist eine der Hauptfiguren in Balzacs Roman ›Le père Goriot‹ (1834/35).

²² Vgl. Ostrovskij, ›Eine Dummheit macht auch der Gescheiteste‹, II. Akt, 8. und 9. Szene [Anm. S. M. Eisensteins].

²³ Diese Aussage ist insofern nicht zutreffend als – nach freundlicher Auskunft von Frau Tat'jana Sergeevna Tret'jakova-Gomolickaja – im Archiv S. M. Tret'jakovs die Textbearbeitung von Tret'jakov und Archangel'skij erhalten blieb.

²⁴ ›Strach‹ (›Angst‹): Drama von Aleksandr N. Afinogenov (1904–1941), verfaßt 1929, gleichzeitige Erstaufführungen 1931 im Leningrader Akademičeskij Teatr Dramy und im MCHAT.

²⁵ ›Moj drug‹ (›Mein Freund‹): Drama von Nikolaj F. Pogodin (1900–1962), 1932 verfaßt und im Moskauer Teatr revoljucii uraufgeführt.

²⁶ ›Čužoj rebënok‹ (›Ein fremdes Kind‹): Komödie von Vasilij V. Skvarkin (*1894) aus dem Jahre 1933.

²⁷ Esfira I. Šub (1894–1959) arbeitete 1919–1921 im Sekretariat der Theaterabteilung (TEO) beim Volksbildungskommissariat, 1922–1924 als Cutterin bei Goskino, bzw. Mosfil'm, und dadurch mit nahezu allen bedeutenden Regisseuren der zwanziger Jahre, vor allem mit Vertov, aber auch mit Eisenstein. 1927 machte sie ihren ersten Film ›Padenie dinastii Romanovych‹ (›Der Sturz der Romanov-Dynastie‹), der aus vorrevolutionären Chronikfilmen zusammengeschnitten war und eine neue, von Vertov beeinflußte, Chronikfilmform darstellte. Bei den beiden Schöpfern des berühmten ›Čapaev‹-Films, 1934, Georgij Vasil'ev (1899–1946) und Sergej Vasil'ev (1900–1959) handelt es sich nicht um »Brüder«, wie häufig angenommen wird.

²⁸ Unter dem Einfluß von M. Reinhardts Bühnenkunst 1920 von D. Buchowetzky in Berlin gedrehter Film.

²⁹ Vgl. ›Mein erster Film‹.

³⁰ Vgl. Anm. 1 zu: ›Ist Kritik nötig?‹

³¹ Vgl. Anm. 9 zu: ›Mein erster Film‹.

³² Vgl. Anm. 1 zu: ›Brief an die ›Zrelišča‹-Redaktion‹.

³³ Das Jahrmarktstheater hatte auf die verschiedensten russischen Dichter und Regisseure des ersten Jahrhundertsjahrzents einen großen Einfluß; vgl. hierzu etwa: A. M. Ripellino, ›Majakovskij und das russische Theater der Avantgarde‹, Köln 1959, S. 93 ff.

²⁴ ›Madame Bovary. Mœurs de province‹, 1856, Roman von Gustave Flaubert (1821–1880).

³⁵ Gustave Flaubert, ›Madame Bovary. Sittenbild aus der Provinz‹, übers. von I. Perker und E. Sander. Stuttgart 1972, S. 183–184.

³⁶ Vgl. Anm. 7 zu ›Montage der Attraktionen‹.

³⁷ Vgl. V. Šklovskij, ›Dekorator idёt na rabotu, ne znaja buduščego‹ (›Der Bühnenbildner geht an die Arbeit, ohne seine Zukunft zu kennen‹), in: V. Šklovskij, ›Ėjzenštejn‹, Moskau 1973, S. 69–72.

³⁸ Vgl. Anm. 10 zu ›Zwei Schädel Alexanders des Großen‹.

³⁹ Wesentliche Förderung dürfte Eisensteins Interesse an P. Picasso durch den Dichter Ivan A. Aksёnov, dem Autor der ersten russischsprachigen Picasso-Monographie, erfahren haben, den Eisenstein während seiner Lehrzeit bei Meierhold im GVYRM kennenlernte (vgl.: S. Jutkevič, ›S. Eisenstein in den Jahren 1921–1923‹, in: ›Künstler der Revolution‹, S. 109).

⁴⁰ Von Eisenstein und Jutkevič bearbeitete und inszenierte Version von Donanys ›Die Schärpe der Colombine‹ (von Meierhold 1910 inszeniertes Schnitzler-Stück, als Pantomime von E. Donany (1877–1960) eingerichtet und von Taïrov gerade unter dem Titel ›Der Schleier der Pierrette‹ wiederholt): vgl. Jutkevič, a.a.O., S. 124/125.

⁴¹ Bezieht sich auf die von Eisenstein häufig zitierte theoretische Arbeit des russischen symbolistischen Prosaschriftstellers Andrej Belyj (d. i. Boris N. Bugaev; 1880–1934): ›Masterstvo Gogolja‹ (›Gogol's Meisterschaft‹), Moskau 1934. Eisenstein hatte Belyj kurz zuvor – im Januar 1933 – persönlich kennengelernt.

⁴² Erinnerung an die April/Mai 1922 verfaßte und Juni 1920 in Buchform erschienene Lenin-Schrift: ›Der »linke Radikalismus«, die Kinderkrankheit im Kommunismus‹ (›Detskaja boleznja »levizny« v kommunizme‹), dt. in Lenin, ›Werke‹, Bd. XXXI, S. 1–105.

⁴³ GIK: Gosudarstvennyj Institut Kinematografii (Staatliches Institut für Filmkunst), an dem Eisenstein nach seiner Rückkehr aus Hollywood seit dem 1. 10. 1932 lehrte.

⁴⁴ Hierbei muß es sich um ein Zitat aus A. Belenson, ›Kino segodnja‹ (vgl. Anm. 2 zu: ›Die Inszenierungsmethode eines Arbeiterfilms‹) handeln – dies geht aus einer Textstelle im Aufsatz »Béla vergißt die Schere« (›Schriften 2‹, S. 138) hervor, wo Eisenstein ebenfalls auf dieses Zitat rekurriert.

⁴⁵ So der Titel eines wichtigen theoretischen Aufsatzes, der in leicht gekürzter Form in ›Schriften 2‹, S. 150–186 unter dem Titel ›Das Organische und Pathos in Komposition des Filmes »Panzerkreuzer

Potemkin«« veröffentlicht wurde; vgl. auch ›Post scriptum zum »Bau der Dinge««.

⁴⁶ Von den Vertretern der »Formalen Schule« erschien Moskau/ Leningrad 1927 ein Sammelband mit Aufsätzen zur ›Poetik des Films‹, jetzt deutsch hrsg. von W. Beilenhoff. München (im Druck).

›Zur Komposition des ›Streik‹-Finale‹

Titel vom Hrsg. Auszug aus dem unvollendeten Lehrbuch ›Režissura‹ (›Regie‹), Teil I: ›Režissura. Iskusstvo mizansceny‹ (›Regie. Die Kunst der Mise-en-scène‹; wobei ›Mise-en-scène‹ etwa so viel wie ›filmisches Arrangement‹ bedeutet), Kap. ›»Vozvraščenie soldata s fronta««‹ (›»Die Rückkehr des Soldaten von der Front««‹), Abschnitt XI, entstanden um 1933. Erstdruck in: ›Izbr. proïzv.‹, Bd. IV, S. 452–453. Übersetzung: Hans-Joachim Schlegel.

¹ Zum Eisensteinschen Schlüsselbegriff »Pathos« vgl. vor allem: ›Das Organische und das Pathos in der Komposition des Filmes ›Panzerkreuzer Potemkin‹«, in Eisenstein, ›Schriften 2‹, S. 150–186.

² Moskauer Vorstadtbezirk.

›Das Theater als »Vorschule« filmischer Bild-Ton-Kontrapunktik‹

Vom Hrsg. gewählter Titel. Auszug aus einer unvollendeten Abhandlung, an der Eisenstein seit 1935 arbeitete und deren aufgefundene Abschnitte erstmals in ›Izbr. proïzv.‹, Bd. 2, S. 329–484 unter dem ebenfalls nicht von Eisenstein stammenden Titel ›[Montaž]‹ veröffentlicht wurden. Der im vorliegenden Band publizierte Textausschnitt steht dort auf S. 453–456. Übersetzung: Hans-Joachim Schlegel.

¹ Vgl. ›Montage der Attraktionen‹, S. 216–221 und Anm. 1 hierzu.

² Vgl. Abb. 9.

³ Vgl. Abb. 7.

⁴ Gemeint ist die Comedia dell'arte, auf die Eisenstein in seinen Arbeiten immer wieder zu sprechen kommt.

⁵ Der Typ des Bologneser Juristen galt als Prototyp scholastischer Gelehrsamkeit.

⁶ Gemeint sind amerikanische Kriminalfilme der Stummfilmzeit, die seinerzeit in Rußland mit großem Erfolg liefen. Einer ihrer Hauptstars war Pearl White (1889–1938), über die in Moskau/Leningrad sogar 1926 eine Monographie von K. Oganezov erschien.

⁷ ›Pathé-Journal‹: Gemeint sind die »Wochenschauen« der von dem ehemaligen Jahrmarktbudenbesitzer Charles Pathé gegründeten französischen Filmfirma, die in den Jahren 1903–1909 das absolute Film-

monopol in sämtlichen europäischen Ländern und den USA hatte. Zu ›Kinopravda‹ vgl. Anm. 7 zu: ›Zur Frage eines materialistischen Zugangs zur Form‹.

[8] Vgl. ›Mein erster Film‹, S. 224, wo Eisenstein statt von einer »kleinen Kanone« von einem »Maschinengewehr« spricht, und Abb. 11.

[9] In beiden Fällen handelt es sich um die Karikaturen von Filmproduktionsfirmensymbolen – des Hahnes der französischen Firma Pathé, bzw. des brüllenden Löwen der Hollywood-Firma Metro-Goldwyn-Mayer.

[10] Die Broschüre ›Ich nastojaščee‹ (›Ihre Gegenwart‹), Moskau 1927 wurde inzwischen in V. Šklovskij, ›Za sorok let‹ (›Aus vierzig Jahren‹), Moskau 1965, S. 65–86 (gekürzt) aufgenommen. Lt. Anmerkung in ›Izbr. proïzv.‹, Bd. 2, S. 554–555 ist im Eisensteinschen Manuskript an dieser Stelle eine Lücke. Das entsprechende Zitat wird jedoch in ›Post scriptum zum »Bau der Dinge«‹, S. 285 angeführt.

[11] Vgl. Einstellung 208 bis 220 im Protokoll.

›Post scriptum zum ›Bau der Dinge«

Erstdruck in: ›Iskusstvo kino‹ 1939/6, S. 19–20 (als ›Postskriptum‹ zur ersten Redaktion von ›O stroenii veščej‹ – ›Über den Bau der Dinge‹); Wiederabdruck in S. M. Ėjzenštejn, ›Izbrannye stat'i‹, Moskau 1956. Deutscher Erstdruck in: S. Eisenstein, ›Ausgewählte Aufsätze‹, Berlin/DDR 1960, S. 309–311 (als ›Post scriptum‹ zu ›Über den Bau der Dinge‹, der in gekürzter und nach der zweiten Redaktion Eisensteins neu kompilierten Form unter dem Titel ›Das Organische und das Pathos in der Komposition des »Panzerkreuzers Potemkin«‹ in ›Schriften 2‹, S. 150–186 abgedruckt wurde). Übersetzung: Lothar Fahlbusch.

[1] V. Šklovskij, ›Ich nastojaščee‹ (›Ihre Gegenwart‹), Moskau 1927; jetzt (gekürzt) in: V. Šklovskij, ›Za sorok let‹ (›Aus vierzig Jahren‹), Moskau 1965, S. 74; vgl. Anm. 10 zu ›Das Theater als »Vorschule« filmischer Bild-Ton-Kontrapunktik‹.

[2] Vgl. ›Montage der Attraktionen‹, bes. Anm. 1

[3] S. 254 ff.

[4] Vgl. Anm. 7 zu ›Das Mittlere von Dreien‹.

[5] ›Le dernier milliardaire‹ (R. Clair, 1934).

Errata in ›Schriften 2‹

Verlag und Hrsg. bedauern eine Reihe von z. T. sinnentstellenden Druckfehlern in ›Schriften‹ 2: ›Panzerkreuzer Potemkin‹ und bitten wie folgt zu korrigieren:

S. 5, zweitletzte Zeile: »des ›Vorschlags‹« (statt: »der ›Vorschlags‹«)

S. 7, 3. Abs., 9. Zeile: Im hier endenden Satz ist der Hinweis auf Anm. 3 zu ergänzen.

S. 8, 3. Abs., 2. Zeile: »deren« (statt: »dessen«)

S. 11, 2. Abs., 3. Zeile: »früher« (statt: »füher«)

S. 19, 3. Abs., 8. Zeile: »im Proletkult-Theater« statt im »Meierholdschen Theater«

S. 21, 1. Abs., vorletzte und letzte Zeile: »Spiel mit Phonemen« (statt: »Spiel mit Morphemen«)

S. 42, Einst. 16: »VAKULINČUK« (statt: »VACULINČUK«)

S. 87, 5. Abs., 5. Zeile: »Judenpogrome« (statt: »Judenprogrome«)

S. 122, 3. Abs., 3. Zeile: »›Attraktionen‹« (statt: »›Aktionen‹«)

S. 128, 3. Abs., 4. Zeile: »Sieger« (statt: »Sieg«)

S. 134, vorletzter Abs., 1. Zeile: »Als« (statt: »Also«)

S. 225, Anm. 60: Der zweite Literaturhinweis muß lauten: ›Texte der russischen Formalisten. Russisch und deutsch‹, hrsg. von Ju. Striedter, Bd. I. München 1969.

S. 227, Anm. 11: »Isidorovič« (statt: »Isidirovič«)

S. 229, Anm. zu »1905«, 2. Zeile: Hinter »Erstdruck« ist zu ergänzen: »und bisher einzige Veröffentlichung«

S. 235, Anm. 8, 1. Zeile muß heißen: »›Mudrec‹, d. i. ›Na vsjakogo (statt: každogo) mudreca dovol'no prostoty‹; in Zeile 2/3: »Slyšiš‹« (statt: »Slysis‹).

S. 237, Anm. 15: »Harold« (statt: »Harald«)

S. 246, Anm. 23: »Aleksej Kručënych« (statt: »Alexandr Kručenych«)

S. 248, Anm. zu »Der Weg des ›Potemkin‹ durch die deutsche Zensur‹«: Deutsche Erstübersetzung von L. Wolf, in: ›FWM‹ 2/1966, S. 466 bis 474.

S. 250, Anm. zu »Der Friede und die Atombombe«, Zeile 2: »Iskusstvo kino« (statt »Iskusstov kino«)

Eaghor G. Kostetzky machte darauf aufmerksam, daß es sich bei dem in ›Was der Regisseur zum ›Panzerkreuzer Potemkin‹ sagt‹ erwähnten Titel ›Verschwörung einer Kaiserin‹ (S. 119, bzw. S. 233) nicht um »einen nach klassischem Vorbild hergestellten Historienfilm« handelt, wie der Hrsg. vermutete, sondern um das 1925 von Aleksej N. Tolstoj (1882–1945) zusammen mit P. E. Sčeglov verfaßte Theaterstück ›Zagovor imperatricy‹, das in Deutschland in aktualisierter Bearbeitung zum 10. Jahrestag der Oktoberrevolution von Erwin Piscator unter dem Titel ›Die Romanows, der Krieg, Rasputin und das Volk, das wider sie aufstand‹ aufgeführt wurde. (Vgl. hierzu: E. Piscator, ›Schriften‹ 1 und 2, hrsg. von L. Hoffmann. Berlin/DDR 1968; besonders Bd. 2, S. 31).

Der Aufsatz ›Über die Reinheit der Filmsprache‹ wurde erstmals von E. Badkowski nach der ersten (nicht revidierten) russischen Fassung übersetzt, in: K. Witte [Hrsg.], ›Theorie des Kinos – Ideologie-Kritik der Traumfabrik‹. Frankfurt/Main 1972, S. 99–112 (Titel: ›»È!« Zur Reinheit der Kinosprache‹).

Verlag und Hrsg. sind für Hinweise, Kritik und Anregungen dankbar, die das schwierige Unternehmen dieser Eisenstein-›Schriften‹ betreffen. ·

Reihe Hanser

Reihe Hanser